21世纪法学系列教材

经济法系列

证券法学

（第五版）

朱锦清 著

图书在版编目(CIP)数据

证券法学/朱锦清著. —5 版. —北京:北京大学出版社,2022.7
21 世纪法学系列教材
ISBN 978-7-301-33110-1

Ⅰ. ①证… Ⅱ. ①朱… Ⅲ. ①证券法—法的理论—中国—高等学校—教材 Ⅳ. ①D922.287.1

中国版本图书馆 CIP 数据核字(2022)第 108870 号

书　　　名	证券法学(第五版)
	ZHENGQUAN FAXUE (DI-WU BAN)
著作责任者	朱锦清　著
责 任 编 辑	王　晶
标 准 书 号	ISBN 978-7-301-33110-1
出 版 发 行	北京大学出版社
地　　　址	北京市海淀区成府路 205 号　100871
网　　　址	http://www.pup.cn
电 子 信 箱	编辑部 law@pup.cn　总编室 zpup@pup.cn
新 浪 微 博	@北京大学出版社　@北大出版社法律图书
电　　　话	邮购部 010-62752015　发行部 010-62750672　编辑部 010-62752027
印 刷 者	北京圣夫亚美印刷有限公司
经 销 者	新华书店
	730 毫米×980 毫米　16 开本　25.5 印张　486 千字
	2004 年 3 月第 1 版　2007 年 1 月第 2 版
	2011 年 8 月第 3 版　2019 年 6 月第 4 版
	2022 年 7 月第 5 版　2024 年 6 月第 5 次印刷
定　　　价	69.00 元

未经许可,不得以任何方式复制或抄袭本书之部分或全部内容。
版权所有,侵权必究
举报电话:010-62752024　电子信箱:fd@pup.cn
图书如有印装质量问题,请与出版部联系,电话:010-62756370

谨以此书献给我亲爱的父母，

　　没有他们的帮助和照顾，我将一事无成。

作者简历

朱锦清 男,1956年4月出生。

1984年3月至1987年8月,在北京大学法律系任教,为系里开创了农业法课程。1986年提为法学讲师。

1987年8月至1993年8月,在美国读书,先后取得明尼苏达大学、耶鲁大学和纽约大学法学院的法学硕士学位;访问过密歇根大学和哈佛大学等大学的法学院;先后四个暑假在丹佛、纽约和华盛顿特区的多家律师事务所工作,从事公司与诉讼实践。1990年,因写作比赛获胜而荣任纽约大学《国际法与国际政治》杂志编辑;1991年春,进入该校的法学博士(S.J.D.)计划。

1993年9月至1994年8月,在美国新泽西联邦地区法院担任法官文书,起草了大量判词。这些判词已经成为美国判例法的有机组成部分。

1994年9月至1995年8月,从事诉讼实践,多次出庭,与美国一流的律师唇枪舌剑、针锋相对,从不示弱。

1995年9月至1997年10月,在华尔街律师事务所Sullivan & Cromwell的公司部当律师。1996年2月,被纽约州法院正式接纳为该州律师,而后任美国全国律师协会官员。

1998年3月至2016年6月,在浙江工商大学(原杭州商学院)担任公司法、证券法、企业法、破产法、票据法、美国法律制度(英文)和美国公司法(英文)的教学工作。2002年被评为法学副教授。

2016年6月退休。

第五版说明

2019年6月出版的第四版已经对本书内容做过全面的更新，这次再版完全是因为该年年底《证券法》大修改的缘故。因此，书中所引法条（及中国证监会的行政规章）的替换和相应的内容调整便成为修改的重点，而这项工作大部分都由浙江工商大学法学院民商法系主任季若望博士完成。同时，季老师也参与了对全书的修订和审核工作。我自己因年事渐高，杂事繁冗，所以一直想寻找年轻的合作者。季老师的参与令我十分欣喜。只可惜季老师说他刚刚接手，暂时还不愿意在书的封面上署名，所以我只能在此序言中说明，他其实是新版的共同作者。

2019年修法的亮点之一是规定了注册制，但是暂时又不能在主板市场付诸实施，还要等国务院出台具体的规定。目前注册制的试点范围限于科创板和创业板。对于这种情况，新版作了尽可能客观的描述。

关于证券的种类，2019年修订的《证券法》增加了存托凭证、资产支持证券和资产管理产品三类。本书第四版已经根据市场的变化在第一章中增写了资产支持证券和存托凭证两节，第五版在此基础上又添加了资产管理产品一节。

前置过滤屏障的取消是我国证券市场的头等大事。2022年1月，最高人民法院出台的司法解释将此事落到了实处。因此，第五版除了在"民事责任"章内全面融入新司法解释之外，还在该章末尾增添了两小节。一小节评点司法解释，另一小节介绍与此相关的代表人诉讼，并引入康美药业案等案例向读者展示眼下我国法院如何审理这类案件。

第五版删除了第8章。1998年《证券法》出台伊始，许多规定不尽合理，因而初版专设第8章对法条进行解释和评论。现在法律规定有了很大的改进，评论的必要性降低了。此外，本书主要用作大学本科的课本，重点是向大学生阐述证券法原理，条文解释的相关内容也多在前文有所体现，删除了前版第8章可以降低书的价格，减轻学生负担。

本书自初版以来，始终受到广大读者的厚爱。希望大家一如既往地关注本书，并对书中存在的各种问题提出批评和指正的意见。我的通信地址见初版序言，季老师的地址是浙江省杭州市钱塘区学正街18号浙江工商大学法学院民商法学系，邮编310018。

朱锦清

2022年1月下旬于杭州

第四版说明

第四版的修订幅度大于第三版，但是仍像第三版那样保持原有的理论体系和主体内容不变，只对其中涉及法律法规、行政规章和市场实况的部分进行更新，具体包括以下几个方面。

第一，我国证券市场发展很快，所以这次增写资产证券化和存托凭证的相关内容，分别作为第五节、第六节插入第一章。从教学循序渐进的角度看，这两节的内容放在第二章之后更便于初学者理解。但是从章节体例上看，作为两类证券，只能放在第一章"什么是证券"内。读者在阅读时可以自行调节。初学者不妨跳过不读，等读完第二章之后再返回来阅读这两节。

第二，对刚刚起步的股票发行注册制试点做了简要介绍，放在第三章第二节的末尾作为一小节。

第三，将全国人大常委会在2013年和2014年对《证券法》所做的两次小幅修改融入书中，同时也因《公司法》的修改及其条文序数的改变而对书中引用的该法条文做相应的调整。

第四，更新了书中提到的中国证监会发布的一些行政规章。这些规章修改、变动很频繁。

第五，增添了一些新近的案例和新闻报道，以帮助说明书中阐述的规则和原理。

第六，删除了一些已经过期的内容。

在全书修订的过程中，我妻周燕敏律师为我从网上寻找和查阅了大量资料，浙江财经大学的于雪锋老师帮我查找了一些证券民事赔偿责任方面的资料，北京大学出版社的王晶编辑提供了国内法院有关内幕交易的判决和其他资料，特此致谢。

朱锦清
2019年4月初于杭州家中

第三版说明

这次新版一是因为出版社将对本系列教材的封面设计做全面的改动，希望各作者重新修订；二是因为自第二版到现在已经过去 5 年，按常规也该有所更新。但是因为 2005 年《公司法》和《证券法》大修改之后没有再修改过，所以第三版在第二版的基础上并无大的改动，不涉及理论体系。主要是订正一些打印错误、修改一些字句、补充一些案例、更新一些中国证监会的行政规章（这些规章变化频繁，难以紧跟）。这些修修补补的工作，在第二版初印之后，第二次和第三次重印时都在做，这次继续做，积少成多，总共修改也达数百处。因此，如果拿这第三版初印与第二版初印相比较，还是有些差别的。

朱锦清
2011 年 7 月于浙江工商大学

第二版说明

2005年10月27日,十届全国人大常委会第十八次会议对《公司法》和《证券法》做了大幅度的修改。因此,本书也应做相应的修订。

原来的理论体系保持不变,基本内容也不变。初版的设计是适度超前的,修改后的法律在许多方面正好赶了上来,使书中的内容与实际规定更加贴近。

尽管如此,再版修改的幅度依然很大,主要包括以下几个方面:其一,原先所引的条文及其序数需要按新法更换;其二,因为这些条文的修改和新条文的增加,相关的诠释和评论也需要改写和增加,特别是初版提出批评建议的地方,新的法律做了不少改进——这样的地方有数十处之多,因而原来的批评建议就需要删除或者修改;其三,初版交稿三年来我国证券市场发展很快,所以对市场的介绍和评论也需要补充和调整,以反映变化了的现实。此外,初版时没能校阅清样,利用这次再版的机会,也正好订正一些文字。

感谢吴新辉、王珏、陈军军、周建伟和赵亚军五位研究生。他们帮我在网上网下查找中国证监会发布的规章及其他资料,花费了大量的时间。

朱锦清
2006年6月于浙江工商大学①

---

① 原杭州商学院于2004年更名为浙江工商大学。

说明与提要(初版序言)

这是我为杭州商学院法律本科的学生写的证券法讲义。1998年年底《证券法》颁布的时候，我刚好要在1999年春为这里96级的学生开设证券法课程。于是，1998—1999年的那个寒假我几乎足不出户，天天坐在电脑前写讲义，面前摊着一张载有《证券法》全文的报纸，时而翻阅一下《公司法》，凭着自己在读书和工作中积累起来的一点证券法知识，写出了一学期的讲稿。后来经过几次修改补充，现予整理出版。

本书的特点是将美国的先进经验与我国证券法制建设的实际情况相结合，经过一番改造、制作、糅合的功夫，创立了一套与以往出版的证券法书籍不同的体系和内容。第一章没有了原则、渊源、地位、性质等的长篇大论，一开头便直截了当，系统地讲解股票、债券、基金、衍生证券和投资份额的特征，集中说明什么是证券法所调整的证券。第二章解释证券的发行和交易，剖析一、二级市场的具体情况和内部结构，附带介绍我国的证券市场及活动于其中的各类主体。第三章在前两章背景知识的基础上切入证券法的基本原理——通过公开的手段去达到保护投资者的目的，并运用这一原理分析我国现行证券法中的批准制度、公开制度、"三公原则"等。"一部证券法，洋洋数万言，归根结底就是两个字：公开。公开是现代证券立法的基本哲学和指导思想，是证券法的核心内容和灵魂所在。"[1]但是公开失真了怎么办呢？那就要赔偿投资者因此而遭受的损失，这是第四章民事责任的内容了。该章从我国的民法理论出发，引入大量的美国判例和我国实例，对构成证券法民事责任的四个要件做了尽可能详细的阐述，希望能够达到这样的效果：让投资者读后知道怎么打官司，法官读后知道怎么判案子。第五章在第四章的基础上专题讨论内幕交易、操纵市场和欺诈客户三种违法行为及其民事责任。第六章公司收购，属于证券法与公司法交叉的领域，笔者着力从收购人、目标经理层和股东三大利益主体的矛盾冲突中展开本章，说明法律应当怎样在这些冲突中保护投资者的利益，而在收购人和目标经理层之间保持一种不偏不倚的姿态。第七章探讨我国证券市场的监管体制，并运用前面的理论来分析其中的问题和改革方向。第八章对现行证券法进行条文讲评。全书以证券法基本原理为核心，围绕原理层层展开。而在原理的背后并与之紧密相连的则

---

[1] 见第三章第一节。

是市场经济贸易自由的哲学,提倡市场自我调节为主,政府干预为辅,这一思想贯穿全书。

此外,本书在章节的安排上注重体系内在的逻辑联系和叙述的系统性;在讲解法律条文时突出条文背后的经济现实,不但释条文之然,而且探其所以然,说明为什么要这样规定,这样规定有什么好处或缺陷,应当怎样改进;在语言文字上,则力求改变国内法律书籍常有的那种呆板生硬的面孔,尽量写得生动活泼、通俗易懂,增强可读性。

我国证券法理论和实践都处在极其初级的发展阶段。只有真正理解了我们与国际先进水平的差距,才能懂得怎样追赶。在证券法领域内,这种差距究竟有多大?我想可以用这样的比喻来量化:如果说美国已经发展到了大学或者研究生阶段的话,那么我国就还处在小学一年级或者幼儿园大班的水平上。沿用这个比喻,这本书如果能够达到初中水平,我就感到十分欣慰了。我殷切地希望通过本书的出版,将我国证券法的研究、教学和审判水平普遍地提高一个档次。

关于书名,我原先想用"证券法初步"或"证券法教程初步"。"初步"一词有两层含义。首先,国内虽然已经出了不少证券法书籍,但是用作高校的教材,都还不够规范,更谈不上与国际接轨,这本或许能勉强凑合。所以,"初步"是第一本或与国际接轨第一步的意思。其次,证券法不是我的研究方向[①],我这点证券法知识也只是半瓶子醋,拿国际先进水平来衡量,这本书还很不成熟,只能为我们奠定一点基础,作为向规范化教材迈出的最初一步。所以"初步"是初级或低水平的意思。但是考虑到它是系列教材中的一本,需要统一名称,所以只好尊重出版社同志的意见,以"证券法学"冠名。如有名过其实之处,谨请读者谅解。

最后,不管在谋篇布局,还是行文措辞上,本书离精益求精还差得很远,各种缺点错误一定不少。我恳切地欢迎读者来信指正,提出宝贵的意见。

我的通信地址是:杭州市文二路 162 号 1-402 室,邮编 310012。

朱锦清

2003 年 7 月于杭州商学院

[①] 我的研究方向是中国政治改革和经济改革的法律调整。

目 录

1 | 第一章　什么是证券

　　3　第一节　股票
　　　　一、股票、股份、股权 /3　　　　二、股权的内容 /4
　　　　三、普通股、人民币特种股票、优先股 /5
　　　　四、优先股的特殊种类 /7　　　五、股票的记名与无记名 /8

　　8　第二节　债券
　　　　一、债券及其特点 /8　　　　　二、债券的价格波动 /10
　　　　三、债券的内容和发行方式 /11　四、债券的种类 /12
　　　　五、企业债券与政府债券 /16

　　18　第三节　投资基金
　　　　一、投资基金的组合原理 /18　　二、指数基金 /22
　　　　三、投资基金的种类 /24

　　25　第四节　衍生证券
　　　　一、期权原理 /26
　　　　二、类似期权的其他衍生证券 /28
　　　　三、我国的衍生证券 /29

　　31　第五节　资产证券化——资产支持的证券
　　　　一、资产证券化原理 /31
　　　　二、资产证券化方式之一——传递 /32
　　　　三、资产证券化方式之二——资撑债 /34
　　　　四、资产证券化方式之三——付通 /35
　　　　五、资产证券化的多方参与者 /36
　　　　六、资产证券化的广泛应用 /37　七、资产证券化简史 /38

第六节 资产管理产品 ... 39

一、我国的资产管理业务及其监管体制 /39

二、资产管理产品 /40　　三、产品分类 /42

四、刚性兑付和资金池 /43

第七节 存托凭证 ... 45

一、参与型存托凭证 /46　　二、非参与型存托凭证 /48

三、综述 /48　　四、我国 /50

第八节 其他证券——类似股票的投资份额或权益分享 ... 51

一、从果园开发谈起 /51

二、美国经典案例——豪易案 /52

三、豪易案的类似运用 /53　　四、行政手段与法律手段 /54

五、证券定义的推而广之 /55

六、透过现象看本质——名与实 /57

七、美国各州的判例和立法 /60　　八、我国 /61

第九节 证券定义的概括性讨论 ... 61

一、定义的概括与演绎 /61　　二、我国学界的定义 /64

三、本章特色 /66

第二章 证券的发行和交易 ... 67

第一节 证券的发行 ... 68

一、直接发行和间接发行 /69　　二、承销和承销团 /70

三、发行价格 /73　　四、承销协议的特色条款 /75

五、私下投放 /76

第二节 证券的交易 ... 78

一、二级市场的作用及其与一级市场的关系 /78

二、二级市场对发行人的影响 /79　　三、二级市场的四种结构 /80

四、证券交易所 /82　　五、柜台市场 /88

第三节 我国的证券市场及活动于其中的各类主体 ... 92

一、我国的证券市场 /92　　　　　二、曲折的历程 /94
三、活动于我国证券市场内的各类主体 /99

110 | 第三章　证券法基本原理及其运用
　　　　　　　——批准、公开、原则

111　第一节　证券法的基本原理
一、公开的意义 /111　　　　　二、保护投资者 /114

116　第二节　我国证券法中的发行批准制度讲评
一、法律规定 /116　　　　　二、形式审查和实质审查 /127
三、美国的经验值得借鉴——《1933年证券法》立法简史 /130
四、我国发行批准制度的改革方向 /132
五、注册制试点 /133

135　第三节　我国证券法中的公开制度讲评
一、发行公开 /136
二、发行之后的信息持续公开 /145

147　第四节　关于"三公"原则及其他

151 | 第四章　民事责任

156　第一节　主观责任
一、发行人的董事、监事、高级管理人员和其他直接责任人员 /158
二、承销人 /162
三、发行人的控股股东、实际控制人 /169
四、专家——为发行、上市、交易出具文件的证券服务机构 /171
附：艾斯考特诉巴克利司建筑公司案 /177

199　第二节　违法行为
一、概述 /199　　　　　二、辨别 /207
三、将来的、不确定事件 /212

214　第三节　损害后果

一、投资者的损失与市场波动 /214

二、三种赔偿标准 /217

三、承销人的赔偿限额 /221

222　第四节　违法行为和损害后果之间的因果关系

一、举证的困难与市场欺诈理论 /222

二、我国引进 /224

三、私下交易时的因果关系 /226

四、举例说明 /227　　　　　五、小结 /229

230　第五节　我国证券法民事责任实况讲评

一、历史演变 /230

二、前置屏障的取消与《2022年司法解释》/235

三、康美药业案剖析 /240

254 | 第五章　几种违法行为的讨论

255　第一节　内幕交易

一、对公司内部人和大股东的特殊规定 /255

二、对内幕交易的一般规定 /261　　三、对内幕交易的查处 /270

四、美国的经验可资借鉴 /285

288　第二节　操纵市场

一、炒作股票 /289　　　　　二、散布信息 /294

三、民事责任 /298

301　第三节　欺诈客户

一、法条细读 /302　　　　　二、搅拌研究 /304

315 | 第六章　公司收购

316　第一节　公司收购的内容和形式

一、收购概述 /316　　　　　二、要约收购过程 /320

325　第二节　征集投票代理权

| 330 | 第三节 对公司收购的防御
| 341 | 第四节 法律保护投资者
　　　一、对收购人的约束 /342　　二、对股东交售的约束 /345
　　　三、对目标经理层的约束 /346
| 348 | 第五节 举例说明
　　　一、派泼航空器公司诉科里司——克拉夫特实业公司案 /348
　　　二、诺林公司收购案 /349
　　　三、莫冉诉国际家用公司案 /350
　　　四、芮夫朗公司上诉麦克安德鲁斯与福布斯控股公司案 /352
　　　五、海克曼诉阿门森案 /356
　　　六、弯伯格诉全石油产品公司案 /358
　　　七、ST 生化收购案 /365

| 369 | 第七章　我国证券市场的监管体制

| 370 | 第一节　国务院证券监督管理机构
　　　　　　——中国证券监督管理委员会
| 374 | 第二节　中国证监会的发行审核程序
| 378 | 第三节　对发行核准的司法审查
| 379 | 第四节　全面管理和目标体制
　　　一、全面管理 /379　　二、取消行政审批项目 /383
　　　三、目标体制 /386
| 389 | 第五节　自律性组织

第一章 什么是证券

第一节 股票
第二节 债券
第三节 投资基金
第四节 衍生证券
第五节 资产证券化——资产支持的证券
第六节 资产管理产品
第七节 存托凭证
第八节 其他证券——类似股票的投资份额或权益分享
第九节 证券定义的概括性讨论

证券法是以证券为调整对象的。知道什么是证券,是学习证券法的第一课。

给证券下定义,就像给其他事物下定义一样,不外乎概括和列举两种方法。概括的方法归纳事物的本质特征,着重证券的内涵;列举的方法罗列组成该事物的各别种类,着重证券的外延。用概括的方法给证券下定义十分困难,迄今为止还没有一个令人满意的定义。美国的学者称证券的定义"难以捉摸"[1],就是从概括的角度去说的。因此,在制定证券法的时候,人们往往采用列举的办法来框定法律调整的对象范围。

我国《证券法》[2]第 2 条规定,"在中华人民共和国境内,股票、公司债券、存托凭证和国务院依法认定的其他证券的发行和交易,适用本法……政府债券、证券投资基金份额的上市交易,适用本法……资产支持证券、资产管理产品发行、交易的管理办法,由国务院依照本法的原则规定"。这里就用了列举的方法,明文列举了七类证券:股票、公司债券、存托凭证、政府债券、投资基金、资产支持证券和资产管理产品。至于"国务院依法认定的其他证券",那是一个兜底条款,目前并无特定的所指。因此,本章对于证券外延的探讨,就以法律列举的这些证券为准,略加调整和延伸,以照顾学术体系的连贯与完整。调整指将政府债券与公司债券放在一起讨论,因为它们都是债券;延伸则是将衍生证券和类似股票的投资份额增加进来,加起来一共讨论八类证券。

通过对这八类证券的分类介绍和讨论,先使读者对每一类证券获得一个具体的认识。然后遵循从个别到一般、从具体到抽象的思维方法,在本章的末尾再从概括的角度对证券的定义作一番讨论,试着给证券下个概括性的定义,使读者对证券法上的证券获得一个比较完整的印象。

---

[1] Excerpt from Carl W. Schneider, "The Elusive Definition of a Security," reprinted at Richard W. Jennings & Harold Marsh, Jr., *Securities Regulation—Cases and Materials* 286 (1987).

[2] 证券法与公司法紧密相连。《中华人民共和国公司法》是 1993 年 12 月 29 日第八届全国人民代表大会常务委员会第五次会议通过的;《中华人民共和国证券法》是 1998 年 12 月 29 日第九届全国人民代表大会常务委员会第六次会议通过的。两部法律都屡经修改。尤其是 2005 年 10 月 27 日第十届全国人民代表大会常务委员会第十八次会议对这两部法律做了大幅度的修订,而后又有多次小修小补。2019 年 12 月 28 日,第十三届全国人民代表大会常务委员会第十五次会议又对证券法做了大幅度的修订。本书中凡是需要对新旧法律进行比较的地方,为语言的简洁起见,都在法前冠以年份表示,如 1998 年《证券法》、2005 年《证券法》、2014 年《证券法》等。如果上下文意思清楚,则更直接称 2004 年法、2005 年法等。凡是不注明年份的地方,除非上下文另有所指,都指现行的 2019 年法。提到公司法时也一样。

第一节 股票

一、股票、股份、股权

股票是对公司所有权份额的凭证。公司的特点是将自身分成大小相等的许多份额,称作**股份**,以股份[①]为单位计算投资者拥有公司所有权的份额。这就像街上卖大饼的人把大饼划分成大小相等的许多块,然后一块一块地卖出去一样。大饼之所以要划成小块出卖,是因为整个饼太大,单个顾客消化不了。公司之所以要分成股份,是因为整个公司太大,单个投资者负担不起,只能购买其中的一部分。而这个部分的大小又是以股份的多少及其占公司全部股份的比例来确定的。

一股股份的价值究竟有多少?这取决于两个因素。第一个因素是公司本身的价值以及由此决定的市场价格。公司的价值越高,每股股份的价值也就越高,二者成正比例关系。假定一个公司的市价是1亿元,发行了1000万股,每股的价格是10元。如果公司的市价升到了1.5亿元,每股的价格就是15元。第二个因素是公司已发行股份的总数。在公司价格给定的情况下,股份的价值与股份总数的多少成反比。例如,公司的市价为1.5亿元,股份总数为1000万股,每股的价格是15元。如果股份总数为3000万股,每股的价格就是5元。懂得公司的市价、股份总数、和每股价格三者之间的关系,对于认识和理解股票是有用的。

股份是一种财产,同时也是一个比较抽象的概念。公司必须以具体的财产为存在基础。这些具体的财产就是公司的资产,包括厂房、机器、设备、现金,还有土地使用权、知识产权、债权等。所谓将公司划成股份,并不是将公司拥有的这每一样资产实际分成这么多的份额,而是在概念上将公司作为一个整体的价值予以抽象,然后将这个整体价值分成许多份额。在这里,马克思关于价值与使用价值的区分是有用的。股份作为财产,作为物和物权的客体,应当从价值意义

[①] 我国《公司法》第125条第1款规定股份有限公司的资本划分为等额股份,第3条第2款规定其股东以认购的股份为限承担责任,而对有限责任公司则没有划分股份的要求,只是笼统地称"出资额"(《公司法》第3条第2款、第26条)。但是,"出资额"同样可以分为等额股份,法律对此并无禁止。

上去理解。

拥有股份的人叫做**股东**。基于股份所产生的权利叫做**股权**，或**股东权**，二者是一个意思。证明股权或者拥有股份的凭证是股票。股份、股票、股权可谓三位一体。拥有股份必然持有股票，自然拥有股权；持有了股票，也就拥有了股份和股权；拥有股权，必须以拥有股份为前提，必须持有股票。

二、股权的内容

股权是对股份的所有权，笼统地说，也就是对公司的所有权。传统民法对所有权下的定义是：占有、使用、收益和处分的权利。这些权能，当然也为股权所具有。但是民法上一般的、笼统的、抽象的概念对于商法上特殊的、具体各别的复杂问题是不够用的。从公司法和证券法的角度看，股权的内容主要有两个方面：收益权和投票权。①

收益权主要包括分红、升值、和剩余财产分配三个方面。**分红**指公司将其经营产生的利润按照持股比例分配给股东。**升值**指股票价格的上涨。从理论上说，分红与升值是互为消长的关系。在别的因素给定的前提下，公司分红越多，股票升值越少；分红越少，升值越多。分红与否，不影响股东的总体权益。在前面举过的例子中，当公司市价从 1 亿元升到 1.5 亿元的时候，已发行股票 1000 万股，每股的价格也从 10 元升到 15 元。如果这时公司决定拿出 2000 万元分红，每股 2 元。分红之后公司的市价将降为 1.3 亿元，每股的价格为 13 元。加上分红所得的 2 元，总和还是 15 元。这和在不分红的情况下，股东将手中的股票卖掉所得的钱是一样的。② **剩余财产的分配**是指在公司清算的情况下，公司财产如果在清偿了公司的全部债务之后尚有剩余，股东有权凭其所持的股份，参与对该剩余财产的分配。

投票权是参与公司决策的权利。股东对公司拥有所有权，公司对其资产拥有经营权。现代公司是所有权与经营权相分离的典型的、完美的形式。③ 既然股东是公司的所有人，对公司经营上的重大问题，当然也有最终的决策权和否决权。当然，单个股东不能独自行使这种权利，因为他并不拥有公司股份的全部或者多数，他只拥有其中的一部分，甚至很少的一部分。所以，他必须与其他股东

---

① 我国《公司法》第 4 条规定："公司股东依法享有资产收益、参与重大决策和选择管理者等权利。"顿号的前面是收益权，后面是投票权。

② 这里讲的只是基本知识。由于市价与会计账面值的不一致、市场对前景的预测等多种因素，实际的情况要复杂得多，但已经不属于本课程学习的范围，所以不必在这里讨论。

③ 我国一些学者将这种情况叫做两级所有，即股东对公司有所有权，公司对其经营管理的财产有所有权。也有人将前者称为间接所有，后者称为直接所有。这些提法在国有企业的经营管理权与国家的所有权分离的改革讨论中尤多。说公司对其财产有所有权无妨，但是并不影响股东对公司的所有权。

共同行使权利。股东会或股东大会就是股东共同行使决策权和否决权的权力机构。会议每年至少召开一次,公司有义务将开会的时间和地点通知股东,每个股东都有参加会议的权利,在会上有权就其所拥有的股份投票表决。根据我国《公司法》的规定,股东会议有权决定公司的经营方针和投资计划,选举和更换董事、监事,审议批准董事会的报告、监事会的报告、公司的年度财务预算方案和决算方案、利润分配方案,对公司的合并、分立、解散和清算作出决议,等等(见公司法第 37、99 两条)。

三、普通股、人民币特种股票、优先股

同时具有收益权和投票权的股份叫做**普通股**。公司可以根据需要,发行权利义务不同的多类普通股股票,但是就每一类股票而言,该类中每一股的权利义务都是相同的,即所谓同股同利,同股同权。根据我国现阶段的公司实践和现行公司法的规定,一个公司只能发行权利义务相同的一类普通股股票,尚未看到一个公司发行多类普通股股票的现象。[①] 但是随着我国公司实践和市场经济的发展,多类普通股的出现将是不可避免的。

至于我国公司目前发行的人民币特种股票,则不属于这里所说的多类普通股。特种股票是与普通股票相对而言的。**人民币特种股票**是国家为了吸引外资而以人民币标明面值,折合成外币,便于境外投资者购买的股票[②],其权利义务与人民币普通股票是一样的[③]。如果公司只面向国内的投资者,那就只发行一种股票,称为该公司的股票,用人民币购买,无所谓普通与特种。如果公司要同时面向国内和国外的投资者,那就需要发行人民币普通股票和人民币特种股票两种。普通股票叫 A 股;特种股票有 B 股、H 股、N 股等。B 股在我国境内发行,各种外币均可购买;H 股在香港发行,以港币购买;N 股在美国发行(N 是纽约的首字母),以美元购买。可见,人民币特种股票与普通股票的区别主要在于购买股票所用的货币不同。由于它们的权利义务是相同的,所以不是上面所说的多类股票。因为所谓多类股票,是指权利义务不同的股票,尤其在投票权方面。

与普通股相对应的是优先股。**优先股**的收益权优先于普通股,但是一般没有投票权。收益权的优先,表现在两个方面:第一,分红优先。公司有剩余的利

[①] 已有行政规章允许科技创新型企业进行试点,参见第 66 页脚注 2。

[②] 原来专供外国人买,又称 B 股。2001 年 2 月 19 日,中国证监会发布决定,允许境内公民用外币购买 B 股。见《中国证券监督管理委员会公告》2001 年第 2 期,第 6 页。

[③] 严格说来,是权利相同而义务相异,因为价格比 A 股便宜。这与税收上曾经给予"三资企业"以超国民待遇是一个道理。但这毕竟是不正常现象,属于我国股市初级发展阶段上的产物,以后应当逐步实现两种股票的同价。

润可供分红，必须先分给优先股，再分给普通股。凡是优先股的股东没有得到足额分红的，普通股一律不得分红。第二，剩余财产分配优先。在公司清算中，在清偿债务之后如果尚有剩余财产，优先股有权以其初始的出资额为限优先于普通股参与剩余财产的分配。凡是优先股的股东没有得到足额分配的，普通股一律不得分配。

作为股票，优先股像普通股一样是永久性的，公司只需付息（分红），无须还本。在这点上它与债券不同。但是优先股的分红权与普通股不同。普通股是没有限制的，分红可多可少，由公司酌情而定。优先股却有固定的红利率，因而它的分红是有上限的。假定优先股的红利率为 7%，那么一张面值 100 元的优先股股票最多只能分到 7 元钱，不可能 7.01 元。优先股也没有普通股所具有的增值潜力。其市场价格的确定，与债券相似，可以因银行利率的提高而下降，因银行利率的降低而上升。优先股的股利一般高于债券的利息。但是在分配顺序上要排在债券的后面。债券到期的本或息未清偿之前，优先股不得分红。此外，债券的利息只要合同有规定，就必须逐年偿付，而优先股的固定红利却可以不付。只要公司当年没有对普通股分红，就可以不对优先股分红。不过，在不分红的情况下，优先股的未分配红利是逐年**累积**的。仍以 7% 为例，如果前两年都没有分红，今年就必须先给每百元优先股分红 21 元（简明起见，不计复利），否则普通股一分钱也不得分。由此可见，优先股是介于普通股和债券之间的一种证券，它的出现是客观经济需要多样性的结果。恩格斯在《反杜林论》中阐述辩证法则时提到，绝对的鸿沟正在消失。看来，在表示物权的股票与表示债权的债券之间也不是壁垒分明，而是存在着中间状态，外国人叫做灰色地带。优先股可算是这一辩证法则的一个活生生的例证。

上面介绍的是优先股的一般特征。现实的经济活动丰富多彩，公司自然可以根据自己的需要规定出一些变种来。例如，规定优先股的红利不累积；就公司的某些问题给予优先股以投票决策或否决的权利；允许优先股在一定的期限内按照一定的比例转换成普通股；规定公司在一定的期限内可以按照一定的价格买回优先股；或者干脆像债券那样给优先股确定偿还的期限。有些学者据此将优先股分成许多类：累积的与非累积的；可转换的与不可转换的；可赎回的与不可赎回的；等等。这种分类追求表面上的形式整齐，忽略了一般与特殊的关系，不但会导致学生死记硬背，而且容易误导学生。因为从证券发行和交易的实践情况来看，可转换或可赎回的规定比较常见，相应地就有了可转换优先股、可赎回优先股的提法；不累积的情况极少，所以就不大听到非累积优先股的提法；至于累积的、不可转换的、或者不可赎回的优先股的提法，则几乎没有，因为那是普通的情况，不是变种，所以没有必要标明。一种证券的变种是丰富多彩的客观经济需要决定的。现实的需要多种多样,变种也将不胜枚举。只要抓住了该种证券的基本特征,就可以以不变应万变,一通百通,没有必要作这么多形式主义的分类。

四、优先股的特殊种类

可转换优先股是持有人可以在一定的期限内按照一定的比例转换成普通股的优先股。这里所说的期限和比例都是发行人在发行优先股的时候就规定清楚了的,并且按习惯都写在股票的票面上。例如,假定公司普通股的市场现价为每股 8 元,发行每股面值为 100 元的优先股时可以规定这样转换:自本优先股发行之日起 5 年内的任何时候,每一股本优先股可以转换成 10 股普通股。显然,只有当普通股的价格上涨到每股 10 元以上时,兑换才有意义。不过,即使涨到了 10 元以上,优先股的股东也不会马上就去兑换,因为 5 年之内随时可换,期限未到,他不用着急。持股观望有好处,万一普通股价格暴跌,他可以不换,因为一旦兑换,就不能反过来再从普通股换成优先股了。

可赎回优先股是发行人可以在一定的期限内按照一定的价格买回的优先股。公司之所以要发行可赎回的优先股,是因为它预测到赎回期内市场利率可能会下降,继续按照优先股的红利率分红不合算,或者估计在该时期内公司可能会积存较多的暂时不用的现金,用来回购优先股可以减少定期的红利支出。赎回优先股的期限和价格是在发行之初就规定清楚了的。价格的确定包括初始投资额,一般为面值,另外加上适当的溢价,譬如面值的 5%,作为对投资者失去较高红利收入的一种补偿。届时如有已经到期的或累积的红利,也须一并付清。

应当注意,发行人对优先股的某些一般性特征所作的这些调整和改变因为影响到公司与优先股股东的相对权利义务关系,所以都会在价格上反映出来。例如,给予优先股以部分投票权,或者允许其转换成普通股,就意味着优先股的股东得到了一般情况下没有的好处,于是股票的价格就得适当地提高,或者红利率将适当地降低。反过来,如果规定其红利不累积,或者公司可以赎回,这就意味着优先股的股东失去了一般情况下应有的权利,于是价格就得适当地降低,或者红利率将适当地提高。这大概就是所谓没有免费的午餐吧。

我国《证券法》和《公司法》都没有对优先股作出规定,说明我国在这方面的经验还不够成熟。2013 年 11 月 30 日,国务院发布了《关于开展优先股试点的指导意见》[①],终于使优先股的发行有规可循。随后,中国证券监督管理委员会(以下简称证监会)于 2014 年 3 月 21 日发布《优先股试点管理办法》[②],使国务院的

---

① 国发〔2013〕46 号。
② 证监会第 97 号令,2021 年修正(证监会 184 号令)。

指导意见进一步具体化。以后，在经验成熟的基础上，法律会对优先股作出规定的。

五、股票的记名与无记名

不管是普通股还是优先股，都有记名与无记名之分。我国《公司法》第129条、第130条对此作了规定。所谓**记名股票**，就是股东的名字要写在股票上，公司也要备一本股东名册予以记录。**无记名股票**，就是股票上面没有写股东的名字。股票的实体权利义务并不因记名或不记名而有所差别，二者的区别在转让方式的不同。记名股票的转让必须先经所记名的股东背书，然后再交付给受让人（见《公司法》第139条、第140条）。受让人再次转让时，必须再次背书。多次转让将形成一条背书链条，该链条上的每个环节是否前后衔接是检验股票的持有是否合法的主要依据。无记名股票的转让则直接交付即可。比较起来，记名股票要安全一些，失窃或遗失了可以挂失，窃得或拾得股票的人并不当然成为股东，因为上面没有失主的背书；而无记名股票的丢失就像人民币丢失了一样，无法挂失，因为是交付转让。但在另一方面，无记名股票在发行和转让方面相对简便一些，由于交付即可转让，流通性能更好一些。这叫一分为二，有利又有弊。

第二节 债券

一、债券及其特点

股票代表对公司的所有权；公司债券代表对公司的债权。**债券**反映了一种债权债务关系：发行债券的公司是债务人，又叫债券发行人；购买债券的投资者是债权人，又叫债券持有人。债券的性质，很像公司向人借了钱之后开出的一张借条或收据。借期届满，债权人便凭此向债务人索取本息。从这个意义上说，它和普通的债权债务关系，例如张三向李四借了300元，甲公司向乙公司借了50万元，并没有什么两样。

但是债券和私下借款又有所不同。首先，私下借款要在相互了解的基础上凭借个人或公司的信用，讲究人情面子等，这就限制了借款的范围。其次，即使你的信誉很好，认识你的人都愿意把钱借给你，他们也不一定有那么多的钱，这就限制了借款的数量。最后，即使没有上述范围和数量上的限制，你也得订上成千上万个借款合同，每次都要谈判，讨价还价，因为每个债权人的要求和条件往往各不相同，这就要花费大量的时间和精力，交易费用太高。

发行债券则不同，虽然也需要商业信誉，但却不需要你四处奔走寻找借主，也不需要什么人情面子，而是面向社会，条件整齐划一，就像种类物商品已经制作好了，放在商店里出售一样，投资者要么买，要么不买，不能讨价还价。发行所需的文件也只需要起草一套，然后大量复制散发便可。在履行了必要的手续之后，公司便可以坐待收款。通过承销人的客户网络，四面八方、素不相识的投资者会主动上门购买。零碎的、数额大小不等的资金会源源不断地流入公司的金库[①]，满足它的投资需求。所以，和私下借款相比，发行债券是一种**社会化**的集资手段。

银行也是社会化集资的有效手段。一家银行开设在那里，有目共睹，众多的个人就会将其积存的暂时不用的、数额大小不等的钱储存进去，这样既安全，又可以生出点利息来。公司从银行贷款，实际上也是一种社会化集资，只不过通过银行这一中介机构间接地进行罢了。银行贷款为公司提供了向个人和企业私下借款和发行债券以外的第三条可供选择的融资途径。但是银行不会免费为公司提供服务。作为中介机构，它必须赚钱。公司向银行贷款的利率必须高于存款的利率。例如，公众存款的利率为5%，银行贷款给企业或个人的利率为8%。银行就是依靠这个存贷款利率的差额来赚钱的。如果能够撇开银行这个中间环节，直接面向广大的投资者，公司就有可能以低于银行贷款的利率借到所需要的资金。债券正好可以起到这样的作用。当然，发行债券的费用也很高，包括支付给承销人的佣金、律师和会计师等专业服务人员的收费、大批量文件的制作费等。这些费用加上债券本身的利率，有时候会超过向银行贷款的费用。那可能是因为公司小、年轻、资信不够，需要的资金量又大，银行怕担风险，不愿意出借那么多的钱，所以公司不得不出高价向社会募资。但是，不管是为了节省费用，还是为了借到足额的款项，发行债券都因为省略了银行这个中间环节而具有直接性。所以，和银行贷款相比，发行债券是一种**直接**的集资方式。[②]

可见，债券集资同时具有社会化和直接性的特点。前面说过，债券在本质上

[①] 在实际操作中，发行人所募款项是由承销人一次付给的。投资者的钱一般是交到承销人手里的，只有在直接发行时才交给发行人，详见第二章第一节"证券的发行"。这里为了叙述的简明和形象而暂时不计这些细节问题。

[②] 细论起来，发行通过投资银行承销，也具有间接性，发行人也要付中介费。但人们更多地把这看成发行费用的一部分而谈论证券集资的直接性。另外，发行也有不经过承销人而由发行人自己销售的，这时的集资就完全直接而没有中介了。

反映了一种债权债务关系,但是这两大特点使债券与其他债务区别开来。① 事实上,所有公开发行的证券,例如股票,都具有这样的特点。因此,集资的社会化和直接性也是证券②的共性。

和股票相比,债券还具有**风险小,增值潜力小**,因而价格波动小的特点。债券的性质是债务,其清偿的顺序在股票的前面。一个公司股东投资 100 万元,通过发行债券借款 100 万元,共有资产 200 万元。这 200 万元的资产都是用来担保那 100 万元的债务的。假定债务到期时公司已经亏掉了 100 万元,剩余的 100 万元就得全部支付债务。股东血本无收,债权人的要求却基本得到满足。因为有股票垫底,所以债券的风险较小。但是债券的增值潜力也相对较小。如果公司经营得好,股票的价格会飞涨,债券的价格则不会大涨,因为债券的利率是固定的,公司经营得再好,债券持有人也不能多拿一分钱的利息。反过来,如果公司经营得不好,股票的价格可能会暴跌,但是只要公司的偿债能力不受影响,债券的价格也不会大跌。

二、 债券的价格波动

当然,债券的**价格**也可以有大的波动,主要受两方面因素的影响:一是市场的**利率**,二是公司的**资信**。债券发行之后,它的市场价格将随市场利率的波动而波动。市场利率可以以银行存款利率为准。市场利率上升,债券的价格下降;市场利率下降,债券的价格上升。例如,在市场利率为 5% 的时候发行了一批利率为 7% 的债券。债券的利率总要高于银行存款的利率,因为它的风险也要高于银行存款,高出的这 2% 就是对较高风险的补偿。假定这时债券可以平价发行,面值 1000 元的债券可以卖 1000 元。过了一年,银行利率下降到 4%,债券利率依然是 7%,如果说高出 2% 的利率就足以补偿债券相对于银行存款较高的风险的话,那么,另外的 1% 就是净高于银行利率的收入了。所以,这时面值 1000 元,利率为 7% 的债券或许能卖到 1100 元,因为即使按这样的高价计算,实际利率依然有 6.36%,高过市场利率两个多百分点。又过了三年,银行的利率上涨到 8%。按照同样的道理,这时这同一张债券大概只值 700 元了,因为按 700 元的价格计

---

① 国内出版的一些书籍经常繁杂琐碎地罗列一大堆特征,诸如借款条件是千篇一律的,因而比较规范,规格划一,所以简便,还可以节省交易费用;可以流通,转手买卖;数额没有限制,可以借到大量的资金;等等。这种罗列过于表面,过于零碎,缺乏逻辑联系,不利于学生学习和掌握债券的本质特征。学习要掌握基本的东西,然后举一反三。在辨别不同事物时,要抓住一事物区别于它事物的那些基本特征。例如本注所提到的那些特征,仔细推敲起来,都可以包含在前述两大基本特征之中,或者说是由基本特征所决定的:集资的社会化特点必然要求债券的规格划一规范,集资的直接性又意味着节省费用的可能性,等等。至于流通性,那是所有证券的共性。

② 这里所说的证券是指按证券法公开发行的证券。私下投放的证券在后面第二章第一节中介绍。

算,实际利率为 10%,勉强高过市场利率两个百分点。可见,债券价格的变化直接受市场利率的影响,其与公司经营状况的联系却远没有股票的价格那么紧密。

但是这不等于债券的价格与发行人的经营状况没有联系。如果公司破产了,不但股票将一文不值,债券的价值也会大打折扣。这就关系到公司的偿债能力了。这种偿债能力可以用公司的资信等级来表示。美国有三家著名的金融分析研究机构,标准普尔(Standard & Poor's)、穆迪(Moody's)和惠誉(Fitch)[1],专门为公司发行的债券评定等级。标准普尔和惠誉的资信评级用大写字母,AAA、AA、A、BBB、BB 等表示;穆迪则用 Aaa、Aa、A、Baa、Ba[2] 等表示。当公司的偿债能力因经营状况的变化而变化的时候,债券的资信等级也会被上调或下调。如果一张债券的资信等级高,例如 AAA,这就意味着它的风险相对较小,它的利率就可以比较接近银行存款利率,例如 6%,略高于银行存款利率。反过来,如果一张债券的资信等级较低,这就意味着它的风险相对较大,它的利率就必须高过银行存款利率好多,例如 10%。较高的利率是对较高风险的补偿。债券的资信等级越高,质量也就越好,价格也就越高,因而利率就会较低;资信等级越低,质量也就越差,价格也就越低,因而利率就会较高。当一批原来被确定为 A 等级的债券以 8%的利率平价发行以后,因公司偿债能力的变化其资信等级被下调为 B,在市场利率等条件不变的情况下,它的市场价格也会下降,实际利率会相应地提高。例如一张面值为 1000 元的债券原来可以卖 1000 元,现在资信等级被调低之后就只能卖 800 元,而利息依然按面值 1000 元,利率 8%支付,每年 80 元。于是,它的实际利率就从票面上的 8%上升到了 10%。

三、债券的内容和发行方式

了解了债券的上述特点之后,再来看债券的内容。我国《公司法》第 153 条给债券下了这样的定义:"公司依照法定程序发行、约定在一定期限还本付息的有价证券。"可见,**债券的基本内容**有三点:一是本,一般为债券的面额;二是息,即利率,大都用百分比年息表示,例如,7%即表示以面额计算,每年支付 7%的利息;三是期限,从什么时候开始计息,到什么时候为止,截止期到时必须连本一起偿还。在实践中,在约定的期限内还本付息有三种常用的办法:一是到期一起支付本息,债券**平价发行**,即面值等于价格,到期之后在这个面值基础上加上利息

---

[1] 1975 年,美国证券与交易委员会认定标准普尔、穆迪和惠誉为"全国认定的评级组织"(Nationally Recognized Statistical Rating Organization,NRSRO)。美国法律又规定,由标准普尔或者穆迪评级良好或者以上时,联邦下属的大型投资机构(如养老基金)才可以购买它的债券。一旦预测结果变坏,债券必须马上卖掉。见杭州《都市快报》2011 年 8 月 28 日第 21 版和第 24 版的介绍。

[2] 从 Aa 以下又各分三级,如 Aa1-3、A1-3、Baa1-3 等,所以穆迪分得更细一些。

偿还；利息可以是简单年利，也可以是按年、按月、按天、或者每时每刻的复利，这点要在债券发行的初始条件中规定清楚。二是到期一起支付本息，债券**贴现发行**，即面值大于价格，这时即使不标明利率，利息也已经包括在面值之中了，其数值等于面值高于价格的部分，期限届满时按面值偿还。例如，一张面值为 100 元两年期的债券卖 85 元，等于一张面值为 85 元，利率为 8.47%，按年复利计息的债券平价发行。三是利息每半年或一年支付一次，平价发行，这时往往在债券上附有多张息票，每到付息期限，债权人便将该期息票剪下，凭此向发行公司领取利息。

除此之外，债券还有**溢价发行**的情况，例如，一张面值为 100 元，年利率为 8% 的 10 年期债券，发行价为 120 元。溢价发行债券的情况极少。但是在二级市场上，债券的价格涨到面值以上却是常见的现象。

四、债券的种类

上面介绍了债券的特点、内容和发行方式，下面叙述债券的种类。

和股票一样，债券也有记名与无记名之分（见《公司法》第 156 条）。它们的差别也仅仅在于转让方式的不同：**记名债券**转让时需要背书加交付方可生效；**无记名债券**转让时只需交付便可生效（见《公司法》第 160 条）。所以，记名债券遗失或失窃时可以挂失，无记名债券则缺乏同样的安全保障。但是二者的实体权利义务是一样的，并不因为记名或不记名而有所不同。

像优先股一样，债券也有可以转换成股票的。凡是债券持有人可以在约定的期限内按照约定的比例和方法转换成股票的债券就是**可转换债券**。可转换债券可以转换为优先股，也可以转换为普通股，但以转换为普通股的居多。至于具体转换成什么股，怎么转换，包括转换的比例、期限及具体方法等，都必须在发行之初的债券合同中规定清楚。转换与否的选择权在债权人，即债券持有人。因为可转换债券比普通债券多了一项转换选择权，所以其价格要比普通的不可转换的债券贵一些，也就是说，其利率相对低一些。我国《公司法》第 161、162 条规定上市公司可以发行可转换债券。《证券法》第 15 条第 3 款要求公司在发行可转换债券时，除了必须具备发行普通债券的条件之外，还必须具备发行股票的条件。这是因为这些债券随时可以转换成股票的缘故。

像优先股一样，债券也有可赎回的。所谓**赎回**，是指发行人在债券期限届满之前提前清偿。**可赎回债券**就是发行人可以在债券期限届满之前的一定期限内，按照合同规定的价格和方法向债券持有人赎回的债券。可赎回债券发行之后，决定赎回与否的权利在发行人。赎回的价格、期限、具体方法都是在发行之初的债券合同中规定清楚的。在合同规定的期限内的不同时间点上，赎回的价格是不一样的。例如，一批 10 年期的债券在合同中规定可以在第 7、8、9 三年中每年的 5 月下旬赎回，价格按每百元面值计算分别为 109 元、107 元和 106 元。决定价格的主要依据是至该时点已经产生的半年期利息，联系预先估算的市场利率行情适当加上一点对债权人失去后阶段利息的补偿，再加上本钱，三者综合起来考虑确定。因为可赎回债券比普通债券少了一项权利，或者说债务人相应地多了一项权利，所以其价格要比普通债券低一些，也就是说，其利率相对高一些。我国《公司法》没有对可赎回债券作出规定。这是因为我国公司实践尚不发达的缘故。

不过，中国证监会发布的《上市公司证券发行管理办法》在"发行可转换公司债券"一节中规定债券可以按照约定条件赎回或者回售①，弥补了《公司法》规定的不足。所谓回售，是指债券的持有人将所持债券卖还给发行人，选择权在持有人。发行可回售债券的情况极少。

证券实践中已经接受了可转换债券、可转换优先股、可赎回债券、可赎回优先股这几个名词。但是反过来，不可转换的债券或不可赎回的优先股则不大说，各自不成其为单独的一类，因为那是一般的情况。可与不可，在这里是例外与一般的关系，并不是并列关系或者平等的对应关系。②

2008 年 10 月 17 日，中国证监会发布《上市公司股东发行可交换公司债券试行规定》。可交换债券与可转换债券原理相同，唯一的差别在于债券发行人的不同。前者由股东发行，后者由公司发行。例如，甲乙二人持有丙公司的股票，则丙公司可以发行可转换债券，而甲乙以其持有的丙公司股票为基础可以发行可交换债券。此外，证监会进一步规定可交换债券的期限为 1—6 年，发行人必须是公司。也就是说，上例中的甲乙如果是自然人，就不能发行。如甲为公司而乙为自然人，则甲可以发行而乙不能发行可交换债券。

债券的期限长短不一。有人据此分出长期债券、中期债券、短期债券。但是

---

① 《上市公司证券发行管理办法》(2006 年 5 月 6 日发布，2020 年 2 月 14 日修正)第 23 条。
② 像对待优先股一样，我国有不少学者想当然地将上述债券当作并列关系成双成对地罗列分类：可转换的与不可转换的；可赎回的与不可赎回的；有担保的与无担保的；等等。这种分类忽略了一般与例外的关系，带有概念的误导，并且容易引导学生死记硬背。就拿担保来说，无担保为一般，有担保为特殊。况且，理论上也没有必要把有担保的债券作为一个种类来对待，因为这种担保，与民法上的普通担保没有区别。前面讲述优先股时已经说过，一种证券的变种是丰富多彩的客观经济需要决定的。现实的需要多种多样，发行人随时可能对证券的一般内容，即一般情况下该种证券的权利义务关系作出修改和调整，于是便生出许多变种来。例如，债权人一般没有权利干涉公司的经营管理，但是有的合同却规定公司的某些活动必须得到债权人的同意。难道据此便要分出有干涉权的债券与无干涉权的债券，或者有否决权的债券与无否决权的债券吗？而且，这种否决权的内容又各不相同，如果每一种比较重要的差异都要分出是与否两类债券来，那就会形成几十种、几百种，甚至更多的分类，这是没有必要的。学习，应当分清主次，抓住事物的本质特征，在此基础上了解一些例外和变种，就可以一通百通。

在长期与中期、中期与短期之间并没有确定的界限,长、中、短期都是一些相对的,甚至是模糊的概念,且因各国习惯的不同而大相径庭。例如,在我国,1年算短期;1—5年为中期;5—10年为长期。[①] 而在美国,5年只能算短期,长期应该在20年以上,10年左右的算中期。由于期限的长短并无明确的标准,这种划分只依习惯而定,不尽科学。

根据清偿顺序的先后,债券有**低级**(subordinated)与**高级**(senior)之分。高级债券的本息未曾全额清偿,低级债券不得清偿。一个公司发行了一批债券之后,再次发行债券时会给第一批债券持有者增加风险。例如,股东投资1000万元创办公司,而后发行了第一批总额为1000万元的债券,这时,公司的总资产为2000万元。这2000万元都是担保那1000万元债务的,资产与负债的比例为2∶1,也就是说,2元钱的资产担保1元钱的债务。这对债券投资者来说,还是比较安全的,所以他们才买了这批债券。第一批债券发行之后,如果公司因资金短缺又发行了第二批债券,总额同样为1000万元,那么,公司的总资产便为3000万元。用3000万元的资产担保2000万元的债务,资产负债率为1.5∶1,也就是说,现在是1.5元的资产担保1元钱的债务。这对第一批债券购买人来说,保险系数显然降低了,与他们当初购买债券时的期望是不相符合的。因此,在第一次发行债券时的债券合同中往往会对公司再次发行债券作出限制,规定以后只能发行级别低于本批债券的债券。在上例中,如果第二批债券的级别低于第一批,那么对第一批债券持有人来说就是一件有利的事情,因为现在不是1.5元资产担保1元债务,也不是2元资产担保1元债务,而是3元资产担保1元债务了。

可能有人要问,这样的话,第一批债券持有人固然高兴,可是第二批债券的风险就太大了,怎么还会有人去购买呢?是的,会有人购买的,因为债券的利率可以根据风险的增大而提高,只要公司不破产,购买第二批债券的人最终会获得比第一批债券更高的利息收入。用较高的收益来补偿较大的风险,是生意场上通用的规则。

低级债券由于风险较大,在美国常被人们称为"破烂债券"或"垃圾债券"(junk bonds)。在20世纪80年代后期,美国有许多这样的低级债券。当时通货膨胀,债券持有人非常恐慌,生怕公司出现坏账。在这样的氛围下,低级债券的价格很便宜。但是,后来事实的发展证明这些债券绝大部分能够如期付款,它们的持有人获得了丰厚的回报。

---

① 根据中国人民银行颁发、1996年8月1日起施行的《贷款通则》第8条将企业贷款分长、中、短三类。短期1年或1年以内;中期1到5年;长期5年以上。自营贷款一般不超过10年,超过了必须报人民银行批准。

现在返回去进一步解释高低级债券的关系。前面说过,高级债券的本息在获得全额清偿之前,低级债券不得清偿。这是否意味着高级债券的期限届满之前低级债券不会付息呢？不是的。债券的期限很长,10 年、20 年、30 年的都有。如果在 30 年中公司不能再发行别的债券,或者发行了也不能够付息,这显然不利于公司的正常运作,也不利于社会经济的发展。这就需要找到一种既能保障第一批债券持有人的利益,又能使第二批债券的购买者同样能够按期领到利息的办法。实践中,公司法律师们的智慧已经解决了这个问题,那就是在前后两个债券合同中作出明确的规定,并相互衔接。例如,某公司于 1990 年 1 月 1 日发行了一批 10 年期的高级债券,按年付息。1992 年 1 月 10 日发行了一批 15 年期的低级债券,同样按年付息。到 1993 年 1 月 10 日第二批债券的初次付息日,第一批债券还有 7 年的利息和本钱尚未清偿。为了使第二批债券能够按期付息,第一批债券的合同中会有这样的规定:后次债券的付息必须得到前次债券持有人或其代表人①的同意,发行人在对后次债券付息时必须提取一定数额的资金建立对前次债券的付息基金,或者发行人必须向前次债券持有人或其代表人出示令他信服的具有充足的还款实力的证据,等等。这类规定并不是因为事后需要才添加上去的,而是律师在起草第一次债券合同的当初就已经替公司预见到了这种需要,并且在合同中写清楚了的,因而第一批债券的购买人在购买时已经知情。第二批债券在付息时只要满足了第一批债券的合同中规定的这类条件,便可以按期付息。同时,第二批债券的合同也会对前次债券合同中这类有关的条文作出呼应,与之衔接。

我国目前的公司债券发行还处在初级阶段上,普通公司发行的债权尚未出现高低级的区别。不过,银行间的拆借市场早在 2003 年就有了次级债务,随后扩展到证券公司。2005 年 12 月 13 日中国证监会下发《关于证券公司借入次级债务有关问题的通知》,逐步演变到今天的《证券公司次级债管理规定》。② 所谓次级,就是低级。次级债务虽然未必以债券的形式发行,但其性质与低级债券是相同的。③ 随着我国公司实践和市场经济的不断发展,普通公司发行的低级债券会很快出现的。

---

① 我国《证券法》第 92 条设置了债券受托管理人。该管理人应当代表债券持有人的利益,监督发行人的行为,保证债券如期付息还本。

② 2005 年的《关于证券公司借入次级债务有关问题的通知》到 2010 年 9 月演变为《证券公司借入次级债务规定》,2012 年 12 月又进一步修改为《证券公司次级债管理规定》(2020 年 5 月 26 日再次修订并沿用至今)。

③ 另外,《上海证券报》2004 年 8 月 27 日第 A10 版报道"次级债券踏上上市之旅——中国银行首期次级债券获准将于近日在银行间市场挂牌交易",只不过这是由银行发行,只在银行间市场交易的低级债券。

五、企业债券与政府债券

除了公司债券之外,我国还有**企业债券**。这是按发行主体作出的区分。根据 1993 年 8 月 2 日国务院发布的《企业债券管理条例》①,凡是具有法人资格的境内企业都可以发行债券。企业债券与公司债券并没有本质的区别。条例将企业债定义为:"依照法定程序发行、约定在一定期限内还本付息的有价证券。"这与《公司法》对公司债券所下的定义完全相同。公司也是企业,公司发行的债券与其他企业发行的债券包含着相同的风险因素,包括公司在内的各类企业的债券发行原本应当由同一部法律来调整。但是目前公司债券与企业债券在发行主体、发行条件、审批手续上都存在着差异②,由此造成了法制的不统一和市场的不统一。这一方面是我国在经济改革过程中公司制企业与大量非公司制企业法人并存的现实反映,另一方面更重要的,还是计划经济传统下割裂的行政审批体制遗留下来的后遗症,以后应当随着经济改革的进展而逐步消除。

如果说企业债券与公司债券在本质上属于同类的话,那么,政府债券却因其风险因素具有质的不同而自成一类。**政府债券**是由中央或地方政府发行的债券。由此形成了中央政府债券和地方政府债券两大类别。中央政府发行的债券称为**国债**,如我国的国库券。地方政府的级别各不相同,但都可以发行自己的债券,**市政建设债券**是其中较为常见的一种,是一个城市为了市政建设而发行的债券。这类债券的还本付息往往是以债券集资用以建设的项目所产生的收益作为担保。政府债券的偿付是以税收为后盾的,所以安全度比较高,尤其是国债,只要国家政权不垮台,一般都会得到清偿。不过也有例外,从 2009 年开始的欧盟债务危机③便是一例。其中希腊的长期国债被标准普尔等评级机构从 2008 年的 A 级逐步降级,一直降到 2011 年 7 月的 CC 级,成为垃圾债券。2017 年 5 月 24 日,穆迪将中国的国债从 Aa 下调至 A;同年 9 月 21 日,标准普尔也将中国长期国债由 AA 下调为 A。④ 可见,政府债券也并非绝对安全。但是各国政府在立

---

① 2011 年 1 月 8 日修改了该条例第 26 条。条例的前身是 1987 年 3 月 27 日国务院发布的《企业债券管理暂行条例》。该暂行条例规定只有我国境内具有法人资格的国有企业可以发行债券。1993 年以后这一限制被废除。

② 我国《证券法》下发行公司债券的条件见《证券法》第 15 条和中国证监会《公司债券发行与交易管理办法》第 14—16 条;《企业债券管理条例》规定的发行企业债券条件见《企业债券管理条例》第 16 条。一般说来,非公司制的普通企业不得发行公司债券。但公司能否按照条例发行企业债券,我国《公司法》《证券法》《企业债券管理条例》都没有给出明确的答案。

③ 欧债危机从 2009 年的希腊开始,波及西班牙、葡萄牙、爱尔兰、意大利,影响了所有的欧元区国家。

④ 下调的原因是我国 GDP 增长减速(从最高 2010 年 10.6% 下降到 2016 年的 6.7%),债务增加,财政状况有所恶化。

法时都无一例外地将本国政府债券作为无风险债券对待。

我国的政府债券原先只有国债,包括新中国建立初期发行的人民胜利折实公债、后来发行的国家经济建设公债和自1981年以来发行的国库券。虽然1958年发布的《中华人民共和国经济建设公债条例》规定地方政府在认为"确有必要的时候,可以发行地方经济建设公债",但是后来地方政府实际上没有举债。所以在新中国成立后近六十年的时间里,我国的政府债券只有国债,没有地方债。2009年3月30日,新疆维吾尔自治区首次发行30亿元记帐式地方政府债券。①之后,其他省、直辖市和自治区开始陆续发行地方政府债券。2011年10月20日,国务院批准浙江、上海、广东、深圳四地试点地方政府自行发债,并且颁发了《2011年地方政府自行发债试点办法》,形式为记帐式固定利率附息债券,其中浙江省的发行规模为80亿元,3年期和5年期各占一半。② 2014年10月,《国务院关于加强地方政府性债务管理的意见》③发布。据此,财政部于2015年3月12日发布了《地方政府一般债券发行管理暂行办法》(已失效)④。现在,各省级地方政府普遍发行债券,为地方建设筹集资金。而财政部则经常发布一些规范性的文件,对地方政府发行的各种专项性债券进行管理。⑤ 截至2018年5月末,全国地方政府债务余额166272亿元。⑥

我国《证券法》原先(1998—2005年)只调整公司债券,不调整政府债券,政府债券的发行和交易由法律、法规另行规定。2005年《证券法》将政府债券的上市交易纳入调整范围,但其发行仍由法律、法规另行规定。⑦

除了公司债券、企业债券、政府债券之外,我国还有金融债券。⑧ **金融债券**是银行或者其他金融机构发行的债券。这在性质上本来属于公司债券,不应当独

---

① 见《首期地方债周五发行,投资者普遍表示欢迎》,载《钱江晚报》2009年3月25日B3版。新疆维吾尔自治区财政厅还表示将于7月份发行第二期25亿元债券。之前,3月6日的《钱江晚报》A3版转发新华社消息《2000亿元地方债将公开发行》,专门用于中央财政投资地方项目的配套工程与民生项目。

② 见《浙江将自行发债80亿元》,载《都市快报》2011年10月21日C7版。

③ 国发〔2014〕43号。

④ 财库〔2015〕64号。2020年为《地方政府债券发行管理办法》所取代。

⑤ 例如,2017年5月16日财政部印发《地方政府土地储备专项债券管理办法(试行)》通知,财预〔2017〕62号。

⑥ 见《财政部:截至5月末,全国地方政府债务余额166272亿元》,载《上海证券报》2018年6月14日第2版。

⑦ 对上市交易,《证券法》第2条第2款规定:"其他法律、行政法规另有规定的,适用其规定。"可见,即使上市交易,证券法也只在其他法律、法规没有规定的地方才予以调整,起一种拾遗补阙的兜底作用。这意味着即使是效力低于《证券法》的国务院行政法规,如果就政府债券作出了与《证券法》不同的规定,也应适用行政法规而不是《证券法》。

⑧ 1982年,我国首次发行面向国际市场的金融债券;1985年,中国工商银行和中国农业银行发行面向国内居民的金融债券;1993年,中国投资银行在国内发行外币金融债券;1994年,国家开发银行发行面向其他银行和非银行金融机构的政策性金融债券。

立于其外，因为银行本身也是一个公司。但是在我国，金融机构大都是国有独资的，与一般的公司不一样。这些机构的公司制改革相对较晚。在国有独资的条件下，金融机构发行的债券是得到政府支持的，归根结底也是以国家税收作为后盾的。因此，可以这样说，在西方发达国家，银行等金融机构发行的证券（股票和债券）在形式上和实质上都属于公司证券；而在我国，金融债券在形式上是独立的一种，但在实质上却属于国债，是国债的一种。随着我国经济改革的不断深入，如果有朝一日金融机构获得了完全的独立，其支付能力不再以国库为后盾，那么，金融债券就能在实质上与国债区分开来了。

第三节　投资基金

投资基金本质上是证券组合[①]，即由多种股票和债券集合而成。基金管理人按照确定的比例在市场上购买各种成分证券，组合成基金。投资基金组成之后，便将自身分成等额股份出售，每一股份代表对构成组合的所有证券的相等份额。我国原先将这种股份称为"基金单位"，后来又叫"基金份额"[②]，意思是一样的。投资基金的作用在于分散投资风险。购买一种股票风险太大，容易大起大落，如果购买多种股票，就不会大起大落了，因为一种股票跌了，另一种股票可能升了，投资者获得的是一个比较中性的收益。

一、投资基金的组合原理

证券的组合主要考虑风险和收益两个因素。较高的风险必须以较高的收益为补偿。但是风险更大收益更小的组合也是有的，那显然不是最佳的组合，是不

[①] 根据1997年11月14日国务院证券委员会发布的《证券投资基金管理暂行办法》，基金证券是发行人向社会公众发行的、表明持有人按照所持基金单位数享有相应权利、承担相应义务的书面凭证。这个定义随后为国内出版的各种证券类书籍和论文广泛抄用。因为它没有明确地阐明投资基金的本质特征，所以本书不予采纳。以后的规定，包括2000年10月8日中国证监会发布《开放式证券投资基金试点办法》和2003年10月28日人大常委颁发的《证券投资基金法》（经2012年、2015年两次修改），都没有对投资基金下出进一步的定义。

[②] 1997年的《证券投资基金管理暂行办法》及其后的一些行政规章称"基金单位"，2003年10月28日颁布的《证券投资基金法》称"基金份额"。

可取的。投资专家们将不同组合的风险和收益推算出来,放在一个坐标系中进行分析比较。这样的坐标图叫做**组合可能图**(portfolio possibility set)。图 1.1 就是一张组合可能图,如图所示,图中的每一个点都表示一种组合,最左上方边缘上的点连接而成的曲线叫**效率前沿线**(efficiency frontier)①,处在效率前沿线上的任何一个点都表示一种最佳的组合,即在给定的风险下的最高收益,或者在给定的收益下的最小风险。线上的许多点表示出多种组合可能,可以迎合投资者不同的投资取向。有的投资者愿意承担较大的风险,可以选择线上较右上方的点,以便获得更高的收益;有的投资者比较害怕风险,可以选择线上较左下方的点,虽然收益低一些,风险也低得多。

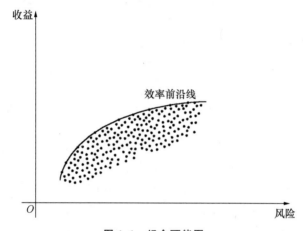

图 1.1　组合可能图

组合者根据不同投资者群体的不同投资取向,画出不同的曲线,称为**投资随意线**(investor indifference curve)②。图 1.2 中共有三条投资随意线,表明三组不同投资者的投资取向。每条随意线上的每一个点都表示了一组风险与收益的组合。曲线由左下方向右上方倾斜,表明风险增大时,投资者要求较高的收益,或者说收益增加时,投资者愿意承担较大的风险;反过来,收益降低时,投资者只愿意承担较小的风险,或者说风险减少时,投资者愿意接受较低的收益。可见,随意线表示一个具体的投资者在给定的风险下所要求的最起码的收益,或者在给定的收益下所愿意承担的最大风险。在这条线上的任何一点对他来说都是意义相同的,因而可以转换,是随意的。线 1 类投资者与线 2 类投资者相比,对收益的要求相对较低,而对风险的承受力相对较高。但是这两类投资者对风险

---

① 证券业内大都译为"有效组合边界",但笔者感觉离原文相差较远。
② 证券业内大都译为"无差异曲线"。

都不算特别敏感或害怕,因为随着投资风险的增大,他们所要求相应增加的收益并不特别多,因而线条的坡度比较平缓。而线 3 类投资者则对风险极为敏感和害怕,因而每增加一点点风险,他们都要求增加较多的收益作为补偿,于是,线条的坡度就很陡。

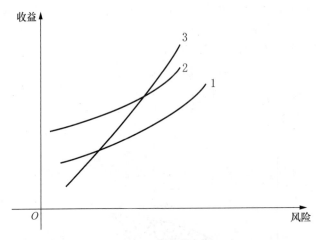

图 1.2 投资随意线

基金的组合者将投资随意线结合进组合可能图,寻找能够迎合较多投资者的较佳选择。图 1.3 中标出四条随意曲线,表示四种不同的投资取向。只要投资随意线与效率前沿线相切或者交叉,那就说明投资者的投资要求可以得到满足。线 2 和线 3 分别与效率前沿线相切于 B、C 两点,B 点所表示的组合迎合了线 2 类投资者的投资需求,C 点所表示的组合迎合了线 3 类投资者的投资需求。线 4 与效率前沿线相交于 A、D 两点,表示这是一类容易满足的投资者,他们的风险承担能力较强,收益要求较低,A、D 两点之间的这段前沿线上的任何一点都可以满足甚至超额满足他们的投资需求,这将是一类积极的基金购买者。线 1 与前沿线不能相切,表示怎么组合都不能满足这类投资者的需求,他们不会购买基金,只能寻求其他的投资途径,或者把钱存在银行里。基于这样的分析,基金的最佳组合显然在 B 或 C 点上。如果选择 B 点,线 2 和线 4 所代表的两类投资者都会购买,线 3 类投资者则会嫌收益太低而不愿意购买。如果选择 C 点,线 3 和线 4 所代表的两类投资者都会购买,线 2 类投资者则会嫌风险太大而不愿意购买。于是,投资基金的组合者就需要比较线 2 和线 3 两类投资者哪一类对基金更加重要:谁的钱多?哪一类人数较多?在这种比较的基础上作出最后的选择。

不同的成分证券组合而成的基金在收益和风险两个方面都会呈现出不同

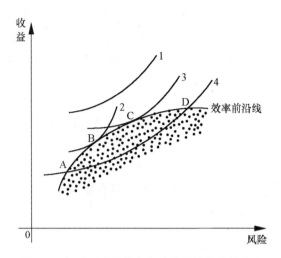

图 1.3　证券组合可能与投资者投资取向结合图

的特点。例如多种债券的组合风险较小,因为各成分债券定期付息,所以收益相当确定;多家大公司绩优股①的组合所产生的收益虽然没有债券基金那么确定,但也会比较平稳,基金的风险也比较小;而刚刚上市的小公司,其表现尚未稳定,它们的股票组合就以高风险高收益为特征。

投资专家们根据不同证券的特点设计组合了各种不同的投资基金,以适应不同的投资需求。投资者的兴趣和需求差异很大,有的喜欢冒险,希望从中获得较高的收益;有的则求稳妥,宁愿收入少一些,也不愿意冒太大的风险;有的希望有持续而稳定的收益;有的则对此无所谓,只要基金增值便可。于是,基金的种类也多种多样,以迎合这些不同投资者的爱好和需求。股票基金的种类最多,有的以增值为目的,不需要经常分红,称为**成长基金**(growth funds);有的以收益为目的,需要经常分红,称为**收益基金**(income funds);有的由信誉好、业绩稳定的多家大公司的股票组成,称为**绩优股基金**(blue chip funds),购买这类基金的风险相对较小;有的由没有名气的新公司的股票组成,价格低,增值潜力大,但是风险也较大,称为**风险股基金**(risk funds)②;等等。债券基金也很多。虽然和股票相比,债券的风险比较小,但是不同的债券,风险的大小也各不相同。政府债券的基金风险小,公司债券的基金风险大,政府债券和公司债券混合而成的基金风险居中。在各种各样的公司债券中,有优质、高级债券组成的基金,风险较小;也有低级债券组成的基金,风险较大。但是由于基金有分散风险的作用,所以即使

---

①　绩优股是我国的叫法,美国习惯上称蓝筹股,指业绩稳定的大公司发行的普通股股票。
②　当然,所谓高风险也仅仅是与绩优股相比而言的。基金本来就具有分散风险、中和收益的作用,购买这类风险基金和购买其中一家公司的股票比起来,风险还是要小多了。

是由低级债券组合成的基金,风险还是比单独购买一种债券小多了。只要公司不破产,最终的收益反而比高级债券基金高。此外,还有由股票与债券混合而成的、兼顾多种需求的各种混合基金。证券市场像普通商品市场一样,品种繁多,琳琅满目,它是投资需求多样化的反映。社会本来就是这么丰富多彩的。

投资基金的设计和创立是一项专业性很强的工作。在每一个基金的创立过程中,都需要进行大量的分析和研究,主要是计算多种组合的风险和收益,研究不同投资者的投资取向,等等。这些工作都需要花钱,而这些花费最终都会转嫁到投资者的头上去。投资者在购买基金时往往要支付一笔前期费用,基金的收益也要先作扣除,剩余的再分配给投资者。这些上交的和扣除的钱就是用来支付基金的分析研究和管理费用的。

二、指数基金

有一类特殊的基金不会发生这些研究费用,那就是指数基金。为了说清指数基金的组合原理,必须先对指数作一简单的介绍。证券业界有很多指数,例如道琼斯平均工业指数、标准普尔500指数、中经100指数、上海综合指数等。每一种指数都是按照一定的标准选取一定数目的成分股,根据这些成分股的市场成交量和成交价格,运用一定的数学公式计算出来的。计算指数需要确定某一时点为它的基期,然后计算出基期及基期以后的指数。[①] 通过不同时点上的指数比较,可以看出股市在某一时期某一方面的行情变化。

计算指数有不同的方法,主要有算术平均法和加权平均法两类。算术平均法又分相对的和综合的两种。这是通过股票的现期(也称报告期)与基期的价格比较而得出的指数,以相对法为例,公式为:

$$\text{指数 } t = \frac{1}{n} \cdot \sum_{i=1}^{n} \frac{P_t^i}{P_0^i}$$

其中 P_0^i 为第 i 种成分股的基期价格,P_t^i 为第 i 种成分股在时点 t 的价格,n 为成分股的数目。设 $n=3$;$P_0^i=2,3,5$;$P_t^i=4,4,5$,那么,

$$\text{指数 } t = \frac{1}{3} \times \left(\frac{4}{2} + \frac{4}{3} + \frac{5}{5} \right) = \frac{1}{3} \times \frac{60+40+30}{30} = \frac{130}{90} = \frac{13}{9} \approx 1.4444$$

也就是说,假定基期指数为 1,t 时点上的指数就是 1.44;假定基期指数为 100,t 时点上的指数就是 144。综合算术平均法是将各成分股的现期价格简单相加作

[①] 我国1994年4月4日开始公布的深圳股价指数以4月3日为基期,以上市的全部股票为成分股,采用派许计算法。1991年7月15日开始公布的上海证券交易所股价指数以1990年12月19日上交所正式开业日为基期,同样以所有上市的股票为成分股,采用拉斯拜尔法计算。

分子,将各成分股的基期价格简单相加作分母,除出来的商便是。①

加权平均法是在股价的基础上加入了基期或者报告期的发行量或交易量。以基期发行量或交易量作权数的称为拉斯拜尔加权平均法(Laspeyre's Weighted Aggregative Method),以报告期发行量或交易量作权数的称为派许加权平均法(Paasche's Weighted Aggregative Method)。以拉斯拜尔加权平均法为例,公式为:

$$指数\ t = \frac{\sum_{i=1}^{n} P_t^i Q_0^i}{\sum_{i=1}^{n} P_0^i Q_0^i}$$

其中 Q_0^i 为第 i 种成分股的基期交易量或发行量。交易量与发行量是两个不同的概念,计算的结果自然会有差异。派许法的公式与此类似,只是将 Q_0^i 变成报告期交易量或发行量而已。也可以将基期和报告期结合起来,例如,分子中用报告期的发行量,分母中用基期的发行量,著名的标准普尔500种股票的价格指数就是这样计算出来的。②

股票指数反映股市行情,是金融分析的有用数据,但它本身并不是基金。可是人们可以模仿指数组合**指数基金**(index funds),即按照相同的比例购买相同的成分股组合成一个基金。指数是由别人创立的,其成分股和各种成分股的比例也都是别人经过研究和计算已经确定了的,不用基金管理人操劳或者雇佣专业人员进行研究了。所以指数基金的研究费用等于零。唯一的费用是日常管理的费用,包括模仿指数买卖证券的费用,那些费用是很低的。所以,购买指数基金不用支付前期费用,基金管理人只需从每年的基金收益中略作扣除,即可满足维持基金所需的全部费用。指数基金近年来在国际上越来越受人欢迎,就是因为它省去了专业人员的研究费用,整体管理费用很低。从指数基金的历史表现来看,其收益超过了其他基金的平均水平。

大约从2005年开始,指数基金开始在我国市场上出现,如融通深证100、嘉

---

① 取相同的数据,综合算术平均法指数 $t = \dfrac{\sum_{i=1}^{n} P_t^i}{\sum_{i=1}^{n} P_0^i} = \dfrac{4+4+5}{2+3+5} = \dfrac{13}{10} = 1.3$。

② 著名的道琼斯指数采用算术平均法计算,日经指数也是。我国的深圳证券交易所股价指数和上海证券交易所股价指数都采用加权平均法。其中深圳股价指数取派许法,上证指数取拉斯拜尔法(不同资料说法不一),都取流通股发行量总值计算。

实沪深300、融通巨潮①、上证180ETF②等。自同年9月15日起,各基金连续公布每日净值。③

三、投资基金的种类

基金的管理有不同的规则。有的在发行之后允许投资者随时将所购基金股份卖还给基金;有的则不允许,投资者只能在二级市场上出售。有的在发行之后允许基金的管理者对组成基金的成分证券进行调换或者在比例上进行调整,有的则不允许这样的变动。根据这些不同的管理规则,投资基金可以分为单位投资信托和经营性投资基金两大类。**单位投资信托**(unit investment trusts)的股份称为单位。基金的成分证券一旦选定之后,不再更改调整,这些成分证券的各种收益都按照对基金单位的持有比例及时地分配给投资者。单位投资信托都是可赎回(redeemable)的,即投资者随时可以将所持单位按照市价卖还给投资信托。这样的意思严格说来应该用"可回售"来表述。但是许多叫法都是约定俗成的,行业内叫顺口了也就不再更改,下段说到开放型经营性投资基金具有可赎回性也一样。单位投资信托大都适用于债券和有期限的优先股。由于在基金的存续期间对成分证券不再增减,因而随着某些证券的到期,还本付息,基金内的证券数量会越来越少,直到最后一种证券到期,基金也就不再存在了。

经营性投资基金(managed investment companies)则与此不同,它由专业人员对市场进行跟踪分析,根据其专业判断,对基金的各种成分股及每种成分股的数量作出适时的更改和调整,以谋取更高的收益。不过,这样做的费用也比较高,投资者最终得到的收益是否高于单位投资信托很难说。经营性投资基金分为开放型的和封闭型的两种。**开放型**(open-end)的经营性投资基金又叫**共同基金**(mutual funds),其特点是股份可以赎回,即投资者随时可以将所持股份卖还给基金;**封闭型**(closed-end)的经营性投资基金没有可赎回性,投资者只能通过二级市场变现所持基金股份。

指数基金属于共同基金。因为一种指数的成分证券和成分比例都会发生变化,模仿这种指数组合的基金也必须跟着作相应的调整④,因而指数基金属于经

---

① 见冶小梅:《高瞻股票走势,近观指数基金》,载《证券时报》2006年3月6日第B6版,称"一批指数基金表现出色"。
② 见《180ETF首发规模10.73亿》,载《上海证券报》2006年4月14日第A6版。ETF是exchange traded fund的首字母,即"在交易所交易的基金",但是现在报刊上都译为"交易型开放式指数基金"。这一译文与原文并不完全对应,但也只好约定俗成了。
③ 见《证券时报》2006年3月9日第20版。
④ 参见《沪深300上证50中证500等指数今年首次调整样本股》,载《上海证券报》2018年5月28日第2版。

营性投资基金而不是单位投资信托。还有，指数基金的购买者随时都可以将所购的基金股份按照当时的市价卖还给基金，因而是开放型的而不是封闭型的经营性投资基金，即共同基金。

我国最早对投资基金作出规定是在 1997 年 11 月 14 日，当时的国务院证券委员会①发布了《证券投资基金管理暂行办法》，该办法主要规定了封闭型的经营性投资基金。2000 年 10 月 8 日，证监会发布了《开放式证券投资基金试点办法》。② 这些文件现在都已经失效，成为历史了。2003 年 10 月 28 日，《中华人民共和国证券投资基金法》颁布，自 2004 年 6 月 1 日起施行。该法经 2012 年 12 月修订之后，又于 2015 年 4 月修正。根据这部法律，中国证监会发布了《证券投资基金管理公司管理办法》③、《公开募集证券投资基金运作管理办法》④、《公开募集证券投资基金信息披露管理办法》⑤、证券投资基金信息披露内容与格式准则第 1 号《上市交易公告书的内容与格式》、第 2 号《年度报告的内容与格式》、第 3 号《半年度报告的内容与格式》、第 4 号《季度报告的内容与格式》、⑥第 5 号《招募说明书的内容与格式》⑦、第 6 号《基金合同的内容与格式》⑧、第 7 号《托管协议的内容与格式》⑨等一系列管理和要求信息披露的文件。现在，我国基金市场上的品种已经比较齐全了。

第四节 衍生证券

衍生证券（derivatives）是由**基本证券**（underlying security）派生出来或者说衍生出来的证券。换句话说，衍生证券的发行，必须以基本证券为后盾。没有基本证券，也就没有衍生证券。虽然如此，衍生证券却是一种独立的证券，可以离

---

① 1998 年取消，其职能并入中国证券监督管理委员会，见本书第七章第一节。
② 见《中国证券监督管理委员会公告》2000 年第 10 期第 1 页。
③ 2004 年 9 月 16 日证监会第 22 号令公布，取代了 1997 年 11 月 14 日国务院证券委员会发布的《证券投资基金管理暂行办法》。2012 年 11 月修订并重新发布，2020 年 3 月 20 日修正。
④ 2012 年 6 月 19 日证监会第 79 号令。
⑤ 2019 年 7 月 26 日证监会第 158 号令，2020 年 3 月 20 日修正。
⑥ 第 1—4 号都发布于 2004 年 6 月 14 日，2020 年 10 月 30 日修正。
⑦ 2004 年 8 月 5 日发布，2020 年 10 月 30 日修正。
⑧ 2004 年 9 月 15 日发布，2020 年 10 月 30 日修正。
⑨ 2005 年 12 月 21 日发布。

开基本证券而单独流通。作基本证券的主要是股票,偶尔也有债券或基金。基金是分成股份的,其作基本证券的道理与股票相同。因此,下面就以股票为主来介绍衍生证券。①

一、期权原理

最常见也最典型的衍生证券是期权(options)。**期权**是一种买卖选择权,即在约定的期限内以约定的价格买入或者卖出某种证券的权利。期权分为点叫权(calls)和投放权(puts)。② **点叫权**是权利人在约定的期限内按照约定的价格向义务人购买某种证券的权利;**投放权**是权利人在约定的期限内按照约定的价格向义务人出售某种证券的权利。例如,在丙公司股票的市价为每股 10.5 元的情况下,甲以每股 1 元的价格,卖给乙在 6 个月之内以每股 11 元的价格向甲购买丙公司股票的权利,总数 1 万股;或者甲以每股 1 元的价格,卖给乙在 6 个月之内以每股 10 元的价格卖给甲丙公司股票的权利,总数 1 万股。如果乙买的是点叫权或者投放权,总的价格是 1 万元;如果点叫权和投放权都买了,总的价格就是 2 万元。在这个例子中,甲出售或发行期权,取得了价金,所以是期权的义务人;乙买入或接受了期权,是期权的权利人。约定的 6 个月为行权期。期权权利人乙在这 6 个月之内向甲买入或卖出该证券的行为叫**行权**或**执行**,约定的价格叫**行权价**或**执行价**。在本例中,11 元是点叫权的行权价,10 元是投放权的行权价。

假如 6 个月之内丙公司的股票升至每股 12 元,乙便可以以每股 11 元的行权价格向甲购买一万股丙公司的股票。这时甲可能手中没有丙公司的股票。所以他必须以每股 12 元的价格在市场上购买一万股,再以每股 11 元的价格卖给乙,亏损 1 万元,刚刚抵过他出售点叫权所取得的价金。乙在购得这些股票之后可以以每股 12 元的价格在市场上卖掉,赚取 1 万元,也刚好抵过他购买点叫权所支付的价金。这种刚好抵过的情况属于偶然现象。一般情况下,总是有赚有赔。比如说,丙公司的股票升到了每股 12.5 元,乙就可以赚取 1.5 万元,盈利

---

① 有的学者把期货合约(futures contract)、利率封顶(interest rate caps)、甚至远期合约等都列为衍生证券,见〔美〕约翰·赫尔:《期权、期货和衍生证券》(John C. Hull, *Options, Futures, and Other Derivative Securities*),张陶伟译,华夏出版社 1997 年版,第 2—12 页。本书不采纳这样广义的外延,而是以证券法明文调整的股票和公司债券为基础来介绍由此衍生的证券。即使是股票期货合约,也不在这里讨论,因为它与商品期货合约没有什么两样。因此,在美国,股票期货不在纽约股票交易所而在芝加哥期货市场上与商品期货一起上市。

② 我国证券业界习惯于把点叫权译成"看涨期权",投放权译成"看跌期权"。按照严复先生"信、达、雅"的翻译标准,这样翻译既不信,又不达。所以我原先将它们分别译为"买权"和"卖权",因为这样简明易懂,既信且达。后来考虑再三,觉得"点叫权"和"投放权"的译法更信且雅。

5000元；或者反过来，如果丙公司股票的价格不涨反跌，或者虽然涨了，但是没有涨到每股11元的行权价以上，例如10.7元，那么乙就不会行权，净亏掉他所支付的点叫权的价金。这时点叫权的价值为零。也就是说，**对于点叫权来说，只有当市价高于行权价的时候，行权才有意义**，否则权利人就不会行权。

在实际操作中，行权时权利人与义务人双方往往作出更为简易的安排。在前述每股市价12元的例子中，可以由甲直接支付乙1万元了事。这1万元是市价减去行权价之后的差，再乘以期权股数所得的积，即（12元－11元）×10000。如果在这6个月之内丙公司的股票涨到每股13元，乙便可以向甲收取（13元－11元）×10000＝20000元，抵过了1万元的点叫权价金之后净赚1万元，而甲则净亏了1万元。

投放权的情况刚好相反。假如6个月之内丙公司的股票跌至每股9元，乙便可以按照这个价格从市场上购买一万股，然后以每股10元的行权价格卖给甲，甲再以每股9元的价格在市场上卖掉。乙盈利1万元，甲亏损1万元，刚刚抵过当初乙支付给甲的投放权价金。当然，甲乙双方也会采取更加简便的办法，由甲直接支付乙1万元了事。这1万元是行权价减去市价之后的差，再乘以期权股数所得的积，即（10元－9元）×10000。如果在这6个月之内丙公司的股票跌到每股7元，甲就必须向乙支付（10元－7元）×10000＝30000元，乙在扣除了1万元的投放权价金之后净赚2万元，而甲则净亏了2万元。反过来，如果在这6个月之内丙公司股票的价格不跌而涨了，或者虽然跌了，但是没有跌到每股10元的行权价以下，例如10.1元，那么乙就不会行权，净亏掉他所支付的投放权的价金。也就是说，**对于投放权来说，只有当市价低于行权价的时候，行权才有意义**。

可见，期权的价值首先取决于行权价与市场价的比较，当市价高于行权价时，投放权的价值为零，点叫权有价值；当市价低于行权价时，点叫权的价值为零，投放权有价值。其次，期权的价值又取决于行权价与市场价之间的差距，差距越大，期权的价值越高；差距越小，期权的价值越低。① 此外，期权还有期限性，权利人不在约定的期限内行权，他的期权便过期作废。

关于期权的行权期限，美国期权和欧洲期权略有不同。前者比较灵活，规定权利人在期限内的任何时候都可以行权；后者比较刻板，规定权利人只能在期权期限届满时行权。但是在实际上，二者大同小异，因为即使是美国期权，也总是要等到最后那一刻才会行权，否则，权利人怎么知道市场价格还会不会发生更加

---

① 准确地计算期权的价值是一件复杂而困难的事情。美国芝加哥大学的两位教授，Fischer Black 和 Myron Scholes 完成了这项工作，创立了 Black-Scholes 模型，并因此获得了诺贝尔奖。

有利于自己的变化呢？

期权的投资者按照自己对市场走向的判断决定购买点叫权还是投放权。如果市场走向难以确定，他也可以两者都买。不过，这样他得支付更高的价金，在上例中，乙就必须支付2万元价金。但是即使这样，也还有赚不到钱的可能，比如，丙公司的股票价格在10元到11元之间徘徊而没有越过这两个行权价位。当然，投资者也可以要求把点叫权和投放权的行权价定在同一个价位上，比如取现市价10.5元，这样的期权叫**双向期权**。只要市价稍有波动，双向期权的持有者就有行权赚钱的机会。不过，这种期权的价金会更高。亏损的风险与收益的可能是相当的，没有免费的午餐。期权只有在股票价格大波动的情况下才能获利。

期权与期货不同，不要将二者混淆起来。期权是一种单向权。因为期权的持有人已经支付了价金，所以他只有对义务人的权利，没有义务，他想行权就行权，不想行权也可以不行权。而期货则是一种双向权。它在实质上是一种未履行的购货合同，期限届满时合同双方的任何一方都有权要求对方履行合同，在对方要求履行时也都有义务履行合同。

由于在各种证券中股票的市价涨落起伏最大，所以期权都是针对股票而言的。也就是说，作为一种衍生证券，它总是以股票为基本证券的。

二、类似期权的其他衍生证券

从相对数量上看，市场上发行和流通的绝大多数是点叫权，投放权比较少。此外，还有购股权和配售权。**购股权**（warrants）是股票发行人或者第三人（往往是金融机构）面向社会公众发行的点叫权[①]；**配售权**（rights）是股票发行人按照持股比例发行给股东的点叫权。此外，股票发行人发行给本公司雇员、尤其是高级雇员的点叫权也叫配售权（rights），整个计划叫做**期权计划**[②]（Rights Plans 或 Stock Option Plans）。这些权利在本质上也属于点叫权，但是和普通的期权有所不同。普通的期权都已经标准化了，有3个月、6个月和9个月的，一般期限较短；其交易在买方与卖方私下之间进行，一般数量比较小。而购股权和配售权的

[①] Warrants 一般都是点叫权，但在极少数情况下，也有由金融机构发行投放权的，如80年代末日本的 Nikkei225 指数的投放权。见〔美〕约翰·赫尔：《期权、期货和衍生证券》，张陶伟译，华夏出版社1997年版，第158页。具有投放权性质的 warrants 可以译为"售股权"。

[②] 旨在刺激雇员的工作积极性和负责精神。中国证监会2005年12月31日发布的《上市公司股权激励管理办法（试行）》，对上市公司的期权计划有比较详细的规定。这个办法经数次修改，"试行"二字已经去掉，现行的是2018年修改过的。

期限一般较长，1年至数年不等，而且公开发行，数量较大。① 购股权、配售权和期权计划相互之间也有差别。配售权是按持股比例向公司的股东无偿发行的；而购股权则是面向社会全体公众有偿发行，对买方没有比例的限制；期权计划是公司决策者根据雇员对公司的重要程度和贡献大小进行分配的，看似无偿，实为有偿，既是提高雇员工作积极性的一种激励手段，又是雇员报酬的一个组成部分。期权计划一般由公司在市场上回购股票以满足行权的需要；而公司向股东发行配售权和向社会公众发行购股权一般都通过发行新股来满足行权的需要；第三人向社会公众发行购股权时自己手中往往持有足量的基本股票。

有时候，公司发行债券或者优先股时附加了购股权。例如，每购买一张1000元的债券，免费赠送购买三股普通股的购股权票，行权价每股50元（现市价每股45元），期限5年。公司附带赠送购股权的目的是为了以较高的价格将自己的债券及时地发行出去，募集到需要的资金。投资者购买了债券之后，既可以持有购股权，也可以将购股权另行抛售，因为它们是一种独立的证券，可以单独流通。这时候读者在概念上要清楚，购股权的基本证券不是与它一同购买进来的债券，而是行权时所指向的股票。

可转换优先股或可转换债券的转换权本质上也是一种点叫权。这种点叫权有时候可以分离出来，单独流通。这种情况与上段所说的发行债券附带赠送购股权的情况是十分相似的，只不过行权时不必用现金，而是用所持的债券或者优先股。但是，既然发行时没有分开，是一种单一的可转换证券，我们也不妨把转换权看作是该种可转换债券或优先股派生出来的证券，但是基本证券仍然是行权时所指向的股票。

以上讨论的各种衍生证券在本质上都属于期权。期权是衍生证券中最主要的品种。此外，债券的**息票**（interest coupons）也可以作为衍生证券独立出来，单独流通。至于利率封顶（interest rate caps）等，其基本原理与期权相似，因与股票和公司债券没有关系，所以就不在这里讨论了。

三、我国的衍生证券

在我国，衍生证券的出现较晚，但是发展很快。最早的衍生证券是在股权分

---

① 例如，广州国光股份有限公司为了激励它的高级管理人员，推出了888万份股票期权的计划，行权价每股10.8元（公告前30个交易日平均收盘价每股9.25元），有效期5年，一旦行权将由公司定向发行股票。见《上海证券报》2006年4月11日第A1版《股权激励首现股票增值权》。

置改革①中发行上市的,通称**权证**,分为认购权和认沽权。② **认购权**就是购股权；相应地,**认沽权**在本质上就是投放权。2005 年 7 月 18 日,上海和深圳两家证券交易所各自颁布了内容相同的《权证管理暂行办法》。办法第 2 条给权证下了这样的定义:"标的证券发行人或其以外的第三人(以下简称发行人)发行的,约定持有人在规定期间内或特定到期日,有权按约定价格向发行人购买或出售标的证券,或以现金结算方式收取结算差价的有价证券。"这个定义与本节开头给期权下的定义及随后展开的讨论都是一致的。2005 年 8 月 22 日,第一批衍生证券宝钢认购权证在上海证券交易所上市；11 月 23 日,武钢认购、认沽权证各 4.74 亿份在那里上市；另外 5 家权证也在 11 月底上市。③ 这些都是由发行人发行的权证。11 月 22 日,上海证券交易所发出"关于证券公司创设武钢权证有关事项的通知",自 11 月 28 日起施行。④ 紧接着,10 家证券公司创设武钢认沽权证 11.27 亿份,定于 11 月 28 日抛向市场。⑤ 这是由第三人发行的权证。

小资料⑥ 衍生证券上市之初,许多投资者买了之后还不懂得怎样行权,闹了许多笑话。例如,G 穗机场股认沽权证的行权价为 7 元。从 2006 年 3 月 23 日进入行权期的第一天到报道时的 4 月 11 日,G 穗机场股的价格徘徊在 6.39 到 6.14 元之间,认沽权证的价格在 1.267 到 1.05 元之间,即使按两个最低的价格出售也可获利 7.19 元。但是仍有许多权证持有人踊跃申报行权,尽管行权只能得 7 元。此外,人们也不懂行权的规则。以 3 月 23 日为例,当天申报行权的权证 101900 份,有效的仅 7500 份,占 7.76%,因为许多申报人账户上只有权证,没有正股(基本股票),无法交割。⑦ 于是,上海证券交易所赶紧制作《权证知识问答》和《权证投资手册》等宣传资料,分寄全国各地的证券营业部散发,对投资者进行启蒙教育。

---

① 股权分置改革的内容见第二章第三节第一小节。
② 这两个词选得都不好,属于翻译败笔。首先,"认"字是多余的,简单称"购权"和"沽权",或者"买权"和"卖权"都要确切得多。认购是订购的意思,含有要约的成分,不光是权利,更多的是义务,认购人非买不可,例如发起人认购股份就是如此,这显然不合点叫权的本义。而认购权从字面上看,是指认购或订购的权利,不是购买的权利,这也不合点叫权的本义。其次,"沽"字有歧义,笔者第一次看到认沽权这个词时就不知所云,直到后来在别的地方看到认购权,两者对比才估摸出意思来,因为沽既有买的意思,也有卖的意思,以买的意思居多,如成语"沽名钓誉"便是。《水浒传》里"林教头风雪山神庙"一章说林冲夜去市井"沽些酒来吃",无意中躲避了火烧草料场的灾祸,那"沽"字也是买的意思。但是,名称约定俗成,叫的人多了,也就习惯成自然了。
③ 见叶展:《未来一月权证市场扩容超 10 倍》,载《上海证券报》2005 年 11 月 17 日头版。
④ 见《上海证券报》2005 年 11 月 22 日第 A2 版。
⑤ 见《10 家券商昨创设武钢认沽权证》,载《上海证券报》2005 年 11 月 26 日头版。
⑥ 据《上海证券报》2006 年 4 月 11 日第 A6 版《机场权证频现非理性行权》编写。
⑦ 手头没有基本证券也可以行权,可以按照市价差额进行结算(见《权证管理暂行办法》第 37 条)。大概是该合同中规定不许以现金结算吧,但是报道没有说明。

普通的点叫权和投放权存续期限都比较短,在 1 年以下,以 3 个月或 6 个月为最常见。而我国的权证存续期限比较长,在 6 个月以上,2 年以下。这显然与我国股权分置改革的需要有关。

中国证监会发布的《上市公司股权激励管理办法》(2016 年 8 月起施行,2018 年修正)允许上市公司设立期权计划,对其董事、监事、高级管理人员及其他员工进行长期性激励。证监会《上市公司证券发行管理办法》[①]第 27 条规定:"上市公司可以公开发行认股权和债券分离交易的可转换公司债券(简称'分离交易的可转换公司债券')。"所谓分离交易的可转换债券,就是前面讲述过的可转换债券含有的点叫权从债券分离出来,单独流通的情形,只不过该办法用了一个不同的名称"认股权"[②]而已。

第五节 资产证券化——资产支持的证券[③]

《中国证券报》2018 年 3 月 8 日第 5 版报道,2017 年我国发行资产证券化产品 9000 多亿元。这里所说的资产证券化产品,规范的说法是资产支持的证券(asset-backed securities,缩写为 ABS)。本节阐述资产证券化原理。

一、资产证券化原理

让我们从居民买房谈起。现在房子很贵。以杭州市为例,一套普通住房四五百万元,学区房更贵。普通居民一下子拿不出这么多的钱,会向银行申请贷款。银行为贷款安全起见,当然会对借款人的就业、收入以及资产和负债等各种影响其偿债能力的因素做一番初步的调查,筛选掉一批明显缺乏支付能力的申请人。假定你有幸通过了银行的初审关,银行还会要求你先付 20%—30%的首付款,然后以整套房子作抵押贷给你余款。假定一套价格 500 万元的房子,你先付 20%的首付款 100 万元,剩余的 400 万元向银行贷款,期限 30 年。办理完贷款和抵押手续,向房

---

① 2006 年 5 月 6 日发布,2020 年 2 月 14 日修正。
② 认股权的说法比认购权还要不好,参见第 30 页注释②。
③ 资产支持证券、资产管理产品和存托凭证是 2019 年修改时添加的三类证券。以下三节分别予以介绍。由于涉及证券的发行、承销和上市交易,初学者如果对这些概念感到陌生,建议你先跳过这三节不读,等到你读完了本书第二章第一二两节(专门讲解证券的发行和交易)之后,再返过来阅读这两节,陌生概念引起的理解障碍就没有了。

产商足额支付全部房价之后,你就算买到了一套住房。以后你每月向银行支付一个固定的金额,其中包含了该月的利息和一小部分本金。如果你不能按时支付这个固定的金额,银行可以行使抵押权将你的房子拍卖掉,从中获得全额清偿。

正常情况下,你会按时支付,不会违约,随着本金越还越多,债务余额越来越小,固定支付中所包含的利息也越来越少、本金越来越多,等到最后一期固定支付付清,你就清偿了全部贷款本息,房子上的抵押负担自然消除,你拥有了一套没有任何债务负担的住房。这就是居民买房最常用的分期付款方式,俗称按揭。

从银行的角度去看,放贷的目的是赚取利息。房屋抵押贷款的利率比较高,银行有利可图。但是房屋抵押贷款的期限都比较长,大约20—30年。假定一个城市的普通商品房每套均价在500万元左右,200万—1000万元之间,首付款都是20%,余款向银行抵押贷款。银行以20年期限、10%的利率发放贷款。每做一笔生意,银行都要贷出数百万元,几千个人贷款加起来有数百亿元。银行要在20年之后才能收回全部本息。这对银行的资金流转将产生巨大的压力,因为一般商业银行没有这么多的自有资金,更何况银行还有别的生意要做呢。如果把几百亿元的资金搁在这类长期贷款中,每年只能收回几十亿元的利息,银行的生意就没法做了。为了解决资金流转问题,银行可以以这些贷款(债权)为基础发行①证券回收资金。

现在假定某银行有200亿元10%利率20年期限的房贷款,市场上居民定期存款(我国目前最长期限为5年)利率为6%,银行可以通过三种方式向社会发行证券回收资金。第一,将这批房贷款放在一起组成一个资产池,将这个资产池分拆成20亿股,以每股11元的价格卖给公众;第二,向公众发行200亿元期限为20年、利率为8%的债券,用刚刚获得的200亿元房贷债权加上别的有价证券作为担保;第三,同样向公众发行200亿元20年期、8%利率的债券,用200亿元房贷款的收益来支付债券的利息和本金。这三种方式就是下面将要逐种介绍的资产证券化的方式。显然,无论采用哪一种方式,证券发行完毕之后,银行既回收了资金,解决了资金流转紧张的大问题,又从中获得了一定的利益。这就是资产证券化,即把本来缺乏流通性(因为很多年内不能收回)的债权,变成可以自由流通的证券,以解决现金流紧张的问题。

二、资产证券化方式之一——传递

1. 传递

上述第一种资产证券化方式叫做传递(pass-through)②,即把自己用200亿

---

① 发行的概念见本书第二章第一节。
② 传递型证券在发行时还会因各种细小的差别而有不同的名称,如参与证(participation certificate,缩写PC)、抵押支撑证券(mortgage-backed security,缩写MBS),等等。

元向购房人买来的债权传递给公众投资者。20亿股卖掉之后,贷款所有权已经属于公众投资者。银行账上的贷款资产减少200亿元,现金资产增加220亿元,从而产生10%也即20亿元的利润。不过在贷款存续的20年期间,银行会继续提供服务,收取居民的定期支付,扣除费用之后,将剩余的款项分发给公众投资者。假定投资者甲购买了1万股,花费11万元,每年有1万元的利息收入,投资回报率约为9.1%。扣除银行的费用之后,回报率会略小于9.1%,但是依然远高于定期存款利率。在居民每月还贷数额固定的情况下,则在固定支付中除了利息之外还包含了一定数额的本金。那么,甲每年会拿到1万多元,即除了1万元的利息之外,还有一小部分本金。① 资产证券化不但解决了银行的资金流转问题,而且给公众投资者提供了更多的投资机会,使居民能够顺利地买到房子,可谓一举三得。因为如果没有资产证券化,银行害怕资金流转成问题,就不会贷出这么多的款项,那么有些贷不到款的居民就会买不到房子。

2. 传递的风险

甲买这1万股有没有风险呢?有的。首先是信用风险。② 如果有些购房人欠款不还,甲的收入就会受到影响。由于甲已经取得了这1万股贷款资产的所有权,风险自负,不能向银行追偿。③ 当然银行按照合同的规定依然在提供向购房人收款并向投资者分发款项的服务。在个别购房人不付款时,银行会按照抵押合同的规定向法院申请拍卖购房人的房子,这个过程费时、费力、费钱。但是只要拍卖所得价款在扣除费用之后足以支付贷款本息,甲还是会得到清偿。如果拍卖所得价款不足以支付贷款本息,甲就会遭受损失。美国2008年的金融危机就是这样引发的。当时房价下跌了1/3。在我们的例子中,购房人买了500万元的房子,向银行贷款400万元之后,房价跌到340万元以下。这时他即使有钱,也可能会拒付。房子不要了,另花340万元可以买一套同样质量、同样大小的房子,又何必花400万元去还贷呢?④ 于是银行拍卖房子,假设得330万元,扣

---

① 以后本金越还越多,利息收入会逐步减少。

② 信用风险取决于多种因素。一般地,独立的房屋风险小于高层的套房,固定支付比可变支付风险小,购房人分散在各地比集中在一个地方风险小,抵押顺序中的第一抵押人风险最小。此外,贷与抵押物价值之比较低,市场测试期越长,资产池越大,单笔贷款规模越小,贷款期限越短,还款速度越快,则风险越小。在这多种因素考虑的基础上,美国标准普尔公司将一个优质资产池定义为:购房人在300人以上、还本付息固定支付、还款速度快、抵押顺序第一、单笔贷款数额不超过30万美元、所购房屋单立、独家居住、贷款额占房屋价值之比小于80%、来自任何一个邮编地区的贷款都不超过资产池贷款总额的5%。在此基础上,如果有人对违约的担保达到资产池总额的7%,则证券评级为 AAA;达到4%,评级为 AA;达到2.8%,评级为 A。

③ 但是如果银行违反了当初的资产买卖合同,比如在合同中做了某种质量担保而后没有兑现,银行就可能不得不回购资产或者纠正违约。

④ 这里我们撇开道德因素不论,因为在经济利益的诱惑下,总有一些人会这样想,这样做的。

除10万元费用,剩余320万元分给投资者。投资者集体损失80万元。当有很多购房人都选择拒付的时候,投资者的损失就会很大。当然在多数时候,房价变化没有这么大,贷款有房子的抵押担保,加上首付款的缓冲,还是相当安全的。

其次是提前支付的风险。一般地,房屋抵押贷款的债务人都有提前偿付的权利。在市场利率较低的时候,购房人提前支付可以节省利息费用。但是对投资者来说,提前支付却增加了不确定性。因为他们突然收到大量的现金而难以找到同样高收入的投资机会,只能选择较低收入的投资,从而遭受损失。除了购房人主动提前支付的情形之外,购房人违约不付款或者房屋被毁灭也会引起提前支付,因为无论是银行拍卖抵押物还是保险公司赔偿,结果都是一次性提前支付。

最后是利率风险。如果市场利率升高,债券的价格就会降低,传递型证券也一样。这个道理我们已经在前面债券一节中讲明白了。

三、资产证券化方式之二——资撑债

1. 资撑债

第二种资产证券化方式叫做资产支撑的债券(asset-backed bonds),简称资撑债。银行将200亿元的贷款资产外加银行持有的价值50亿元的流通证券作为担保物,以支撑200亿元债券的发行。一般地,担保物的价值都会高于债券的价额(overcollateralization),具体多少数额必须写在债券发行前夕签订的债券合同中。银行每季度对担保物的价值进行评估,一旦发现低于合同规定的水平[①],就必须添加担保物予以补足。为了增加债券的信用度,发行之初银行自身也可以添加为担保人,或者聘请他人充当担保人。这些都会写在债权合同中。担保越充分,信用度越高,发行债券的成本就越低,比如利率可以适当降低,或者担保物可以适当减少。200亿元的债券发行之后将作为负债留在银行的账面上;同时,200亿元贷款也将作为资产留在银行账面上。贷款每年产生的20亿元利息不一定全部用来支付债券的本息,银行只要按照8%的利率按时支付16亿元的债券利息即可。如果一切进行顺利,银行每年可以赚取4亿元的利息之差。

2. 资撑债的风险

资撑债的投资风险小于传递。首先是它没有提前支付的风险。因为即使购房人提前支付,银行仍然必须按照债券合同的规定定期向投资者支付利息,直到

[①] 比如有的房贷到期,购房人全额还本付息,该贷款作为资产从账面上消失,贷款总额就会减少,从而使担保物总价值减少。

债券期限届满。除非合同有特别规定,否则发行人不得提前支付债券本金。① 其次是信用风险低于传递。对于购房人违约不付款的风险,传递投资者必须自负。资撑债的投资者除了有担保物的保护之外,还有最终向银行索偿的权利。只有当银行本身支付不能时,投资者才有本息亏损的风险。最后,资撑债的利率风险与传递是一样的。

四、资产证券化方式之三——付通

第三种资产证券化方式叫做付通或者通付(pay-through),意思是把购房人还来的款项通过银行付给投资者,因为担保物所产生的收益将完全用来支付债券的本息,这像传递;同时,200亿元债券和200亿元的贷款分别作为负债和资产留在银行的账面上,这像资撑债。可见,付通是传递和资撑债两者的结合。由于贷款利率10%高于债券利率8%,正常情况下每年会有4亿元的利差,而银行按合同又不能将这4亿元挪作他用,如果长期累积,会造成资金的积压,所以付通类债券大都有不同的期限,分批到期,一般分为3—6批。在本例中,假定分为4批,第一批为20亿元,期限5年;第二批为30亿元,期限10年;第三批为40亿元,期限15年;第4批为110亿元,期限20年。

如此分批有助于减缓资金的积压。由于每年有4亿元的累积,到第5年末,已有20亿元,刚好清偿第一批到期的债券。第6年开始,债券总额只有180亿元,每年利息为14.4亿元,从贷款收取的利息仍为20亿元,差额为5.6亿元,5年之中将积累28亿元,在偿付30亿元本金时银行需要补贴2亿元。从第11年开始,债券余额为150亿元,每年利息为12亿元,与贷款的利息收入相差8亿元,5年之后,刚好支付第三批债券到期本金40亿元。从第16年开始,债券余额为110亿元,每年利息为8.8亿元,与贷款利息收入相差11.2亿元,到第20年末,累积56亿元,同时贷款也已到期,购房人还来本金200亿元,总共256亿元,还掉110亿元的债券本金之后,剩余的145亿元作为银行的收入。

显然,这是一种简化的因而是不精确的计算,实际情况要比这复杂。因为首先,购房人每月还贷数额固定,其中除了利息之外,还包含部分本金,所以每年向银行偿付的金额会远超过20亿元。相应地,经过精确的计算,前3批债券到期的数额也会超过20亿元、30亿元、40亿元。债券退出越多,利息支出就越少。其次,银行每年的贷款利息收入其实也不到20亿元,因为随着购房人还贷的继续,贷款本金逐渐减少,固定支付中包含的本金越来越多,利息越来越少。所以银行实际赚到的利息也没有这么多。具体的数字需要经过精确的计算才能确

---

① 可以提前支付本金就是可赎回债券,必须在债券合同中作出规定。

定,我们在这里只讲明道理即可,不必纠结于精确的数字。此外,分批也没有彻底解决资金积压的问题,因为在每批债券到期之前,仍然会有大量资金积压,银行会用这些积压的资金作短期投资,以充分利用资源。

付通的投资风险与资撑债大致相同,不必赘述重复。

五、 资产证券化的多方参与者

上面以房屋抵押贷款为例,以尽量简化的方式,介绍了资产证券化的三种形式——传递、资撑债、付通。简化的目的是方便读者理解资产证券化的原理。在这个简化的模型中,资产证券化似乎只有三方主体:购房人、银行、投资者。实际操作会涉及更多的主体。

其一,银行在本例中是资产证券化的推动者和始发人(originator),也可称发起人或初始权益人。始发人会对自己拥有的能够产生未来现金收入流的信贷资产进行清理分类,参照历史数据估计这些现金流的平均水平,根据自身需要确定资产数额,最终将某些恰当的资产汇集成一个资产池。

其二,证券的发行都不由始发人亲为,而是由投资银行充当承销人(underwriter)承销①,因为始发人不知道哪些投资者愿意购买证券,而投资银行拥有广泛的客户网络,知道谁愿意购买。

其三,始发人一般也不充当发行人,而是将资产卖给由它自己或者承销人设立的一家子公司,再由子公司发行证券,让投资银行承销。子公司以资产证券化为唯一目的,所以称为有限目的公司(limited purpose corporation)。它在本质上只是将资产变为证券的一个介质或工具,所以又叫做特殊目的载体(Special Purpose Vehicle,缩写 SPV)。SPV 向始发人购买贷款资产之后,便以这些资产为支撑向社会公众发行证券筹集资金,用筹得的资金支付给始发人作为购买贷款的对价。这样,上例中的银行就解决了资金流转的问题。设立 SPV 主要是为了隔离风险:一方面,由证券发行引起的各种纠纷不会影响到银行的资产安全;另一方面,银行破产也不会影响到 SPV 所持有的资产,从而不会影响到投资者的权益。SPV 的这种作用叫做破产隔离或者远离破产(bankruptcy remote)。

其四,代表投资者利益的受托人(trustee)必不可少,一般由始发人以外的某家商业银行充当,其职责是监管债券的及时支付,保护债券持有人的利益。如果发行的是传递或付通型证券,资产池的全部收入都应交给受托人,由受托人管理,把钱存在受托银行信托部的一个专设账户上。受托人用这笔钱先支付一些必要的费用,再分发给投资者。

---

① 投资银行、承销等概念均见本书第二章第一节。

其五，资产池都有专设的管理人（servicer），负责收取房贷款的到期本息，根据抵押合同起诉那些到期不付的人并拍卖抵押物，等等。这项工作银行可以自己去做，也可以委托某关联方去做。管理人还必须每年每月向受托人和投资者汇报资产池的变化情况，包括本息、现金流等，并为投资者报税提供必要的信息。

其六，为了增加债券信用度，始发人除了提供较多的担保资产之外，还可能需要购买保险，或者设立差额账户①，或者请第三人提供担保。这类提高证券信用度，也即减少不能清偿的风险的措施，行话叫做信用增级或信用加强（credit enhancement），具体采取措施的人就是信用增级人（credit enhancer）。

其七，债券在发行之前还必须请合格的评级机构（rating agencies）评级，否则公众投资者不敢购买。评级机构在评定一批债券的等级之后，在这些债券的存续期间会持续跟踪，根据发行人偿债能力的变化及时调整债券的等级。实践中调低多于调高。

六、资产证券化的广泛应用

以上以房屋抵押贷款为例阐述了资产证券化的原理。实践中资产证券化的内容丰富多彩。始发人除了银行之外，还有汽车和电脑的制造商和销售商、房屋租赁公司、金融租赁公司、信用卡公司等。用来证券化的资产除了房屋抵押贷款之外，还有购买汽车的抵押贷款、电脑租赁、信用卡应收账款，甚至普通商业应收账款等。只要能够产生比较稳定的现金流，还款条件相对整齐划一的金融资产，都可以用来支持证券的发行，以便及时回收资金。例如，很多人采用分期付款的方式购买汽车，期限在2—5年之间，按月支付固定的金额，到期限结束时即付清全部价款。发放这类贷款的主要是银行和汽车制造商。银行借钱给买车人；汽车制造商直接向公众零售其汽车时允许分期付款，实际上等于给买车人发放了贷款。以这类贷款资产作为担保物发行的证券，期限一般在5年以下，与支持它的资产保持一致。实践证明，买车人违约不付款的情况比买房人多，所以担保物与所支持的证券的价值之比一般也要高得多。又如租赁合同也可以用来支持证券的发行，因为每个月的租金收入与每月对房贷的固定支付是相似的。但是这类资产持续的时间必须相对较长，至少在1年以上，否则证券化的意义就不大了。

一种资产能否证券化以及证券化的难易程度主要取决于资产的信用特征，包括评级机构和投资者能否理解、有没有既定的支付模式等。此外，期限至少在1年以上。因此，一般工商企业的贷款较难证券化，因为各家合同在借贷期限、还

---

① 差额账户是指当担保物产生的现金流不足以支付债券利息可以从中提取缺额的账户。

款条件、有无担保等各个方面差异太大,评级比较困难,而这些由资产变化过来的证券未经评级的是发行不出去的。还款条件和期限越整齐划一,评级越容易,证券化也就越容易。

无论什么样的资产,证券化都不外乎传递、资撑债、付通三种形式。将一定量的某类资产集合起来组成一个资产池,将资产池分成若干份出售,就是传递型的证券;以这个资产池作担保物发行债券,就是资撑债或者付通。如果资产池产生的收益只能用来支付债券的本息,就是付通;如果没有这样的要求,发行人可以自由地使用这些收益,只要按时支付债券本息并保证资产池内的资产价值不低于债券合同规定的水平,就是资撑债。

七、资产证券化简史

资产证券化最早出现于 20 世纪初的美国,主要是以房屋抵押贷款为资产池所支撑的证券(mortgage-backed securities, MBS)。到 20 世纪 20 年代,MBS 已经相当流行。但是随着 1929 年经济危机的爆发,MBS 消失了很长一段时间,到 1970—80 年代又重新出现并流行。1971 年联邦家贷抵押公司(Federal Home Loan Mortgage Corporation)研发的传递型参与证和 1981 年联邦全国抵押协会(Federal National Mortgage Association)研发的抵押支持证券都标志性事件。与此同时,用于支持证券发行的资产池内资产类别从抵押贷款迅速扩展到了电脑租赁合约、汽车租赁合约、信用卡应收款等。90 年代还出现了以无形资产为资产池的 ABS。1997 年,美国电影制作公司甚至用 14 部影片作为资产池发行 ABS。

我国试行资产证券化,是向美国学的。① 2005 年中国人民银行和银监会联合发布了《信贷资产证券化试点管理办法》,随后建设银行和国家开发银行获准进行信贷资产证券化首批试点。当时这些证券仅在银行间债券市场上发行和交易,所以社会公众感觉不到。2007 年,浦发、工行、兴业、浙商银行及上汽通用汽车金融公司成为第二批试点机构。试点额度用完之时,恰逢金融危机席卷全球,人们对证券化产品谈虎色变。于是刚刚兴起的资产证券化戛然而止。2011 年因银行等金融机构资金紧张,加上金融危机已过,资产证券化业务重启。2013 年 3 月 15 日,证监会公布《证券公司资产证券化业务管理规定》(已失效),将资产证

---

① 朱伟一:《证券法》,中国政法大学出版社 2018 年版,第 129 页。

券化市场从银行等金融机构扩大到所谓的合格投资者①,规定发行对象只能是合格投资者,且不得超过 200 人,每个投资者单笔购买不少于 100 万元;证券发行之后可以在交易所上市,但是作为非公开发行的证券,上市之后也仍然只能在合格投资者之间交易,不面向普通投资者。2014 年 6 月,平安银行向境内居民发放的 26.31 亿元小额消费贷款被用来支撑证券的发行并首次在上海证券交易所挂牌。② 2014 年 11 月证券会又发布了《证券公司及基金管理公司子公司资产证券化业务管理规定》及配套指引。该年全国资产证券化发行量和规模超过历年总和。据中国证券投资基金业协会 2018 年 3 月份发布的《资产证券化业务备案情况综述(2017 年度)》统计,2017 年,全国企业资产证券化产品共备案确认 533 只,发行规模 9226.82 亿元,同比增长 78%。可见,资产证券化在我国发展极其迅速。只是目前交易限于合格投资者之间,特别是银行等金融机构之间,还没有向大众开放。

第六节 资产管理产品

一、我国的资产管理业务及其监管体制

资产管理(简称资管)的通俗解释就是金融机构帮投资者理财。作为一种经济现象,它是进入 21 世纪之后才在我国逐渐发展起来的。因为伴随着入世和我国经济的腾飞,人们的钱袋子开始鼓起来了,就产生了投资的需求。银行存款利率越低,民众选择其他投资途径的愿望就越强烈。在市场经济条件下,一旦有了需求,供给就会应运而生。金融机构的资产管理业务就是在这样的背景下产生和发展起来的。截至 2018 年年底,我国资产管理的规模已达 121.27 万亿元。③

---

① 2018 年 4 月 27 日,中国人民银行等部委发布《关于规范金融机构资产管理业务的指导意见》,规定合格投资者具体条件为:(1) 具有 2 年以上投资经历,且满足以下条件之一:家庭金融净资产不低于 300 万元,家庭金融资产不低于 500 万元,或者近 3 年本人年均收入不低于 40 万元。(2) 最近 1 年末净资产不低于 1000 万元的法人单位。(3) 金融管理部门视为合格投资者的其他情形。合格投资者投资于单只固定收益类产品的金额不低于 30 万元,投资于单只混合类产品的金额不低于 40 万元,投资于单只权益类产品、单只商品及金融衍生品类产品的金额不低于 100 万元。

② 徐婧婧:《信贷资产化证券产品首次登陆交易所》,载《证券时报》2014 年 6 月 16 日第 A2 版,转引自朱伟一:《证券法》,中国政法大学出版社 2018 年版,第 129 页。

③ 巴曙松、杨倞等:《中国资产管理行业发展报告》,中国经济出版社 2019 年版,第 2 页。

参与这项业务的机构包括银行、信托公司、保险公司、证券公司、基金管理公司、期货公司、金融资产投资公司等。

由于发展迅猛，监管和规范都难以及时跟上，混乱也在所难免。计划经济传统遗留下来的我国监管体制的割裂使得监管不统一，又加剧了混乱。我国商业银行受央行和银保监会的双重监管，证券公司受证监会监管，而保险公司则受银保监会监管。这些不同的部门各自从自己的工作需要出发去管理和规范属下的企业，使得资产管理在本世纪初的十多年内在不同行业内的规则差异较大，连对这项业务的称呼也不一致。银行叫理财，信托公司叫信托，证券公司叫资产管理。但就其经济本质而言，都是一样的。事实上，银行内部专门负责资管业务的部门不叫理财部而叫资产管理部。

2018年4月27日，中国人民银行、银保监会、证监会和国家外汇管理局公布的《关于规范金融机构资产管理业务的指导意见》[1]（以下简称《资管指导意见》）试图将资管业务的规则统一起来，并且统一使用了资产管理一词，相关词组还有资产管理业务、资产管理公司、资产管理计划、资产管理产品、资产管理合同等。

2018年10月22日，证监会发布《证券期货经营机构私募资产管理业务管理办法》及《证券期货经营机构私募资产管理计划运作管理规定》，作为《资管指导意见》的配套实施细则，业内简称《资管细则》，自公布之日起施行。《资管细则》对参与资管业务的各类主体、业务分类、募集方式、投资范围、信息披露、风险控制和法律责任等多个方面作出了比较具体的规定。但是证监会只管到证券公司、基金公司和期货公司，管不到银行、信托公司和保险公司。只有《资管指导意见》才管得到所有这些公司，但是这个意见写得比较抽象和笼统，不像《资管细则》那么具体，所以对资产管理业务的监管不统一局面估计还将延续一段时间。或许，这种状况也有好的一面，因为我们的资管业务从产生到现在时间还不长，经验不足，很多方面都还处在不断探索和进化的过程中，政府不同部门颁布的不同规则实施后会产生不同的效果，这在客观上等于建立了不同的实验室，可以起到互相借鉴的作用。不过从法制统一的角度去看，监管体制的割裂还是应当尽早结束。

二、资产管理产品

资产管理业务的具体内容是提供资产管理产品。资产管理产品（asset management products 简称资管产品）是由资产管理公司向投资者募集资金，用来购买各种公司认为有利可图的权益资产，试图为投资者获取较高收益的投资

---

[1] 银发〔2018〕106号。

产品。这里所说的权益资产,包括股票、债券、投资基金、衍生证券、资产支持证券、存托凭证、央行票据、同业存单、未上市企业的债权或股权、商品及金融衍生品等。

资管产品的组合方式与资产证券化相似,即将购买来的资产组合成一个资产池,并将其划分成等额股份卖给投资者。所以公司在向投资者募集资金时是以出售这些股份的方式进行的。当然,实际的操作程序不是先将资产买来组成资产池,然后再分成等额股份卖给投资者;而是遵循相反的次序——先制定一个资产投资和管理的计划,凭此计划向投资者募集资金,资金募到之后再按照计划去投资,即购买资产,组成资产池,等资产池里的资产逐个到期之后再回收资金,以回报投资者。因此,资产管理计划一词经常与资管产品通用,因为二者表达的意思差不多,出售资管产品就是出售资管计划。

不过,资管产品又和资产证券化不同。因为资产证券化的资产是单一类别,比如以住房抵押贷款支持发行证券,整个资产池就清一色地由住房抵押贷款组成;或者以汽车抵押贷款支持发行证券,整个资产池便都由汽车抵押贷款组成。而资管产品则是多种资产组合而成的,同一个资产池内既可以有在证券交易所流通的股票和债券,也可以有不上市的有限责任公司发行的股票和债券,甚至可以包含某些商品。

从这个意义上说,资管产品又与投资基金类似,因为投资基金就是多种证券的组合。事实上,资管产品的组合原理与投资基金是一样的,即考虑收益和风险两大因素,力图做到在给定风险时的收益最大化和给定收益时的风险最小化。这些道理,我们已经在本章第三节中讲解投资基金时详细介绍过了,可参见。

和投资基金一样,资管产品也有开放式和封闭式之分。开放指投资者可以将股份卖还给公司;封闭的则在产品存续期间不得卖还。只是开放式基金随时都可以赎回,但是开放式资管产品的赎回大都没有这么方便,往往几个月才有一次赎回的机会。

与投资基金相比,资管产品的最大区别是投资范围更加广泛。投资基金的资产池限于公开上市的股票、债券和衍生证券,因而基金自身也在证券交易所挂牌交易;而资管产品的资产池除了这些在证券交易所流通的证券之外,还可以包括没有上市的企业股票和债券等,因而资管产品不能挂在证券交易所的交易场上面向公众交易。投资基金大都是公募的[1];而资管产品全

---

[1] 也有私募的,私募的不上市流通。

都是私募的①，只面向金融机构和个人合格投资者，而且每只产品的投资人数不能超过200人。假如一家私募基金的投资对象包含了不上市企业的股票和债券，那么它和资产管理产品就是一样的了，尽管名称叫投资基金。所以实践中不时发生资管产品和投资基金名称混淆的情况。目前，我国证券交易所也为资管产品提供了一个交易平台，但是只有金融机构和个人合格投资者可以在那里开立账户并参与交易，普通的个人投资者不能进入。

合格投资者按照现行规定是指具备相应风险识别能力和风险承担能力的个人或者机构投资者；对个人而言，必须具有2年以上投资经历，且家庭金融资产总额不低于500万元，净额不低于300万元，或者近3年本人年均收入不低于40万元；对机构而言，必须是法人，且最近1年末净资产不低于1000万元。此外，合格投资者投资于单只固定收益类产品的金额不得低于30万元，投资于单只混合类产品的金额不得低于40万元，投资于单只权益类、商品及金融衍生品类产品的金额不得低于100万元。②

所有这些内容，都会写在资产管理合同中。资产管理合同是明确资产管理公司和投资者之间关系的基础性文件。资产管理计划的主要内容都会写入资产管理合同中，包括资金如何募集、如何投资、由谁管理等。此外，合同还会告知投资风险，规定违约责任、争议处理等。由于整个资产管理计划中的核心利害关系是最终的收益如何在资产管理公司和投资者之间分配，所以合同会明确规定管理者的报酬和投资者的权利，包括参与收益分配和回收本金的权利以及能否退出、如何退出等内容。

三、产品分类

根据现行规定，资管产品从不同的角度去区分大致有如下几种分类。

从投资者人数区分，分为单一资产管理计划和集合资产管理计划。单一指

---

① 《资管指导意见》第4条规定："资产管理产品按照募集方式的不同，分为公募产品和私募产品。公募产品面向不特定社会公众公开发行。公开发行的认定标准依照《中华人民共和国证券法》执行。"接着，第10、12、16、20、21、22条在规范私募产品的同时，也对公募产品做了进一步的具体规定。但在笔者看来，这些有关公募产品的规定都是外行想当然所致。相比之下，作为这个指导意见的实施细则，中国证监会制定了《证券期货经营机构私募资产管理业务管理办法》和《证券期货经营机构私募资产管理计划运作管理规定》两个文件，其中管理办法第25条明确规定"资产管理计划应当以非公开方式向合格投资者募集"，管理规定第3条也规定"资产管理计划应当向合格投资者非公开募集"。证监会没有对公募产品作出任何规定，说明它比中央全面深化改革委员会内行。事实上，资管产品全都是私募的，公募的例子还没有看到。如果有，那就会在证券交易所的交易场上流通。可是目前并没有资管产品在那里流通。不过，实践中可能有名称混同的情况，即把本质上的公募投资基金叫做资管产品。但那仍然是投资基金而不是资管产品。

② 《资管指导意见》第5条；也见中国证监会《证券期货经营机构私募资产管理计划运作管理规定》第3条。

投资者只有一个人；集合指投资者人数为2—200人。单一资产管理计划既可以用货币资金出资，也可以用股票、债券或中国证监会认可的其他金融资产委托出资；而集合资产管理计划的投资者只能以货币资金出资。

从所投资的资产范围区分，分为固定收益类产品、权益类产品、商品及金融衍生品类和混合类产品。固定收益类产品将总资产的80%以上投资于存款、债券等债权类资产；权益类产品将总资产的80%以上投资于股票、未上市企业股权等股权类资产；商品及金融衍生品将总资产的80%以上投资于商品及金融衍生品，且衍生品账户权益超过总资产20%；混合类产品投资于债权类、股权类、商品及金融衍生品类等各种资产，但是每一种的比例都没有达到前3类的具体标准。这一分类带有明显的证监会主观色彩，比如为什么是80%而不是81%、85%、90%或者100%？没有多少道理好讲。大概是证监会觉得以80%划界比较符合多数资产管理计划的实际情况，或者行政上管理起来比较方便，或者干脆就是写规章的人在书写当时的主观直觉或者心血来潮。

从所投资的资产的流通性能区分，分为标准化产品和非标准化产品（俗称非标产品）。标准化资产指那些具有良好流通性能的资产，如在证券交易所上市流通的股票、债券、投资基金、衍生证券等，还有在银行间市场及其他国务院同意设立的交易场所交易流通的央行票据、同业存单、资产支持证券、期货、标准化商品及金融衍生品类资产等。非标资产包括不上市的公司发行的股票和债券以及不能在官办交易场所流通的商品及金融衍生品类资产。

从投资者退出机制，也即能否在资产管理计划存续期间将产品卖还给计划去区分，分为开放式和封闭式，已如前述。

四、刚性兑付和资金池

刚性兑付和资金池是我国资产管理业务发展过程中出现的两大突出问题，也是政府部门的监管重点。所谓刚性兑付，就是保本保息的意思。无论是银行的理财产品还是信托公司的信托产品，在发行时都向投资者保证到期偿付本金和利息，而且利息明显高于银行同期存款利息，因而深受广大民众的欢迎。起初，监管部门从维护社会稳定的角度考虑，也默许甚至鼓励刚性兑付。在我国经济蓬勃发展的时期，由于投资收益高，发行人在偿付了投资者的本息之后剩下的都是自己的，往往赚得很多，所以也乐意刚性兑付。这种资管产品等于债券，却不受与债券相关的法律法规的监管。

但是随着经济形势整体走弱，资产投资计划的风险便频频爆发。投资一旦亏损，发行人即要承担兜底偿付的责任，即用自有资金向产品投资者履行支付义务。这样，作为发行人的银行、信托公司、证券公司等所承担的风险就越来越大。

特别是银行,其资金主要来自社会公众的存款,一旦资不抵债,支付不能,引发民众惶恐挤兑,后果将十分严重。

监管部门警觉到危险之后,便开始禁止刚性兑付。这又经历了一个过程。起初,投资合同规定了投资者风险自负。但是普通民众在购买资管产品时不会去阅读冗长繁琐的合同条文。等到亏损发生,银行拒付理财本息时,投资者就会通过各种方式主张兑付。因为他们已经习惯于刚性兑付,把这等同于定期存款了。要他们承担风险,银行就不能仅仅将条款写入合同,还必须在每一个投资者购买的时候就这一点口头向他充分地解释说明清楚。所以《资管指导意见》第6条规定"金融机构应当加强投资者教育,不断提高投资者的金融知识水平和风险意识,向投资者传递'卖者尽责、买者自负'的理念,打破刚性兑付"。

在此基础上,《资管指导意见》禁止刚性兑付:如果银行理财这样做,就要按存款处理,向央行缴纳存款准备金;如果保险公司这样做,就要按保费处理,向银保监会缴纳存款保险保费;缴费之后还要给予行政处罚。其他非存款类金融机构违规刚性兑付的,都要由有关政府部门予以处罚。证监会的《资管细则》规定资产管理计划不得向投资者"承诺收益,承诺本金不受损失或者限定损失金额或比例"①,违者处罚。② 另一方面,如果资管计划利润丰厚,发行人也不得像以前那样在支付本息之后全归己有,而是应当全部按比例分给投资者;平时在计划的投资和运作过程中还应当及时计算资管产品的净值并向投资者及时公布。这叫净值化管理。可见,净值化管理与刚性兑付恰好背道而驰。它使资管计划恢复了投资的属性。因为投资本来就是有亏损风险的,如果保本保息,那就不是投资而是银行存款了。③ 而存款只有银行才有资格吸收,其他金融机构无权经营。而且银行吸收存款必须在央行规定的利率浮动范围内付息,不得擅自提高,规避央行的监管。

资金池是与刚性兑付相关联的。当一只产品发生亏损或者支付困难时,在刚性兑付的前提下,作为发行人的金融机构往往用其他产品募集来的资金予以周济。这样做在很多时候是行得通的。因为所谓的支付困难,并非亏损,而是支付周期不匹配,业内叫做期限错配。很多资产管理合同规定的期限比较短,比如一年或者两年,而该计划所投资的对象运转周期较长,比如房地产开发。资管合同规定的期限到了,要向投资者还本付息了,但是资管计划所投资的资产池却还

---

① 《证券期货经营机构私募资产管理业务管理办法》第51条第3项。
② 具体的处罚内容是对单位"给予警告,并处三万元以下罚款,对直接负责的主管人员和其他直接责任人员,给予警告,并处三万元以下罚款"。同上第80条。
③ 当然,从广义上说,银行存款也是一种投资。但那是一种特殊的投资,因为它没有风险。而普通投资都是有风险的。

没有到期,因而不能马上回收资金。好比你每个月的第一天就要付房租,但是工资却在月中发放。尽管你的工资要远高于房租,但是依然因为期限错配而发生支付困难。针对这种情况,发行人采取的解决办法是将多个产品募集来的资金放在一起,构成一个资金池,用新产品募集来的资金去支付到期老产品的客户,再用更新产品的资金去支付新产品的客户,如此滚动发行和支付。只要老产品的投资到期,收益丰厚,便可以弥补之前的所有窟窿。随着各个产品的投资期限届满,收益越滚越多,最终会赚到很多钱。即使某些产品发生亏损,小小的窟窿也容易补。在国家经济繁荣的时期,往往就是这种情况。

但是一旦经济下行,或者所投资的某些行业情况不妙,投资亏损的概率增大,到期的投资收不回来,通过建立资金池以新还旧滚动支付的做法就很容易演变成庞氏骗局。因此,《资管指导意见》禁止资金池①,要求金融机构每推出一只资管产品都要做到单独管理、单独建账、单独核算,不得在资金和资产上与其他产品互相周济或者混用。为此目的,金融机构应当建立独立的子公司来管理该产品。原先,银行、保险公司、证券公司等都通过各自内设的资产管理部门直接发行资产管理产品。现在,根据监管部门的要求,这些内部的资管部门都应当独立出来组建成子公司,以便独立从事资管业务。从方便管理的角度出发,最简单的做法是每只产品成立一个资产管理公司,专门经营该只产品。等到产品期限到期,全部资产卖光分完,公司可以注销,也可以再接手另一个产品。当一家金融机构需要发行多只产品时,可以设立多家资产管理公司,分别管理一个产品。尽管这些资产管理公司属于同一个母公司,但是它们相互之间必须井水不犯河水,独立核算,独立经营,严禁拆东墙(一个子公司)补西墙(另一个子公司)的行为。如果一家资产管理公司同时经营两只以上的产品,那就需要在公司内部建立严格的分账制度,在不同产品之间设立防火墙,以防资产和资金的混用。

第七节　存托凭证②

存托凭证(Depository Receipts,DR)是由存托银行签发的代表外国公司证

---

① 见该意见第15条。
② 本节内容涉及证券的发行、承销、交易以及政府批准,可能会造成一些理解障碍。但是读者看了本书第二、三两章的内容之后,这些障碍就会消除。

券的可转让凭证。① 该外国公司的证券称为基础证券,可以是股票,也可以是债券,但绝大多数是股票。基础证券有的已经上市②,有的还没有,这在发行存托凭证时会有差别。历史上存托凭证像其基础证券一样都取纸质有形形式;现在到了电子化时代,也可以凭卡持有。存托凭证属于证券。只是在普通证券,发行人和投资者处于同一个国家;而在存托凭证,双方处于两个国家。存托凭证及其基础证券也分处于两个国家。存托凭证按其发行流通地有国别或地域之分,如美国存托凭证(American Depository Receipt,ADR)、欧洲存托凭证(European Depository Receipt,EDR)、全球存托凭证(Global Depository Receipts,GDR)、俄罗斯存托凭证(Russian Depository Receipt,RDR)等。

发行存托凭证的出发点有二:或者为了公司筹资,或者为了大众投资。据此,存托凭证分为两大类别。如果以筹资为主要目的,都由公司推动发行③,叫做参与型存托凭证(sponsored DR);如果以方便大众投资为目的,都由公司以外的券商④和银行推动发行,与公司没有关系,叫做非参与型存托凭证(unsponsored DR)。可见,参与与否,都是对公司而言的。在参与型存托凭证的发行中,公司是凭证法律关系的一方主体,需要与其他相关主体签订协议并负责支付各种费用;而非参与型存托凭证的发行不必得到公司的同意,公司不参与其中,不是其法律关系的一方主体,也不必支付发行的任何费用。从存托凭证实际发行的频率和数额来看,参与型的远多于非参与型的。

一、参与型存托凭证

参与型存托凭证是这样发行的。假如一家日本的汽车公司已经在日本上市,现在想通过存托凭证的形式将它的股份推销到美国去,它会雇佣一家美国的券商通过后者在日本的分部在日本购买汽车公司的股票,将股票交由日本当地的一家银行保管。这些股份叫做托管股份(custodian shares),这家银行叫做托管银行或者保管银行(custodian bank)。然后由托管银行在美国的关联银行签发存托凭证交由美国的券商承销⑤,卖给美国的投资者。美国的这家银行叫做存托银行(depository bank)。存托银行和托管银行一般都是总部和分部的关系,或者母子公司关系。

---

① 1927年,J.P.摩根公司(J.P. Morgan & Company)为了方便美国人投资英国的股票发明了存托凭证。
② 上市的概念见后面第二章第二节的介绍。
③ 发行的概念见后面第二章第一节的介绍。
④ 券商在我国叫做证券公司,包括经纪人和自营商,具体含义见后面第二章第一、二两节。
⑤ 承销的概念见后面第二章第一节的介绍。

汽车公司的存托凭证发行完毕之后，便可以在美国自由流通，包括在纽约股票交易所上市，交易用美元结算，像在美国流通的普通股票一样。

存托凭证持有人的权利与汽车公司的本国股东相同，包括投票权和收益权。公司分红时，会根据托管银行所持有的股份数将日元红利寄送给托管银行；托管银行扣除税款后将剩余的钱按照实时汇率换成美元，转给存托银行；存托银行按照投资者持有的存托凭证数量向投资者分发美元红利。投票权的行使程序与此相同，公司将股东会信息通过托管银行，而后存托银行传送给投资者，投资者按其持有比例投票之后，通过存托银行和托管银行反馈给公司。存托银行是联系公司和投资者的纽带。它与公司订有存托协议，与投资者保持联系并处理各种相关事务，包括配售权、股份裂变、红股等。有时候，投资者也可能直接从公司收到诸如财会报表之类的通报。

如果汽车公司在美国有子公司或者分公司，它的存托凭证还可以用于子公司或分公司的职工期权计划。总之，存托凭证的功效与它所代表的股票基本相同。

一家公司可以在多个国家发行存托凭证。所以上例中的日本汽车公司如果嫌美国一个国家不够，还可以在俄、英、法、德等国发行存托凭证。具体的操作方法和程序与在美国发行凭证相同。发行存托凭证不但可以筹集国际资本，而且可以扩大企业的投资者群体和国际影响，增加其股份的流动性。

由于不同公司的融资需求各不相同，公司对凭证发行的参与程度也各不相同，从而所在国对公司的守法和披露要求也不同。据此，参与型存托凭证还可以分出不同的级别或层次，以适应不同的融资需求。例如，美国将参与型存托凭证分为三个层次。

第一层次要求最低，与非参与型的接近，不需要登记，不需要披露，也不需要整合两国不同的会计规则，仅仅是公司将自己的股份推销到国外而已。这样的凭证不得在交易所和纳斯达克挂牌交易，只能在柜台市场公告板或者粉红报系统内交易。① 由于缺乏透明度，所以投资风险较大，弄得不好，会血本无收。投资者购买这类存托凭证，一定要谨慎，要对外国的公司有所了解，否则不宜购买。

第二层次必须在美国国家证券与交易委员会（简称证交委）②登记，遵守证交委的一些具体规定和要求，其财会报表所遵循的会计规则必须部分地与美国的会计规则整合。这样的凭证可以在纽约等股票交易所及纳斯达克挂牌上市，因

---

① 本书第二章第二节第五小节后半部分对纳斯达克、柜台市场公告板和粉红报有详细的介绍。
② 国内通常称为"美国证监会"。但是英文原文名称中只有"交易"一词而无"监督"字样，所以称呼"证交委"比较准确。

而拥有更加广泛的市场。这类凭证的基础证券一般都已经在其本国国内上市。

第三层次的披露和守法要求最高,与美国国内股票上市差不多,包括在证交委登记相关文件并履行披露义务。如果是公司为了筹资而首次发行股票,那就必须按第三层次要求进行。这类凭证当然可以在交易所和纳斯达克自由上市交易。

二、非参与型存托凭证

非参与型存托凭证的发行程序与参与型大致相同,只是参与型凭证的发行最初是由公司推动的,具体数量根据公司融资需求确定;而非参与型凭证的发行是由券商和银行发起的,具体数量根据投资者的投资需求确定。券商的介入主要是为了买卖证券的方便。如果银行能够直接买卖证券,也可以不用券商。[①] 例如,前例中的日本汽车公司可以不用券商,直接请托管银行购买公司股票;美国的存托银行也可以不经过券商,直接向投资者出售存托凭证。

非参与型存托凭证的发行十分自由。由于公司不参与其中,也不与存托银行签订存托协议,所以任何存托银行都可以发行非参与型存托凭证,只要它能够买到足够数量的公司股票并保存在公司所在国。经常,好几家银行同时经营以同一家公司的普通股为基础的存托凭证。

从投资者的角度去看,存托凭证越过了语言障碍,解决了不同会计规则、不同交易所和汇率等问题,简化和方便了国外投资,既使国内投资者的投资多样化,又给了他们很多新的机会,因为很多机会是国内所没有的。有时候,最好的投资机会可能在国外,特别是发展中国家。

非参与型存托凭证只能在柜台市场交易,不能在交易所上市。由于公司不参与其中,与投资者之间又隔了很多中间环节,所以不会给投资者寄送股东会的材料;而投资者的主要目的又都在经济收益,不关心与公司控制权有关的政治权力,所以投票权之类的股东权益一般不给予非参与型存托凭证的持有人。

三、综述

无论对参与型还是非参与型存托凭证,存托银行的主要作用都是发行和注销。当投资者需要购买存托凭证时,他们的经纪人[②]有两个选择。一是根据市场行情(有无出售要约及价格的高低)在国内既有的存托凭证市场上购买,二是购

[①] 有的大银行有证券部,既可以出入证券交易所买卖证券,也能够承销证券。这样的银行,可以不雇佣券商。

[②] 如前所述,如果银行有自己的证券部,这个经纪人也可以由自己的证券部充当,不必雇佣券商。

买境外公司的股票并将其存入银行,由银行根据存入股份的数量发行相应数量的存托凭证。这是发行功能。当投资者需要出售手中的存托凭证时,经纪人仍然有两个选择:或者根据市场行情(有无购买要约及价格的高低)在国内既有的凭证市场上出售,或者请存托银行将凭证通过托管银行换成其保管的公司股票并将这些股票在公司所在国市场卖掉,同时注销这些凭证。这是存托银行的注销功能。由于存托银行能够发行或者注销存托凭证,所以存托凭证的流通性能与其所代表的股票差不多。

每一张存托凭证都代表一定数量的基础证券,可以是1股,也可以不到1股,或者比1股多。一般地,如果1股的金额很高,设置存托凭证时会将它拆开;如果1股的金额很小,设置存托凭证时会将数股合并,使得每张存托凭证的价格与当地交易所普通股份的价格类似,以方便投资者购买。存托凭证的计量单位可以称张、份或者股,并无定论,依习惯而定。

存托凭证在二级市场上的价格当然是由其供给和需求决定的,但同时又会与它所代表的股票价格大致保持一致,不会离开太远。仍以上面日本汽车公司为例。在其存托凭证上市之后,券商会不断地比较存托凭证的美元价格和公司股票的日元价格,并用实时汇率进行换算。如果一张存托凭证的价格为20美元,而其相应的股票价格从日元换算过来为19美元,券商就会在日本买进股票,通过美国的存托银行发行更多的存托凭证出售,从中赚取差价,这样的交易持续进行会降低存托凭证的美元价格,推高股票的日元价格,最终使二者趋于一致;反过来,如果美元的价格低于日元价格,券商就会在美国买进存托凭证,指令日本的托管银行卖掉其保管的部分股份,同时美国的存托银行会注销相应的存托凭证,持续进行这样的交易会降低股票的日元价格,推高存托凭证的美元价格,最终使二者趋于一致。

由于凭证价格受制于其基础证券,所以公司所在国的政治动荡会影响公司的经营和股价,从而影响存托凭证的价格。如果公司所在国修改税法和其他影响公司经营与盈利的法律,对资本的流动和投资产生不利的影响,就会降低凭证的价值;反之则会增加凭证的价值。所以凭证来自政治相对比较稳定的国家波动较小,来自政治相对不稳定的国家波动就比较大。

存托凭证的价格波动还受到汇率波动的影响。例如,假定1美元换100日元,日本汽车公司的股票价格为每股500日元,一张美国的存托凭证代表1股,在汇率不变的情况下,它在美国卖5美元。现在日元升值,1美元只能换80日元,那么在股价保持500日元不变的情况下,一张存托凭证就可以在美国卖到6.25美元了。反之,如果日元贬值,1美元可以换105日元,在股价保持500日元不变的情况下,一张存托凭证在美国就只能卖到4.76美元了。可见,存托证因受汇率影响而产生的价值变动方向与其基础证券所在国货币相同:该货币贬值,存托凭证也贬值;该货币升值,存托凭证也升值。这是存托凭证固有的汇率风险。

存托凭证促进了国际资本的流动,有利于全球资本市场的整合,为企业开通了更加广阔的融资渠道,给投资者提供了更多的投资机会。但是存托凭证也有缺点。首先是费用较高。由于涉及国际资本流动,中间环节相对较多,券商的佣金和存托银行收取的管理费都比较高。其次是国际间的投资风险较大。尤其是非参与型与第一层次参与型存托凭证的透明度较低,流通性较差,风险就大。此外,当存托银行收回存托凭证,卖掉所持有的股份,并将收益分发给投资者的时候,投资者的等待期会比较长。最后,虽然凭证的买卖像股票一样用本国货币计量,不存在不同的语言、法律规则和会计规则的障碍,但是一旦发生纠纷,这些障碍又会出现,解决纠纷的费用比较高。

四、我国

我国发行存托凭证起步较晚。1997年亚洲金融危机后,一些在香港上市的"红筹股"[①]公司渴望在内地融资,存托凭证成为最佳的途径并在那时候被推上了议事日程。但是由于监管层经验不足,直到21年之后,证监会才以部门规章的形式作出初步的制度安排。2018年3月22日,国务院办公厅转发证监会《关于开展创新企业境内发行股票或存托凭证试点的若干意见》(以下简称《若干意见》);6月6日,证监会发布《存托凭证发行与交易管理办法(试行)》(以下简称《办法》)。2019年12月28日,《证券法》正式将存托凭证列入第2条,并且在第12条中规定"公开发行存托凭证的,应当符合首次公开发行新股的条件以及国务院证券监督管理机构规定的其他条件。"从上述规定的内容来看,中国存托凭证(Chinese Depository Receipt,CDR)的发行尚处在试点起步的阶段,目的主要是帮助在国外注册或者上市的中资企业(所谓的红筹企业[②]),特别是创新企业,在国内融资,并没有向外国公司全面开放。《办法》将存托凭证定义为"由存托人签发、以境外证券为基础在中国境内发行、代表境外基础证券权益的证券"。按照

---

① 红筹股一词最早产生于香港,指在香港上市的中资企业。但是对使用这个词的原因却有多种说法:第一,美国人把绩优股叫做蓝筹股,中国人自然应该把绩优股叫做红筹股,因为我们喜庆的时候多用红色;第二,赌场上最大的筹码为蓝色,其次为红色,所以红筹股的意思是实力仅次于蓝筹股;第三,凡是由中资企业控制或者持有三成半以上股权的公司的股份一律称为红筹股,这其实与第一种说法是相通的。红筹股在香港有红筹指数,全称为恒生香港中资企业指数。现在,凡是在境外上市的中资企业,无论在哪个国家和地区上市,都称之为红筹股。

② 《关于开展创新企业境内发行股票或存托凭证试点的若干意见》第3条第1款定义:"本意见所称红筹企业,是指注册地在境外、主要经营活动在境内的企业。"

这个定义,似乎世界各国和地区的公司都可以在我国境内通过发行参与型存托凭证筹集资金。其实不然,因为人民币在资本项目下尚未实现完全可自由兑换,境外公司通过发行存托凭证在 A 股市场上筹集的人民币无法自由汇兑出境。例如,美国的苹果公司通过在中国发行存托凭证获得的人民币本来可以兑换成美元汇往美国供苹果公司使用。可是我国的外汇管理规定不允许人民币自由兑换成美元,不经我国外汇管理局的批准,苹果公司无法将在中国筹集到的人民币换成美元,因而无法在美国使用这笔资金。由于存在这样的障碍,所以能够在中国发行存托凭证的公司必定在中国境内有投资项目,筹得的资金也只能用在中国境内。

即使对红筹企业,也有很多要求,大致与美国第三层次的参与型存托凭证相当,没有第一和第二层次的,更没有非参与型的。《若干意见》规定:"基础证券发行人应符合证券法关于股票等证券发行的基本条件,参与存托凭证发行,依法履行信息披露等义务,并按规定接受证监会及证券交易所监督管理。"《办法》第 5 条据此细化为七项条件,包括《证券法》第 12 条要求的公开发行股票的条件。可见,在我国发行存托凭证的条件与发行股票相当,需要向证监会申请并获得批准,披露要求也相当,远没有境外发行各类存托凭证那么方便和灵活。

第八节 其他证券——类似股票的投资份额或权益分享

股票、债券、投资基金、存托凭证、资产支持的证券和资产管理产品都已经在《证券法》中明文列举,因而其作为证券很容易辨认。但是客观经济生活纷繁复杂,还有一些性质上类似股票的投资份额或权益分享,它们有证券之实而无证券之名,就不是那么容易认出来。

一、从果园开发谈起

1999 年 1 月 11 日,《经济日报》头版头条刊登了题为《庄园主——非法集资新诱惑》的报道,披露广东和广西的一些开发商以农林开发的名义,从农民集体或县乡政府手中取得成片土地,然后分块出售,进行集资。报道中引用了这些开发商所作的这样的广告:"您只要投入 7800 元(可分三年分期付款),就可拥有 1 亩 50 年的私人果园,33 株年年挂果龙眼树,5 年 50 万元的丰厚回报";"投入 2.5 万元,即可买到 1 亩果园,25 棵果树、80 平方米建房用地和尚存的 70 年预测收益 112.49 万元"。

这里出售的果园地块其实是一种证券,一种类似股票的投资份额或权益分享。事实上,《经济日报》的报道中也提到广东绿色山河开发有限公司以股票权益证为诱饵,对交纳 10 万元以上的人赠送该公司的股票权益证的事实。其实,这不光是诱饵,倒也道明了问题的实质——他们在发行股票。报道援引人民银行负责人的话,指出开发商在向社会不特定的对象融资。而向社会不特定的对象融资正是公开发行证券的特征之一。

二、美国经典案例——豪易案

1946 年,美国联邦最高法院曾经判过一个类似的案子:证交委诉豪易公司。① 在那个案子里,被告在美国佛罗里达州开发了大片柑橘园林,每年将这些园林的一半留给自己,将另一半分块出售给广大的投资者。被告与每位投资者签订两份合同:一份是出售园林的土地买卖合同;另一份是投资者将所买得的果园委托给被告管理的管理服务合同。土地买卖合同一经签订,被告即将所售地块的地契交给投资者。管理服务合同的签订不作要求,投资者完全可以自己管理,或者委托被告以外的其他人管理。但是投资者都是外地人,自己跑老远去管理那一小片果林显然不现实,只有委托他人管理。因为被告的技术和设备比较优越,所以百分之八十五的人还是跟被告签订了管理合同。

美国联邦《1933 年证券法》规定发行证券必须依法登记和披露,否则不得发行。美国证交委负有贯彻执行美国证券法的职责。它认为佛罗里达的这个开发商出售的园林利益其实是一种证券,应当按照美国证券法的要求进行登记和披露。开发商没有这样做,违反了证券法。于是,证交委对开发商提起诉讼。而开发商则认为它出售的是果园而不是证券,不需要按证券法登记披露。官司一直打到联邦最高法院。

问题的焦点是这些果园到底是不是证券。美国证券法在对证券下定义的时候采取了列举的方式,一共列举了三十来种证券作为规范对象。其中的一种叫"投资合同"。至于什么是投资合同,法律并没有作出进一步的规定或说明,需要法院解释。证交委认为案中的土地买卖合同加上地契和管理服务合同合起来构成了证券法上所说的"投资合同"。

联邦最高法院采取了重经济现实轻法律术语、重内容轻形式的分析方法。也就是说,不管你在形式上叫什么名字,是"服务合同"还是"买卖合同",只要在

---

① SEC v. Howey Co., 328 U.S. 293 (1946). 原文较长,下面的案情介绍系本书作者的编译和概括。

经济现实上与证券一致，我就将你按证券论，要求你登记披露，以保护投资者的利益。反过来，即使你的名字叫"股票"，如果你不具备股票的基本特征，我还是不能将你按股票论。按照这样的分析方法，该院对"投资合同"下了如下的定义：**投资合同**是指将钱投资到一项共同的事业中，期望完全依赖他人的努力来盈利。至于投资者在这项共同事业中的份额是用一张正式的证书来表示还是采取简单记账的方式予以记录，或者是以合同的形式存在，那都是无关紧要的。具体地说来，投资合同具有四大特征。第一，钱的投入。投资者将自己的钱拿出来投了资。第二，共同事业。众多投资者的钱投入了一个共同的开发项目，而不是不同的、分散的、相互之间没有联系的许多个项目。第三，盈利期望。投资者投资不为别的，只是为了赚钱。第四，（盈利来自）别人的努力。投资者并不打算亲自参加经营管理，而是希望依赖别人的经营而自己从中获利，因而整个事业都处在该别人的控制之下。

案中的土地买卖合同和管理服务合同符合这四大特征。第一，投资者出了钱。第二，这些钱投入了由同一家公司开发的同一个项目——果园开发。第三，投资者投资的目的不是占有和使用土地而是营利。第四，投资者买了土地之后并不打算自己开发，而是通过管理服务合同将园林土地委托给发起人管理，自己在投资之后准备坐收渔利。法院指出，透过现象看本质，经济现实十分清楚，被告并不是在单纯地出售土地，而是在提供一种通过投资开发柑橘园林而赚钱的机会；买方也不是为了占有和开发土地而购买的——事实上这也是不现实的，而完全是因为投资回报的吸引才慷慨解囊的。于是，整个园林开发依然处于被告的管理和控制之下。这样的土地买卖就是证券法上所说的投资合同，是证券，应当受证券法的调整，按照证券法的要求进行登记和披露。

半个多世纪过去了。美国的经济乃至整个社会都发生了巨大的变化，其证券方面的立法在理论上和实践上也都有了进一步的发展和完善。但是联邦最高法院的这个经典判例依然有效。直到今天，它依然是美国法学院证券法课程的必读案例，为美国的证券法学界所熟知。判例中所运用的重内容轻形式、重经济现实轻名词术语的分析方法，也为经济法律方面的分析树立了典范。

三、豪易案的类似运用

《经济日报》1999年1月11日所报道的广东广西的那些开发商的做法与半个多世纪以前美国佛罗里达州的那位开发商的所作所为简直如出一辙。他们将果园以亩为单位分块出售。购买的人与所购的土地远隔千山万水，不打算也不可能直接经营管理所买的果园，而是受到广告许诺的高额回报的诱惑，试图依靠作为发起人的开发商对果园的经营管理来获得利润。这个开发项目同样符合投资合同的四要素标准：第一，投资者出钱投了资；第二，这些钱投入了由同一家开发商开发的同一个项目——果园开发；第三，投资者期望盈利；第四，因为投资者所购买的土地都处在开发商的统一管理下，投资者对土地没有任何控制权，所以符合他人努力的标准。如果有什么不同，那就是佛罗里达的那家开发商仅仅因为没有按照法律的规定登记披露而违反了美国证券法，做生意还是诚实的，所签订的土地买卖合同和管理服务合同都是规范的，交给投资者的地契也是货真价实的；而我国两广地区的这些开发商可能做得还没有美国佛罗里达州的那家开发商规范，他们有没有切实地办理手续将土地的所有权或者合同规定期限内的使用权合法地移交给投资者，有没有与投资者签订管理服务合同，有没有像佛罗里达的那家开发商那样拥有开发果园的优良设备和技术力量，这些在报道中都没有说。① 但是这些可能的差别并不影响证券的定性，因为即使这些差别真的存在，也无非说明我国两广的这些开发项目风险更大，而风险正是证券的特征之一。

四、行政手段与法律手段

对于这些开发果园、庄园的集资活动，我国政府采取的对策是行政禁止。《经济日报》报道说，因为所集资金缺乏安全保障，潜伏着携款潜逃的危险，扰乱了金融秩序，所以各地人民银行分行陆续查处了这些开发公司。报道还引用了中国人民银行一位负责人的表态：这些向社会不特定对象招商融资的行为，违背了国家的有关规定，属于非法集资，不受法律保护，应予查禁和取缔。接着，《经济日报》又在第一版报道了国土资源部、司法部、中国人民银行、国家工商行政管理局联合发出的《关于加强对"果园、庄园"等农林开发活动管理的通知》，禁止私自开发，规范审批手续。整个过程中唯独没有中国证券监督管理委员会的参与和从证券法角度进行的规范。② 这说明我国的证券实践和证券法制都还处在极其初级的发展阶段上，因为我们的人员素质和具体规定都还没有提高和发展到对这类活动进行证券法规范的水平。直到今天也还如此。③

从证券法的角度进行规范与采用行政手段简单禁止有许多不同。简单地说来，证券法强调的是公开和投资者的知情而不是禁止。开发果园的集资活动具有两面性，既有可能诈骗钱财、携款潜逃，也有可能诚实经营，最终促进当地经济的发展。最好的办法是杜绝坏的可能，方便好的可能。证券法的规范恰恰可以

---

① 至于集资者有没有故意诈骗的主观动机，是否已经给投资者造成损失，报道中也没有说，更没有举出具体的例证。从本案后来的实际发展来看，集资者果然携款潜逃，见《都市快报》1999年5月27日第4版的报道"大庄主"廖锋骗款15亿出逃》。
② 有关本案的进一步分析，参见朱锦清：《这些果园是证券》，载《法学家》2000年第2期，第72页。
③ 资管产品中的非标产品能否囊括这类果园开发活动，有待讨论。

达到这样的目的。因为只要能够充分地公开,使大家知道了实情,好的会有人买,坏的自然无人去买。所以,地块的出售也好,证券的发行也好,只要你按照法律的要求作了如实而充分的公开,使投资者得以在知情的基础上作出购买与否的决定,政府就不必再作进一步的干涉,不管这项事业对投资者的风险有多大。这就是证券法规范的基本原理。通过强制公开的办法去保护投资者,既防止了欺骗,又不阻碍有益的经济活动。而行政禁止则将两种可能一股脑儿全部取缔了。当然,我国政府的实际选择可能还是正确的和务实的。因为在证券法制和市场监管水平较低的发展阶段上,恐怕只能采取行政禁止的办法。否则,可能既放纵了坏的,又没有方便好的,那样结果会更糟糕。

不过,我们学习证券法却不必停留在初级阶段上,而应当尽量吸收国际先进经验,学会先进的观察问题和分析问题的方法。透过现象看本质,是一种辩证的思维方法。在现实的经济生活中,存在着许多不叫证券的证券。证券法的保护对象是广大的中小投资者,具体的办法是通过公开披露帮助他们知情,使他们避免上当。而各种名目繁多的集资项目,正是坑蒙拐骗容易发生的地方,也是投资者最需要法律保护的地方。美国夏威夷州的一位法官说得好:"如果我们只在一般类型的公司发行证券时保护投资者,而在一个较为复杂的、似是而非的计划面前退缩而不去保护投资者,那将是对证券法的嘲弄,因为这正是投资者最需要证券法保护的时候。"[1]

五、证券定义的推而广之

除了果园开发之外,有些**房地产开发**项目,其实也含有发行证券的情况。[2] 普通的房地产交易,只是将房屋简单地出售或出租,那自然不属于证券的发行。但是事情并不永远这么简单。有的项目在开工之前就通过预售套房进行集资,允许套房的购买者转手买卖,并且进行房地产将会涨价的宣传,很多购买者不是想自己居住,而是期待在涨价之后倒手转卖赚钱。这与证券就很相似了。最典型的情况是在旅游或度假胜地建造公寓楼,然后分套出售,买方在购买了套房之后并不自己居住,而是交给卖方或卖方委托的人进行管理,通过出租取得收入。这种情况和上面案例中出售的果园地块相比,除了将标的物土地改成了公寓之外,就没有别的差别了,因为二者都符合投资合同的基本特征:投资者出钱投资到一项共同的事业中,期望通过他人的努力来盈利。

---

[1] State v. Hawaii Market Center, Inc., [1970-1971 Transfer Binder] Blue Sky L. Rep. (CCH) ¶ 70,880 (Haw. Cir. Ct. 1970). 引文由本书作者翻译。

[2] 这方面美国有不少判例,如 Hocking v. Dubois, 885 F. 2d 1449 (9th Cir. 1989) (en banc), cert. Denied, 110 S. Ct. 1805 (1990), Rodriguez v. Banco Central, 727 F. Supp. 759 (D.P.R. 1989),等等。

有的商场，在建成之后将商场内的摊位卖给投资者，投资者在买了摊位之后又委托商场将摊位出租。这种情况也与上例中的公寓楼类似，因为虽然这里出租的是商场里的摊位而不是公寓套房，但就开发商与投资者之间的关系来说，却是相同的。

随后又有二方融资租赁，以区别于之前的三方关系——出卖人、出租人、承租人。现在出卖人与承租人为同一人，即楼盘的所有者将楼盘卖掉，完成集资之后再将楼盘租赁回来进行经营。其实质与前述做法大同小异。

某些公司发行的**会员证**，其实也是证券。例如广州华夏奇观有限公司发行会员证[①]，许诺高额回报，吸引了大批投资者。其中一位投资者花6.3万元买了会员证，期望盈利，结果却打了水漂。由于我国证券法的不发达，投资者投诉时都没有依据证券法。但实际上这些都是证券，应当受证券法的调整。

互联网的普及带来了支付的便利。大批互联网企业应运而生。它们设立互联网支付机构、网络借贷平台（如P2P）、股权众筹融资平台、网络金融产品销售平台，开展网络银行、网络证券、网络保险、网络基金销售和网络消费金融等各种业务。这些**互联网融资模式**在服务于企业，带给企业融资便利的同时，也蕴含了巨大的风险。集资者携巨款潜逃，广大投资者血本无收的事例时有耳闻。仔细分析，它们大都具备证券的特征。

在证券法发达的美国，传销活动也被看成证券的发行而受到证券法公开要求的规范。[②] **传销**，俗称"老鼠会"，是一种金字塔式的销售网络。金字塔的顶端是一个承销商，他买断了某种产品的销售权，然后逐层发展下线。第一个层次由他自己发展，比如说五个人。第二层便由这五个人各自去发展，如此一层一层地发展下去，这个传销网络便迅速膨胀。一旦成为这个销售网络的成员之后，便可以以较大的折扣批发该种商品，然后零售，赚取其中的差额。不管他处于哪个层次上，每个成员都还可以继续发展下线，以扩大网络。要想成为这个传销网络的

[①] 见《骗、骗，"华夏奇观"狠狠地骗》，载《都市快报》2001年11月7日。

[②] 见下段介绍的SEC v. Koscot Interplanetary Inc.一案。在我国，传销是作为非法活动通过行政手段予以取缔的。1998年国务院全面禁止传销。1999年又死灰复燃。2000年再次进行取缔和打击。在我国目前的国情条件下，我国政府选择采用行政手段是正确的。

关于传销的特征认定，时任国家工商总局副局长甘国屏指出：传销方式得以维持的唯一途径就是利用"下线"交付的钱支付"上线"的回报。时任国家工商总局公平交易局局长刘佩智对非法传销行为作了这样的界定：参加者以交纳入门费或购买商品等，取得加入资格、相应级别或介绍他人加入的资格；先参加者靠发展后加入者交纳的费用获取收益；经营者的利润主要来自参加者的入门费，而不是营销商品的利润；经营者承诺在一定时间内返还参加者所交费用的数倍；商品价格明显高于公开、合理市价；不允许参加者退货或设定极苛刻的退货条件等。见《工商局提醒识破传销变脸》，载《经济日报》2000年4月28日第2版。

由于利益巨大，传销活动在我国屡禁不止，直到21世纪的前十年依然广泛存在。

成员,每个下线都必须向他的上线支付一笔会员费(也可以叫做定金、押金等),比如说2000元。会员费可以直接以现金的形式交付,也可以以其他形式出现,例如,批发一定数量的货物,在极高的价格中包含了会员费。会员费并不全部属于这上线一个人,而是在上线和上线的上线一直到金字塔顶端的承销商这条上线的纵向链条的各个环节之间分成。这样,处于金字塔顶端或者接近顶端的那些层次上的人即使分成的比例不高,但是由于所属的基础广大,分成所得的总额就会很大。事实上,上线们赚钱主要地不是来自销售收入,而是来自下线上交的会员费。下线为了赚钱,只有努力地再往下发展下线,从下线上交的会员费中获得分成。换句话说,传销网络销售的主要不是商品,而是网络的成员资格,这种资格其实是一种证券。每个成员都是投资者,购买资格的目的是期望在网络组织的统一管理下赚取比自己的初始投资更多的钱。

上段描述的传销网络及其特点引自美国联邦第五上诉审法院在1974年判决的一个经典案例:证交委诉考斯考特星际公司案[1]。在该案中,美国证交委根据美国证券法将传销的会员资格看作证券而起诉传销商。第五上诉审法院适用联邦最高法院在佛罗里达果园案中所确定的投资合同四要素标准。诉讼双方争执的焦点在传销是否具备投资合同四要素中"依赖他人的努力"这一要素,因为其他三个要素都已经具备。被告争辩说,最高法院在佛罗里达果园案中明明说是"完全依赖他人的努力",而在本案的传销过程中,那些购买了会员资格的投资者必须按照组织者的要求进行大量的工作,尤其是推销工作,并没有完全依赖他人的努力。由于不符合"完全"两字的要求,传销销售的会员资格就不是证券。但是第五上诉审法院解释说,所谓依赖他人的努力,是指控制权。在本案中,整个计划的经营权和控制权都在传销商手里;投资者只是在传销商的安排和指令下做了一些从属性的工作,对计划的成败起不到任何决定性的作用。由于传销商的工作对计划的成败起着起决定性的作用,这就符合了"完全"两字的要求。因此,遵循最高法院的判例规则,重在精神实质,不可以咬文嚼字。

六、透过现象看本质——名与实

在上述例子中,投资项目不叫股票或证券,但实质上是证券,应当受证券法调整;在下面的例子里,投资项目发行了股票,但实质上却不是股票,不应受证券法调整。

---

[1] SEC v. Koscot Interplanetary Inc., 497 F. 2d 473 (5th Cir. 1974).

联合房地产基金会上诉福门案①便是这样的例子。在20世纪60—70年代,美国纽约州的房地产开发政策向低收入阶层倾斜,州政府规定凡是为低收入阶层建造住房的开发商,都可以得到州政府提供的、数额巨大的长期低息抵押贷款,还可以享受大量的税收豁免,条件是所造的房屋要在非营利性的基础上经营,并且只租给州政府规定的收入线以下的人。一个叫联合房产基金会的非营利性组织利用这项政策筹资,于1965年至1971年在纽约市区开发了一项名为合作城的庞大的房地产项目,共有35幢高层住宅楼和236个独立居民屋,可容纳居民5万左右,占地面积200公顷(3000亩)。为了有效地开发和经管这个庞大的项目,联合房产基金会专门组织设立了河湾公司,由河湾公司来拥有和管理合作城。

1965年5月,在合作城工程即将开工之际,河湾公司为了吸引将来的房客,散发了一份信息公告。公告首先介绍了合作城的规划以及合作建房的优越性,而后对合作城的建筑费用、资金来源以及将来的租金水平作了估计:总建筑成本为283695550美元,其中250900000美元将来自州政府提供的长达40年的低息抵押贷款,32795550美元将通过向合乎条件的人发行股票筹集;楼群建成之后抵押贷款的还本付息和日常经营管理的开支将通过收取房租支付,摊派起来,每个房间的月租金应为23.02美元,一套四个房间的公寓就是92.08美元。接着,河湾公司发行了后来引起争执的那批股票。根据河湾公司的要求,一个符合州政府规定的低收入条件的人要想得到合作城内的一套住房,就必须按照每个房间18股,每股25美元的价格向河湾公司购买股票。要想得到一套四间房公寓,就必须购买72股,支付1800美元。购买这些股票的作用犹如交了押金,房子虽然还没有造好,但是一套未来公寓的使用权已经买断了。等到楼房造好,住户搬入之后,房租另付。股票是与所租公寓绑在一起的,谁居住谁持有,不可以转让给非住户。股东死了,可以由他的配偶连同公寓使用权一起继承。住户对合作城的管理有发言权和投票权,但是每户一票,不管该户租用的公寓大小和持有的股份多少。这大概也是合作城"合作"二字的含义所在。住户从公寓中搬出的时候,可以将这些股票按原价卖还给河湾公司。

引起争执的原因是实际的建筑开支超出了原先的估计。到1971年工程完工时,总成本比原先的预算高出了1.25亿美元。这个差额是由州政府

---

① United Housing Foundation, Inc. v. Forman, 421 U.S. 837 (1975). 原文较长,下面的案情介绍系本书作者的编译和概括。需要特别说明的是,本书的英文人名、公司名称等翻译多采音译法,多无通用,选择最接近的汉语发音,正文或脚注中多能找到对应原文或出处。

增加长期、低息的抵押贷款来补足的,并没有直接分摊到住户的头上去。但是这么一来,合作城建成之后的利息支出就增加了,因为虽然是低息,但是由于本金的数额巨大,利息总额也不小。加上通货膨胀引起的管理费用的增加,结果,虽然房客购买股票的价格维持在每股 25 美元不变,每月的房租却不得不逐渐增加。到 1974 年 7 月,每间房的租金已经涨到了 39.68 美元。

于是,57 家住户,代表合作城内的全体住户共 15372 户,起诉联合房产基金会、河湾公司等被告,请求赔偿损失 3000 万美元、强制性降低房租以及给予其他适当的补偿。起诉状声称被告在 1965 年散发的那个信息公告严重失真,尤其是对低廉房租的宣传诱使原告购买了股票(现在租金已从每个房间 23.02 美元升到了 39.68 美元),从而违反了美国证券法中有关反欺诈的规定。被告则争辩说河湾公司发行的股票不是证券法意义上的证券,因而不能适用证券法。地区法院认为被告说得对,驳回了原告的请求;原告上诉,上诉审法院否决了地区法院的判决;被告上诉,联邦最高法院否决了上诉审法院的判决。

像在佛罗里达的果园案中一样,联邦最高法院依然采用了重经济现实轻名词术语、重内容轻形式的分析方法。从经济现实来看,这些所谓的股票没有收益权,既不能分红,也不能增值;既不能转让,也不能充当抵押物。这些股票也没有正常的投票权,股东的投票权是按户计算的,每户一票,而不是按所持有的股份多少计算的。说穿了,这些所谓的股票,是为了能够租到享受州政府补贴的廉价房所预交的押金凭证,房客搬走时可以退还股票,要回押金。因此,它们不是证券法意义上的证券,不受证券法的调整。

原告提出,这些股票即使不是一般意义上的证券,也符合投资合同的标准。联邦最高法院不同意这种说法。该院认为 1946 年所判的佛罗里达果园案对投资合同所下的定义,是对证券基本特征的高度概括,一般意义上的证券与投资合同并无多大的差别,因为凡是证券法意义上的证券,都有对共同事业的投资和期望通过他人的努力而盈利的情况。在本案中,股东出钱投入了一项共同的事业,且有河湾公司这个他人在经营管理,这些都是符合条件的。但是盈利期望却谈不上。盈利包括资本本身的增值和投资所产生的收益的分配。本案中的股票是押金性质,既不会增值,也没有分红,房客离去时可以要回押金原值。没有盈利,自然也不会有盈利的期望。事实上,原告购买这些股票的目的是消费而不是投资,是为了占有和使用一套公寓,而不是将房间委托给他人经营而期望得到经济上的回报。这是投资和消费的根本区别。

七、美国各州的判例和立法

在联邦法院探究证券概念的同时,美国的州法院也在审判实践中不断地摸索。他们提出了**风险资本**的概念作为认定证券的标准。在银丘乡村俱乐部上诉索比斯基[①]一案中,一个乡村俱乐部的开发商试图通过出售俱乐部的会员资格进行集资,以便对俱乐部进行扩建、改造和装修。会员资格的价格将随着俱乐部设备的增添而上涨。会员们对俱乐部的资产及其收益没有所有权,但是在得到俱乐部董事会同意的前提下可以转让自己的会员资格。著名的加州大法官特芮讷(Traynor)在判决此案时指出:证券法"专门针对那些以吸引风险资本为目的的欺骗性计划,保护并帮助投资者避免上当,不管这些计划设计伪装得多么巧妙"。本案中开发商们在筹集风险资本以从事一项营利性事业,虽然投资者购买的东西叫会员资格而不叫股票,其中的风险却不会因此而有丝毫的减少。因此,这些会员资格是证券,其发行(出售)必须按证券法的要求进行披露。

随后,美国夏威夷州最高法院对风险资本的问题作了进一步的阐述。在州政府诉夏威夷市场中心[②]一案中,被告出售创始人批发资格和创始人监督资格以筹集资金,用来经营一家大型的百货零售商店。购买这些资格的投资者必须以高于市价的价格购买店里的商品,他们也可以帮助商店推销这些资格和高价商品,从中取得分成。下级法院根据这项投资中的风险认定这些资格是证券:"这个计划向投资者许诺将来会盈利,但在实际上,利润的产生并没有一个合理的基础。公司能否存续足够长的时期,以便使投资者能够收回他的初始投资和他所支出的服务费用,都没有保障,更不用说确保他盈利了。"[③]被告上诉,夏威夷州最高法院维持原判,并且在判决意见中对投资合同的风险资本提出了更为具体的标准:(1)投资者给予了要约方一定的初始价值;(2)该价值至少有一部分要冒所投资事业的风险;(3)投资者之所以提供了该初始价值,是因为根据要约方的许诺或描述,投资者很自然地认为通过该事业的经营将会给他带来超过其初始投资价值的利益;(4)投资者对该事业的经营决策都没有控制权。

成文法与判例法是互相影响的。美国一些州的立法机构已经接受了这些判例中的结论。俄克拉荷马州的证券法规定:证券包括"以金钱、具有金钱价值的物资、或者付出的劳务作为某项事业的风险资本进行投资,期望给投资者带来某

---

① Silver Hills Country Club v. Sobieski, 55 Cal. 2d 811, 361 P. 2d 906, 13 Cal. Rptr. 186 (1961). 案情由本书作者概括介绍,引文由本书作者翻译。

② State v. Hawaii Market Center, Inc., 52 Haw. 642, 485 P. 2d 105 (1971). 原文较长,下面的案情介绍系本书作者的概括。

③ State v. Hawaii Market Center, Inc., [1970-1971 Transfer Binder] Blue Sky L. Rep. (CCH) ¶ 70,880 (Haw. Cir. Ct. 1970). 引文由本书作者翻译。

种利益,但是投资者对该事业的投资决策和大政方针没有直接的控制权"①。华盛顿州给证券下的定义中也提到"以金钱或其他对价作为风险资本投资于某一事业中,期望给投资者带来某种有价值的利益,而投资者对该事业的经营决策并没有取得实际的控制权"②。显然,这些定义万变不离其宗,都是以联邦最高法院在佛罗里达果园案中对投资合同所下的定义为基础的,在这个基础上又引进了州法院判例中的风险资本概念,强调投资风险。

八、我国

我国的市场经济正处在起步阶段,各类集资开发项目名目繁多,上面虽然引用了美国的一些判例,但类似的案情在我国经济发展的实践中同样存在。在证券、金融这些专业性较强的领域内,就像自然科学一样,相通之处多,受一国历史文化特殊性的影响小。因此,外国在市场经济发展的过程中出现的问题,在我国市场经济的发展过程中也会出现。我国两广地区出现的果园开发案与 70 年前在美国佛罗里达州出现的果园开发案在情节上如出一辙;广州华夏奇观有限公司发行的会员证与 50 年前美国加州索比斯基案中的那位乡村俱乐部开发商销售的会员资格极其相似;两国的传销活动大同小异;许多房地产开发项目的集资更有异曲同工之妙。美国的判例和经验对我们是有借鉴意义的。学习和总结这些判例,能够帮助我们开阔眼界,加深对证券法上的证券概念的理解。

最后,关于名称,我们在本节中把上述这些无证券之名而有证券之实的、按份额大小计量的投资叫做**投资份额**,也可以叫做**权益分享**。这样的名称是描述性的。我们也可以按照美国人的术语叫投资合同。只是它们的性质与股票类似,是物权而不是债权,"合同"二字在属于大陆法系的我国容易引起误解。总的说来,名称在这里不是太重要,概念清楚之后,名称只需约定俗成便是了。

第九节 证券定义的概括性讨论

一、定义的概括与演绎

本章开头曾提到,在证券法上,用概括的方法给证券下定义十分困难,迄今

---

① Okla. Stat. Ann. tit. 71,§2(r)(16)(West Supp. 1990)。引文由本书作者翻译。
② Wash. Rev. Code Ann. §21.20.005(12)(1988)。引文由本书作者翻译。

为止还没有一个令人满意的定义。正因为如此,各国在证券立法的时候大都采用列举的方法,避免给证券下概括性的定义。下概括性定义的也有,只是比较少,例如,上节介绍的美国俄克拉荷马州和华盛顿州的证券法便是。不管怎样,在学术上,我们应当对此进行探讨。在对上述八类证券一一列举,并进行了各别的介绍和讨论之后,尤其是对第八类证券,即投资份额的讨论之后,遵循着从个别到一般、从具体到抽象的思维方法,我们尝试着对证券的定义作出如下的概括:**证券是因投资于一项共同的风险事业而取得的主要通过他人的努力而盈利的权益**(凭证)。

证券属于一项民事权利自不必说,或物权、或债权。但这种权利又具有如下的特征,正是这些特征使它与其他民事权利区别开来。第一,出钱投资。投资是与消费相区别的。如果投资者购买的是供个人使用的消费品,那么,即使名称叫股票,也不是证券,前面举过的联合房产基金会就是一个很好的例子。另外,出钱应当从广义上理解,即不但包括金钱,而且包括实物、工业产权、技术、甚至劳务。总之,一切有价值的东西都可以算作钱。第二,共同的风险事业。这意味着投资者是多个而不是一个,否则就无所谓共同;这多个投资者的钱投资在同一项事业中,而不是分散的、毫无联系的不同事业中;而且这种事业是有风险的,没有任何风险、旱涝保收的东西不是证券法上的证券。第三,他人的努力。这意味着投资者对投资所营的事业并无经营管理权,该权掌握在他人的手中,由他人操劳和努力。这里的经营管理权是指控制权,或者经营决策权,也就是说,即使投资者本人在该风险事业的经营中付出了一定的劳动,但是只要他没有经营决策的权力,他人努力的条件就依然能够成立。第四,盈利期望。投资者出钱的目的是营利,期望回报大于投入,不但大于投入,而且要超过同期的银行利息。这是与第一项特征中的投资概念相联系的,如果没有盈利期望,那就可能是消费而不是投资了。

定义之所以采用了"凭证"一词而又将它放在括号里,一方面是考虑到我国证券法学界认为证券是一种凭证的普遍说法。[①] 凭证是有形物,比抽象的概念要具体一些。而定义能下得具体一些,便于理解,总是好的。但是在另一方面,随着现代科学技术的发展,纸面形式的传统凭证已经逐渐被簿记、磁卡等其他形式取代,因此,凭证的概念其实也不是很具体。况且,凭证的说法所涉及的毕竟只是手续形式而不是内容,学习和研究证券的概念,应当着重它的实体内容。所以,"凭证"一词在定义中其实可有可无,从精练的角度看,恐怕还是没有的好,因此将它放在了括号里。

---

① 见本节后面对我国证券法学界各种证券定义的讨论。

上述定义显然借用了美国人对投资合同所下的定义,并且结合了风险资本的概念。但是这一定义并不局限于投资合同,而具有普遍的意义。美国联邦最高法院在前面引述的联合房产基金会一案中就说过,"'投资合同'与'人们普遍认同的证券'没有什么不同。不管在哪一种情况下,区别证券交易与普通的商业交易的标准是看'那个项目中有没有投资者出钱投资于一项共同的事业中,而利润将完全来自他人努力的情况'[引佛罗里达果园案]。① 这条标准简明扼要地概括了本院以前所有的判例中阐明的证券的基本特征。"②

可见,这条定义对证券法上的所有证券都是适用的。既如此,那么,在完成了从个别到一般的总结归纳工作之后,我们不妨再从一般到个别,运用这个概括性的定义进行演绎,看看它是否适用于前面讨论过的八类证券中的每一类证券,而不光是投资份额这一类证券。

先说股票。股票代表对公司所有权的份额,公司只有一个,自然符合共同的风险事业的特征。购买股票的绝大多数中小投资者不想参与公司的经营管理,而是期望通过他人努力来盈利,因而具备他人努力和盈利期望两个特征。至于出钱投资,那是显而易见的,因为每个股东都是出了钱的。因此,股票具备定义概括的四个要素,符合上述概括性的证券定义。至于那些掌握经营管理权的大股东,他们的股票自然不具备他人努力的特点,但是他们不是证券法的保护对象,而是证券法责成履行义务的人。一旦他们将控股权转让出去从而失去了经营决策权,他们作为小股东也就成了证券法的保护对象了。证券法保护的是广大的中小投资者。

再看债券。首先,购买债券是一种投资行为;其次,和股票一样,债券投资于一项共同的风险事业——公司;再次,购买债券的目的是赚取利息,因而具有盈利期望,只是和股票相比,该盈利在量上受到限制,质上更加保险;最后,他人努力这一特征比股票还要明显,因为债权人是不参与公司的经营管理的。可见,债券同样符合上述概括性的证券定义。

投资基金本来就是由股票和(或)债券组合起来的,因而自然会继承这些成份证券的特征。

衍生证券是以股票、债券、投资基金这些基本证券为基础、由基本证券派生出来的,其存在又是依附于基本证券的,所以可以认定衍生证券具有基本证券的特征,符合上述概括性的证券定义。

资产支持的证券是以资产池为基础的。其中传递型的证券代表对该资产池

---

① 方括号及其中内容为本书作者改写,原文为:"Howey, 328 U. S. at 301."
② United Housing Foundation, Inc. v. Forman, 421 U. S. 837 (1975)。引文由本书作者翻译。

的份额。资产池构成一个共同的事业,其能否如期收回本息是有风险的,而且依赖管理人和发行人而不是投资者自身的努力。投资者购买这样的证券,期望通过他人的努力来盈利。证券四要素十分明显。资产支撑的债券本质上与普通债券没有什么两样,同样以发行人为债务人,自然符合证券的特征。付通型证券介于上述两者之间。但是由于资产池不够偿债时发行人都会兜底,负责清偿剩余本息,所以本质上仍然属于债券;但是如果合同规定发行人不会兜底,则属于传递型的。不管哪一种情况,它都具有证券四特征,符合证券的定义。

资产管理产品与投资基金和资产支持的证券类似。

存托凭证代表股票或债券,自然与股票、债券一样符合上述概括性的证券定义。

事实上,当美国联邦最高法院的法官们在确认证券四要素定义的普遍适用性时,他们脑海里浮现的决不仅仅是本章所述的八类证券,因为美国的证券法中罗列了三十来种证券。他们自然认为这一定义对所有这三十来种证券都是适用的。当然,对于传统意义上的证券,如股票和公司债券,只要具备了这些证券的一般特征,就没有必要拿这条定义的四个要素一项一项地去检验和探究,只是对那些似是而非的疑难问题,才有必要运用定义分析和确定。

二、我国学界的定义

我国证券法学界对证券的定义在概括和列举两个方面都还没有作出具有实用价值的深入研究。概括性的定义停留在汉语词义的一般诠释上。从字面上说,证是凭证,券是纸片。证券,就是用作凭证的纸片,或者用纸片作成的凭证。《辞海》对证券的定义是:"以证明或设定权利为目的所作成的凭证。"[①]于是,邮票、车船票、存物牌、提货单、汇票、股票都是证券,因为它们都是证明权利的凭证。这一定义被我国法学界借用过来,稍作修改,便成了许多证券法著作中的证券定义。例如,"一般而言,证券是指为证明或设定权利所作成的书面凭证,它表明证券持有人有权取得该证券所拥有的权利和利益"[②];证券"是表明一定财产权利的证书,或者说是代表一定财产价值与记载一定法律事实的文书"[③];"证券是在专用纸单或其他载体上,借助文字或图形,表彰特定民事权利的书证"[④];等等。

---

① 《辞海(1989年版缩印本)》,上海辞书出版社1994年版,第440页。顾肖荣主编的《证券交易法教程》(法律出版社1995年版,第10页)直接采用《辞海》的定义。
② 顾功耘:《证券法》,人民法院出版社1999年版,第2页。
③ 卞耀武:《证券法基本知识与实务》,同心出版社1999年版,第1页。
④ 叶林:《证券法》,中国人民大学出版社2000年版,第1—2页。按顾功耘:《证券法》,人民法院出版社1999年版,第2页注②的解释,该定义出自杨志华:《证券法律制度研究》,中国政法大学出版社1995年版,第1页。

这些定义大同小异，都十分广义。这么广义的定义，对于学习证券法，澄清证券法所调整和规范的证券，是没有用处的。

有人将广义上的证券与证书进行比较，发现二者不同。证书记载一定的法律事实，证明该事实曾经发生，如出生证明、死亡证明、结婚证明等。证书记载的法律事实可以脱离证书而单独存在，依然可以得到法律的确认，并不对当事人的权利义务发生实质性的影响。证券持有人的权利是和证券本身紧密联系在一起的，权利一般不能离开证券而独立地存在。证书的颁发者和接受者之间往往存在着某种上下级或者管辖与被管辖的关系；而证券的发行人和接受人之间只能是一种横向平等的民事关系。证书的制作与交付一般为个别地进行，而且必须记名，而证券的制作与交付一般为大批量地进行，可以记名，也可以不记名。① 这种比较逻辑性强，有一定道理；只是也不尽然，比如同居的权利似乎就是跟结婚证书紧密相连的。因为以前在相当长的一段时期内，国内男女成双结对外出旅游住旅馆，都要被查看结婚证书。又如本票、汇票等证券，常常个别签发，而非大批量发行。大批量发行的是证券法上调整的、狭义的证券。

由于概括性的定义下不好，学界出版的各种著作，都对证券从广义到狭义进行列举归类。最广的归类：证券包括无价证券和有价证券。② 前者如会员证，后者又可以从不同的角度再作分类。从内容上可以分出商品证券，如提货单、仓库保管凭证；货币证券，如汇票、本票、支票等商业票据；资本证券，如股票、债券。③ 从发行主体上可以分出公司证券、金融证券、政府证券。这每一类证券，还可以作进一步的分类。还有的学者从有价证券中分出了民商法上的证券，从民商法上的证券中分出了证券法上的证券，等等。④ 可见，所谓广义和狭义，也是相对而言的。对于最广意义上的证券来说，有价证券（或者无价证券）就是狭义的；对于有价证券来说，资本证券又是狭义的；等等。这种泛泛的、表面的归类列举，缺乏对证券法所规范的特定证券的深入探讨，因而对学习证券法的用处也不大。

---

① 见卢仿杰编著：《证券法原理与实务》，立信会计出版社 1999 年版，第 1 页。
② 见吴晓求主编：《证券投资学》，北京理工大学出版社 1993 年版，第 7 页；顾肖荣主编：《证券交易法教程》，法律出版社 1995 年版，第 10 页。
③ 见卞耀武：《证券法基本知识与实务》，同心出版社 1999 年版，第 1 页。但是吴晓求主编的《证券投资学》（北京理工大学出版社 1993 年版，第 8 页），称"货物证券"，不称"商品证券"；全国人大常委会办公厅研究室编写组编写的《中华人民共和国证券法应用指南》（改革出版社 1999 年版，第 5 页），称"财务证券"，不称"商品证券"。
④ 见顾肖荣主编：《证券交易法教程》，法律出版社 1995 年版，第 11—13 页。

三、本章特色

本章针对证券法上的证券,列举了八类。这八类证券的列举,是根据我国的实际情况和市场发展趋势,参考美国证券法的先进经验提出来的。所谓我国的实际情况,自然指我国的证券立法和证券实践。我们的证券市场起步较晚,处于初级的发展阶段,各方面都还缺乏经验,因而立法上采取了谨慎的、小步走的方针,成熟一种写一种,宁缺毋滥。基于这一方针,1998年《证券法》仅列举了两类证券予以调整:股票和公司债券。这是两类最基本和最常见的证券,也是我国证券市场上流通的主要证券,经验相对成熟。经过几年的摸索,2005年《证券法》增加列举了投资基金和衍生证券,并将政府债务的上市交易纳入了调整范围。这些进步使本章的内容和体系与实际规定更加吻合。2019年《证券法》又根据市场的发展及证券新品种的出现添加了存托凭证、资产支持证券和资产管理产品三类证券。这些证券本书初版没有包含,因为当时还没有出现。这次修订在第四版已经增添资产支持证券和存托凭证两节的基础上,又增加了资产管理产品一节,依法补齐。2019年的修改把衍生证券删除了,据说是要留给期货法去规定。但是衍生证券无疑是证券的重要种类,而且已经在我国的证券交易所里流通了,所以本章依然保留。

所谓市场发展趋势,是指本章对我国证券实践和证券立法在不远的将来的发展所作的预测。如果说本章列举的证券在本书初版时相对于1998年《证券法》还明显超前的话,随后我国证券市场的迅速发展和2005年《证券法》的增加列举则证明了这种超前是适度的,初版对市场发展趋势的预测也是正确的。就现在情况来看,超前的幅度已经很小了,主要包括优先股、多类普通股、高低级债券[①]和投资份额。其中优先股早已在公司实践中出现,其发行和交易都有了规范性行政规章的指引;多类普通股和高低级债券也都已经出现[②],尽管还不普遍;只有投资份额还没有被认识与确认。但是不普遍的品种随着我国市场经济的发展一定会普遍起来,尚未认识的东西随着我国证券法学术水平的逐步提高将会被认识和确认。

[①] 低级债,国内又称次级债,早已经在银行等金融机构之间私下发行,但是还没有在公开市场上出现。

[②] 关于多类普通股,参见《公司法》第131条和第126条及其与1993年《公司法》第130的比较。2019年1月28日,证监会经中央和国务院同意之后发布《关于在上海证券交易所设立科创板并试点注册制的实施意见》,其中第5条规定:"依照公司法第131条的规定,允许科技创新企业发行具有特别表决权的类别股份,每一特别表决权股份拥有的表决权数量大于普通股份拥有的表决权数量。"这是我国多类普通股试点的首次正式规定。高低级债券见第15页关于证监会下发《关于证券公司借入次级债务有关问题的通知》的讨论和该页脚注②关于中国银行发行的次级债券在银行间市场上市交易的报道。

第二章　证券的发行和交易

第一节　证券的发行
第二节　证券的交易
第三节　我国的证券市场及活动于其中的各类主体

第一章从静态的角度探讨了证券的概念,本章则从动态的角度介绍证券的发行和交易。这两章都属于证券法的背景知识,为下一章证券法基本原理的分析作好铺垫。

第一节　证券的发行

证券的发行是公司因需要资金而向社会募集的活动。通过发行证券募集资金的办法主要有两种,一种是借钱,那就是发行债券;另一种是出卖公司的部分所有权,那就是发行股票。发行股票或债券的公司叫**发行人**,购买股票或债券的人是该种证券的**持有人**,通称为**投资者**。由发行人充当卖方第一次将证券卖到投资者手里的市场称为**一级市场**;一级市场并没有一个固定的场所,它是证券发行市场的统称。发行之后证券通过转手买卖不断流通的市场称为**二级市场**。证券交易所是二级市场的典型形式。由于发行只有一次,而证券在发行之后会多次转手,通过买卖流通,所以,二级市场上的证券交易量总是比一级市场上的发行量大得多。例如,1999年我国一级市场的发行总额为 510.81 亿元,而二级市场上的成交量则有 5.23 万亿元之多。[1] 2016 年全国一级市场发行总额 1504 亿元;2017 年大增长,也才 2351 亿元,而单单上海或者深圳一家交易所一天的成交量有时就超过这个数字。所谓证券市场,是一级市场和二级市场的总称。

证券的发行和书籍的发行在含义上稍有不同。书的发行是指出版,具体指出版社将书印出来放在书店的架子上销售,这时候不管书能不能卖出去都是发行了。而证券的发行则是指卖出去,有人买了去才算发行了,发行人光将股票印出来放在柜台上卖但是没有人来买是不能算作发行的。

---

[1] 同时期沪深两市的股票市价总值为 26500 亿元。见《1999 年证券市场成交总额逾五万亿》,载《经济日报》2000 年 1 月 24 日第 2 版。又:1998 年我国共有 120 家企业在境内外发行股票,总额为 840.14 亿元,见《经济日报》1999 年 1 月 22 日第 2 版。

一、直接发行和间接发行

发行人要将证券卖给投资者，可以自己去卖，也可以通过某个中介机构去卖。这就好比农民种了许多青菜和萝卜，可以自己挑到农贸市场上去设摊销售，也可以全部卖给收购蔬菜的菜贩子，让菜贩子去卖。发行人自己销售证券的叫**直接发行**，通过中介机构销售的叫**间接发行**，这个中介机构叫**承销人**或**承销商**，也就是人们通常所说的**投资银行**。其实，投资银行既不投资，也不是接受存款和发放贷款的银行，它的功能是为证券发行充当中介人，就像上面例子中销售蔬菜的菜贩子一样。

直接发行和间接发行究竟哪一种办法好呢？这要看发行人的具体情况而定。菜农种了蔬菜，究竟是自己卖还是通过菜贩子卖，需要根据具体情况作成本的比较。如果菜的数量小，菜农又熟悉城市的情况，就可以自己挑着担子穿街走巷叫卖，或者摆摊销售。但是如果菜的数量大，菜农缺乏运输工具，而且对城市市场的情况又不熟悉，那还是让菜贩子全部收购走比较合算，菜贩子专门从事蔬菜的销售工作，拥有专门的运输工具和销售人员，其销售费用要比菜农低得多。这是社会分工专业化的缘故。证券的发行也一样。如果发行人自己拥有广泛的销售网络，又有这方面的专业人才，那么，自己销售的成本可能比较低。一些大的跨国公司，如通用汽车等，拥有自己的证券发行部门，已经发展了自己的证券销售网络，所以发行证券时都选择直接发行的方式。反过来，如果发行人没有这样的销售网络，也没有这方面的专业人才，那就只能通过承销商这一中介去销售证券。诚然，承销商不会白白为你服务，发行人必须支付很高的报酬给承销商，但是这比建立自己的销售网络并雇佣专业人才的成本要低多了。承销商拥有在一级市场销售证券的专业人才、专业知识和专业设备，对市场情况比较了解。它的销售费用低于发行人，就像菜贩子的销售费用低于菜农一样。

每个投资银行都有一张客户名单，上面写着许许多多的经纪人的名称、地址和电话号码，还有机构投资者和个人投资者的名称或姓名、地址和电话号码，那就是它的市场销售网络，是它的一项十分宝贵的资产，对外高度保密。发行人不能自己发行，最主要的原因就是没有这么一个销售网络，不知道将证券卖给谁。可见，在市场经济中，信息往往就是金钱。

一般情况下，发行人通过对发行成本的估算可以自行选择直接发行还是间接发行。但是在我国，由于证券市场刚刚起步，我国的公司都很年轻，对证券的发行比较陌生，一般不具备直接发行的能力。规范起见，2005 年以前的《公司法》和《证券法》都不允许直接发行，而规定只能通过承销商间接发行。但是随着我国市场经济的发展，公司规模的扩大，对证券市场认识的加深，从 2005 年起，《公司法》和《证券法》都有所松动。现行《证券法》第 9 条将发行分为公开发行和非公开发行;《公司法》第 87 条和第 134 条第 2 款规定公开发行股票时由承销商承销①,意味着非公开发行股票时可以直接发行。2006 年 5 月 6 日,中国证监会发布的《上市公司证券发行管理办法》(2020 年 2 月修正)第 49 条将这一意味变成了明文规定:"非公开发行股票,发行对象均属于原前十名股东的,可以由上市公司自行销售。"这里仍有两点限制:一是发行取非公开方式,二是买方限于"原前十名股东"。② 今后,随着我国证券市场的进一步发展,这两点限制都会被撤除的,有能力的公司完全可以自己直接向社会公开发行。

但在目前,一般情况下法律仍要求取间接发行的方式,即由投资银行替发行人销售证券。投资银行所做的这项工作叫**承销**。由于承销涉及的金额数目大,风险大,所以发行人与投资银行之间必须签订书面的承销协议。**承销协议**是规定发行人和承销人双方在承销中的权利义务关系的合同。

二、承销和承销团

根据这种权利义务关系在性质上的差异,承销主要有包销和代销两种类型。我国《证券法》第 26 条规定:"证券**代销**是指证券公司代发行人发售证券,在承销期结束时,将未售出的证券全部退还给发行人的承销方式";"证券**包销**是指证券公司将发行人的证券按照协议全部购入或者在承销期结束时将售后剩余证券全部自行购入的承销方式。"(黑体附加)。可见,代销是一种代理关系,承销人是代理人,发行人是委托人,承销人代发行人销售,在承销期内卖得掉的就卖,卖不掉的在承销期满时自然要退还给发行人。销售证券所得的全部价金收入归发行人所有,发行人另行向承销人支付佣金。包销是一种买卖关系,发行人是卖方,承销人是买方,买卖一旦成交,发行人得到了价金,其集资活动即告结束,余下的事情它就不用管了。承销人卖得掉的就卖,卖不掉的也只好自己留着,不能退还给发行人,行话叫做**套牢**。

如果发行的证券数额较小,一家投资银行即可承担全部的承销任务。但是如果数额较大,一家投资银行承销风险太大,而且它的客户网络也比较有限,所以往往要由多家投资银行临时组织一个承销团,共同协力,来完成承销任务。承销团需要推选一家投资银行担任**承销经理**,俗称**主承销商**。一般说来,负责牵头的那家投资银行往往担任承销经理。承销经理为承销团雇请律师,代表承销团

---

① 2005 年前《公司法》第 140 条也有类似规定,但因为没有非公开发行的规定,所以也没有直接发行的规定。

② 本节末对此有更详细的讲解。

全体成员与发行人谈判、签订承销协议。承销经理的承销份额一般要比普通成员大,做的工作又多,所以最后得到的报酬也要比普通成员高得多。经理的报酬包括经理自己承销的那部分证券的承销酬金和担任承销经理的酬金两个部分。担任承销经理的酬金是从成员的承销酬金中分成的。承销的证券总数需要在承销团的成员之间分摊。分摊的具体办法是由各成员根据自己的承销能力自报,所以各家成员承担的份额往往各不相同。承销经理在牵头组织承销团时,根据这些自报的数额,知道由多少家投资银行组成承销团足够完成承销任务,然后考虑各家投资银行的信誉及与自己的合作关系,确定承销团的组成成员。有时候,承销团的有些成员还会再雇佣几家证券商帮助它销售分摊给它的承销份额,并与这些证券商分享该份额的承销酬金。承销团成员之间的所有这些关系,包括成员与承销经理的关系,都需要通过合同的形式加以明确,这样的合同称为**分销协议**。分销协议调整承销团内部成员之间的关系。分销协议都有专门的条款指定承销经理,并授权经理代表承销团全体成员与发行人谈判、签订承销协议。承销工作一旦结束,承销团即告解散。

不管是单家投资银行承销,还是由多家投资银行组成承销团承销,对承销人一方来说,包销的风险显然比代销大,因为包销有被套牢的可能。为了避免套牢,包销人在签订包销协议前必须做好调查工作和可行性研究,确信在向发行人购入证券之后能够顺利地将这些证券推销出去,才能在协议上签字。这就需要探测市场的深浅①,了解哪些投资者需要购买多少数量的证券。在实际操作中,承销人会通过自己的客户网络与投资者和经纪人逐家联系,看看能够售出多少证券,而后敲定承销的总数额。所以,在成熟的市场经济中,承销人被套牢的情况极少发生。

如果承销人在探测市场深浅时发现需求十分旺盛,所承销的证券供不应求,它也可以请求发行人在承销协议中增加一个**超额配售选择权**(over-allotment option)条款,俗称**绿鞋**(greenshoe)②,允许它超额(习惯上不超过原定发行量的15%)销售所发行的证券。如果发行人愿意多筹集一些资金,可以答应承销人的请求;如果不需要,例如,所投资的项目用不着更多的资金,也可以拒绝。如果发行人接受了承销人的请求,届时行情看涨,二级市场上的价格高于发行价,发行人将按超额的比例增加发行量。这是正常情况。但是市场行情瞬息万变,一旦出现市价跌破发行价的情况,由于承销人已经与客户签订买卖合同,客户有购买

---

① 深浅是业内术语,深指在买(卖)证券时市场的供应(需求)量大,浅指在买(卖)证券时市场的供应(需求)量小。

② 其之所以叫做绿鞋,是因为美国的绿鞋公司在发行中首创了这一做法。

的义务,所以承销人可以从二级市场上购买证券来交给客户,并赚取差价,无须发行人增加发行量。从二级市场购买会抬高价格,拉近一、二级市场的价格差距,起到稳定市价的作用。但是另一方面,这种行为又有操纵市场之嫌①,所以必须限制数量,这就是不超过15%的原因。这一做法已经为美国证交委所首肯,在美国被广泛采用。中国证监会2001年9月3日发布的《超额配售选择权试点意见》也引进了这一做法。

其实,承销的风险主要地还不是套牢,而是因发行人公开失真而招致的对投资者的民事赔偿责任。证券法规定如果发行人的公开材料中存在着虚假记载、误导性陈述或者重大遗漏,致使投资者在证券交易中遭受损失的,发行人和承销人都要承担赔偿责任。②但是承销人与发行人的责任有所不同,发行人负无过错责任;承销人负过错责任。所谓过错责任,就是有了过错才赔偿,没有过错的可以不赔偿。承销人被告上法庭之后,可以对法官这样说:"您瞧,我已经尽力了。像发行人这样弄虚作假,巧妙掩盖,只有神仙才能发现真相。我们承销人是凡人,无法知道的。"如果承销人真的能向法院证明这一点,它便可以不负赔偿责任。而为了能够证明这一点,承销人就必须做好尽职调查工作。

尽职调查从实体上调查证券的质量,主要核实发行人公开文件的真实性,这包括派专人到发行人公司所在地查阅发行人重要的账目报表(如资产负债表、损益表、现金流量表等)、重要的合同、股东会和董事会的会议记录等所有重要的文件,了解公司有没有陷入重大的诉讼,有没有因为污染环境而负有重大的环境清除责任,等等。目的是要确保发行人的公开文件完整、准确地反映了公司的真实情况。如果没有发现本来应该发现的虚假不实之处,致使购买这批证券的投资者遭受了损失,就得承担赔偿的责任。这个问题到第四章再详细讲解。

在承销人为承销团的情况下,尽职调查工作一般由承销经理代表全体承销人去做。在实际操作中,承销经理往往雇律师去做大部分尽职调查工作。承销人都是证券方面的专家,称为投资银行家,因而有能力深入地调查和了解发行人的经营状况和财务状况,从而对证券的质量作出比较准确的判断,并在这样的基础上与发行人议定买卖证券的价格和双方各自的权利义务。

在承销关系是代销而不是包销的情况下,承销人没有套牢的风险,所以,从利害关系的角度去看,探测市场深浅的工作对承销商而言相对不那么重要,因为发行成败的风险完全是由发行人承担的,发行的证券卖不光,最后还给发行人便是,承销人照样可以就卖掉的部分获得承销佣金。事实上,承销人之所以选择签

---

① 关于操纵市场,见本书第五章第二节。
② 参见我国《证券法》第85条。

订代销协议而不是包销协议,往往就是因为他对该种证券的市场需求量心中无数的缘故。心中没底的原因倒不一定是承销人水平差,或者它的客户网络不够广泛,更可能是因为发行人是中小公司,初次发行,所从事的又是新兴产业,所以市场对它还不够了解。不过,在给定的市场条件下,承销人对市场的熟悉程度直接关系到它能否成功地找到客户并完成承销任务;而发行人在选择承销人的过程中,会对多家可能的合作伙伴进行比较,选择最有利于自己证券发行的投资银行充当承销人。所以,承销人适当地探测市场的深浅,显然有利于增强其对发行人的吸引力和自己在本行业中的竞争力。至于尽职调查,代销人与包销人同样要做。因为一旦发行人的公开失真,致使投资者上当受骗,承销人将作为共同被告而承担连带赔偿责任。充分的尽职调查工作是防范赔偿风险的唯一有效的手段。

三、发行价格

在做完了这些调查工作之后,就可以签订承销协议了。协议最重要的是**价格条款**。价格是由买卖双方,即承销人和发行人协商确定的,而价格的确定又是以资产评估为基础的。我国早先的评估方法都以会计账面价值为准[1],这是很不科学的。国际上通行的方法是以企业历史形成的稳定而相对可靠的盈利能力结合市场的利率情况来确定价格,同时结合包括商誉在内的企业无形资产、有形资产中潜在、隐形、未被市场发现的价值、会计账面净值、企业发展前景、社会环境等多方面的因素综合考虑并调整确定。[2] 同时,证券市场上的供求状况也直接影响着价格的确定。从利益上说,发行人总希望价格高一点;承销人总希望价格低一点,因为价格低容易销售。因此,尽管双方都会对资产进行评估,但是得出的结论却往往有很大的差异。于是,就要讨价还价。

包销的证券价格有两个,一个是发行人卖给承销人的价格,另一个是承销人卖给投资者的价格,就是发行价。两个价格都要在发行人和承销人之间议定,然后写在承销协议中。自然,承销人卖给投资者的价格必须高于发行人卖给承销人的价格。包销时,承销商就是靠这种买卖的差价获取承销报酬的。代销的证券价格只有一个,就是发行价。但是发行人必须另行支付佣金给承销人,佣金的具体数额或计算方法也必须写清楚。所以在实质上,代销等于也有两个价格。

---

[1] 参见《市场定价易被操纵》,载《上海证券报》2003年12月4日头版文章,认为以净资产为定价标准有其合理性。

[2] 我国有的发行人在向法人配售时采取只设底价、不设上限的招标竞价方式,也不失为一招。见《新股发行定价市场说了算》,载《经济日报》2000年6月10日第3版。这类做法为4年半后证监会出台发行询价制度奠定了经验基础。

由于价格条款的重要性和敏感性,在实际的协议过程中,双方往往先就其他条款达成协议,而将价格条款空开,一直等到最后协议签订前的一两天才敲定价格。有时候,价格条款从承销协议中分离出来,双方另行签订单独的价格协议。

  在我国,发行定价机制经历了一个由政府定价到市场定价的漫长演变过程。2004 年以前,我国各级政府秉承以往计划经济的传统,硬性规定发行价格或价格区间。① 一般地,发行价格不得超过 20 倍市盈率。② 在炒股热潮中,二级市场上的股价高达 80 甚至 100 多倍的市盈率。于是就有了一二级市场之间的数倍差价并在十多年的时间内长期存在这样的中国特色。2004 年 12 月 7 日,证监会发布《关于首次公开发行股票试行询价制度若干问题的通知》,开始了市场定价的尝试。③ 2005 年 10 月《公司法》和《证券法》大修改之后,证监会于 2006 年 9 月 17 日发布《证券发行与承销管理办法》,这个《办法》大致沿用了 2004 年通知中的询价制度。《办法》规定首次公开发行股票的发行人必须通过向市场询价的方式来确定发行价格,询价对象包括投资基金管理公司、证券公司、信托投资公司、财务公司、保险机构、合格境外机构投资者④、主承销商自主推荐的具有较高定价能力和长期投资取向的机构投资者,以及经中国证监会认可的其他机构投资者。参与询价中标的机构可以获得一定限额的股票配售。如果这些对象报价不活跃,则应中止发行。⑤ 再次发行的定价要比首次发行灵活一些,发行人既可以通过询价定价,也可以直接同承销商协商定价。⑥ 但是首次发行不能直接协商定价,只能通过询价定价。

  2013 年 12 月,中国证监会重新颁发《证券发行与承销管理办法》⑦。老《办法》被废止。新《办法》不再强制要求发行人在首次公开发行股票时向特定类别的机构投资者询价,而是既可以向"具备丰富的投资经验和良好的定价能力"(第

---

  ① 见《股票发行定价走向市场化》,载《上海证券报》2004 年 8 月 26 日头版文章,说到由政府规定发行价最高市盈率的做法。
  ② 市盈率的概念介绍见本书第 79 页。
  ③ 2005 年 1 月 1 日起施行。定价分两步走。先进行初步询价确定价格区间,再通过累计投标询价最终确定价格。2005 年 1—4 月的证券报纸上有大量报道,例如 2005 年 4 月 12 日《上海证券报》A9 版登载的德华兔宝宝装饰新材料股份有限公司有关初步询价的公告,确定了价格区间;4 月 15 日 A8 版又登载了该公司累计投标询价后的配售结果公告,其中含有发行价格。
  ④ 境外机构投资者的英文首字母缩写是 QFII,即 qualified foreign institutional investor.
  ⑤ 杭州《都市快报》2011 年 6 月 8 日第 C10 版《询价对象不足八菱科技成 A 股首家发行失败公司》和 9 日 C18 版转新华社《史上首次发行失败偶然还是必然》,八菱科技 IPO 在通过证监会审核之后在初次询价中因为有效报价只有 19 家(发行 4 亿股以下的要求 20 家),所以已于 6 月 7 日宣布中止发行。这是 2006 年《办法》施行以来全国第一家发行失败的公司。
  ⑥ 见该《办法》第 21 条。
  ⑦ 废止了从 2006 年到 2013 年施行的同名文件。新的办法又已经过 2014 年 3 月 21 日、2015 年 12 月 30 日、2017 年 9 月 7 日、2018 年 6 月 15 日四次修改。

5条)的网下投资者询价,也可以"与主承销商自主协商直接定价"(第4条)。前者显然不光有机构投资者,也有自然人。这些询价对象应当具备的具体条件由发行人与主承销商协商确定。这就把发行定价权都交给了市场。此外,老《办法》要求投资者按照申购股份数量全额缴付资金。由于最终实际买到的股份远远少于申购的数量,所以大量资金积压在申购环节。新《办法》取消了这项要求,只要求投资者在实际获得配额之后足额缴足价款即可。

四、承销协议的特色条款

价格确定之后,就要签订承销协议了。承销协议像所有其他普通的买卖合同一样,除了价格条款之外,还包括双方当事人的名称和住所、标的物的种类和数量、履行期限和付款方式等条款,《证券法》第28条对此作了规定。但是,这些一般性的条款是普通民事买卖合同所共有的,并不能彰显承销协议的特点。一事物区别于他事物的特征是为该事物所有而他事物所没有的那些特征。承销协议含有一些为普通的买卖合同所没有而为所有的承销协议所共有的条款。正是这些条款的存在,使承销协议具有自己的特色,而与普通买卖合同区别开来。前面说过,承销证券的风险不仅来自被套牢的可能,更主要地是来自因发行人公开失真而引起的承销人对投资者的民事上的连带赔偿责任。这种赔偿的数额巨大,可以使承销人遭受重大的损失乃至破产。承销人为了保护自己,都要求发行人在承销协议里同意补偿承销人因发行人公开失真而向投资者赔偿的损失,称为**补偿条款**。为了使证券的销售工作能够顺利进行,发行人还会同意在承销期内及以后的一定时期内不发行或销售相同种类的证券,避免和承销人竞争,称为**靠边站条款**。这是一种形象的说法,是指发行人靠边站,不和承销人竞争的意思。发行人还会向承销人保证它向政府提交的用于公开的申请文件是真实可靠的、没有重大遗漏的和符合法律要求的,称为**声明和担保条款**。在承销人是一个承销团的情况下,还要考虑到团内个别成员因为各种原因而不能如数购入发行人的证券而违约的情况,如果该成员所分摊到的承销份额不是很大,例如小于10%,该承销份额将在承销团的其他成员之间分摊;如果该份额太大,超过了承销协议规定的百分比,发行人会同意取消承销合同,所有的承销团成员即告解脱,发行人只能向那家违约的投资银行要求损害赔偿。这样的规定称为**个别违约条款**。此外,有的承销协议里还会含有前面说过的绿鞋条款。这类为证券承销协议所特有的条款还有很多,篇幅关系,在此不一一列举了。承销协议是承销过程中最重要的协议,也是证券发行过程中最重要的文件之一。

在实际操作中,承销协议的起草和签订是一个较长的过程,可以延续一两个月。它同时也是发行人与承销人双方对上述及所有其他协议条款的具体表述进行协商、讨论和谈判的过程,谈判的结果随时反映在双方对协议条文的修改中。尽职调查在时间上也包含在协议起草的过程中,调查所发现的问题由承销人直接向发行人提出,请求解释。必要时,这些问题也会写入协议的条文。整个过程在时间上还将尽量与政府对发行申请文件的审查进展相吻合,以便一旦得到政府批准,便可签署承销协议并开始发行。市场环境瞬息万变,发行的及时开始是至关重要的。

五、私下投放

有时候,发行人可以找到一两家大的机构投资者,例如保险公司、基金会等,将一次发行的证券全部卖给它们。机构投资者的钱很多,愿意购买发行人发行的全部证券。这对发行人来说,自然是再好不过了,因为这样可以省却找人承销、签订协议的麻烦,免去大量的法定公开手续,省钱又省力。这样的发行叫做**私下投放**(private placement)。私下投放中的买方都是实力雄厚的金融机构,他们和社会公众投资者是很不一样的。一位普通公众投资者的钱少,不能吸引发行人坐下来与其一对一地谈判,在发行人尚未公开时也没有能力对其证券的价值作出判断。而那些大金融机构钱多,能够吸引发行人坐下来对等谈判。即使发行人不公开,买方也能直接向发行人索取投资决策所需要的信息。发行人之所以愿意提供这些重要的信息,是因为一旦私下谈判破裂而到市场上去发行,就要履行法定的公开手续,那费用更高、更麻烦。与其法定公开,不如私下公开。后者省钱、省力、省时间。买方不但能迫使发行人向自己公开所需的信息,而且有钱聘请懂行的专家帮助自己对发行人提供的信息进行审查,鉴定证券的质量。根据买方的这些特殊情况,法律对私下投放一般都给予发行人以登记豁免或者公开豁免的便利。证券法的基本精神是通过强制发行人公开来保护投资者的知情权,这是因为公众投资者处在弱小的地位上,没有能力迫使发行人向自己公开投资决策所需要的信息。但是对于这些实力雄厚的金融机构来说,他们处在与发行人对等的地位上,完全可以自己保护自己的知情权,不需要法定公开的保护。这就是法律给予公开豁免的原因。公开豁免免去了大量的文件制作和报批审批工作,节省了费用,提高了效率。当然,私下投放的证券在二级市场上的流通必须受到限制,定有条件,否则就会成为发行人规避法定公开的通道。

私下投放常采取直接发行的方式,因为大的机构投资者在社会上比较醒目,发行人自己容易寻找。但在发行人找不到这些大买主,或者自身资信条件不够的情况下,也有请人承销的。请人承销自然要付承销费。但是由于省去了法定公开,手续简便,所以承销费用要低得多。

我国《证券法》原先没有关于私下投放的规定,成为这部法律中的一个醒目的空白。① 修改后的 2005 年《证券法》开始填补这一空白,规定"非公开发行证券,不得采用广告、公开劝诱和变相公开方式"(见《证券法》第 9 条)。这里说的"非公开发行",就是私下投放。

2006 年 5 月 6 日,中国证监会发布《上市公司证券发行管理办法》(2020 年 2 月修正),第 36—39 条对私下投放作了规定:投放对象不超过 35 人,具体条件由股东大会决定;发行价格不低于二级市场上市价的 80%;所发行股份 6 个月内不得转让,控股股东、实际控制人认购的股份 18 个月内不得转让;所募资金不得超过项目需要,更不得用来买卖证券;等等。第 45 条要求私下投放像公开发行一样由保荐人保荐,并经证监会批准。理解这些规定请注意以下五点。

第一,限定最低发行价是针对发行中的关联交易和一些人近水楼台先得月。在发行人大多国有的情况下,这是必要的。从防止国有资产流失的角度去看,证监会应当将价格作为审查的重点。80% 只是最低限,必要时还要再提高一点。

第二,对实际控制人和其他人分别规定 18 个月和 6 个月的禁卖期是为了防止发行人规避法定公开。但不得转让是仅指不得在证券交易所上市转让,还是包括不得私下转让,是一个问题。从道理上讲,应指前者;从文句字面上看②,却指后者。所以,文句应该修改,表明可以私下转让的意思。而在允许私下转让的情况下,还应允许转让人与受让人的持有期相加来满足 18 个月或 6 个月的禁卖期。例如,甲是原始股的获得者,持有了 3 个月后私下转让给乙,乙持有了 2 个月后又转让给丙。这时丙只要持有 1 个月即可满足 6 个月的禁卖期,只要甲乙丙都不是控制人就行。

第三,禁卖期结束之后就可以上市流通,这是因为发行人是已经上市的公司(第 36 条),有法定的定期公开和临时公开义务。否则,即使禁卖期结束之后也不能上市流通。③

第四,私下投放的主要优点在于免去法定公开的麻烦,不需要证监会来批准,备案足矣。特别是在《证券法》已经规定了发行注册制的情况下,更应如此。但是《上市公司证券发行管理办法》第 46 条还是要求经过证监会批准。这是因为法定的注册制目前仍处于局部小范围的试点阶段,并不能全面推开,实际实行的仍然是批准制。不过,在申请文件的制作上应该比公开发行的募集说明书简

---

① 本书初版曾叹息:"《证券法》没有对私下投放作出规定,这是这部法律的一个十分醒目的空白。"见第 43 页第 1 段末句(引原稿)。但近年来,学术与实务界开始对此有所讨论,例如见占小平、温泉:《上市公司私募发行证券的法律问题研究》,载《上海证券报》2005 年 4 月 29 日第 B4 版。

② 《办法》第 38 条第 2 项:"本次发行的股份自发行结束之日起,十二个月内不得转让;控股股东、实际控制人及其控制的企业认购的股份,三十六个月内不得转让。"

③ 本句的含义放在第三章内容的基础上理解比较容易。

单得多,因而在时间、精力、费用诸方面也要节省得多,否则,就失去了私下投放的意义。这些道理,都应当体现在与《上市公司证券发行管理办法》配套的《上市公司非公开发行股票实施细则》①中。

第五,保荐人的保荐其实没有必要。保荐是在尽职调查的基础上作出的,为的是确保公开信息的真实,主要适用于公开发行。在私下投放中,买方有能力自行调查鉴定证券的质量,不需要法定公开的保护,也不需要别人来做尽职调查。②

第二节 证券的交易

证券在一级市场发行之后,还需要在二级市场上流通,以便使证券持有人在需要的时候随时将证券变现。所谓证券的二级市场就是证券在发行之后的流通市场,也称交易③市场。前面说过,二级市场上的成交量远远高于一级市场上的发行量。人们平时说的证券市场,主要地也是指二级市场,那是因为一级市场并没有一个固定的场所,存续时间(发行时间)也相对短促,而二级市场却有证券交易所这样的标志性固定场所存在。

一、二级市场的作用及其与一级市场的关系

二级市场的存在直接影响着一级市场的发行。正是因为证券能够在二级市场上流通变现,投资者才愿意在一级市场上购买。否则,他就不愿意购买,那么,证券就会发行不出去,公司筹资的目的也就达不到了。

二级市场还对证券的价值作出评估。股票在二级市场上的价格往往远远高出按照会计准则计算出来的它所代表的份额的净资产价值,尽管在个别情况下也可能会低于净资产价值;债券在二级市场上的价格同样起伏变化,与它的发行价大相径庭。证券价格的这种变化是市场根据它所能获得的新的信息对证券的价值不断地作出评估的缘故。市场价格之所以会与会计账面上的净资产值不同,是因为市场在评估证券价格的时候,并不是光看会计账面上的净资产值,而

---

① 中国证监会2007年9月17日公布,2011年8月1日、2017年2月15日、2020年2月14日修订。
② 理解这里的评论如有困难,请参阅第三章第一节。
③ 交易一词从广义上说也应该包括发行在内,因为发行作为一种买卖关系,自然也是一种交易。但是证券法上所说的证券交易,往往是与发行相对而言的,因而是狭义的,专指发行之后的流通。

是结合公司的收益情况、风险因素、发展前景、房地产价值的变化等多种因素来作出判断的。不过,市场的判断也不永远十分理性,其受供求关系的影响极大。一旦市场对某种证券看好,需求增大,价格可能会直线上升;反过来,如果市场发现了以前没有发现的发行人所存在的严重问题,大家就会纷纷抛售该种股票,其价格便一落千丈。这种价格偏离价值的情况马克思在《资本论》中分析得非常透彻,那就是在供求关系的作用下,价格围绕着价值作上下波动。而在证券市场上,这种起伏波动的幅度尤其大。

在多种主客观因素的交互作用下产生的二级市场价格,反过来又影响一级市场上的发行价格。发行价格的高低往往用该价格与企业年度盈利的倍数来表示,称为**价格盈利比**(P/E, price-earnings ratio),又叫**市盈率**。例如,每股价格 5 元,每股盈利 0.25 元,该股票的价格与盈利之比就是 20 倍。一个已经上市的企业在发行新股的时候,发行价格的高低与二级市场的景气程度有直接的关系。二级市场兴旺,股价普遍上涨,发行价格就高,企业筹得的资金就多;二级市场不景气,股票普遍下跌,发行价格就低,企业筹得的资金也就少。1980 年,美国企业初次发行的价格一般在盈利的 16 倍左右,但在以后的两三年中,随着二级市场的不断兴旺,发行价格也迅速提升,有的高达 30 多甚至 40 多倍。代索尼克(Diasonics, Inc.)在 1983 年 2 月的发行价为每股 22 美元,是其盈利的 36.7 倍。发行之后上市,二级市场上的价格又迅速上升到每股 29 美元。在这样的情况下,发行人自然要进一步提高价格。①

由此可见,不但二级市场的存在是一级市场得以存在的前提,而且二级市场的景气程度直接影响着一级市场上发行的顺利与否和发行价格的高低。

二、二级市场对发行人的影响

二级市场上的价格变化对发行人的影响可以从两个方面去理解。一方面,公司证券在二级市场上的价格变化并不影响公司已经筹集的资金。因为公司的证券一旦发行,款项已经到了公司手里,按照公司的计划被投入使用,不可能收回去还给投资者。证券在二级市场上的流通无非是在不同的投资者之间易手而已,并不直接影响公司本身的资金周转和经营活动。但是另一方面,证券在二级市场上的价格变化仍然会对发行人的筹资和经营产生很大影响。如果某个公司的股票在二级市场上价格一落千丈,它的声誉显然会受损害,那么它以后的集资

---

① 在 2004 年以前十多年的时间里,我国的一、二级市场之间存在着巨大的差价。原始股的价格定得太低,它的发行销售工作便夹带了许多的猫腻和腐败。这是一种不正常现象。在正常的市场经济下,一、二级市场之间的价格是大致平衡的。因此,在本例中,二级市场上的价格一下子从 22 美元的发行价猛涨到 29 美元,被认为是异常情况,至少发行人认为自己本来还可以多得一些,所以吃亏了。

活动就将难以开展。同时,它的业务经营和产品销售都会受到负面的影响,例如,原来它采购原材料可以有两个月的赊账期,现在卖方为了安全起见可能要求付现款;原来人家大批量订购它的产品,现在怕它交付发生困难而转向别的厂家订货;原来还有较多的潜在客户可以发展,现在他们都逃跑了;等等。由于这些原因,公司对自己发行的证券,尤其是股票,在二级市场上的价格都十分关心和敏感,总希望能够维持相对的稳定。有的公司决策层非常注重股票分红政策的连贯性,在连续数年收益好的情况下形成的分红比例,即使在收益相对下降的年份也尽量维持不变,目的就是为了稳定本公司的股票在二级市场上的价格。

三、二级市场的四种结构

二级市场主要有证券交易所和柜台市场两种形式,为了更好地理解这两种形式,有必要先了解二级市场的四种结构:自找市场、经纪市场、自营商市场和拍卖市场。**自找市场**是买卖双方自找对象的市场。那是一种最原始、信息最不完善的市场。买方在寻找卖方,卖方在寻找买方。由于寻找的成本太高,搜索的范围不可能很广,也不可能搜索得很彻底。因此,买方不一定能找到适当的卖方;卖方也不一定能找到适当的买方。这就意味着一些本来可以做成的交易最终没有做成;而且在做成的交易中,买卖双方往往有一方在市场信息充分传播的情况下原本可以得到更好的价格,却因为缺乏信息而不得不在较差的价位上成交。自找市场存在于那些相当冷门的、区域性的证券之上,其买卖之不频繁使经纪人在这里没有生意可做。一些地方性的小公司在初次集资结束之后,其投资份额允许转让,但是转让中的买卖双方大概只能自找。

当一种证券的交易频繁到一定的程度,足以维持经纪业务时,经纪人就可以介入了。**经纪**业务就是为买方寻找和发现卖方或为卖方寻找和发现买方,并收取服务佣金。只要经纪人将买卖双方拉到一起的成本低于买卖双方自找的成本之和,他就可以收取低于这一自找成本而高于他自己的寻找成本的佣金,从而赚取一定的利润。经纪人的搜索成本之所以能低于投资者自找的成本,是因为规模效益的缘故。这种规模效益体现在两个方面,一是他在初次投入了较高的资本,例如订购专业性的证券信息报纸、在电脑终端订购和使用专门的电子信息服务、购买传真设备等之后,以后在为投资者提供服务时所发生的边际费用是很低的。有些问题只要翻阅一下资料便可以解决,边际费用等于零。而投资者个人由于不需要特别频繁的交易,订购这些专业性的资料和设备显然是不合算的。二是经纪人在帮一个客户寻找交易对象的过程中会发现虽然对这个客户不合适但是对别的客户合适的交易对象,这种信息的获得最终都会转化成经济效益。而在提供这种专业化服务的过程中,经纪人会熟悉越来越多的投资者和他们的投资需求,从而使他的信息网络不断扩大,专业化水平不断提高,搜索成本进一步降低。

经纪市场虽然比自找市场先进,但是不能保证客户的委托能即刻成交。这就增加了客户的风险,因为在经纪人帮助客户四处寻找交易对象的时候,市场价格很可能已经发生了不利于客户的变化。当一种证券的交易频繁程度进一步提高时,自营商就有利可图了。所谓**自营商**,顾名思义,是自己充当买卖关系的主体,自己承担风险。当有人要卖证券时,自营商就向他报出购买价,只要对方愿意,就将他的证券买下,建立自己的库存;下次有人要买证券时,自营商又向他报出出售价,对方愿买的话,就从库存里拿出来卖给他。自营商的出现使市场大为改观,因为投资者可以在自营商报价的基础上即刻成交,不用等待经纪人为他寻找客户,等半天还不知道价格究竟是多少。因此,自营商被称为**市场建造者**(market maker),相应地,他报价自营的活动就被称为建造市场、造市或做市。一种证券的自营商往往有好几家,投资者依然需要与他们逐家联系才能知道谁的报价最优惠。但是因为家数不是很多,所以联系起来还是比较方便的。自营商通过买卖差价赚钱。差价是对他提供买卖便利的一种报酬。但这个差价也不能太大,因为它处在两方面的压力之下,一是来自其他自营商的竞争压力。一种证券并不是只有一家自营商,而是有多家自营商同时在报价交易。由于这些报价都是公开的,优惠的报价会优先成交。二是来自自找市场和经纪市场的竞争。自营商的出现是客观经济的需要,可谓应运而生,但是它并没有消灭自找市场和经纪市场。如果自营商报出的买卖差价太大,投资者在可能情况下依然可以自己成交,经纪人也依然可以帮助投资者寻找更加有利的交易对象。这两方面的压力迫使自营商将自己所报的买卖差价尽可能地压缩在较小的范围内。

自营商市场虽然能使投资者即刻成交,并且价格的搜索也相对方便,但是依然有缺点。首先,为了找到比较优惠的报价,投资者不得不与好几家自营商联系,并且负担这种联系的费用。其次,买卖的差价被自营商赚走了。比如说,买卖一种证券,买方愿意出价101元,卖方愿意接受99元,如果买卖双方能够凑到一起,他们可能以100元的中间价成交。现在因为难以发现对方,所以只能与自营商交易。自营商的报价为99.5元买进,100.5元卖出。虽然最后买方和卖方都成交了,但是每人损失了半个百分点。**拍卖市场**把所有的买卖指令集中到一起,在公开的状态下,使最优惠的报价能够最先成交。最优惠的报价是指买方所报出的最高的出价或卖方所报出的最低的要价。可见,拍卖市场的实质就是按照价格优先的规则集中竞价。在拍卖市场上,买方和卖方直接碰头,在他们之间没有中间环节收取中介费用,只有一个拍卖商帮助买卖双方记录各自的报价。集中竞价使买卖双方都免去了寻找交易对象的麻烦,节省了交易费用。拍卖市场的成交方式非常简便。如果所有的买方和卖方都有人在，那就只要用嘴巴喊就行了。以前在证券交易所的交易场上就是这么喊的，现在则用电子计算机撮合。如果买卖指令大量涌入，除了能当即成交的之外，市场的组织者可以简单地把所有暂时不能成交的买方出价和卖方要价记录下来，一旦有了成交的机会便通知双方成交。这样的市场既能保证即刻成交，又能消除自营商收取的买卖差价。

懂得证券市场的这四种结构，有助于更好地理解证券二级市场的两种具体的组织形式：证券交易所和柜台市场。

四、证券交易所

证券交易所是二级市场的主要形式，因为那里的股票流通量大，而且都是些对一国经济举足轻重的大公司。拿美国的纽约股票交易所[①]来说，20 世纪 80 年代前期日均交易量为 4600 万股，代表着 30 多亿美元的金额[②]。1982 年 1 月 31 日，总共有 1500 多家公司的股票在那里挂牌流通，这些公司雇用了美国全国工人总数的 20%，销售总额占全国公司的 40%，利润总额占全国公司的 70% 以上。[③] 到 1998 年，上市公司的总数达到 3114 家，各种股份的数额达两千多亿，市值达 10 万多亿美元。[④] 我国目前有上海和深圳两家证券交易所。上海证券交易所于 1990 年 11 月 26 日成立，12 月 19 日开业，是改革开放以来我国成立的第一家证券交易所。深圳证券交易所于 1991 年 4 月 11 日成立，7 月 3 日开业。按网上公布的数据统计，2006 年 6 月 2 日在这两家交易所上市的公司达 1359 家，上市证券 1806 种，其中股票 1445 种，该日光股票成交额就达 717 亿元。[⑤] 而到 2022 年 4 月 1 日，我国境内上市公司已达 4694 家，上海证券交易所日均交易量约 4065 亿元，深圳证券交易所约 5306 亿元，合计 9371 多亿元，两市总市值约 81 万亿元。[⑥] 如此大量的交易金额，如此重要的经济地位，使证券交易所理所当然地成为为众人瞩目的焦点。人们都在谈论它，但并不是每个人都懂得它的性质

---

① 除此之外，世界上著名的证券交易所还有英国伦敦股票交易所、日本东京股票交易所、香港联合交易所等。The Stock Exchange of Hong Kong Ltd.，本应直译为"香港股票交易所"，但是人们习惯上都叫它"联合交易所"或"联交所"，本注从习惯。

② 见〔美〕路易斯·安吉尔、布伦丹·博伊德：《股票指南》，高文志、桑秀国等译，商务印书馆 1992 年版，第 55 页。

③ 同上书，第 59 页。

④ 见屠光绍主编：《证券交易所：现实与挑战》，上海人民出版社 2000 年版，第 157 页。

⑤ 试比较：《量能跌破 200 亿元是个重要信号》，载《上海证券报》2006 年 6 月 13 日第 C1 版，6 月 12 日上海证券交易所成交量 186 亿元，为 5 月以来首次低于 200 亿元水平的日成交量。

⑥ 根据中国证监会网站 2022 年 4 月 6 日公布的数据。

和运作。

　　我们在前面曾经把证券的发行比作农民种了蔬菜之后的初次出售,沿用这个比方,证券交易所就好比一个农贸市场。① 各种各样的农副产品都可以拿到农贸市场上去卖;证券在发行之后也可以摆到证券交易所去卖,称为**上市**。像农贸市场一样,证券交易所也是一个非常热闹的地方,买方和卖方在那里穿梭往来,十分忙碌。像农贸市场一样,证券交易所只给证券的买卖提供一个固定的场所,它本身并不拥有证券,也不从事证券的买卖,更不能决定证券的价格。在农贸市场设立一个摊位需要向市场缴纳摊位费,公司的证券在交易所上市同样必须缴纳上市费用。上市费用分为上市初费和上市月费两类。顾名思义,上市初费只在初次上市的时候缴纳一次,而上市月费则在上市之后每个月都必须缴纳。为了方便起见,有的交易所不是按月收取而是按季度收取,例如深圳证券交易所,那就是季度费;有的交易所按年收取,例如纽约股票交易所和香港联合交易所,那就是年费。

　　到农贸市场摆个摊位必须遵守集市的规章制度,产品必须符合一定的规格,烂了的蔬菜大概是不允许上市的。在美国超级市场上市的蔬菜和水果还必须达到美国国家食品局规定的农药含量标准,含量超过了标准就不允许上市。我国也在逐步地采取类似的做法。同样的道理,证券要在交易所上市交易也必须遵守交易所制定的规则,符合交易所要求的规格和条件。交易所对上市证券的规格要求包括股本规模、资本结构、盈利状况、偿债能力等方面。例如在 1982 年,纽约股票交易所要求公司的有形净资产达到 1600 万美元;普通股总值达到 800 万美元;股东人数达到 2000 人,每人持股不少于 100 股;公众持有股份至少 60 万股,市场价值不少于 500 万美元;最近几年的税前平均收益达到 250 万美元,近两年的年均收益在 200 万美元以上。② 我国深、沪两家证券交易所也都制定有《上市规则》。③

　　各个交易所对上市股票的规格要求各不相同。在美国,纽约股票交易所的要求最高,美国股票交易所次之,中西部各地区性的交易所要求更低一些。我国《证券法》第 47 条一改以往越俎代庖,直接规定上市条件的做法,将权力还给了交易所:"申请证券上市交易,应当符合证券交易所上市规则规定的上市条件。"

---

　　① 纽约股票交易所的前身是 1792 年 24 位股票商在华尔街的梧桐树下买卖股票。见〔美〕路易斯·安吉尔、布伦丹·博伊德:《股票指南》,高文志、桑秀国等译,商务印书馆 1992 年版,第 61 页。可想而知,当时场地设施之简陋还比不上我们今天的农贸市场。

　　② 同上书,第 59—60 页。虽然是 1982 年数据,但是可以说明问题。

　　③ 全称《上海证券交易所股票上市规则》《深圳证券交易所股票上市规则》。这些规则最初制定于 1998 年 1 月,后经十多次修改,现行两家交易所的上市规则是 2022 年 1 月修订的。交易所的上市规则必须经中国证监会批准方可实施。

不过从深、沪两市的《上市规则》来看,上市条件历来相同,并无各自特色。

除了对上市证券的规格要求之外,交易所还有许多形式和手续上的要求,其中最主要的就是公开。为此,发行人必须定期向交易所提交财会报表,如果实质性条件发生重大变故,还必须及时向交易所提交临时报告。各家交易所在这方面的规定不尽相同。但是在我国,《证券法》对此作了统一的规定,第79条、第80条分别要求上市公司向证券交易所提交年度、中期和临时报告。不过,在一些法律没有规定的具体细节上,例如上市费用的收取方式、上市手续等,两家交易所还是可以作出一些特殊的规定。

证券交易所与农贸集市最大的不同是它的市场准入规则。农贸市场人人都可以自由出入购买农副产品,证券交易所却不是每个人都可以自由进入的。哪些人能够进入证券交易所的交易大厅买卖证券呢?这要从交易所的组织形式说起。

证券交易所的组织形式有会员制和公司制两种。**会员制的证券交易所**属于非营利性的事业法人,由证券商在自愿的基础上组合而成。这些证券商就是交易所的会员。只有会员才有资格向交易所申请交易席位,进入交易所从事证券交易活动。不是会员的普通投资者是不能进入交易所的交易大厅直接买卖证券的,而只能委托会员券商代理买卖。在实际购买证券的时候,投资者必须先到证券公司去开立一个账户,委托证券公司代其买卖,投资者向证券公司支付手续费,而不能自己跑到上海或深圳的交易所的交易大厅里直接购买。投资者去开立账户的那家证券公司就是交易所的会员。① 世界上大多数证券交易所都取会员制形式,我国深沪两家证券交易所也是。但是进入21世纪之后,越来越多的交易所转变成公司制形式。2000年3月,香港联合交易所与期货交易所合并,由会员制改为公司制。2006年3月8日,全世界最大的纽约股票交易所结束了长达二百多年的会员制传统,与芝加哥 Archipelago 电子交易公司合并成纽约证券交易所集团公司(纽交所集团),并在它自家的市场上挂牌上市。② **公司制的证券交易所**属于营利性的企业法人,由股东投资兴建。股东可以是任何投资者,不一

---

① 自然,投资者必须向证券公司支付佣金,不然,它就不会为你服务。佣金是证券公司从事经纪(代理买卖)业务的收入。交易所可以向会员收取会员费,但是不得向证券交易的双方收取佣金。

② 纽约股票交易所自1792年成立以来一直取会员制形式。2006年2月7日,美国证委批准它收购芝加哥 Archipelago 电子交易公司。此前,纳斯达克、费城、太平洋等交易所也都已经是公司了。见《纽交所上市突破最后关口》,载《金融时报》2006年3月1日第4版。又据《纽交所与213年会员制"Good bye"了》报道,载同一天《上海证券报》第10版,2005年4月20日宣布收购意向,Archipelago 的股价到2006年3月翻了3倍,每股达65美元;纽交所的席位原先每个卖162万美元,到12月份停售时已达400万美元。合并工作于3月7日完成,1366名会员获70%的股权,每个席位将获得相当于760万美元的现金和股份。Archipelago 的股东按1比1的比例换成纽交所集团的股份。

定是证券商。① 但股东虽然是交易所的成员,却不一定具备进入交易所从事证券交易活动的资格。股东投资的目的是为了获利,与交易所的入场资格无关。取得这种资格的只能是符合交易所规定条件的证券商。可见,不管是公司制还是会员制的证券交易所,都只有具备专业知识和证券业务能力的证券商才能进入交易所买卖证券,并不像农贸市场那样人人都可以自由出入和购买。这是因为在证券交易所买卖证券比在农贸集市购买农副产品需要较多的专业知识的缘故。

证券一旦在交易所上市,就算从一级市场进入了二级市场,可以自由地流通了。所有的交易都在证券交易所②的交易大厅内,也称交易场上进行。厅内设有许多交易岗位,每个岗位上有一个专员,专门负责一定种类和数量的证券的交易。所以,每一笔具体的交易都是在某一个交易岗位上成交的。买卖证券的要约来自三个方面:(1) 经纪人接受的客户委托;(2) 留给岗位专员的限价委托;(3) 专员的自营报价。由于所有的报价和买卖指令都集中在同一个岗位上,价格的比较非常方便。事实上,专员往往将所有的买方出价从高到低、所有的卖方要价从低到高排列出来,便于查询。如果买卖暂时不能成交,那是因为最低的要价高于最高的出价;否则,就会成交。最高的买方出价必然先于其他买方出价成交;最低的卖方要价也必然先于其他的卖方要价成交。这就是集中竞价、价格优先的含义。在一个价格信息传播不充分的、分割的市场上,相反的情况是经常发生的,那就是较低的出价先于较高的出价成交,较高的要价先于较低的要价成交。按照价格优先的规则集中竞价使证券交易所成为一个完全整合的市场。

当公众投资者的证券买卖委托指令由证券商通过电话、传真、或者电脑输送给它的**场上经纪人**(floor broker)③时,该经纪人会马上按照证券的种类找到从事该证券交易的岗位,试图在那里成交。一种证券只在一个固定的岗位上交易。

买卖委托有两种,市价委托和限价委托。**市价委托**是按照委托指令到达交易岗时市场现有的最优价格成交的委托。在证券交易所的交易场上,同一种股票可能会有很多种报价。比如有四个人要买,报价分别为 5.41、5.38、5.35、5.30 元;有三个人要卖,报价分别为 5.42、5.45、5.49 元。这七个人对各自委托的证券商作限价委托,就在证券交易所的交易场上形成了该种股票的市价。当你要

---

① 但证券商大都是交易所的股东。根据于纪渭:《证券法概论》,复旦大学出版社 1999 年版,第 169 页,证券商作为交易所的股东,一般不得担任交易所的董事或经理,也不得参与交易所的经营管理活动。

② 本节下面对证券交易所内集中竞价的介绍以纽约证券交易所为范本,在这点上所有的证券交易所都大同小异。

③ 场上经纪人是券商派驻在交易场上的。

求证券商按市价买入的时候，证券商就会按现有报价中的最低价，即每股 5.42 元的价格替你买入；如果你要卖出，就按现有报价中的最高价，即每股 5.41 元的价格卖出。可见，所谓按市场最优价成交，就是按现有报价中的最低价买进或者最高价卖出。市价委托的特点是可以即刻成交，除非市场太浅，满足不了你的需求量。

在实际操作中，经纪人从客户的利益出发，既可以按照现有的市价即刻成交，也可以选择部分成交或者稍等片刻，看看有没有更好的报价出现。他也可以选择在现有的最高出价和最低要价之间报价，以便抢在别的报价者之前成交。例如，市场现在最高的买进出价为 50 元，最低的出售要价为 51 元，经纪人可以为他客户的市价购买委托报出一个 50.4 买进的出价，这样，他就可以抢在所有其他的出价者之前为客户成交。

限价委托是由客户指定买卖价格的委托，经纪人只能按照这个价格或者比它更优惠的价格成交。比如说，在上面四人买三人卖所形成的市场上，你要求按 5.39 的价格买入，而现在卖方最低的报价是 5.42，不符合你的要求，于是经纪人就只好将你的委托放在那里排队，等有了符合你的要求的机会后再帮你成交。于是，你的委托也就加入了现场的报价，使交易场上的买方由四个增加到五个。你的这一买入委托就是限价委托。所以限价委托同时也是一种报价，因为它总是一个具体的买进出价或卖出要价。交易场上的报价就是由限价委托组成的。限价委托的特点是不一定马上就能成交，往往要等待一段时间。

经纪人拿到一个限价委托之后，如果看到它离现有的报价很接近，他往往就站在交易岗边上等待，一旦有了机会，便可即刻成交。[①] 如果一个限价委托与现有市场报价相差太大，例如 45 元买进，而现有的市场要价为 50 元卖出，这样的委托就很难一下子成交，甚至永远不能成交。而经纪人既要确保一有机会，客户的委托就能成交，又不想手持一个成交希望不大的委托站在交易岗旁边傻等几个小时甚至几天[②]，他就可以将这一委托指令留在专员保管的**限价簿**里。限价簿里的报价与所有其他的报价同等对待，共同组成市场现有的报价。交易场上严格执行价格优先的规则。低于最高购买出价和高于最低出售要价的交易不会在那里成交。

[①] 本小节描述的是人工报价的情形，随着电子手段的普遍采用，具体的操作方式会有所不同。世界上最大的纽约股票交易所在完成了与芝加哥 Archipelago 电子交易公司的合并事宜之后，也将结束其采用了 100 多年的人工叫价交易方式，改用电子报价。见《纽交所今日登陆自家市场》，载《上海证券报》2006 年 3 月 8 日第 12 版。尽管如此，交易的基本原理仍然是一样的。

[②] 客户可以限定限价委托的有效期，比如一日、一周、或一个月。有的交易所规定客户没有指定有效期的视为当日有效，当日不能成交，委托失效。参见顾肖荣主编：《证券交易法教程》，法律出版社 1995 年版，第 79 页。

除了市场报价之外，交易岗上的专员自己也在**自营报价**。专员履行两种职责。一是充当限价簿的保管员，二是自营报价，充当市场建造者的角色。自营报价有利于维持市场的连贯和稳定，减少价格的起伏和波动。例如，在只有限价委托的时候，如果最高的出价为 49 元，最低的要价为 50 元，该种证券暂时就无法成交。这时如果来了一个买入的市价委托，成交价自然是 50 元。5 分钟后又来了一个卖出的市价委托，成交价自然是 49 元。价格呈现出 1 元的波动幅度。如果要减少这一幅度，必须有人愿意以更小的差价买入和卖出。专员自营正好可以起到这个作用。比如，他可以以 49.5 元买入，49.75 元卖出，赚取每股 0.25 元的差价。这对于刚才那两位作市价委托的客户来说都是有利的，价格的起伏波动也小了。

自营报价是专员的义务。纽约股票交易所要求每一个专员就他所经营的证券每一种至少保持一组的出价和要价，以维持市场。通常一组为 100 股。这时候，专员在起自营商的作用，自己买卖，自己承担风险。对于一种交易十分频繁的证券来说，专员的自营商作用显得无足轻重，这时他的主要任务就是充当限价簿的保管员。但是大量的证券往往不是这种情况，那些证券的交易可能不那么频繁，只是偶尔发生而已。这时候，专员建造的自营商市场就显得十分重要了。有时候，一种证券在限价簿里的出价和要价的差距非常大，专员的自营报价成为即刻成交的最佳途径。但是总的说来，自营交易的成交量比较小，以纽约股票交易所为例，大约只占交易总额的 1% 弱[①]。

可见，从市场结构上看，证券交易所是拍卖市场和自营商市场的结合，以拍卖为主，以自营报价作为补充。

交易场上的所有交易，包括每一笔交易的价格和数量，都会即刻在一条自动的**电子显示带**上显示出来。显示带只报告过去已经成交的交易价格，一般不为以后的交易作报价之用。但是因为在一个连续不断的过程中进行的各次交易的价格往往比较接近，所以人们根据带子显示的价格依然可以预见以后的交易大致将以什么价格成交。对于一个富有弹性的证券市场来说，如果一连串交易的成交价格都比较低，就会引来更多的买方；如果一连串的交易成交价格都比较高，就会引来更多的卖方。这样，显示带对于扩大市场的深度和广度，整合市场，就起到了良好的作用。因为它所显示的价格显然比第二天在报纸上登载出来的价格信息要及时得多。

对于那些交易不够频繁的证券来说，显示带的作用更为重要。因为对于一

[①] 见〔美〕路易斯·安吉尔、布伦丹·博伊德：《股票指南》，高文志、桑秀国等译，商务印书馆 1992 年版，第 62 页。

种交易十分频繁的证券来说，投资者在看到显示带上的价格之后立即作出反应，委托券商的经纪人立即向交易场报价，等到委托指令最后到达交易岗的时候，至少已经有 5—10 分钟过去了。而在这几分钟之内，场上的价格可能已经发生了较大的变化。所以，对交易频繁的证券来说，显示带报告的价格信息相对地不重要。但是对一种交易相对稀少的证券来说，专员可以利用显示带吸引某种证券的买方或者卖方，而公众投资者知道在三五分钟甚至十来分钟内价格不会有什么变化，因而需要的话便可以按此价格委托报价并成交。

五、柜台市场

二级流通市场除了证券交易所之外，还有**柜台市场**。柜台市场的名称因这里的证券以前都在证券公司的柜台上购买而得名，有人又把它叫做**店头市场**。因为证券交易所内的证券交易是在交易场内进行的，所以也有人把柜台市场叫做**场外交易市场**。凡是在柜台市场流通的证券也都是公开发行的证券。这些证券的发行人往往是一些新兴产业，公司规模较小。由于这个原因，有人又把柜台市场称为**创业板市场**。还有人将它称为**二板市场**，那无非是将证券交易所看成一板市场或主板市场，二者相对而言罢了。所有这些不同的名称，指的是同一样事物，本书统一采用柜台市场的提法，是英文 Over the Counter Market（OTC[①]）的直译。

一般说来，在柜台市场上市的证券，它们在对投资者的吸引能力、发行量、和流通量等方面都还没有达到证券交易所所要求的规格条件，所以不能在证券交易所挂牌上市。[②] 虽然各家证券交易所对证券在自己那里上市的要求不尽相同，但是总的说来，都是比较严格的，因而在证券交易所上市的一般都是历史相对悠久、业绩相对稳定、规模相当庞大、经营比较正规的公司。那些刚刚从封闭状态走向公开发行的小公司，既然不能在证券交易所上市流通，就只好在柜台市场交易流通，因为柜台市场对公司的规格要求比证券交易所低得多。例如，纽约股票交易所要求在那里上市的公司净资产达到 4000 万美元，历年税前总收入 1 亿美元；而纳斯达克柜台市场要求的净资产仅为 600 万美元，税前总收入 100 万美元。[③] 这就使很多离证券交易所上市的规格还差得很远的公司都可以通过柜台

[①] 现在药店里销售的非处方药也标明 OTC，意指买此药可以柜台交易，不需要到医院去。

[②] 在美国，在柜台市场流通的证券主要有政府债券、公司债券和中小公司的股票。这三类证券在柜台市场上的分布情况和具体运行各不相同。在我国，柜台市场还处在小规模试点阶段，国债和公司债券都已经在证券交易所流通。

[③] 见《中美两国六地七交易所上市条件对比（2018 年最新版）》，https://www.sohu.com/a/225045252_739521，2022 年 2 月 28 日最后访问。

市场上市交易。此外,纳斯达克还提供一种没有任何"门槛"的股票私募办法,只要有人愿意认购,任何公司都可以通过这种方式发行股票。在美国,在纽约股票交易所上市的公司只有 3000 多家[①],而在柜台市场上市的公司则有 6000 家[②]。有的公司证券在柜台市场上流通数年之后,公司的生意做大了,上了档次,达到了证券交易所的上市规格,就开始在证券交易所上市交易。不少大公司都是从柜台市场发家的。可见,柜台市场相对于证券交易所而言,起到了一种拾遗补阙的作用。它便利了广大中小公司的发行筹资[③],是社会经济发展的一个不可缺少的助推器。只有柜台市场与证券交易所合起来才能构成一个完整的二级市场。

柜台市场主要是中小公司的证券二级市场。它们的股票不能在证券交易所流通。但是除了它们的股票之外,还有一些已经在证券交易所上市的证券也在柜台市场买卖。这大概是柜台市场被称为场外交易市场的第二个原因吧。这种现象的出现在美国还有具体的经济原因。以前,在各家证券交易所买卖证券的佣金是固定的和统一的。但是同一种证券的场外(即在柜台市场上)买卖的佣金则不受交易所规章的限制,而这种场外交易的佣金要低得多,所以受到了投资者的欢迎。但是场外交易分散了证券交易所的交易量,对证券交易所形成了竞争。而许多从事场外交易的经纪人又是证券交易所的会员。于是,交易所就以他们违反了交易所规章所要求的佣金收费标准为理由处罚他们。被处罚的经纪人不服,认为交易所的规章和行为违反了美国反垄断法,起诉交易所。几经折腾,固定统一的佣金制度被冲垮,佣金竞争获得了允许,已经在证券交易所上市交易的证券的场外交易也就自由起来了。

柜台市场是以充当自营商的证券商为核心组成的。自营商低价买进,高价卖出,通过买卖差价赚取利润。这种活动俗称**做市**或**造市**。正是由于这些自营商的存在,柜台市场才得以存在,所以他们被称为**做市者**或**市场建造者**。试想如果没有这些自营商,一个投资者要买进某家公司的证券时必须寻找另一个愿意卖出相同数量而且价格刚好合适的投资者,即使是联系广泛的经纪人,恐怕也很难帮你找到这样一个卖方,而且寻找的费用一定高得惊人。所以,自营商对建立柜台市场的贡献是不小的。

由于一家证券商的实力有限,所以只能做几家公司证券的生意,这几家公司

---

① 1998 年有 3114 家。见屠光绍主编:《证券交易所:现实与挑战》,上海人民出版社 2000 年版,第 157 页。

② 其中 1000 多家在小型市场上市,其余在全国市场上市。见京莹:《中国企业跨进 NASDAQ 门径何在?》,载《经济日报》2000 年 5 月 25 日第 5 版。

③ 前面说过,正是二级市场的存在使发行变得容易;没有二级市场,投资者买了证券不容易兑现,发行工作就难以顺利地开展。

的证券也往往集中在同一个行业中,如银行业、保险业、纺织业等等。同一家公司的证券又往往同时有几家乃至几十家证券商在交易造市。例如,美国的纳斯达克柜台市场规定每种股票至少必须有三个自营商,而实际上平均每种股票有11个自营商在造市交易。① 这些自营商互相熟悉,并且通过互相买卖不断地探听竞争对手的出价,据此调整自己的报价和库存。

当一位公众投资者需要买进或者卖出某家公司的证券的时候,他本来可以直接与该种证券的自营商交易,因为柜台市场是一个人人都可以进去买卖证券的市场,不像证券交易所那样只有会员才能进入。但是因为他不知道哪些证券商在从事这家公司证券的自营业务,所以一般还得找一位经纪人帮忙,支付点佣金也是合算的。② 经纪人会与多家自营商联系并询问价格,经过比较选择最便宜的价格为他的客户成交。经纪人的佣金既可以单独收取,也可以以在自营商的报价基础上加价的方式收取。

可见,柜台市场是自营商市场与经纪市场的结合,以自营商市场为主,以经纪市场为辅。

说到柜台市场,就有必要介绍一下美国的纳斯达克报价系统。1971年2月,全美证券商协会为证券自营商和经纪人安装了一种便利柜台市场交易的自动报价系统,全称"National Association of Securities Dealers' Automated Quotation System"(全美证券商协会自动报价系统),取它的首字母组成简称NASDAQ,音译"纳斯达克"。纳斯达克在本质上无非是一张电子的证券交易信息报,但是由于它加速了价格信息的披露,所以改变了整个柜台市场的结构。纳斯达克系统分三个层面进入。第三层面的电脑终端只与证券自营商相连,使他们得以将各自对某种证券的购买出价和销售要价在该层面上输入,输入的信息瞬间便出现在其他自营商和经纪人的终端屏幕上。第二层面将第三层面上的报价按证券种类排列出来,出价从高到低,要价从低到高,价格边上附上报价的自营商的名称。该层面直接与经纪人和机构投资者的电脑终端相连。最后,第一层面只将每种证券的最高出价和最低要价显示出来,专供经纪人公司内负责与客户面谈的业务员使用。

纳斯达克在整合美国柜台市场方面的最大贡献是加速了自营商报价的信息

---

① 例子数据见《如何防止大崩盘》一文中纳斯达克中国区首席代表黄华国答记者问,载《南方周末》2000年4月28日第25版。

② 美国在1971以前,由全国报价局出版的《粉红报》(因纸张颜色而得名)可以解决这个问题,因为上面登载着前一天柜台市场中的全部交易,包括每笔交易的数量和成交价格。只要看一眼《粉红报》,便可以知道哪些证券公司在充当哪一家公司证券的自营商。但是经纪人订购《粉红报》具有规模效益,普通投资者订购就太贵了,还是支付经纪人的佣金便宜。

传播，使经纪人一下子就能看到谁的价格最优惠，省去了四处寻找最优价格的麻烦。每一个投资者都可以按最优价格成交。纳斯达克系统的报价属于要约邀请，不是要约，对报价人没有法律约束力，投资者也不能直接输入买卖指令而与那些已有的报价成交。证券交易必须通过电话核实。

纳斯达克的第二大作用是便利了自营商之间的交易活动。因为在1971年以前，自营商之间的买卖也必须像经纪人一样通过电话逐个询问，现在只要在电脑屏幕上一看便都知道了。通过加速价格信息的传播速度，纳斯达克已经将柜台市场改造到很像一个拍卖市场了。其之所以还不是一个拍卖市场，是因为投资者还不能直接输入他们的买卖指令并通过系统撮合成交。

无论是证券交易所还是柜台市场，都还可以各自细分为不同的层次，以适应不同规模的企业上市和融资的需要。例如在美国，纽约股票交易所对公司要求最高，美国股票交易所次之，太平洋股票交易所等地区性的证券交易所则要求更低。纳斯达克自身也分为两个部分。主要部分为全国性市场，在那里上市的公司净资产必须达到600万美元，税前收入达到100万美元；另一个部分是小型市场，要求净资产达到500万美元，净收入75万美元。①

比纳斯达克的小型市场要求更低的还有柜台市场公告板（Over-The-Counter Bulletin Board, OTCBB）和粉红报（Pink Sheets）。柜台市场公告板是全国证券自营商协会于1990年提供的电子交易服务平台，可以将每次交易的数量和价格瞬间传送给券商和投资者。任何公司的股票都可以到这个系统里挂牌交易，没有任何上市要求，只要将公司财会报表报送给证交委（或者银行、保险的监管者），并在股票名称末尾标有OB字样即可。这里的公司一般都很小，相对不稳定，风险也比较大，进不了纳斯达克小型市场。有的公司经过几年经营，符合条件了便到纳斯达克甚至交易所上市。反过来，因资本额不够、股价低于1美元、或者在证交委登记的材料报送得太晚等原因从交易所或者纳斯达克退市的公司则来到这里。证券自营商可以利用这个平台进入，对某一种或者几种公司的股票报价，包括买价和卖价。由于交易不够频繁，所以自营商的买卖报价差距也比较大。

粉红报的要求比柜台市场公告板更低，连向证交委报送财会报表都不需要，除了要求在公司股票名称的末尾标有PK字样之外，没有任何要求。② 该报专门登载全国报价局整理的柜台市场上各种股份的出价和要价。原先是日报；1999

---

① 见《中美两国六地七交易所上市条件对比（2018年最新版）》，https://www.sohu.com/a/225045252_739521。

② 美国证交委为了保护和教育投资者，对于通过经纪人进行的交易有所限制和要求。

年引入电子报价之后,报价可以实时调整,而不是像以前那样每天只能公告一次。粉红报囊括了柜台市场公告板和其他多个电子交易平台。截至 2018 年 1 月,这里有一万多家公司的股票在流通,包括外国大、中、小各种公司的存托凭证,国内大小不同的各种公司股票,各行各业的都有,从金属矿产到新闻媒体到药店。绝大多数公司都很小,很多股价小于 1 美元,高的也不到 5 美元,但是也有少数同时在交易所甚至国外上市的大公司。①

证券的二级市场除了证券交易所和柜台市场这两种主要形式之外,还有一些零碎的自找市场,主要是一些地方上小范围内自筹资金的小公司所发行的股份或负债。我国公司法和证券法对此还没有明文规定,按证券法似乎其发行尚属禁止之例,但实践中却在不断地摸索。由于没有得到法律的明文首肯,这些证券往往不称证券,其流通也较困难,买卖双方只能自找,因而证券的流通范围和频率都非常有限。自找市场是相互独立的、割裂的而非整合的市场。

第三节　我国的证券市场及活动于其中的各类主体

在对证券的发行和交易做了一般性的介绍之后,再来看一下我国的证券市场、它的发展历程及活动于证券市场中的各类主体。

一、我国的证券市场

1984 年,上海飞乐音响公司首次发行股票,邓小平将一张飞乐股票赠送给来华访问的纽约证券交易所主席,成为当时轰动世界的新闻。但是当时我国各界从理论到实践对股份制的成见都很深,国有企业的改革主要采取了利改税、承包、租赁等形式。随着这些改革的逐个失败,各种弊病露出端倪,股份制改革便被一步步推到了前台。1990、1991 两年,上海与深圳两家证券交易所先后成立。1992 年邓小平南方谈话支持股份制改革和股票市场的实验。1993 年《公司法》颁布。从 1994 年开始,国有企业开展了大规模的公司制改革,股票的发行量和上市公司的数目逐年增加。截至 2006 年 6 月 2 日,我国境内上市公司总数达

---

① 粉红报上的股票获利空间很大,但是风险也高。多数公司财会报表不规范,信息透明度低。有些公司根本没有资产,也不提供任何的商品或者服务。有的是欺骗性的空壳公司,或者已经濒临破产。

1359家,发行股票7249亿元,市值44053亿元,其中流通股16580亿元。投资者开户数7545万户。二级市场上的日交易量均在数百亿元。① 到2018年,上市公司总数已达3500多家,日均交易量4000多亿元。这是仅指证券交易所而言,不包括场外进行的协议转让。

继上海、深圳两家证券交易所之后,经证监会同意,深圳证券交易所又在2004年设立了门槛较低的中小企业板市场,2009年设立了门槛更低的创业板市场。② 这两个市场的建立使较小的、暂时还够不上交易所上市条件的企业也能够发行上市,起到了经济助推器的作用。但它们并不是柜台市场,而是小型的证券交易所,因为它们的内部结构不是以券商造市为核心,而是像交易所那样集中竞价。此外,它们的入市门槛依然比较高,行政审批色彩浓厚,带有鲜明的中国特色。创业板市场本来是柜台市场的同义词,在我国却成了小型交易所。

在创业板之下还有新三板③,即全国中小企业股份转让系统④,主要面向全国的中、小、微企业。创业板要求公司近两年净利润累计1000万或者最近一年净利润500万,毛收入5000万,净资产2000万;而新三板没有这些要求,只要求公司已经存在两年并且有持续经营能力。这就意味着绝大多数小企业,包括亏损的企业,都可以在这里挂牌交易。⑤ 2017年12月,全国转股公司发布《分层管理办法》(2022年修改),在新三板设置了创新层,并对创新层提出了一些利润、营业收入和资产规模方面的要求,不符合这些要求的公司组成基础层。截至2018年5月16日,新三板挂牌公司共11345家,其中创新层928家,基础层10417

---

① 按两个交易所的网站上公布的数据统计。2日当天为717亿元。但据2006年3月1日《经济日报》第6—7版《中华人民共和国2005年国民经济和社会发展统计公报》,2005年年末我国境内上市公司为1381家。不知为何5个月以后公司数量一下子减少了22家,大概是被摘牌了。

② 2009年3月31日,中国证监会发布《首次公开发行股票并在创业板上市管理暂行办法》,5月1日起施行。同年6月5日,证监会又发布《深圳证券交易所创业板股票上市规则》,7月1日起施行。

③ 新三板的"新",是相对于老而言的。20世纪90年代有过全国证券交易自动报价系统(STAQ系统,Securities Trading Automated Quotations System,1990年12月5日开始运行)和全国交易系统(NET系统,National Exchange and Trading System,1993年4月28日投入试运行)两个平台,主要为了解决法人股的流通问题。由于交易量少,那些挂牌的企业效益又不好等多种原因,这两个系统运行规模越来越小,日益萎缩,最后在1999年9月9日停止运行。这是老三板,所以现在这个股份转让系统就是新三板。"三"是排行老三的意思。证券交易所是头板,创业板是二板,它是三板。尽管在创业板和交易所之间还有一个中小企业板,但是按习惯依然称中小企业股份转让系统为三板。

④ 由全国中小企业股份转让系统有限公司经营管理,该公司简称全国转股公司。

⑤ 2013年12月13日,国务院颁发《关于全国中小企业股份转让系统有关问题的决定》,规定要简化行政许可程序,股东人数未超过200人的股份公司上新三板不需要证监会批准。已经挂牌的公司向特定对象发行证券,发行后累计股东不超过200人的,也不需要证监会批准。股东人数超过200人需要证监会批准的,证监会应当简化审核流程,提高审核效率,无需提交发行审核委员会审核。证监会随后根据国务院的指示修改了一系列有关企业在新三板挂牌的规则,简化了行政许可程序。

家。① 而到 2022 年 3 月 4 日,挂牌公司总数降为 6888 家,其中创新层 1216 家,基础层 5672 家。②

2021 年 11 月 15 日,北京证券交易所建立并正式开张,专门为新三板企业的证券提供一个固定的交易场所。以前只在网上流浪的新三板企业现在有家可归了。

我国从 2014 年下半年开始进行柜台市场试点。中国证券业协会在该年 8 月 15 日发布《证券公司柜台市场管理办法(试行)》,决定委托中证资本市场发展监测中心有限责任公司(以下简称"市场监测中心")建立机构间私募产品报价与服务系统,为柜台市场提供互联互通服务。从该试行办法所列举的交易产品来看,主要是证券公司、银行、保险公司、信托公司等金融机构发行的债券和金融衍生品,而不是普通公司发行的股票和债券。截至 2017 年 6 月底,共有 26 家试点公司报告开立客户专用资金存管账户 27 个,月末账户余额 112.43 亿元。

可见,我国证券二级市场发展迅速。如今不但规模庞大,而且已经形成了一个适应不同规模、不同经营状况的企业上市融资的多阶梯结构。

2019 年 3 月,我国又在上海证券交易所增设了一个面向科技型和创新型中小企业的科创板。从企业类别上看,科创板本应属于创业板的一部分。创业板包括了科技创新企业。既然我们已经有了创业板市场,那就没有必要另行专设科创板。之所以专设科创板,可能与注册制试点有关,同时也反映了在特殊的国际国内形势下中央高层发展科技的急切心态。对注册制的含义和科创板,我们将在后面第三章第二节末尾的第五小节中做进一步的讲解。

二、 曲折的历程

在上海和深圳两家证券交易所建立之后的十多年时间里,我国证券市场虽然发展很快,但是却呈畸形状态。具体表现在三个方面:市场割裂;一、二级市场价差巨大;股票发行多于债券。

首先,我国证券市场一开始就呈割裂状态,长期得不到整合统一。我国的公司大都是由原先的国有企业改制而来的。当时国有企业大批亏损,陷入严重的困境,急需资金。向社会公众发行股票集资是一条便捷的途径。但是,僵化的意识形态影响很大,人们害怕私有化,担忧公有制受损,为了保持国有企业的公有性质,就不允许国有股份上市流通。因此,在首次发行股票的时候,已有的国有

---

① 《新三板创新层初定 928 家公司》,载《上海证券报》2018 年 5 月 17 日第 1 版。
② 见《重磅!新三板分层管理办法修订版正式发布,一年 6 次进层安排》,https://baijiahao.baidu.com/s?id=1726372173828516779&wfr=spider&for=pc,2022 年 4 月 28 日最后访问。

资产存量都按会计账面净资产值折算成股份,按所属关系由企业主管部门或别的企业法人(一般也都是国有企业)持有,不得上市流通,这些不上市的股份按其持有人的身份分别称为国家股和法人股;而同时向社会公众发行的股份,则称为个人股。个人股可以上市流通。于是,同一个企业同次发行的同类股票一部分流通而另一部分不能流通,形成了流通股与不流通股两块不同的市场。① 既然两块市场是分开的,那么发行价格的不同似乎也无关紧要;况且,当时的主要目的就是向社会公众发行股票,为国有企业注资。所以,在发行定价的时候,流通的个人股价格就数倍、十倍、甚至十多倍于不流通股,例如,国家股和法人股按净资产值折算每股1元,而个人股则每股好几元甚至十多元②。由于发行价格不同,如果允许低价股份在发行之后按相同的价格在二级市场上流通,就显失公平。于是,国家股和法人股之不得流通,除了最初意识形态上的考虑之外,又加上发行价格上的差异这一现实的经济原因。后来,当意识形态的束缚被逐渐冲破,当国家希望自己持有的股份能上市流通的时候,经济上的原因继续阻碍着国家股和法人股的上市流通。在十多年的时间里,国家股和法人股只能通过协议转让,价格自然低于在证券交易所流通的个人股。③ 截至2006年3月22日,我国境内发行股票的总额为7166.93亿元,其中能上市流通的个人股只有2606.48亿元,近2/3的股份不能上市流通。A股市场被割裂为两大块:流通股和不流通股。

与此相似的是人民币特种股票的存在,即A、B股的划分,A股用人民币购买,B股用人民币标价,但是折合成外币,用外币购买。从发行到上市流通,B股的价格都远低于A股(按汇率折算成人民币之后)。因此,A股在A股市场流通,B股在B股市场流通,两个市场同样呈现出割裂的状态。A股和B股的收益

---

① 如果一开始就采用较为科学的企业价值评估方法,遵守公司法同股同价的规定,并且让国家股与个人股一起上市流通,我国股市的发展将会顺利得多。1993年8月,针对当时传统公有制意识形态的禁锢,笔者写了《放开国家股市场,允许私人控股》一文,于1993年9月寄给国内多家报刊及党中央、国务院,可惜没有引起重视。该文全文发表于《世界经济与政治》1994年第7期和《经济管理》1994年第9期,节选登载于《社会科学报》1994年3月3日理论版和《中国经济时报》1996年5月31日新观点版。

② 各企业不同,2元、3元、6元、10元、甚至更多。从技术的角度看,这种定价办法的不规范是双重的。一方面,公司价值单纯按会计账面净资产值计算是一种最原始的方法,极不科学。对一个正常盈利的企业来说,由于商誉的因素,它的价值应当远高于会计账面的净资产值。——国有资产的价值被低估了。另一方面,在使用了这种不科学的评估方法之后,为了弥补对国有存量资产的低估,又来一个明目张胆地同股不同价,个人股与国家股发行价格相差几倍甚至十多倍。而这种巨大的价格差距又没有任何的科学评估作依据。——赤裸裸地侵占公众投资者的钱财,践踏1993年《公司法》第130条的明文规定,"同次发行的股票,每股的发行条件和价格应当相同"。产生这一错误的历史原因是多方面的,既有意识形态的因素,又有决策者们的外行和缺乏远见。他们没有预见到市场割裂带来的各种后遗症。

③ 于是就出现了一种悖理的现象:在正常的资本市场上,控股权的转让往往有一个加价,即比在证券交易所流通的零碎股份的价格更高(原因见本书第六章"公司收购");而我们这里控股股份的价格却远低于零碎股份(非流通股占多数,往往构成控股板块)。

权和投票权都是相同的,属于同一类普通股,B股的设立仅仅是为了吸引外资,但是同股不同价却造成了市场的割裂。实现 A、B 股的并轨,即同股同价、同市场流通,是我国股市规范化进程中另一个必须解决的难题。

其次,一、二级市场之间差价巨大:发行价低,发行上市之后在二级市场上的价格则迅速飙升,有时可以高出发行价的几倍。自沪深股市成立以后的十多年中,二级市场上的投资者亏多盈少,但在一级市场上购买新股则稳赚不赔。新股供不应求,通常依照预交款数额与所发行股份的比例抽签认购,各种后门在所难免。数千亿元资金云集于一级市场申购新股(行话"打新"),中签购得新股的人往往在新股上市的首个交易日将所购股份卖出套现,然后连本带利重回一级市场认购,如此循环往复,赚取无风险稳定收益。大量资金从二级市场流向一级市场,造成二级市场资金存量不断减少,一、二级市场资金比例严重失调,影响了二级市场的平稳运行。

按理说,一、二级市场间不可能出现巨大的差价,出现了也不可能持久。因为水涨船高,二级市场上的价格高了,发行价也会跟着提高。发行的目的就是筹集资金,发行人不是傻瓜,他会看着二级市场价格那么高而把发行价定得那么低吗?但问题是政府不让他定价。① 据报道,2001 年曾尝试过市场定价,但到了 2002 年下半年又重新规定市盈率不超过 20 倍。在这一规定的限制下,所有的发行价都定在 17—20 倍之间。② 一、二级市场之间的差价就是这样人为形成的。

最后,公司股票的发行量远大于债券。例如,1999 年全国企业总共只发行债券 158.2 亿元③,而股票的发行量则达 944.56 亿元④。在一个成熟的市场经济中,公司债券的发行量总是大于股票。而我国的情况却相反。尤其考虑到在我国有资格发行债券的企业在数量上远远超过有资格发行股票的企业——境内大多数法人企业都有资格公开发行债券,但只有按公司法设立的股份有限公司中的一部分经严格审批之后才有资格公开发行股票——这种情况就更显得反常。尽管公司法和证券法对公司债券的发行作出了专门的规定,但是极少听说股份

---

① 政府的用意一定是好的:怕发行人圈钱,怕投资者赔钱,所以要限制价格。参见《新股天价发行会否重演?》,载《上海证券报》2004 年 8 月 27 日头版,报道发行定价市场化改革,人们担心天价发行。闽东电力曾以 88 倍市盈率 IPO。但是政府限价的结果不见得好:发行人赚少了,各种各样的关系户就赚多了,原始股申购中的各种猫腻也多了。

② 见《股票发行定价走向市场化》,载《上海证券报》2004 年 8 月 26 日头版。该文提到政府限价,但是明文的规定笔者并没有查到。

③ 参见中国金融学会编:《中国金融年鉴 2000》,中国金融年鉴编辑部 2010 年版,第 410 页"各地企业债券发行情况"统计。

④ 同上,其中 A 股 572.63 亿元,B 股 3.79 亿元,H、N 股 47.17 亿元。

有限公司发行公司债券。二级市场上流通的都是股票,还有一些可转换公司债券,但没有普通的公司债券。究其原因,大概是因为债券需要到期还本付息;而股票则是永久性投资,不需要发行人偿还。当初发行的目的就是圈钱,而不是投资。①

上述三大缺陷中最严重的是市场割裂。国家为解决这个问题花的力气也是最大的。2004 年 1 月 31 日,国务院下发《关于推进资本市场改革开放和稳定发展的若干意见》,定下了解决 A 股市场割裂问题的方针。《意见》创设了一个新的名词来形容股份部分流通、部分不允许流通的市场割裂状况:"**股权分置**"。并且指示要"积极稳妥解决股权分置问题。……稳步解决目前上市公司股份中尚不能上市流通股份的流通问题。在解决这一问题时要尊重市场规律,有利于市场的稳定和发展,切实保护投资者特别是公众投资者的合法权益。"根据国务院的指示,中国证监会经过一年多时间的酝酿,于 2005 年 4 月 29 日发布了《关于上市公司股权分置改革试点有关问题的通知》,正式拉开了改革股权分置的帷幕。经过四个月的试点摸索,8 月 23 日,证监会、国资委、财政部、人民银行、商务部联合发布了《关于上市公司股权分置改革的指导意见》。随后,9 月 4 日,证监会发布《上市公司股权分置改革管理办法》(以下简称《办法》),替代了 4 月 29 日的通知。这些文件规定,股权分置的问题,由各上市公司的非流通股股东和流通股股东在自愿协商的基础上,通过相互间的利益平衡来解决,最后的改革方案,除了"须经参加表决的股东所持表决权的三分之二以上通过"之外,还须"经参加表决的流通股股东所持表决权的三分之二以上通过"。这种分类表决的机制实际上给了广大分散的、因而处于弱势地位的流通股股东对让非流通股流通的方案的否决权,使他们在与处于控股地位的非流通股股东协商的过程中有一个保护自己利益的可靠筹码。如果有效②行使,问题将会得到合理的解决。

具体的操作程序,是先由三分之二以上的非流通股股东提出书面动议(请求允许他们的股份上市流通),委托公司董事会召集 A 股市场的相关股东举行"相

---

① 此外,或许还有债券发行的法规不够健全的原因。股票的发行由证监会核准,证监会已经颁发了大量法规,使发行工作有章可循;而债券的发行由国家计委(经过国务院机构改革,现在叫"发改委")和人民银行审批,一则两家机构容易扯皮,二则这项审批工作并不是它们的主要业务,因而也没有能够像证监会之于股票那样颁布详尽的法规来使发行工作有章可循。参见本书第三章第二节中的相关讨论。

② 有效性因具体操作程序上的问题而大打折扣。首先是通知不够。《办法》规定召开股东会议的通知采用报刊公告的方式,这必然使很多股东因为不看报纸而错过投票机会。对于登记在册的股东,规范的做法是用书信方式直接通知,有几万个股东就发几万封信。报刊公告只是在无法用书信通知的时候才采用,是不得已而为之。其次,《办法》没有规定流通股股东互相交流、串通联合的机会,只有大股东控制之下的董事会能按《办法》的规定纵横捭阖,包括征求各方股东意见、办理征集投票委托事宜。这两大程序缺陷使广大流通股股东很难通过有效地行使权利来保护自己的利益。不过,总的说来,《办法》的整体思路富有创意,水平很高,在中国证监会历年出台的诸多文件中首屈一指。

关股东会议"，董事会在发出召开会议的通知时，应当同时公布改革说明书、独立董事意见函、保荐意见书、法律意见书，及时向流通股股东披露信息。信息应当真实、准确、完整。改革说明书具体描绘改革方案，是其中的核心文件。这些文件公布后十日内，董事会应当协助非流通股股东通过多种途径与 A 股市场的流通股股东进行充分的沟通和协商，广泛征求他们的意见；并负责办理征集投票代理权的事宜。在此基础上由股东对改革方案投票表决。董事会应当做好网络投票技术安排，使分散的流通股股东能够通过互联网投票。如果改革方案获得通过，非流通股必须先等待 12 个月，在而后的 12 个月内每位非流通股股东可以在证券交易所抛售不超过公司股份总数 5% 的股份，24 个月内不超过 10%。换句话说，其所持有的超过公司股份总数 10% 的部分必须自改革方案通过之日起三年后才能上市流通。不过，由于非流通股股东可能有好几个，每一个股东都可以在最初的 12 个月等待期过去之后抛售 5%，所以届时仍有大量的非流通股上市流通。据报道，股改之后第一批非流通股的解禁期于 2006 年 6 月 17 日拉开序幕，到 2006 年年底，共有 198 家公司的部分非流通股上市流通，按 4 月 4 日的收盘价计算，将扩充市值 625.33 亿元。①

　　由于大量的非流通股上市流通会引起股票价格的下跌，损害流通股股东的利益，所以非流通股股东应当向流通股股东支付对价，弥补流通股股东的损失，换取非流通股的上市流通权。从 2006 年 6 月前已经通过股权分置改革方案的数百家公司来看，它们实际上就是这样做的。总体设想是让流通股东手中的股票市值不因非流通股的上市而降低。对价的确定方法多种多样，但是基本思路都是按现在市价减去非流通股上市流通之后的预期价格之差对流通股股东进行补偿。例如，现在市价取公告日前 60 日或 120 日的交易所收盘均价，或者按市场换手率达发行总额的 100% 时的均价②；预期价格按预期每股盈利和预期市盈率（价格盈利比）计算；预期市盈率通过与国际市场的比较，结合企业自身的状况予以推定。③ 有的公司则按照行业特点取市净率（市价与净资产的比率）推算预期价格，通过与国际市场的比较确定一个合理的市净率，乘以每股净资产值，即得到预期价格④；还有的公司用发行时的超额市盈率（发行价高于基准或合理的

---

　① 见《198 家 G 股今年解禁，扩容市值 625 亿》，载《上海证券报》2006 年 4 月 6 日第 B6 版。
　② 一个不容忽视的事实：2005 年是我国股市最低迷的时期，低迷的价格中也包含了股权分置改革（非流通股将上市流通）的信息。被减数（市价）一低，减数不变，差就小了。
　③ 如广州白云山制药股份有限公司和上海柴油机股份有限公司的股权分置改革，前者的说明书（摘要）登载于《上海证券报》2006 年 3 月 6 日第 A9 版，后者的说明书（摘要）登载在《上海证券报》2006 年 3 月 14 日第 C6 版。由于本书篇幅有限，这些具体的计算公式不能一一列出，有兴趣的读者可以直接查阅报纸。
　④ 如上海茉织华股份有限公司的股权分置改革，其说明书（摘要）登载在《上海证券报》2005 年 12 月 15 日第 A8 版。

市盈率的部分)来确定应支付的对价①;等等。

对价可以是现金、股份、认购权(点叫权性质)、认沽权(投放权性质)或它们的任意组合。如上海柴油机股份有限公司就由非流通股股东向每股流通股支付1.5元现金以换取非流通股的流通权。②但绝大多数公司则由非流通股股东向流通股赠送股份。以2006年3月16日《上海证券报》C4版登载的一百多家公司的股改情况为例,赠送的股份按对每10股流通股计算,少的只有1.2股,多的达7股,但大都在3股左右,2到4股之间。此外,有少数公司赠送认购权和认沽权;还有一家公司实行非流通股单向缩股,把原来的1股变成0.6608股。

到2006年4月,已有60%以上的上市公司通过或出台了股改方案,总体进展情况顺利。③从2005年4月底开始试点,到2006年5月大约一年的时间内,全国股票市场停止了发行活动,以便实行新老划断。未完成股改的公司不得发行,已完成股改的公司新发行的股票全部流通,不再有新的非流通股出现。如今,我国A股市场全流通已经实现,一个历史遗留下来的极其棘手的问题终于得到了解决。剩下来的问题是A、B股市场的割裂,其解决难度应该会小得多。

一二级市场之间的价格差距是由政府干预一级市场定价引起的。只要允许市场主体自由定价,这个差距就会消失。2005年初引进询价制度④,2006年年底开始允许发行人与承销人协商定价。⑤市场自由定价逐步取代政府强制定价,两个市场之间的价差也逐步消失。二级市场甚至屡屡出现跌破发行价的所谓"破发"现象。因此,现在这个问题已经不严重了。

至于股票发行量大于债券的问题,由于股权分置改革的成功和股票全流通的实现,股票的发行变得越来越敏感,因而债券的发行量不得不提高。只要市场健全,这个问题会自然消失,债券的发行量按照正常规律必然远大于股票。

三、活动于我国证券市场内的各类主体

为了进一步了解我国的证券市场,有必要了解活跃于其中的各类主体,了解

---

① 如北矿磁材科技股份有限公司的股权分置改革,其说明书(摘要)登载在《上海证券报》2006年3月6日第C5版。

② 见《上海证券报》2006年3月14日第C6版。

③ 见《股改公司家数过六成》,载《上海证券报》2006年4月10日头版,报道沪深两市当天公布第28批16家股改公司名单,总数已达809家,占应改公司总数的60.19%。

④ 2004年12月7日,中国证监会发布《关于首次公开发行股票试行询价制度若干问题的通知》(2005年1月1日起施行),迈出了市场定价的第一步。询价制度的具体操作见本章第一节内的介绍。

⑤ 2006年的《证券发行与承销管理办法》(2018年6月15日修订)取代了上述2004年关于试行询价制度的通知,其第21条规定新股的发行价格可以由发行人与承销人协商确定。又见《修订后的〈证券发行与承销管理办法〉发布实施,企业IPO可灵活选择定价方式,回拨细则重新明确》,载《上海证券报》2018年6月16日头版报道。

这些主体的业务范围、自身特点和各自在证券的发行和交易中所起的作用。

1. 发行人

发行人是证券的制造者。没有发行人，便没有证券，也就没有证券市场。就发行人的本来词义来说，在我国应当包括募集设立的股份有限公司、发起设立的股份有限公司、其他发行债券的企业和政府。但是因为在证券交易所流通的都是已经上市的募集设立的股份有限公司所发行的股票，所以这里所说的发行人也主要指上市公司。当然，从广义上说，新三板上的公司也都是发行人。截至2022年4月1日，我国上市公司总数达4694家，总市值81万亿元。但是这些上市公司存在着先天不规范的缺陷。

就我国绝大多数上市公司而言，每一个都是从某个大型国有企业中剥离部分资产改制组合而成的，因而是隶属于该大型企业的子公司。子公司上市了，但母公司整体没有上市。由于上市需要达到一定的标准并经过政府批准，所以母公司总是要对子公司进行"充血"和"包装"，以达到法律规定的标准。具体的办法是将大量的优质资产注入子公司，使它的盈利状况显得好看。子公司向社会发行股票之后，社会公众投资者的持股比例较小，母公司依然居于控股的地位，形成"一股独大"的状态。募集来的钱也往往不按照招股说明书所说的用途使用，而由母公司通过种种关联交易将钱借走①。所以上市公司的应收款项往往很高，而债务人就是母公司或者母公司属下的关联企业，即"家族成员"。这种关联借款一般具有两个特点：一是没有还款的期限，甚至连借款合同也没有；二是不付利息或者利息很低。此外，母公司还可以利用上市子公司的地位和声誉向银行借到本来借不到的款项，让子公司担保等。② 除了资金的占用之外，母公司还可以任意调用上市子公司的其他资源，例如，以极其低廉的租金租用子公司的设备，甚至无偿借用，等等。有一种说法，叫做"养猪是为了吃肉"。③ 当初母公司注入优质资产包装子公司使其顺利过关上市是"养猪"，现在心安理得地花子公司的钱是"吃肉"。

另一方面，如果子公司连年亏损或者因财务上的其他原因而面临被停牌或者摘牌的危险，母公司又会通过关联交易给子公司"输血"，使它的年报显得好看一些，将一些法定的门槛应付过去。总而言之，母子公司的财产界限在实际操作

---

① 这种情况比比皆是，例如《索普大股东占款5个亿》，载《上海证券报》2004年8月27日A7版。2006年6月1日，上海和深圳两家证券交易所在指定媒体上公布了到5月31日为止上市公司大股东及其附属企业非经营性占用资金的情况，仍有189家上市公司被占款总共336.41亿元。

② 参见《谁在用上市公司的钱？》，载《经济日报》1999年3月16日第15版。《不可忽视的担保风险》，载《经济日报》1999年3月18日第15版。

③ 见《该不该让猴王破产？》，载《南方周末》2000年7月14日第14版。

中并不清楚。这是现阶段我国上市公司的一大特色。①

我国对证券的发行采取严格的政府审批制度②,所以发行上市十分艰难。正因为如此,上市资格成为一种重要的资源,被称为"壳资源",就是说,一家上市公司,哪怕只剩一个空壳,也还是很值钱的,因为它有壳。于是,未上市的公司兼并一家负债累累的上市公司,即使从会计账面上看很不合算,也可能是合算的,叫做"借壳上市"。这是我国上市公司的又一特色。

为了改变这种局面,国务院于 2005 年 10 月 19 日通知批转了证监会《关于提高上市公司质量的意见》。该意见强调上市公司的机构和财务必须独立,责令控股股东归还侵占上市公司的资金,要求"加快偿还速度,务必在 2006 年底前偿还完毕"。为了防止出现更多的占款情况,《公司法》第 121 条(当时第 122 条)规定:"上市公司在一年内购买、出售重大资产或者担保金额超过公司资产总额百分之三十的,应当由股东大会作出决议,并经出席会议的股东所持表决权的三分之二以上通过。"第 124 条(当时第 125 条)规定:"上市公司董事与董事会会议决议事项所涉及的企业有关联关系的,不得对该项决议行使表决权,也不得代理其他董事行使表决权。"2006 年 5 月 26 日,证监会又发出《关于进一步加快推进清欠工作的通知》。据报道③,截至 2006 年 5 月 31 日,仍有 189 家上市公司被大股东及其附属企业非经营性占款总共 336.41 亿元,督促这些大股东清理和归还占用的上市公司款项成为 2006 年证券监管工作的重点。④

从 2018 年《上海证券报》等证券类报纸的报道和分析评论来看,质量不高依然是我国上市公司的主要问题。

2. 投资者

投资者是与发行人相对应的市场主体。发行人卖,投资者买。二者相辅相成,缺一不可,是证券市场上最重要的主体。截至 2018 年 3 月 15 日,我国投资

---

① 法律上的应对办法,一是在公司法上规定一定规模的关联交易必须得到无利害关系的股东代表(董事)的同意(见《公司法》第 125 条),二是在证券法上强调对关联交易的详尽公开。这点要在读了后面几章之后才能理解。

② 总的说来,在我国目前的证券市场上,"政府批准"这个关卡还出现得太多太多。在成熟的市场经济中,这四个字在大部分地方都是可以抹去的。那样,经济的运行效率将大大提高,而且可以减少腐败,因为腐败总是与权力连在一起的。由于发行上市能够带来巨大的经济利益,所以政府的批准权就十分招引贿赂,成为腐败的一大源泉。

③ 见《两市尚有 189 家公司被占资 336 亿》,载《上海证券报》2006 年 6 月 1 日头版。

④ 采用强硬的行政手段,固然雷厉风行。工作做得扎实,情况也会好转。但是市场的问题,还得通过市场自身去解决。债务人死猪不怕热水烫,要钱没有,要命有一条,你也拿他没辙。上有政策,下有对策。政府的反应总是迟钝、低效。根本的解决办法还是培育市场的力量,特别是放手让投资者提起诉讼,通过法院来保护自己的利益。与其花那么多的精力强化行政手段,头痛医头,脚痛医脚,还不如改善诉讼制度,加强法官的培训,敞开法院的大门。

者的开户数已达 13958.35 万户,其中自然人 13922.44 万户。

由于我国的证券市场不规范,投资者的投资行为也不成熟,投机的多,投资的少,走短线的多,走长线的少。因为他们人数众多而力量分散,所以在各种市场欺诈、内幕交易、操纵市场的黑色旋涡中总是受人宰割和欺负。长期以来,我国证券法制很不健全,特别是民事责任制度缺位,投资者的合法权益得不到应有的保护。但是,由于客观的利益格局,广大的中小投资者始终是推动和健全我国证券法制建设的主要市场力量。针对发行人公开材料中的各种欺骗和误导,投资者为了保护自己的合法权益,多年来不断地起诉和呼吁,推动了我国证券法民事责任制度的建立。他们既是证券法的保护对象,又是我国证券法制建设应当依靠的力量。

3. 证券商

本章一、二两节曾谈到承销商、投资银行、经纪人、自营商等。在实际经济生活中,所有这些角色都是由证券商(简称"券商")来充当的。券商在证券的发行中担任承销工作,将发行人发行的证券卖到投资者手中,起中介作用。发行之后,证券在二级市场上流通,券商又为投资者买卖证券,从事经纪工作。此外,券商自己也买卖证券,进行投资或投机。大致上说,券商的业务分两大类:经纪和自营。经纪是帮别人买卖证券,从中获取佣金;自营是自己买卖,赚取买进与卖出的差价。承销中的代销和包销在性质上也可作此区分,代销是经纪性质,包销是自营性质。

证券商作为生意人,像任何别的生意人一样,在组织形式上可以取个人独资、合伙或者公司。实践中,各国券商绝大多数取合伙或公司的形式。但是按照我国《证券法》的规定,我国的券商只能取公司形式,称为证券公司。证券公司的组织按公司法的规定可以选取有限责任公司或者股份有限公司的形式。《证券法》第 118、120 两条对证券公司的设立条件和业务范围作了具体的规定,第 121 条还要求证券公司的注册资本从事经纪业务的不少于人民币 5000 万元,从事自营、承销业务的不少于 5 亿元。

在一个纯粹的经纪市场中,经纪人需要投入相当的人力和物力搜寻互相匹配的买卖双方。但是由于证券交易所和柜台市场的建立,特别是随着现代通讯技术的进步,各种电子报价和交易系统的建立,证券经纪人的搜寻成本已经大大降低,其业务往往与自营市场或拍卖市场结合在一起。例如前面说到过,柜台市场就是自营市场和经纪市场的结合,投资者通过经纪人的中介同自营商交易,比直接与自营商交易更为便捷。证券交易所是拍卖市场与自营市场的结合,但是也与经纪人的经纪工作紧密相连,因为大量的买卖指令就是通过经纪人送到证券交易所的交易场上的。当你作为一名普通的投资者需要买卖证券的时候,你得先在一家证券公司开户,然后发给它买卖指令,令其为你交易。证券公司将你的委托指令传送到证券交易所的交易岗上为你成交,并向你收取佣金。这时证券公司所从事的就是经纪业务。目前,我国的证券公司从事的经纪业务大都是这类业务,而不是一个纯粹的经纪市场中为客户寻找交易对象的业务。

除了从事经纪业务之外,证券公司还可以充当自营商从事自营业务。自营商作为市场建造者,是柜台市场的核心,这在前面已经说过。但是,我国的柜台市场还处在萌芽阶段。因此,证券公司的自营业务除了发行包销外,主要是以投资者的身份在二级市场上买卖证券,从而成为我国证券市场上的主要机构投资者之一。《证券法》第55条所禁止的种种操纵市场的行为,大都是这些机构投资者所为。[①] 因此,证券公司的自营业务还有待规范,关键是要划清操纵市场行为和正常的建造市场行为之间的界线。2005年11月11日,证监会在发布《证券公司证券自营业务指引》的通知中指出:"近几年,证券公司自营业务存在使用不规范账户进行自营、超比例持仓、持股集中或涉嫌操纵市场等问题,并成为公司风险的主要爆发点。"该指引试图从决策授权、操作、风险监控、信息报告等诸方面对证券公司的自营业务进行规范。

自营资金与经纪资金应当存储在不同的账户分开管理。证券公司不但握有自有资金,而且持有大量的经纪资金,即客户委托其买卖证券的资金。早年证券公司都将这两类资金存在同一个银行户头上,自营与经纪的资金相混淆,很容易造成自营业务挪用经纪资金的状况。在自营盈利的情况下,自然不会影响客户的资金流转。但是由于自营的风险很大,一旦亏损,证券公司破产且不说,其所挪用的客户资金无法偿还,客户将蒙受损失。因此,在自营资金与经纪资金之间建立一堵防火墙是十分必要的。上述《证券公司证券自营业务指引》第15条要求证券公司"建立防火墙制度,确保自营业务与经纪……业务在人员、信息、账户、资金、会计核算上严格分离",就是为了这样的目的。

2008年4月23日,国务院发布《证券公司监督管理条例》(2014年7月29日修订),规定了证券公司的设立和变更、自营业务、经纪业务、资产管理业务、融资融券业务、监督管理和法律责任。

据全国证券业协会统计,2021年全行业140家证券公司实现营业收入5024.10亿元,实现净利润1911.19亿元。截至2021年末,证券行业总资产为10.59万亿元,净资产为2.57万亿元,较上年末分别增加19.07%、11.34%。

4. 会计师

会计师在证券市场上的作用是审计发行人的财会报表并出具审计报告。在

---

① 关于操纵市场,详见第5章第2节。

发行公开和发行之后的信息持续公开中都有这类财会报表需要审计。经会计师署名的审计报告是公开材料的一个重要的组成部分。会计师及其所在的事务所对审计报告和被审计内容的真实性承担责任。因此，在履行审计义务的过程中，会计师必须对发行人的情况进行尽职调查。会计师尽职调查的具体内容将在本书第四章第一节第四小节讨论。

我国以前将会计师和审计师分开，审计师归国家审计署管，会计师归财政部管，资格分别由这两个部门授予。此外，在管理体制上，会计师与审计师都作为国家工作人员看待，其事务所国有国营。其实，会计与审计的内容是一样的，只不过角度稍有不同罢了。因此，完全没有必要如此划分，国外也没有这样的区分。会计师都可以从事审计工作。为了与国际接轨，我国从2000年起对这两种事务所进行整顿和合并，到2003年这一工作大致完成，一律称为会计师事务所。整顿中还同时令会计师事务所与政府脱钩，成为独立的商事主体(官与商分离极其重要)。事务所作为生意人，可以取个人独资、合伙或者公司的组织形式。目前我国的会计师事务所大都采取合伙形式。

会计师对发行人公开材料的审计是一种法定的社会审计。长期以来，会计报告失实这一问题一直没有得到有效解决。《证券法》通过规定会计师的民事责任去解决这个问题：如果发行人的公开材料不真实致使投资者遭受了损失，而会计师的审计又没有达到法律要求的尽职调查的标准，会计师就要承担赔偿投资者损失的责任。

5. 资产评估师

资产评估师为证券的发行和上市出具资产评估报告。经资产评估师署名的资产评估报告是发行和上市公开文件的一个组成部分。资产评估师对该报告内容真实性所承担的法律责任与会计师对他出具的审计报告所承担的责任相同。

我国的资产评估行业还相当年轻。目前各大中城市都设有资产评估机构。这些机构的业务主要是对资产的价值作出评估并出具评估报告，为证券的发行和上市评估资产只是其业务的一小部分，更多地则是在大宗资产出售、企业的分立、合并或者转让中对标的资产进行评估，在银行抵押贷款时对抵押物进行评估等。

一般地，会计师也可以做资产评估工作，国外的资产评估工作大都由会计师事务所承担。[①]

[①] 计划经济的特点是行政划分细致，有些划分在业务上是完全不必要的，比如以前我们将会计师和审计师分开，就是一例。将资产评估师与会计师分开，似乎属于同样的毛病。

6. 律师

在现代法治社会中,律师是一个十分活跃的阶层,在社会生活的方方面面几乎无孔不入。证券的发行和交易同样离不开律师。发行人需要律师出具法律意见书并起草有关的申请和公开文件①,承销人需要律师帮助做尽职调查并起草承销协议,公司收购中的各方当事人每一方都要聘请律师参加谈判,并帮助其制定进攻和防御的策略和具体措施。所有这些交易中的文件,除了财会报表之外,几乎都是律师起草的。

现代法律门类繁多,律师不可能门门法律都精通。只有具备公司法和证券法专门知识的律师才能为证券的发行和上市起草文件,从事这些方面的法律服务。正因为这样,所以以前律师从事证券业务需要得到证监会的批准,证监会与司法部联合下文专门规定了证券业律师的从业资格和审批办法。但是"政府批准"往往降低经济的运行效率,滋生腐败。律师是否具备这方面的专业知识,是否有能力从事发行和上市的法律服务,除了律师职业道德的自律之外,主要地还是靠市场的认定,而不应当由政府来把关。因此,2003年之后我国取消了证监会的批准权及相关规定,将事情留给市场去选择,这是正确的。因为这不是一个资格问题,而是一个能力问题。不称职的律师为了抢生意而承担了力所不能及的工作,政府不必阻拦也没法阻拦,但是出了问题将由市场追究他的法律责任。

7. 证券登记结算机构

证券登记结算机构是为证券交易提供结算服务的中介机构,其本身并不参加交易,只是收取服务费而已。从上海和深圳两家证券交易所在网上公布的数字来看,2018年4、5月份两市的交易总量每天都在4000亿元以上,数百万个证券账户在卖出或者买进。如此大量的交易如果都采用一手交钱一手交券的方式交割,那是很不方便的。大量现金的携带也不安全。而实物证券的背书、交付、点数、抄录、核对等,都很容易发生错误,从而给交易当事人和经纪人带来无数的麻烦,证券登记结算机构正是为了解决这些问题,使交易安全、便捷、迅速地进行而设置的。当一笔交易成交时,双方不是直接交割,而是各自与登记结算机构交割。登记结算机构实际上起到了一种担保交易安全的作用。卖方可以放心地将证券交给结算机构,不用害怕对方不给钱;买方也可以放心地将钱交给登记结算机构,不怕对方赖账,同时放心地接受所购买的证券,不用害怕伪造。即使发生

---

① 我国目前的实际做法是由承销人在辅导和保荐过程中牵头起草,会计师、律师协助,很不规范,应当改由律师起草。最近证监会也在提倡由律师起草招股说明书等文件,如2021年12月10日获上交所核准的沈阳富创精密设备科创板IPO文件。

个别赖账情形,也由登记结算机构负责追究,交易的对方当事人不受影响。我国《证券法》第九章对证券登记结算机构作了专章规定,其中第 146 条规定证券登记结算机构的自有资金不得少于人民币 2 亿元,就是为了保证其担保功能的实现。

实际操作中,投资者都是通过充当经纪人的证券公司与登记结算机构进行结算的。一家证券公司可能会接到多个投资者就同一种证券的买卖委托,有的要买,有的要卖。如果每一笔交易都要单独交割,就需要多次交付和清点。而通过证券登记结算机构结算,可以就同一家证券公司就同一种证券买与卖的委托互相抵消,最后只就差额进行结算,省去了多次交割的麻烦,提高了工作效率。

除了为证券交易提供结算服务的主业务之外,证券登记结算机构还提供托管和登记证券的服务。根据《证券法》第 150 条和第 151 条的规定,"在证券交易所或者国务院批准的其他全国性证券交易场所交易的证券,应当全部存管在证券登记结算机构。""证券登记结算机构应当向证券发行人提供证券持有人名册及有关资料。"在为投资者的交易提供结算服务时,"证券登记结算机构应当根据证券登记结算的结果,确认证券持有人持有证券的事实,提供证券持有人登记资料"。

证券登记结算机构的设立必须经过中国证监会的批准。我国原先的两家证券登记结算机构分别附属于上海和深圳两家证券交易所。1998 年《证券法》颁布以后,规定证券登记结算机构为非营利性法人(现行《证券法》第 145 条承继了这一规定)。既然具有法人资格,其相对于证券交易所自然具有人格上的独立性,于是便成立了中国证券登记结算有限责任公司①,当时下属上海和深圳两个分公司,分别为当地的两家交易所登记结算。随着我国证券市场的发展,公司的服务范围也在扩大。今天,它的服务范围自然将囊括北京证券交易所及其他一切经国务院批准的全国性证券交易场所。

登记结算的具体规则都须由中国证监会规定或经其批准,如 2001 年 5 月 16 日发布的《客户交易结算资金管理办法》②(2021 年 6 月 11 日修正)、2017 年 10 月 27 日发布的《中国证券登记结算有限责任公司上市开放式基金登记结算业务实施细则》③、2015 年 6 月 15 日发布的《中国证券登记结算有限责任公司债券登记、托管与结算业务实施细则》、2006 年 4 月 7 日发布的《证券登记结算管理办

---

① 既然称公司,按公司法本该以营利为目的。但是《证券法》第 145 条既然规定"不以营利为目的",这条特别法规定自然优于公司法作为一般法上的规定或解释。

② 《国务院公报》2002 年第 13 号第 44 页。2004 年 10 月 12 日,中国证监会发布《关于进一步加强证券公司客户交易结算资金监管的通知》,为落实《客户交易结算资金管理办法》作出了进一步的规定。

③ 2004 年 8 月 23 日首次发布同名文件,现已废止。

法》(2018年8月15日修正)等。

8. 证券投资咨询机构

证券投资咨询机构是专门为别人买卖证券提供有偿咨询和建议的机构。普通投资者缺乏证券专业知识，便向咨询机构咨询，希望得到投资指导或者有用的参考意见。咨询机构运用自己的专业知识对有关证券的价值进行分析和预测，向投资者提供信息或者投资建议，并收取咨询费。

证券投资咨询一般是券商的一项业务，但是我国原先却采取了分业经营的做法，因而证券投资咨询机构都是独立于证券公司的商事主体。修订后的《证券法》将证券投资咨询明确列入了券商的业务范围(见第120条)，而原来的投资咨询机构依然存在，现在形成了两类公司都做这项业务的重叠局面。

目前，我国这方面人才奇缺，从事这项工作的人大都不称职。中国证监会前副主席史美伦女士认为我国还没有真正意义上的证券分析师，尽管电视上每天的股评铺天盖地，但是，"不知道他们在说什么"。①

如何提高他们的业务素质和服务质量，靠政府还是靠市场？我国历来的做法都是靠政府。从业必须经过批准②，达到什么样的业务标准由政府规定③。这种凡事依赖政府把关而不是市场监督的思路是有问题的。行业需要政府批准，批准权又产生腐败，恶性循环，办不好事情。应当开放市场，让民间自由设立这类机构，其评估水平的高低及公正与否由市场来认定。④ 标准也应当由市场来确定。不合格的投资咨询机构和人员像不合格的律师一样，由市场来追究他们的民事赔偿责任。法院应当敞开大门受理诉讼。⑤

美国判例法确定的标准可供我们参考：咨询机构在向投资者推荐或建议购买某种证券时必须熟悉发行人的情况，并在这样的基础上进行分析；提出的建议应当具有充分的、合理的根据，否则便有欺诈之嫌，应当承担民事赔偿责任。1977年美国著名的梅林证券公司因为向投资者提供的推荐意见缺乏充分的根

---

① 见《我国将推出证券分析师制度》，载《杭州日报》2002年5月23日第10版。
② 《证券法》第160条规定："从事证券投资咨询服务业务，应当经国务院证券监督管理机构核准；未经核准，不得为证券的交易及相关活动提供服务。"不过，除了证券投资咨询之外，该条对于从事其他的证券服务业务，似乎不再要求批准。这是2019年修改的进步。
③ 例如，2005年12月12日，中国证监会发布《会员制证券投资咨询业务管理暂行规定》(已由2014年证监会第8号公告废止)，要求这些机构的媒体栏目策划人员、媒体分析师等业务人员具备证券投资咨询执业资格，从客户服务的人员还必须通过证券从业资格考试。
④ 关于行政审批制度与市场经济原理的讨论见第三章第二节第二、三小节和第七章第四节。
⑤ 与其把精力放在政府管制上，还不如把力量投资到法院的建设上，加紧法官的业务培训，扩大案件的受理范围，这是市场经济的要求，是制度发展的方向。

据,向投资者赔偿了 160 万美元,涉案 28 位业务人员。①

只有在充分依赖市场的基础上再辅之以政府监管,效果才会好起来。

9. 资信评估机构

资信评估机构评定债券的资信等级。所谓资信,是指企业还本付息的能力。资信等级越低,意味着企业无力清偿的可能性越大,因而持有这种证券的风险也就越大。本书在第一章第二节中讲解公司债券时曾经提到美国的三家资信评估机构穆迪、标准普尔和惠誉。企业之所以乐意花钱请人评定自己证券的资信等级,哪怕等级很低也要评估,是因为这样做有利于证券的发行,不经评估的债券卖不掉。在一个成熟的市场经济中,投资者在购买证券时需要对其风险和价值获得比较确定的认识。没有经过评级的债券,投资者感到心虚,会望而却步。而一旦评定等级,即使等级不高,也有了确定性。反正风险越大,价格就越便宜。对于愿意承担较高风险以换取可能的较高收益的投资者来说,就能坦然面对,放心购买。

由于资信等级与债券的价格有着直接的关系,巨大的经济利益会诱使发行人贿赂评估机构以换取较高的评估等级。如果评估机构收取了这样的贿赂,与发行人串通一气蒙骗投资者,那么一次可能成功,两次、三次就难说了,最后市场对评估机构完全失去信任,评估机构信誉扫地,也就难以生存了。因此,评估机构的职业道德和公正态度不但是证券市场健康的要素,而且也是这个行业本身能否生存和发展的基础。像穆迪和标准普尔,经过数十乃至百多年的发展,不但精通评估业务,而且始终坚持客观公正的立场和认真负责的态度,从而建立了良好的信誉和权威。市场相信它们、承认它们。它们不但是美国而且也是全世界最著名的资信评估机构。

我国的资信评估起步于 20 世纪 80 年代末。1988 年 1 月成立的上海远东咨询评估公司是我国第一家民间性质的债券评估机构。② 以后各地又相继成立过一些资信评级机构,但是标准不一,比较混乱,有时出现评估机构收受发行人的贿赂,故意评高资信等级的现象。因此,1990 年 8 月,中国人民银行发出《关于设立信誉评级委员会有关问题的通知》(已失效),要求撤销各地的这类评估公司,在有条件的省份由当地人民银行牵头组建信誉评级委员会。③ 这就改变了市场主导的大方向。我国有计划经济的传统,凡事习惯于政府审批乃至牵头组建,这与市场经济的管理思想背道而驰。市场主体应当是民间性质的,不应当由政府

---

① Merrill Lynch, SEA Rel. 14149 (1977),转引自 D. L. Ratner, *Securities Regulationir a Nutshell*, 4th ed. West Publishing Co., 1992. 也参见 Hanly v. SEC, 415 F. 2d 589 (2d Cir. 1969).

② 顾功耘:《证券法》,人民法院出版社 1999 年版,第 344 页。

③ 同上。

组建;政府只管制定规则。因此,2019年,由人民银行牵头,联合发展改革委、财政部和证监会共同制定了《信用评级业管理暂行办法》,规定设立资信评级机构无须政府批准,只要符合《公司法》规定的设立公司的条件即可,设立登记之后30日内向业务主管部门备案。这就把过去偏离市场主导的倾向重新拉回到正道上来了。2021年2月26日,证监会发布《证券市场资信评级业务暂行办法》,对公司债券和资产支持证券的评级规则作了具体规定。

在市场经济中,资信评估机构必须依靠客观、公正、因而可信的评估结果取信于市场,通过长期的优良业绩树立自己的信誉和权威,靠市场而不是靠政府认定来确立自己的地位,以谋取生存和发展。

最后将我国证券市场中的各类主体的活动串起来。**发行人**发行证券,首先需要**券商**充当投资银行承销证券,**律师**起草各种文件并出具法律意见书,**会计师**审计有关的财会报表并出具审计报告,**资产评估师**评估资产并出具资产评估报告。如果发行的是债券而不是股票,还需要**资信评估机构**评定债券的资信等级。在发行申请得到批准并履行了法律规定的信息公开手续之后,承销人便将证券卖给广大的公众**投资者**。发行结束之后又要申请上市。上市之后证券在二级市场上流通,投资者买卖证券时或许需要向**证券投资咨询机构**咨询,买卖证券的过程中又需要**证券登记结算机构**交割结算。

第三章 证券法基本原理及其运用
——批准、公开、原则

第一节 证券法的基本原理
第二节 我国证券法中的发行批准制度讲评
第三节 我国证券法中的公开制度讲评
第四节 关于"三公"原则及其他

前面两章讲述了证券的概念和发行交易,大都是背景知识。本章开始切入证券法的基本原理,并运用这一原理来分析我国现行的证券发行批准制度、信息公开制度以及我国《证券法》所规定的七条原则。

第一节 证券法的基本原理

在我国证券法学中,关于证券法基本原理的阐述还是一个空白。其实,证券法的基本原理就是**通过公开的手段去达到保护投资者的目的**。

一、公开的意义

为了说明公开的意义,让我们先以股票为例,比较一下购买股票与购买普通商品的异同。股票也是一种商品,一种投资的商品。买卖股票,就像买卖普通的商品一样,买方首先关心的是它的质量。在了解质量的基础上一个愿买,一个愿卖,按质论价,等价交换,双方成交,各得其所。这是二者相同的地方。

但是,股票的质量没有普通商品那么直观。购买普通商品,比如一件衣服,可以从衣服的色彩、式样、质料和做工上直观地判断其质量的好坏;买一只茶杯,可以看看杯子的样子是不是好看,形状是不是端正,有没有裂缝,杯盖能否盖抿;等等。总之,购买普通商品时,商品的质量是暴露在消费者的眼皮底下的,消费者可以凭借自己的经验和感官当场检查,直观地去辨别商品的质量,从而作出买或不买的决定。但是证券的质量却没有那么直观,那么一目了然。一张制作精致、挺括漂亮的股票可以一文不值(如果它所代表的那个公司正在破产清算的话);而一张陈旧发黄、破烂不堪的股票可以价值连城(如果它代表了一个实力雄厚的跨国公司的话)。投资者不能够像检查普通商品那样通过自己的感官直接地检查股票的质量。股票代表对公司的所有权。它的质量和价值取决于公司的价值。你要知道股票的质量和真正价值,就必须检查它所代表的那个公司的价值,看公司的财务是否健康、经营是否良好、有没有发展前途,等等。而这些资料,在没有法律保护的情况下,投资者一般是看不到的。谁要是擅自到公司去查阅这些资料,定将被公司的门卫驱赶出来。这就是股票以及所有其他证券与普通商品不同的地方。

证券法正是在这个投资者难以检查股票质量的关键之处发生作用，它要求发行人将所有这些有关的资料真实、准确、完整地公开出来，存放在指定的地点，任何一个投资者都可以自由地阅读、分析、研究。这样，法律就将股票的质量暴露在光天化日之下，将这种特殊的商品降到了类似衣服、茶杯这些普通商品的地位，使购买者可以凭借自己的感官和知识，通过阅读、分析、研究公开的资料对股票的质量进行直接的检查，并在这种检查的基础上，做出知情的买或不买的决定。市场上的股票品种纷呈，丰富多彩。依据发行人的公开资料，投资者可以像购买普通消费品那样挑三拣四、吹毛求疵，选购合适的股票来满足自己的投资需求。这就是证券法的基本原理。

公开必须真实。如果公开出来的信息是失真的，那就失去了公开的意义，等于没有公开，甚至比不公开还糟。我国《证券法》第78条第2款规定："信息披露义务人披露的信息，应当真实、准确、完整，简明清晰，通俗易懂，不得有虚假记载、误导性陈述或者重大遗漏。"所谓披露，就是公开的意思。法定的公开包括发行公开、上市公开和上市之后的持续信息公开。与发行公开相关，《证券法》第19条第1款规定："发行人报送的证券发行申请文件，应当充分披露投资者作出价值判断和投资决策所必需的信息，内容应当真实、准确、完整。"这里虽然说的是申请文件，但是与公开文件是同一套，因为经过政府部门核准之后，发行人就是拿这一套文件去公开的。显然，两个条款对公开的要求相同：真实、准确、完整。

真实、准确、完整，是一种很好的表述方法。真实的反面是虚假；准确的反面是误导；完整的反面是遗漏。核心是真实。所谓不准确或误导，就是以陈述现象性的事实来掩盖本质性的事实；所谓不完整或遗漏，就是以陈述片面的事实来歪曲全貌。例如，某企业的产品为社会急需，销路很好；但是因为仓促上马，次品很多，大量的产品责任诉讼已经使公司面临困境。如果公司在发行证券时的公开材料里只详细介绍前者，而对后者则轻描淡写地一笔带过，那么，这样的公开就存在着误导。又如公司通过合并迅速扩大了规模，从而大幅度地提高了产值；但是效益并不理想，出现了滑坡。如果公司在发行证券时的公开材料里只说产值的提高，不说效益的滑坡，那就存在着遗漏。不管是误导还是遗漏，结果都是不真实。因此，要求准确和完整的根本目的，依然是真实。真实、准确、完整地公开有关公司价值的全部信息，就是公开的确切含义。

证券法的主要内容和根本目的就是在强制公开中促使公开真实全面，证券法上的违法行为主要地就是公开失真，具体包括公开的虚假、遗漏和误导。针对这些违法行为，证券法规定了民事赔偿责任、行政处罚措施和刑事责任。这些问题，我们将在下一章，即第四章内详细讨论。

从强制公开到要求真实,再到具体责任,法律的规定层层递进、丝丝相扣。但是所有这些规定都是以公开为基础,围绕着公开作出的。可以这样说,一部证券法,洋洋数万言,归根结底就是两个字:公开。公开是现代证券立法的基本哲学和指导思想,是证券法的核心内容和灵魂所在。

通过上面的介绍和分析可以明白下面的道理。公开的意思是指公开证券的质量,以便投资者在知情的情况下买卖证券。而强制公开的原因又是因为如果法律不作强制,发行人就不会公开,投资者也无法知情。法律一作要求,发行人只得依法公开,投资者就能知情。知情时做出的投资决定,意思表示就真实。在知情的情况下购买了股票,即使到头来公司破产,投资者血本无收,倾家荡产,也无可厚非。一个愿打,一个愿挨,双方意思表示真实,没有欺诈,法律不必多加干涉。根据这个道理,又可以得到如下两点推论。第一,质量一定好、基本没有风险的证券不需要公开;第二,投资者依靠自己的力量能够取得质量信息的证券也不必要求公开。公开是一件很麻烦的事情,费用很高。省去公开的手续可以节省费用,提高经济运行的效率。

什么证券是质量一定好、基本没有风险的呢?政府债券。政府的支付能力是以税收作后盾的,只要政权不倒台,支付就不会有问题。① 因此,政府债券的发行不需要履行公开手续。我国《证券法》第2条第2款没有将政府债券的发行纳入该法的调整范围,就是要免除它的公开义务。美国证券法对他们的政府债券实行登记豁免,背后的道理是一样的。登记注册是美国证券法公开要求的主要内容,也是证券发行中最麻烦最花钱的手续,省去了这道手续,光遵守美国证券法的其他规定,政府债券的发行就很简便、很省力省钱了。②

什么证券其投资者在购买时能够自行取得质量信息而不需要法律强制性公开的帮助和保护呢?私下投放的证券。这个问题更准确地应当这样问:什么样的投资者不需要法定公开的保护?所谓私下投放,是指发行人不向社会公开发行,而是通过私下的谈判直接将证券卖给一个或几个大的投资者。这些大投资者一般都是实力雄厚的金融机构,如保险公司、投资基金、大公司等,能够把发行人一次发行的证券全部买下来。它们与普通的中小投资者不同,有能力聘请专业人员调查发行人的情况,自身或许也具备证券方面的专业知识,在各方面与发行人平起平坐,可以通过对等的谈判,向发行人索要一切有关的信息,弄清证券的质量。发行人为了节省公开的费用,也会乐意向对方公开,提供对方所需要

---

① 从实际情况来看,政府债券也是有风险的,见本书第一章第二节中对政府债券尤其是欧盟债务危机的讨论。但是各国政府在立法时都把自己的债券当做无风险来对待,从而豁免其披露义务。
② 他们将政府债券纳入证券法调整范围的主要目的是使该法中的反欺诈条款能够适用。

的、与证券质量有关的全部信息。这种私下披露比向全社会公开的费用要低得多。由于这样的投资者自己有能力迫使发行人公开,所以它们不需要法定公开的保护。

但是广大的中小投资者却没有这样的实力,他们力量分散,无法通过私下谈判迫使发行人公开,所以需要法定公开的保护。于是,证券法便详细地规定公开的内容和格式,包括公司的经营情况、财务状况、风险因素、人员组成、领导报酬等一切与公司价值有关的重要信息。发行人必须按照法律规定的内容与格式不折不扣地公开,否则不得发行。下文所说的保护投资者,主要是指保护广大的中小投资者。

二、保护投资者

证券法的目的是保护投资者。关于目的,我国《证券法》第1条是这样规定的:"为了规范证券发行和交易行为,保护投资者的合法权益,维护社会经济秩序和社会公共利益,促进社会主义市场经济的发展,制定本法。"这里一共列了四个目的:(1) 规范证券发行和交易行为;(2) 保护投资者的合法权益;(3) 维护社会经济秩序和社会公共利益;(4) 促进社会主义市场经济的发展。第(1)项作为证券法的目的也说得过去。为什么要规范呢?因为我们的证券发行和交易都很不规范,所以要立部法来规范一下,尤其是在目前这个初级阶段上。但是,大陆法系的民商法习惯上是从调整对象上去定义一部法律的,而调整和规范二词又是经常并用的,它们在这里几乎是同义词。证券法就是调整和规范证券的发行和交易行为的法律。所以,与其说规范证券的发行和交易行为是证券法的目的,毋宁说是证券法的内容。况且,即使以后我们的证券市场发达了,证券的发行和交易都步上正轨,很规范了,证券法还是要的。已经规范了还要去规范,那就不是目的而是法律固有的内容了。第(3)(4)两项,维护社会经济秩序和社会公共利益,促进社会主义市场经济的发展,如果说是目的的话,那也不是证券法所特有的。合同法、票据法、反不正当竞争法等所有的经济法律和法规,无一不具有这些目的。给一部法律下定义,或者讲一部法律的立法目的,就要抓住这部法律的本质特征。所谓本质特征,就是一事物区别于他事物的特征,即一事物所特有而他事物所没有的特征。只有保护投资者这个目的,才是证券法区别于其他经济法律部门的特有目的。因此,我们可以认定,证券法的目的是保护投资者。[①]

[①] 国人对这个问题的认识经历了一个较长的过程。但至少到2011年,中国证监会已经认可了这一点。见新华社评论:《中国股市需要什么样的掌门人?》,载杭州《都市快报》2011年11月8日第C10版。其文中小标题"保护投资者才是重中之重"之下说:"'保护投资者利益是我们工作的重中之重',打开证监会官方网站首页,这句口号赫然在目。"

所谓保护投资者,实际是保护他的知情权。保护的办法就是责令公司发行人公开。为了切实保护投资者的知情权,法律可以对公开的形式作出具体的规定,要求公司的财务报表符合一定的规格,要求公司在公开的时候充分地照顾到投资者的便利,考虑到普通投资者的阅读、分析和理解能力,以最简明易懂而又不影响真实的方式公开。通过责令发行人真实全面地公开,赋予投资者以知情权,这就是保护投资者的真正含义。

保护知情权,不等于确保知情。这一点包含两层意思。第一是投资者的马虎随便和疏忽大意。虽然法律的规定很完善,充分地照顾了普通投资者的便利,考虑到了他们的阅读、分析和理解能力,要求发行人公开的信息既简明易懂又真实、准确、完整,并对此作了详细的规定;虽然发行人已经完全按照法律的要求公开了;虽然投资者完全具备理解这些信息的能力和条件;但是他马虎随便,不看不想,一买了之。这样的投资者不知情,法律是帮不上忙的。由此而引起的亏损,他只得自己负责。这就是说,证券投资者除了需要法律保护他的知情权之外,自身还需要有知情的欲望,主动地阅读公开的文件。第二是投资者缺乏证券投资方面的必要知识和经验。虽然法律的规定是完善的,发行人的公开是符合法律要求的,投资者本人对公开文件的阅读和研究是认真的,但是他缺乏必要的专业知识,因而看不懂那些文件。这样的投资者不知情,法律也是帮不上忙的。由此而引起的亏损,也只能由他自己负责。这就是说,证券投资者除了需要法律保护他的知情权之外,自身还需要有知情的能力,即关于公司财务和经营的专业知识,否则便不能有效地行使他的知情权。可见,买股票毕竟没有买茶杯那么简单。投资者想要获得知情的能力,想要看懂公开的文件,就得读书学习,读法律、读会计、读工商管理,等等。

保护投资者,也不意味着确保投资者盈利,只赚不亏。即使法律的公开要求是完善的,发行人的公开是充分的和真实的,因而是符合法律要求的,投资者又有效地行使了他的知情权,他也还是有亏损的风险,有血本无收的可能。这是市场经济中正常的投资风险。这种正常的投资风险,是由证券投资可能获得的较高收益予以补偿的。银行存款的本息都是没有风险的,但是收益(利率)比较低。投资者可以根据自身的风险承担能力在高风险高收益与低风险低收益之间作出选择。总之,正常的投资风险,投资者只能自负,法律是帮不上忙的。关于这一点,《证券法》第25条特地作了明确的宣告:"股票依法发行后,发行人经营与收益的变化,由发行人自行负责;由此变化引致的投资风险,由投资者自行负责。"

公开是手段,保护投资者是目的,哪个更重要?手段和目的的关系是个永恒的哲学命题。在这个问题上,人们历来重目的而轻手段。比如说,为了过河的目的,你可以采取摆渡、造桥、游泳、乘直升机或气球等多种手段中的任何一种,摆渡还可以用船、撑木筏、竹筏等。在这里,手段是可以替代的,目的是不能替代的。所以,目的比手段重要。① 但是目的重于手段也不是绝对的。② 有时候,手段比目的更加重要。证券法中的情况就是这样:手段重于目的。公开作为保护投资者的手段,是证券法的核心和灵魂。公开了,投资者自然就得到了保护;不公开,投资者就无法得到保护。从这个意义上说,公开既是手段也是目的,因为手段本身已经将目的包含于其中了。

第二节　我国证券法中的发行批准制度讲评

按理说,证券发行的唯一条件就是公开,只要发行人能够真实、准确、完整地公开其经营和财务方面的全部信息,从而使其证券的真实价值暴露于光天化日之下,便可以自由地发行,想发行多少就发行多少,只要有人愿意买就行。但是我国在公开之外还加上了政府批准这个条件,没经过批准的不许发行。为什么要由政府把关审批而不是按照缔约自由的原则让市场自由决定呢?可能有很多理由。比如说,我国证券市场刚刚建立,公司不知道怎么发行,各种行为都不规范,所以需要政府把把关;发行人在利益的驱动下会只公开好的信息,不公开坏的信息,甚至弄虚作假,欺骗投资者,而老百姓又缺乏经验和专业知识,容易上当受骗,所以需要政府审批把关;我国有计划经济和行政审批的传统习惯,政府各行政部门和机关用权用惯了,凡事都得先经过我批准,才能放行,所以就有了审批把关;权力往往意味着利益,在一个腐败的社会环境中,这种利益特别大,有了批准权,就有了收受各种贿赂的机会,所以各个部门都会争夺批准权;等等。不管出于何种原因,反正我国的证券发行不只是公开一个条件,而是批准和公开两个条件。本节论述发行批准制度。

一、法律规定

《证券法》第 9 条规定:

---

① 有时候,目的的正义性还可以证明手段的正当性。
② 例如,恐怖主义的手段就普遍地为当代国际社会所反对,不管它是出于什么样的目的。另外,为达目的不择手段的说法也往往是带有贬义的。

第九条 公开发行证券,必须符合法律、行政法规规定的条件,并依法报经国务院证券监督管理机构或者国务院授权的部门注册。未经依法注册,任何单位和个人不得公开发行证券。证券发行注册制的具体范围、实施步骤,由国务院规定。

"注册"一词在本条内出现,替换了原先的"核准"一词,是2019年修改证券法的重点和亮点。注册制的要求是2013年中共中央十八届三中全会首次提出的。之所以过了6年才将党中央的要求正式写进《证券法》,是因为各方面的条件还不成熟,客观上实行不了注册制。什么叫注册制?注册制就是在发行证券的时候只需要充分地公开,不需要经过政府的批准。发行证券的条件从原先的两个(公开+批准)变成一个(公开)。所谓注册,就是将发行公开文件在证监会登记备案,所以在美国也叫登记制。而原先的核准一词,就是批准的意思,即发行证券必须得到政府的批准,不批准不得发行。

不过,从实际情况来看,目前实行的仍然是批准制。要真正实行注册制,还需要国务院另行规定。但是国务院还没有出台这样的规定。此外,本条规定自相矛盾。因为它一方面规定发行注册制,另一方面又要求发行符合法定条件,而且都是实体条件[1]。而注册制下是没有这些条件的,公开了就可以发行。一旦有了实体条件,那就必然需要有人来审核这些条件是否符合,不符合的不准发行,这不是批准制又是什么呢?事实上,注册制目前仅处在小范围的试点阶段,离全面推行还很遥远。由于实际做法滞后于法律规定,在注册制真正落到实处之前,现行《证券法》中的"注册"一词均应理解为批准。[2]

负责批准的政府机关有两个:一个是国务院证券监督管理机构,另一个是国务院授权的部门。前者指中国证监会,负责批准股票的发行;后者指国家发展和改革委员会[3]、人民银行、财政部等多个部门的综合,负责批准债券的发行。这种由不同的机构分别审批不同证券发行的割裂体制是计划经济的残余和历史因袭的结果。在市场经济改革之初,我国仍实行计划经济。那时债券的发行,是纳入国家统一的信贷计划的,通过当时的国家计划委员会和中央银行这两个行政系统确定和分配发行的配额;而股票的发行,虽然同样有配额[4],但是因为股票不需

---

[1] 参见证监会《首次公开发行股票并上市管理办法》(2020年修正)。

[2] 2020年2月29日国务院办公厅《关于贯彻实施修订后的证券法有关工作的通知》第2条中说道:"在证券交易所有关板块和国务院批准的其他全国性证券交易场所的股票公开发行实行注册制前,继续实行核准制,适用本次证券法修订前股票发行核准制度的规定。"

[3] 原先叫"国家计划委员会",简称"国家计委";后改称"国家发展和计划委员会";十届全国人大一次会议上又改称"国家发展和改革委员会"(简称"发改委")。见《国务院公报》2003年第12号,第10页。

[4] 股票发行配额于2000年取消。

要还债,所以不需要纳入统一的信贷计划。1992年10月设立的国务院证券委员会,是由包括中央银行和国家计委在内的国务院十四个部委的领导组成的,中国证券监督管理委员会(简称"证监会")当时是国务院证券委员会的执行机构。①在以后的六年里,证券委员会统一负责股票和债券的发行审核工作。可是老大多了要翻船。十四个部委的领导各有本部门的事情要处理、本部门的利益要照顾,顾不上证券这一摊子。结果是有利益人人要争,做事情谁也不管。所以,1998年撤销证券委员会,其职能并入中国证监会。但原来证券委员会所包括的机构诸如国家计委和人民银行等却不可能并入,而这些机构原先对证券的审批权限又不变,所以就形成了由证监会批准股票的发行,由发改委和人民银行等批准债券的发行这样一种割裂的证券发行批准体制。《公司法》和《证券法》中频频出现"国务院证券监督管理机构"和"国务院授权的部门"这两个审批机构,就是这段历史遗留的问题。

除了历史传统之外,部门利益也是维系审批体制割裂的一大动因。但是割裂的审批体制既不利于证券法制的统一,也不符合市场经济的高效率原则,应当改革,统一由证监会审核。当然,由政府把关,批准发行的做法本身就有问题,所以注册制的改革方向是正确的,只是现在暂时还做不到。

《证券法》第9条要求发行证券符合"法律、行政法规规定的条件"。这些条件规定在第11、12、15条。这三个条文分别规定了股票的首次发行、再次发行和债券发行的具体条件。

1. 首次发行股票的条件和文件

首次发行股票规定在第11条:"设立股份有限公司公开发行股票,应当符合《中华人民共和国公司法》规定的条件和经国务院批准的国务院证券监督管理机构规定的其他条件"。那么,我国公司法规定了什么样的条件,国务院证券监督管理机构又规定了什么样的条件呢?

《公司法》作为一部组织法,主要规定设立公司的条件,包括出资额及出资方式,如现金、实物、无形资产以及比例要求(如现金不少于30%)等;股东或公司发起人的条件和人数;公司应有的组织机构,包括股东会、董事会、监事会、经理等;还有公司的章程、名称、住所等。这许多方面的条件,又往往因公司组织形式的不同而有所不同。

我国《公司法》规定的公司组织形式大致分为两类三种:有限责任公司②和股份有限公司,股份有限公司又分为发起设立和募集设立两种。发起设立的股份

---

① 如果拿一个学院打比方,证券委员会就是院长和书记,证监会是他们手下的院办公室主任。
② 一人公司和国有独资公司与这里的讨论无关,忽略不论。

有限公司由发起人认购全部股份,不向社会公开发行股票;只有募集设立的股份有限公司才能公开发行股票,因为募集一词本身就含有向社会公开发行的意思,但发起人必须认购35%以上所发行的股份。[①] 从这个意义上说,所谓《公司法》规定的条件,就是募集设立股份有限公司的条件。而《证券法》第11条所说的"设立股份有限公司公开发行股票",也是指募集设立股份有限公司。

所谓"国务院证券监督管理机构规定的其他条件",是指中国证监会可以在《公司法》所定条件的基础上,在不与《公司法》相抵触的前提下,规定进一步的条件。证监会2020年7月10日发布的修正版《首次公开发行股票并上市管理办法》(以下简称《首次发行管理办法》),对首次发行股票的条件作了详细的规定。有关主体资格,该《办法》第9条要求发行人自股份有限公司成立后持续经营3年以上,但经国务院批准的除外;有限责任公司按原账面净资产值折股整体变更为股份有限公司的,持续经营时间可以从有限责任公司成立之日起计算。

这一持续经营3年的要求是与上位法规定的募集设立的本义相违背的,因为所谓募集设立,是指原来没有公司,通过公开募集股份来设立公司。这无论从《证券法》第11条的用语,还是从《公司法》对募集设立的具体要求,包括召开创立大会等程序性规定上看,都是十分清楚的。但是根据《首次发行管理办法》,募集设立股份有限公司成为不可能,因为只有发起设立的股份有限公司或者有限责任公司才能首次公开发行股票,募集设立的股份有限公司不能通过募集设立,只能由发起设立的股份有限公司或者有限责任公司变更而来。下位法与上位法不符,这是法制不健全的表现。《首次发行管理办法》实际上在发行人的主体资格上修改了公司法和证券法。实际执行的是《首次发行管理办法》,而不是公司法和证券法中有关募集设立公司的规定。

除了主体资格之外,《首次发行管理办法》还从发行人的规范运行和财务制度等方面规定了具体的条件,要求发行人股权清晰,财产独立,不被控股股东或实际控制人占用资金;股东会、董事会、监事会、独立董事、董事会秘书制度健全并正常运行,最近3年内不存在重大违法行为;财务状况良好,最近3年内持续盈利,利润累计超过3000万元,现金流量净额累计超过5000万元,或者营业收入累计超过人民币3亿元;发行前股本总额不少于3000万元;会计制度健全;所用商标、专利无瑕疵;等等。

[①] 在英美法上,向社会公开发行股份并履行法定公开义务的公司叫公司或公众公司,不公开发行股份因而也没有公开义务的公司叫私公司或封闭公司。按照这样的标准,我国的发起设立的股份有限公司与有限责任公司一样,都属于私公司。英美法的分法比较科学,我国公司法的分法不科学,因为发起设立的股份有限公司与有限责任公司是一样的。

此外，中国证监会还要求发行申请有保荐人保荐。① 保荐人都是证券公司，其保荐资格是经过证监会认定的，在发行中充当主承销人。保荐人在保荐前必须对发行人的全体董事、监事、高级管理人员进行公司法、证券法及发行上市等有关知识的辅导，辅导完后由证监会驻当地派出机构验收，验收合格才能通过，否则须继续辅导。之所以这样要求，是因为发行人的领导层往往不具备这些专业知识，公司的组织运行也都很不规范。辅导的目的就是帮助发行人建立规范的公司组织。但是发行人不懂，证券公司就一定懂？回答是：证券公司虽然也强不了多少，但他们是专门吃证券饭的，总比专门做生意的公司老总们有更多的时间去学习和研究证券方面的法律知识。就像当年农村的扫盲运动，小学三年级甚至一年级文化程度的人都可以去充当扫盲教师。这是一种因地制宜，土法上马，不得已而为之的权宜之计。②

但这种做法是值得商榷的。发行人与承销人虽然有利益一致的一面，但是在承销协议的签订中，在协议条款，尤其是价格条款的洽谈中，双方存在着利害冲突，是谈判对手，由谈判对手来辅导发行人的做法是不妥当的。发行人不懂发行的规则，应当由它自己聘请的律师来辅导，具体的工作由律师来做，不应当由承销人来辅导。再说，发行人是做生意的，不是学法律的，它的经理层懂得公司法、证券法固然好，不懂也没有关系，需要的时候可以聘请律师向他们解释么，怎么可以对人强行考试，强迫人家学法律呢？至于公司改制是否规范、会计制度是否健全，那原本是在公司改制当初就应当把握的事，事后的补救和矫正也应当通过发行人的律师和会计师来完成。再说，承销人专门从事于证券的买卖，并不是公司法专家，发行人不懂的事他就一定懂？公司法的专家只能由律师来充当。所以，这个承销人辅导的制度至多只能作为初级阶段上的一种权宜之计，以后应当取消。

就辅导与《首次发行管理办法》中规定的条件之间的关系而言，辅导的目的是为了帮助发行人达到办法中规定的有关规范运行的条件。两者是手段与目的的关系。既然如此，只要我能证明自己符合办法规定的所有条件，不辅导也罢。但在实际操作中，你不经过辅导，保荐人就不会保荐你，证监会就不会受理你的发行申请。所以，接受为期 1 年的辅导是一个必经的程序。这就造成了资源的浪费。

值得一提的是，以前凡是设立股份有限公司都需要企业主管部委或者省级

---

① 见证监会《证券发行上市保荐业务管理办法》(2020 年 6 月 12 日修改)。
② 辅导的做法由来已久。见证监会 1995 年发布《关于对公开发行股票公司进行辅导的通知》、2000 年的《股票发行上市辅导工作暂行办法》、2001 年发布的《首次公开发行股票辅导工作办法》。这些文件现在都已经废止。

人民政府批准,2005年《公司法》删除了这项要求,将设立批准限制在那些由特别法规定的特定行业(见《公司法》第6条)。这是一大进步。不过,发行人注册地省政府的同意仍然是发行股票的前提条件之一,因为证监会初审过程中将征求该省政府是否同意发行的意见。①

以上所述的便是《证券法》第11条所说的"《中华人民共和国公司法》规定的条件和经国务院批准的国务院证券监督管理机构规定的其他条件"。尽管这些条件看起来非常烦琐,但是和以前相比已经好多了。以前的发行条件规定在《公司法》《证券法》《股票发行与交易管理暂行条例》②以及中国证监会颁发的若干个③行政规章中,十分繁杂。现在将所有这些四散的规定总括起来,集中在一个文件里,是很大的改进。

为了证明发行人符合这些条件,《证券法》第11条还要求发行人向证监会"报送募股申请和下列文件":

(一)公司章程;

(二)发起人协议;

(三)发起人姓名或者名称,发起人认购的股份数、出资种类及验资证明;

(四)招股说明书;

(五)代收股款银行的名称及地址;

(六)承销机构名称及有关的协议。

依照本法规定聘请保荐人的,还应当报送保荐人出具的发行保荐书。

法律、行政法规规定设立公司必须报经批准的,还应当提交相应的批准文件。

证监会发布的《公开发行证券的公司信息披露内容与格式准则第9号——首次公开发行股票并上市申请文件》④(以下简称《准则第9号》)及其附录《首次公开发行股票并上市申请文件目录》,详细列出了发行申请应当申报的42项文件,包括发行人的设立文件和授权文件、保荐人的保荐书、会计师的审计报告、律师的法律意见书、重要合同、近三年内的纳税情况及与财务会计资料相关的一些文件,等等,其中也包括了上述《证券法》第11条所要求的几个申报文件。所以,

---

① 见《首次发行管理办法》第36条。

② 1993年4月22日中华人民共和国国务院令第112号发布(已失效)。

③ 不下6个,见证监会发布的行政许可事项《首次公开发行股票(A股、B股)核准—公司首次公开发行股票核准》(2016年2月26日实施)。

④ 2006年5月18日修订发布。

实际申报工作按照《准则第 9 号》进行。

2. 再次发行股票的条件和文件

继《证券法》第 11 条规定公司首次公开发行股票的条件和应报送的文件之后，第 12 条规定了公司在首次公开发行之后再次发行股票的条件：

> 第十二条　公司首次公开发行新股，应当符合下列条件：
> （一）具备健全且运行良好的组织机构；
> （二）具有持续经营能力；
> （三）最近三年财务会计报告被出具无保留意见审计报告；
> （四）发行人及其控股股东、实际控制人最近三年不存在贪污、贿赂、侵占财产、挪用财产或者破坏社会主义市场经济秩序的刑事犯罪；
> （五）经国务院批准的国务院证券监督管理机构规定的其他条件。

所谓"新股"，大概是与已发行的股份相对而言吧。已经发行的是旧股或者老股，现在发行的就是新股了。而等到下一次发行时，则现在发行的又成为旧股了。初次发行时因为还没有老股，所以就不是新股。所以，**新股**是指初次发行之后每一次发行的股份。美国证券法中只有首次或初次发行（initial public offering, IPO）的概念，没有"新股"的概念。股份就是股份，我国公司法和证券法却要分出新旧来，有点新奇。其实，旧股是股票，新股也是股票，他们的价值是一样的。

更为新奇的是本条中出现了一个新的概念："首次公开发行新股"。这是 2019 年修改时增加的，意指在首次发行股票之后第二次发行股票，即在新股中又分出首次发行和再次发行。这种区分画蛇添足，殊无必要，应该是立法者的笔误。

在《证券法》第 12 条的基础上，证监会发布《上市公司证券发行管理办法》[①]（以下简称《发行管理办法》）。该办法第二章第一节规定了上市公司发行证券的一般条件，共 6 条 31 项，包括公司的组织结构和内控制度、盈利能力、财会状况、资金用途、守法状况等。第二节规定了发行新股的特殊条件，共 2 条 6 项，包括配售限额、控股股东的认购义务、最近 3 年内连续盈利、净资产收益率不低于 6％、没有大量持有流通证券或出借大量资金的情形、发行价不低于公告招股意向书前的市场价格等。这些条件不但包含了《证券法》第 12 条所列的几项条件，而且列出了更多、更细到的其他条件。这些其他条件就是《证券法》第 12 条第 5

---

① 2006 年 5 月 6 日发布，2020 年 2 月 14 日修改。

项所说的证监会"规定的其他条件"。①

此外,对发行新股的一般性程序和手续,《公司法》第 134—137 条中都有所规定,例如,股东大会就新股的种类、数额、价格、发行的起止日期等作出决议,经证监会批准后还要履行公开手续,等等。这些在《发行管理办法》里也都吸收了。

为了证明发行人符合上述条件,《证券法》第 13 条要求发行人"报送募股申请和下列文件"②:

(一) 公司营业执照;
(二) 公司章程;
(三) 股东大会决议;
(四) 招股说明书或者其他公开发行募集文件;
(五) 财务会计报告;
(六) 代收股款银行的名称及地址。

依照本法规定聘请保荐人的,还应当报送保荐人出具的发行保荐书。
依照本法规定实行承销的,还应当报送承销机构名称及有关的协议。

将这些文件与设立公司时首次公开发行股票所应报送的文件作一比较,可以看出,它们是基本相同的。差别无非是情景的不同。首次发行时因为公司还没有成立③,所以要求提交发起人协议和有关发起人认购股份和出资种类的证明材料。而新股发行时因为公司早已成立并开始营业,所以就要求提供营业执照;因为一个正常运行的公司有正常的组织机构,所以要求报送股东大会决议;这样的公司也有正常的财务会计制度,所以要求呈交财务会计报告。这些文件在首次发行时都不要求提交,因为公司还没有成立,没有这些文件。

此外,因为首次发行是第一次面向社会公开公司的情况,所以需要对公司的基本面作出详细的介绍。而之后的新股发行,只要这些基本面的情况没有变化,

---

① 此外,证监会 2004 年 12 月 7 日发布的《关于加强社会公众股股东权益保护的若干规定》第四部分规定:"上市公司最近三年未进行现金利润分配的,不得向社会公众增发新股、发行可转换公司债券或向原有股东配售股份。"不过,这个文件已被证监会 2022 年 1 月 5 日公布的《上市公司独立董事规则》所废止。

② 本条承继了原《证券法》第 14 条的内容,却删除了报送文件的对象。原先规定"应当向国务院证券监督管理机构报送募股申请和下列文件",现在则修改为"应当报送募股申请和下列文件",删去了"向国务院证券监督管理机构"的字样。有人将这一改动解释为配合注册制的实行。说是在注册制下,应当向证券交易所报送。参见邢会强编著:《中华人民共和国证券法新旧条文对照与适用精解》,中国法制出版社 2020 年版,第 9 页。如果这样,那么第 11 条规定的首次发行申请文件的报送对象也应当删除,但是那里并没有删除。对于法律规定中的这种前后不一,只能理解为立法者的疏忽或者笔误。注意:注册制下发行证券也是要向证监会登记备案的。

③ 从法律条文的字面意义看,应指公司还没有成立,正通过募集股份成立。但根据前述的证监会规定,报送发行申请时需要等待三年,所以公司必定早已成立。可见,二者没有衔接好。

就可以提及囊括,不必重复。因此,区分首次发行和再次发行是有必要的;而像前述第 12 条中那样区分新股的首次发行和再次发行则没有必要。

当然,实际报申的文件并不止第 13 条所列。像首次公开发行股票的申报文件一样,证监会发布的《公开发行证券的公司信息披露内容与格式准则第 10 号——上市公司公开发行证券申请文件》①(以下简称《准则第 10 号》)及其附录《上市公司公开发行证券申请文件目录》详细列出了需要报送的 27 项申请文件,包括发行人的授权文件、保荐人的保荐书、会计师的审计报告、律师的法律意见书,等等,其中也大致包括了上述《证券法》第 13 条所要求的申报文件。实际申报工作按照《准则第 10 号》进行。

3. 债券发行的条件和文件

紧接着首次发行股票和发行新股的规定之后,《证券法》第 15 条第 1 款规定了发行公司债券的条件:

第十五条 公开发行公司债券,应当符合下列条件:
(一)具备健全且运行良好的组织机构;
(二)最近三年平均可分配利润足以支付公司债券一年的利息;
(三)国务院规定的其他条件。

债券在主体资格上要求较宽,并不像股票那样一定要由发起设立的股份有限公司或者有限责任公司变更为募集设立的股份有限公司。凡是按《公司法》设立的公司,不管是有限责任公司还是股份有限公司都可以发行。此外,按照《企业债券管理条例》的规定,所有我国境内具有法人资格的企业都可以发行债券。②

跟这个 1993 年颁布的《企业债券管理条例》相比,原《证券法》第 16 条规定的债券发行条件更加苛刻,包括发行人净资产规模不小于 6000 万元和债券总额不超过净资产的 40%等。这些限制性条款是从 1993 年《公司法》里抄袭过来的,一直沿用到 2019 年,它们之所以能够存在这么久,一是因为如前所述,早年我国公司筹资以发行股票为主,很少发行债券;二是因为公司也是企业,即使不能按公司法和证券法发行公司债券,也可以按条例发行企业债券,法律对此并无禁止;三是随着我国经济的发展和公司规模的扩大,对大多数公司来说,这些限制性条件也容易满足。但是无论如何,这些对发行公司债券的限制性条件是落后的和不合理的。2019 年修改时在《证券法》第 15 条中删除了这些限制,简化了法

---

① 2006 年 5 月 8 日发布施行。早在 1996 年 12 月 26 日,中国证监会就发布了《申请公开发行股票公司报送材料的标准格式》,详细规定了发行申请材料的格式、目录、封面、纸张、份数。现行规定为几经修改变更后的产物。

② 见该条例第 2 条。1993 年 8 月 2 日国务院发布,2011 年 1 月 8 日修订。

定的发行条件,是立法上的一个进步。

为了证明发行人符合《证券法》第 15 条所列的条件,第 16 条规定了应当报送的文件。

《证券法》第十六条　申请公开发行公司债券,应当向国务院授权的部门或者国务院证券监督管理机构报送下列文件:

(一) 公司营业执照;

(二) 公司章程;

(三) 公司债券募集办法;

(四) 国务院授权的部门或者国务院证券监督管理机构规定的其他文件。

这个条文原先是 1993 年《公司法》第 165 条。2005 年修改两部法律时将它原封不动地移到证券法内。从明列的文件上看,似乎与原来一样,没有任何进步。① 但是细心阅读却可以发现,一个巨大的改进已经在这个条文中潜入。2005 年以前,股票的发行由证监会批准,证监会颁发了大量行政规章,使发行工作有章可循;而债券的发行由发改委和人民银行审批,一则两家机构容易扯皮,二则这项审批工作并不是它们的主要业务,因而也没有能够像证监会之于股票那样颁布详尽的行政规章来使发行工作有章可循②,致使公司债券发行制度进步缓慢,远没有股票那么完备。本书初版对这种割裂的行政审批体制作过批评,建议"尽快改革,将二者合而为一,统一由证监会审核"。③ 到了 2005 年,这一改革终于在这个条文中露出了端倪。

虽然条文明列的申请文件不变,但却在开头句中增加了一个有权受理申请文件的机构:"国务院证券监督管理机构";同时在应交申请文件末尾的兜底条款中又将该机构增补为有权规定其他申请文件的机构。这就出现了一个十分有趣的现象。2005 年之前的法律规定得很清楚:股票的发行由证监会管;债券的发行由"国务院授权的部门"管。而现在股票的发行依然由证监会管;债券的发行却由两个机构兼管,两者并列,但"国务院授权的部门"列在前头,"国务院证券监督管理机构"列在后头。而在别的地方两者并列时总是"国务院证券监督管理机构"列在前头,因为证券的排列是股票在前头,债券在后头。这一细微的差别并

---

① 2019 年修改删减了一项——资产评估报告。但这只是立法技术上的小小调整,实际操作并无变化,资产评估报告仍需提交,只是规定在证监会颁发的《公司债券发行与交易管理办法》里罢了。

② 证监会 2001 年 4 月 26 日发布过《上市公司发行可转换公司债券实施办法》(2006 年 5 月 8 日废止)及其配套的申请文件,但就是不能发布普通公司债券的规定或审批其发行申请。

③ 见初版第 73 页第 2 段。初版还在第 76 页等多个地方批评了这种割裂的体制。

非法案起草者行文用词的随意所致,而是有讲究的。① 证监会很快便运用这项授权揽取了权力。2007 年 8 月 14 日,中国证监会第 49 号令发布《公司债券发行试点办法》,次日又发布与之配套的申请文件和公司债券募集说明书的《内容与格式准则》,将债券发行的审批权揽了过来。2015 年 1 月 15 日,证监会进一步颁发《公司债券发行与交易管理办法》,3 月 2 日又发布了与之配套的《公开发行证券的公司信息披露内容与格式准则第 24 号——公开发行公司债券申请文件》(2015 年修订)和《公开发行证券的公司信息披露内容与格式准则第 23 号——公开发行公司债券募集说明书》(2015 年修订)②,替代了上述试点办法和配套的内容与格式准则。至此,公司股票与债券发行审批体制割裂的局面至少从表面上看已经基本终结。撇开机构之间的争权夺利和权力分配,发行审批体制的合一对于我国证券法制的统一与证券市场的整合都是有好处的。

《公司债券发行与交易管理办法》(2021 年 2 月 26 日修改)及其配套准则详细规定了公司发行债券必须具备的条件。除了上述《证券法》第 15 条的规定之外,还包括(1)发行人最近三年无债务违约或者迟延支付本息的事实;(2)发行人最近三个会计年度实现的年均可分配利润不少于债券一年利息的 1.5 倍;(3)净资产规模不小于到 250 亿元;等等。该办法将具体审核发行人是否符合上述条件的权力交给了证券交易所,但是具体提交什么样的发行申请文件及这些申请文件的内容和格式依然由证监会规定。交易所审核通过之后再上报证监会最后批准通过。

前面说过,我国证券发行的审批体制割裂、出现两个审批机构的初始原因是股票发行归证监会管,债券发行归发改委、央行、财政部等部门管。现在既然债券的发行也归证监会管了,那么发行批准权割裂的局面已经结束,法律理应修改,将国务院授权的部门删除,即将两个审批机构改为一个审批机构。但是《证券法》第 16 条不但承继第 9 条保留了国务院授权的部门,而且仍然将它排在前头,这只能说明政府其他部门及地方政府在公司债券的发行审批中仍然保留着很大的话语权,多头管辖的局面并未彻底改变。事实上,部分公司债券的发行审批权依然在国家发改委而非证监会。③

此外,就发行证券的行政审批权来看,尽管有所限制,有所缩小,因而有所进

---

① 不过,证券法与公司法没有衔接好。《公司法》第 154 条规定:"发行公司债券的申请经国务院授权的部门核准后,应当公告公司债券募集办法。"这里只提国务院授权的部门,不提国务院证券监督管理机构,显然是立法者的疏忽。

② 第 23 号准则后来被 2021 年 5 月 1 日起施行的《公司信用类债券信息披露管理办法》取代。

③ 2020 年 2 月 29 日《国务院办公厅关于贯彻实施修订后的证券法有关工作的通知》中提到即使在实行注册制之后,公司债券的发行注册有的由证监会决定,有的依然由发改委决定。

步,但是行政审批的范围还相当广泛,因为实体条件依然很多,发行的门槛很高。而实体条件越多,审批的范围越广泛,行政机关的自由裁量权就越大。因为许多条件不是刚性的,而是软性的,带有很大的伸缩性。在批准一项具体的发行申请是否符合这样的条件时,紧一紧或者松一松就可以导致该项发行申请胎死腹中或者成活通过的相反结果。因此,政府批准依然是我国的公司发行证券的一大条件,一个自由的发行市场还远远没有形成,全面实行注册制的路途漫漫其修远,尚需上下而求索。

二、形式审查和实质审查

证券法的基本哲学是公开。各国的证券法制都是为了确保公开的真实可靠并围绕着这一核心来设计的。但是,如何保证公开的真实可靠,特别是政府的行政主管机关应当在其中起什么样的作用,却存在着两种截然不同的看法。一种观点认为,对发行人在信息披露中的弄虚作假,只能依靠政府在发行前的严格审查和把关予以防止,于是,行政主管机关便被赋予了生杀予夺的发行批准权。另一种观点认为,市场的问题应当主要由市场自身去解决,发行人弄虚作假,致使投资者上当受骗,遭受损失,投资者可以到法院起诉,要求发行人和其他有关的责任人赔偿他的损失。前一种观点相信政府的力量,假设政府能力的无限性,政府可以无所不知,无所不能,因而有能力发现发行人的弄虚作假,阻止劣质证券的发行,基于这样的认识,应对的措施便是依赖政府实行事前的把关;后一种观点认为政府不是万能的,其认知能力和能够调动的资源都是有限的,因而对发行中的弄虚作假把不好关也把不了关,更无法确保证券的质量,基于这样的认识,解决的办法便是依赖市场进行事后的补救。

不同的认识形成不同的立法指导思想,产生出实质审查和形式审查两种不同的发行审批制度。两种制度都要求发行人按照法律规定的内容和格式进行公开。但是**形式审查**只检查公开的内容是否齐全,格式是否符合要求,而不管公开的内容是否真实可靠①,更不管公司经营状况的好坏;而**实质审查**则不但要求发行人在股本规模和结构、盈利状况、乃至发起人的数量和认购比例等实体条件上达到一定的标准,而且审查公开文件的内容是否属实,必要时还要调查取证。可见,实质审查既要保证证券的质量好,又要保证发行人的公开真实;而形式审查则将这两项工作都推给了投资者,质量好不好你自己看,上了当自己去起诉。

在实质审查的情况下,一旦政府批准了发行申请,也就意味着政府对公开文件(申请文件)的真实性和证券的合格性作出了肯定的结论,因而投资者有理由

---

① 当然,如果发现了弄虚作假的事实,也还是要处理的。但那不是发行审查的任务。

信赖政府的判断,由此而招致的亏损也有理由责怪政府。要知道,政府是由人民养活的,政府人员的工资和奖金收入来源于人民交纳的税款。政府既然拿了人民的钱,就有义务为人民服务,按照效率原则合理地使用这些钱。现在既然政府花了那么多的时间和精力去作实质审查,投资者当然有权利信赖政府在实质审查以后所作出的判断和结论。否则,你这个实质审查有什么用处呢?岂不是浪费了人力物力,浪费了人民交纳的税款吗?既然投资者有权利信赖政府,那么,当政府的判断失误,没有有效地发现发行人弄虚作假而导致投资者遭受损失的时候,投资者也就有权利责怪政府没有把好关。

形式审查坚持市场经济中的贸易自由原则,认为政府无权禁止一种证券的发行,不管它的质量有多糟糕。政府只能要求它在发行时充分地公开。举一个夸张一点的例子,如果有人站出来说:"本公司是一个专长于坑蒙拐骗的皮包公司,特发行优质证券一亿元,打算自募集完毕之时起三日内携款潜逃,欢迎大家购买。"那么这样的发行申请是应当批准的,因为它的公开很充分。只要有人愿意购买,政府无权禁止。而按照实质审查的哲学,这样的证券,公开再充分也是断不可发行的,政府必须严格把关,确保在本国市场上流通的所有证券都是优质的。

对于信息公开中的弄虚作假,形式审查认为投资者的事后监督要比政府的事前审查有效得多。因为投资者的监督是出于切身利益的推动,而政府的审查则往往低效、拖沓、官僚主义,甚至陷于权力寻租、受贿腐败的泥淖之中。事后的起诉只针对那些问题证券,而事前的批准则不管有没有问题都要过批准关,经济运行的效率将大大降低。

形式审查,行政主管部门的权力小,发行人只要符合法定的公开条件,政府必须放行。所以,发行的门槛只有一条:公开。实质审查,行政主管部门审批的内容多,权力大。所以,发行的门槛有两条:获得批准、公开。

形式审查的工作量小,审批时间短;实质审查的工作量大,审批时间长。因此,形式审查速度快,便于发行人在瞬息万变的金融市场上抓住商机,及时发行,体现出上层建筑服务于经济基础的规律;而实质审查则因为时间拖得长,一般不能给发行人提供这样的便利。

形式审查限制了政府主管部门批准把关的权力,但是并没有减轻它调查违法行为的责任。基于政府资源有限性的认识,干了这事便干不了那事,不干了这事便可以更多地干那事。行政主管部门从实质审查的繁重劳动中解放出来,可以专心致志于调查操纵市场、内幕交易等普通投资者难以发现或者没有足够的动力去发现并起诉的违法行为,以弥补市场本身的不足。也可以调查信息公开中的弄虚作假,只是这种调查是在已经放行的情况下的事后调查,因而更有利于经济的自由运行,而不是事前把关,处处设卡。而这种关卡正是腐败低效的源泉之一。

从本节第一部分介绍的我国证券法和公司法对发行申请规定的审批内容和实际审查的情况来看,我国实行的是实质审查。

值得一提的是,我国《证券法》中却有一个与此相悖的条文——第25条。该条反映的恰恰是形式审查背后的市场经济哲学:

> 股票依法发行后,发行人经营与收益的变化,由发行人自行负责;由此变化引致的投资风险,由投资者自行负责。

重点在后半句:投资风险由投资者自负。据说,在1998年法的酝酿过程中,对这个条文争论激烈。2005年和2019年两次大修改都原封不动地保留了这个条文。本来,买卖证券属于投资行为,其中的风险自负是不言而喻的。但是,我国民众对政府有依赖心理。凡是经过政府审查批准的,总不会有问题吧!人们很容易这么想。反过来,万一发生了问题,自然就会抱怨政府,骂政府。在实质审查制度下,投资者受骗上当后抱怨政府固然有道理,但是凡事都依赖政府的心理状态和思维习惯,却不能适应市场经济的要求。在市场经济中,每一个人和企业都作为独立于政府的商事主体参与商品交换,享有独立于政府的权利,同时也独立地承担自身行为的后果和责任。也正因为如此,所以中国证监会要求发行人在招股说明书的扉页上将第25条的规定原封不动地写上,同时还要声明:"证券监督管理机构及其他政府部门对本次发行所作的任何决定,均不表明其对发行人所发行证券的价值或者投资人的收益作出实质性判断或者保证。"①在《首次公开发行股票并上市管理办法》第7条和《上市公司证券发行管理办法》第5条中,证监会自己也不遗余力地声明,说它对本次发行的批准"不表明其对该证券的投资价值或者投资者的收益作出实质性判断或者保证"。这些声明自然是和实质审查的做法相矛盾的,因为实质审查所得出的结论恰恰表明证监会对该证券的价值或者投资者的收益作出了实质性的判断。

第25条所包含的哲学思想是与发行批准制度相矛盾的。前者意味着形式审查;后者则规定了实质审查。它们分别反映了证券立法中贸易自由与政府管制两种不同的哲学。自相矛盾的规定在同一部法律中并存,是我国经济在从计划到市场过渡的过程中计划经济的残余与市场经济的萌芽并存的现实反映。从国务院大批量地削减行政审批项目和2005年、2019年两次大修改情况来看,第

---

① 这显然是在学美国的样,因为美国证券和交易委员会(简称"证交委")早就要求发行人在公开说明书的扉页上写上这样的话。但是美国实行的是形式审查,所以这样的提醒警示合情合理。而我国实行的是实质审查,这样的警示就显得张冠李戴,只能给人一种东施效颦的感觉了。

25 条的成分有所增加,行政审批的范围有所收缩,尽管实际实行的依然是行政批准制度。

显而易见,注册制的实质就是形式审查,而批准制必然是实质审查。第 25 条所包含的哲学思想与注册制是一脉相承的。国家对证券发行制度的种种改革都在朝着这个方向逐步推进。

三、美国的经验值得借鉴——《1933 年证券法》立法简史

美国在制定《1933 年证券法》的过程中发生的一场争论,可以作为对我国《证券法》第 25 条和行政批准制度之间的内在矛盾的最好注解。

1933 年之前,美国联邦政府没有证券法。证券业完全是由各州各自立法管理和调节的。这种州立的证券法称为蓝天法[①]。这些蓝天法的特点就是由政府严格把关,以防止欺诈行为,保护投资者的合法权益。1929 年美国经济开始萧条,接着便陷入了严重的危机。从 1929 年 9 月 1 日到 1932 年 7 月 1 日,美国全国市场上的证券总值从 900 亿美元下跌到 160 亿美元。很多人的财富顷刻之间化为乌有。银行倒闭,证券市场以至整个金融体系大崩溃。1933 年国会众议院的一个调查报告指出,第一次世界大战以后在美国市场上有 500 亿美元的证券在流通,其中一半是没有价值的。该报告对当时的证券业作了尖锐的批判:

> 如此大量的空头证券之所以得以在市场上流通,是因为许多证券的承销人和经纪人完全放弃了公平、诚实和谨慎交易的道德准则,而这些准则本来是鼓励任何创业投资的基本准则。他们随意向人作出发横财的诱人许诺,而不去提醒投资者注意那些决定证券价值的基本事实。[②]

同时,参议院的银行货币委员会也指责在当时的体制下,那些掌管别人钱财的人们根本没有最起码的信托道德的约束。

一时之间,美国全国上下群情激愤,大家纷纷要求政府机构全面控制公司发行证券的权利和方式。危机使人们确信各州的蓝天法不灵,而纷纷要求联邦立法。蓝天法的哲学已经是政府干预和把关,既然还是不灵,联邦的立法自然应当作进一步的干预和更加严格的把关了。

[①] 美国早年曾经有骗子试图将蓝天分成许多小块出售给幼稚又没有提防心的公众。见 R. W. Hamilton & R. D. Freer, *The Law of Corporations*, 6th ed., at 241, West, 2011. 另一种说法是源自一个早期的判例,批评一些"投机商吹嘘的方案像说蓝天的尺寸一样没有现实的基础"。转引自 Solomon, Schwartz, and Bauman, *Corporations, Law and Policy, Materials and Problems*, 2d ed. at 459, West Publishing Co., 1988.

[②] 摘自 James M. Landis, "The Legislative History of the Securities Act of 1933",28 *Geo. Wash. L. Rev.* 29 (1959).

1933年罗斯福当政之后，采纳了凯恩斯的宏观经济调节理论，实行新政，开始了国家对私有经济的干预和调节。《1933年证券法》就是在这样的背景下出笼的。有趣的是，隐藏在《1933年证券法》背后的哲学思想却是自由竞争的市场经济，而不是政府包办干预的哲学。而这一点正是被人指责为社会主义者的罗斯福总统本人坚持的结果。

在全国上下要求政府进行强有力干预的呼声中，罗斯福总统力挽狂澜，顶住了压力。在他的就职报告中，总统在向美国人民许诺实行新政的同时，仅仅表示要"让那些向社会公众出售的证券暴露在光天化日之下，不管它们是来自国内还是国外"。1933年3月29日，他在给国会的信中写道：

> 当然，联邦政府不能也不应当采取任何行动使人们觉得政府批准能确保那些新发行的证券是足价的，也就是说它们能够保价，或者它们所代表的财产将会盈利。
>
> 然而，我们还是有义务要求那些新发行的、将在州际流通的证券在上市的同时，其发行人的情况完全公开，并且充分传播。任何与该证券有关的重要情况都不得向购买证券的公众隐瞒。①

起初，起草证券法的任务交给了曾经是联邦生意委员会成员的何士敦·托马斯先生。托马斯先生撰写的草案以各州已有的证券法为蓝本，为联邦政府保留了控制证券发行和买卖的广泛权力，规定联邦生意委员会②如果发现发行人经营不良、资不抵债，投资者的利益可能会受到损害，就可以取消该种证券的登记。这种由政府包揽确保市场健康的指导思想，显然不符合罗斯福总统的意愿。众议院的州际国际商事委员会听了该草案的提案之后大失所望。于是由该委员会的主席山姆·雷本牵头，另起炉灶，起草了现在的这部证券法。③

新起草的证券法符合总统的意思。它没有规定一种证券必须在质量上达到何种规格才能上市，而只是要求发行者对证券的质量进行充分合理的披露。政府主管部门还是有权取消证券的登记，但是其理由必须是披露不够或者有误导

---

① 摘自 James M. Landis, "The Legislative History of the Securities Act of 1933", 28 *Geo. Wash. L. Rev.* 29 (1959).

② 在1933年，美国联邦政府的证券与交易委员会还没有诞生。因此，证券的发行与交易市场由联邦生意委员会主管。

③ 轶闻趣事：这部法律自1933年颁布至今已经沿用七十年了，没有多大的修改。可是谁能知道，这部法律竟是由哈佛法学院的一位年轻教授和两位律师在两天之内起草的。当那位年轻教授在星期四晚上从哈佛的所在地——麻州的剑桥镇趁火车去华盛顿哥伦比亚特区时，他还留着下星期一的课准备回来上呢。这三个人从星期五开始起草，到星期六晚上就完成了初稿。一部经世之作，居然信手拈来，可见美国法学界和律师界在金融和证券方面的造诣。见 James M. Landis, "The Legislative History of the Securities Act of 1933", 28 *Geo. Wash. L. Rev.* 29 (1959).

的倾向,而不能是因为证券的质量有问题。也就是说,买卖还是自由的,不管某种东西的质量多么糟糕,它的主人都有权把它拿到市场上去出售,政府无权干涉。但是由于证券这种商品的特殊性,政府要求你把它的质量充分地公开,以防止欺骗,使市场健康运行。这一基本思想与在计划经济下由政府控制市场的哲学具有本质的不同。它以市场为主,政府只在不得已之处进行干预,起一种辅助性的作用,作为对自由经济的补充。这样,罗斯福总统在毅然实行新政,干预私有经济的同时,恰当地把握了分寸,没有矫枉过正。

《1933年证券法》的中心思想是公开。公司发行自由,政府无权禁止,它只能要求发行人披露自己的业务情况。这是市场经济贸易自由的典范。可是,人们自然会担心:公开不真实怎么办?明明是垃圾公司,却吹嘘成业绩优良的公司,引诱人们购买,那怎么办呢?不要紧,《1933年证券法》第11条规定了公开失真的民事责任,上当受骗的投资者可以起诉有关的责任人,请求损害赔偿。这就是说,市场中有欺诈,可以依赖市场本身的力量——投资者进行制衡,不需要政府包办代替。此外,对于情节恶劣者,还有刑事责任等着他呢。

《1933年证券法》的通过和实施,使美国的证券发行制度和证券市场发生了根本性的改变。公开失真、市场欺诈等各种违法行为得到了有力的抑制。今天,美国的证券市场已经成为全世界最发达、最透明的市场。尽管那里也有诸如安然公司之类的黑幕存在,但是问题能够得到相对公正和有效的处理。在用脚投票的规律作用下,全世界的钱很多流向美国。这些都是有目共睹的事实。有趣的是,该法实施80多年来,居然没有作过什么大的修改。这部在罗斯福总统自由市场思想指导下起草的法律确实是一部经典作品。

四、我国发行批准制度的改革方向

美国1929年以前的失败教训和1933年法实施以来的成功经验说明:政府把关是把不好的;政府唯一能做的是确保公开,即公开证券的质量,而不是确保质量好。因此,政府对发行的审查应当是形式审查而不是实质审查。证券市场的健全应当首先依赖市场本身的力量进行制衡,不应当由政府包办代替。

在一个理想的形式审查模式下,政府、发行人、投资者三者的角色分别是这样定位的。政府的职责是制定规则,主要包括两个方面,一是规定公开的内容和格式并通过形式审查确保发行人的公开符合法律规定的内容和格式。二是规定发行人和其他有关的责任人在发行人公开失真时的民事赔偿责任。发行人的职责是按照法律规定的内容和格式诚实地公开所发行的证券的质量;如果公开失真,并由此导致投资者遭受损失,就要承担赔偿的责任。投资者的职责是认真地阅读和研究发行人的公开材料,据此作出投资判断,并承担在公开真实的情况下的全部投资风险,这也是《证券法》第 25 条的本来含义;如果因为公开不真实而遭受了损失,可以依照政府规定的法律规则起诉,追究有关责任人的民事赔偿责任,获得补救。

在这样的模式下,政府主管部门依然要对证券市场实施监管。但是这种监管只能在市场本身的力量,即投资者的诉讼无法解决问题的地方和时候切入,起一种拾遗补阙的作用。它与我国长期以来投资者诉讼基本缺位的情况是完全不同的。审查模式从现行的事先把关变为事后的调查和惩罚之后,将多方面提高社会经济运行的效率:由于政府的权力受到限制,无权禁止发行,发行人对于市场的变化就能灵活地应对,随时根据需要自主决定,自由发行;形式审查时间短,速度快,对发行人的筹资和经营干扰小,使发行人能够在瞬息万变的金融市场上及时抓住有利的时机发行证券;事后的调查和惩罚打击的只是违法者,不影响守法者,针对性强,免去了人人过关的麻烦,提高了政府和企业两方面的工作效率。

除此之外,形式审查还将为社会消除又一个腐败源。形式审查限制了行政机关的权力,法定条件清楚,符合条件的都能通过,贿赂也就没有必要了。

从外国实行的相关制度来看,英国实行的也是形式审查。事实上,美国《1933 年证券法》就是以英国公司法为蓝本起草的。欧洲大陆有些国家实行实质审查,无非是规定了一些证券发行的初始性的实质条件而已,总的做法与英美国家的形式审查区别不大。

当然,实施形式审查需要一个先决条件,那就是健全的民事责任制度。① 因为只有当投资者能够相对便利地通过诉讼请求损害赔偿的时候,他们才能作为一股积极的市场力量对虚假陈述、误导和隐瞒真相等违法行为起到制衡的作用。在一个健全的民事责任制度下,公开一旦失真并招致了投资者的损失,有关的责任人就要对此承担责任,甚至赔得倾家荡产。在信息披露中说谎的代价是高昂的。因此,我国发行审核制度的改革有待于民事责任制度的建立和健全。改革必须分两步走:先建立民事责任制度,再向形式审查过渡。②

五、注册制试点

2013 年 11 月,中共十八届三中全会明确提出要实行股份发行注册制。所谓注册制,就是形式审查。从审批关卡林立的核准制过渡到注册制,实在是一个天

---

① 关于民事责任制度,见本书第四章。
② 我国官方在 2011 年就已经明确了这个方向。见转新华社评论《中国股市需要什么样的掌门人?》,载杭州《都市快报》2011 年 11 月 8 日第 C10 版,一文中的小标题"推进市场化改革是方向",之下有文:"尚福林在一次发审委成立大会上曾明确表示,新股发行审核实行注册制肯定是未来的发展方向,目前正在对此进行研究。"

翻地覆的变化。所以直到 2019 年 1 月 28 日，中国证监会才在征得党中央和国务院的同意之后发布《关于在上海证券交易所设立科创板并试点注册制的实施意见》，开始注册制试点。同年 3 月 1 日，证监会进一步发布《科创板首次公开发行股票注册管理办法（试行）》和《科创板上市公司持续监管办法（试行）》，规定科创板股票的发行和上市均由上海证券交易所负责审核。与此同时，上交所发布专门适用于科创板股票的《发行上市审核规则》《上市委员会管理办法》《发行与承销实施办法》《上市规则》和《交易特别规定》等一系列配套规定。3 月 15 日，上交所又发布《保荐人通过上海证券交易所科创板股票发行上市审核系统办理业务指南》与《科创板创新试点红筹企业财务报告信息披露指引》。18 日，科创板发审系统上线，首批有 12 家企业申请科创板上市。

2019 年年底《证券法》经修改之后出台的时候，注册制在科创板试点还不到 1 年，所以该法第 9 条规定："证券发行注册制的具体范围、实施步骤，由国务院规定。"

2020 年 6 月 12 日，证监会发布《创业板首次公开发行股票注册管理办法（试行）》和《创业板首次公开发行证券发行与承销特别规定》（2021 年 9 月 18 日修改），将注册制试点从科创板推向创业板，并且规定由深圳证券交易所负责审核创业板企业发行和上市的申请。① 同日，深交所发布《创业板股票发行上市审核规则》。8 月 24 日，首批企业经注册后挂牌上市。从证监会规定来看，创业板与科创板公开发行股票的条件大致相同。

接下来便是向主板市场推进。主板市场是全国企业发行和交易的主要场所，构成国家经济的主体，因而必须慎之又慎，需要在科创板和创业板试点的基础上，在经验比较成熟的时候才能实施。在此之前，仍然按老办法实行核准制。

注册制与核准制的主要区别在政府的批准权。核准制下政府拥有批准权；注册制是形式审查，实质上就是剥夺政府的批准权。注册制背后的哲学逻辑是贸易自由——我想卖就卖，想不卖就不卖，你政府管不着；但是考虑到你政府有管理社会的职能，所以在我发行证券的时候还是有必要告诉你一声：老子要卖货了。这就是注册登记的含义。政府无权批准一种证券的发行或不发行；它唯一的权力是为了防止买方被欺诈而要求发行人充分地公开。因此，注册制下发行条件只有一个：公开。

由于公开是发行的唯一条件，所以在注册制下几乎没有实质性的条件，只有一些形式上的要求，例如公开的内容与格式等，都是服务于公开的。从证监会规定的科创板与创业板两块市场的发行条件来看，实质性条件虽然与实行核准制

---

① 创业板是 2009 年在深圳证券交易所设立的。

的主板市场相比已经大大减少,具体要求也简化了许多,但还是有一些。盈利与否已经不再是发行的条件。但是发行人必须有独立面向市场持续经营的能力,具备健全且运行良好的组织机构,具有完整的业务体系,不存在对持续经营有重大不利影响的情形等。可见,试点的注册制是不纯粹的。

更为重要的是对这些条件的具体审核方式。如果审查者看到申请材料对这些条件作了充分的表述,能够自圆其说,便即放行,那就是形式审查;如果审查者还要对这些表述的真实性进行认真的查证,包括实地考察,或者对是否符合条件自行规定具体的标准,那就是实质审查。从沪深两个交易所出台的发行上市审核规则及其实施情况来看,基本上还是实质审查,无非是实质条件比以前放宽了一些而已。

此外,证券交易所对股票上市的审核一般都是实质性的而不是形式性的。现在证监会将发行审核的职责交给了证券交易所。而沪深两所又将发行与上市放在一起审核。像盈利、营业收入等虽然不再作为发行的条件,但仍然是上市的条件,所以还是实质审查,政府的批准权实际上没有取消。

这从法定的审核时间上也看得出来。以前规定证监会审核发行申请的时间是3个月,自受理之日起到作出核准与否的决定为止;现在规定自受理到作出注册与否的决定还是3个月。一般说来,形式审查因为审核的内容少,所以需要的时间比较短;而实质审查审核的内容多,需要的时间相对较长。注册制试点对发行审核的时间与核准制下一模一样,可见审核的内容并没有减少。相比美国证券法规定政府审核发行的时间只有20天①,就可以知道我国的差距还有多大。

不过,即使没有质变,量变也很重要。只要在向形式审查靠近,政府的批准权受到压缩,市场的自由度相对扩大,就说明市场经济的改革在继续推进,就是一个很大的进步。

第三节 我国证券法中的公开制度讲评

按照证券法的基本原理,公开是证券得以发行的唯一条件。虽然我国现行证券法添加了政府批准的条件,但是公开依然不可缺少。不管在中国还是外国,

---

① 如果20天内不能审完,发行人即可发行。

是实质审查还是形式审查,公开都是发行证券的必经程序。

公开包括证券初次发行时的公开和发行之后的信息持续公开。发行公开作为第一次公开,是基础。下面分别叙述讨论。

一、发行公开

让我们从内容和程序两个方面来考察我国证券法中的发行公开制度。

1. 公开的内容

形式审查的任务是确保信息的公开合乎法律规定的内容和格式,实质审查的任务是确保发行的证券质量好,公开的信息内容真实可靠。不管是哪一种审查,要求报审的内容同时也是期望公开的内容,审查通过的内容就是最终公开的内容。报审的文件与随后公开的文件是同一套。因此,所谓公开的内容,就是《证券法》第11、13、16条要求报送的发行申请文件。这些文件在前面第二节第一小节中已经引述和罗列了。

为了规范发行公开,同时也为了发行人的便利,证监会根据《公司法》和《证券法》的规定,制定和发布了一系列信息披露的内容与格式准则,供发行人在申请发行时遵循。关于股票的首次发行,有《公开发行证券的公司信息披露内容与格式准则第9号——首次公开发行股票并上市申请文件》(2006年修订)[①];关于股票的再次发行,有2006年发布的《公开发行证券的公司信息披露内容与格式准则第10号——上市公司公开发行证券申请文件》。这两个文件分别规定了首次发行和新股发行时发行人应当报审的文件和每个文件的内容。

首次发行应当报送的申请文件分9组:(1)募集文件,包括招股说明书、招股说明书摘要、发行公告;(2)发行申请及授权文件,包括发行人的发行申请报告、董事会有关本次发行的决议、股东大会的决议;(3)保荐人的发行保荐书;(4)会计师关于本次发行的文件,包括财务报表及审计报告、盈利预测报告及审核报告、内部控制鉴证报告、经注册会计师核验的非经常性损益明细表;(5)发行人律师的法律意见书和律师工作报告;(6)发行人的设立文件,包括企业法人营业执照、发起人协议、发起人或主要股东的营业执照或有关身份证明文件、发行人公司章程;(7)募集资金运用的有关文件,募集资金投资项目的审批、核准或备案文件,发行人拟收购资产(或股权)的财务报表、资产评估报告及审计报告,发行人拟收购资产(或股权)的合同或合同草案;(8)与财务会计资料相关的其他

---

① 早在1993年6月12日,证监会就发布了《公开发行股票公司信息披露实施细则(试行)》。以后几经修改变更,发展为现行的规定。

文件,包括发行人最近三年及一期所得税纳税申报表、主要税种纳税情况的说明及注册会计师出具的意见、最近三年原始财务报表、发行人的历次验资报告等共10个文件;(9)其他文件,包括产权和特许经营权证书、有关消除或避免同业竞争的协议以及发行人的控股股东和实际控制人出具的相关承诺、国有资产管理部门出具的国有股权设置批复文件及商务部出具的外资股确认文件、发行人生产经营和募集资金投资项目符合环境保护要求的证明文件、重要合同(如重组协议、重大关联交易协议、商标、专利、专有技术等知识产权许可使用协议等)、保荐协议和承销协议发行人全体董事对发行申请文件真实性、准确性和完整性的承诺书、特定行业(或企业)的管理部门出具的相关意见,等等。如果是定向募集,还应该提供历次发行内部职工股的批准文件、内部职工股发行的证明文件、省级人民政府或国务院有关部门关于发行人内部职工股审批、发行、托管、清理以及是否存在潜在隐患等情况的确认文件等8个文件。

新股发行申请报送的文件与此基本相同,稍微简单一些,比如没有上述(6)(8)(9)中的某些文件。总的说来,首次发行与新股发行的公开原理相同,公开的内容和格式也应当基本相同。

在所有的公开文件中,最重要的是招股说明书或募集说明书。《公司法》第86条规定了该书的内容:

第八十六条　招股说明书应当附有发起人制订的公司章程,并载明下列事项:

(一)发起人认购的股份数;

(二)每股的票面金额和发行价格;

(三)无记名股票的发行总数;

(四)募集资金的用途;

(五)认股人的权利、义务;

(六)本次募股的起止期限及逾期未募足时认股人可以撤回所认股份的说明。

这些内容过于简单,对一个信息披露的核心文件来说显然不够。所以中国证监会在此基础上制定了《公开发行证券的公司信息披露内容与格式准则第1号——招股说明书(2015年修订)》[①],更加详细地规定了招股说明书的具体内容。该准则分招股说明书全文和招股说明书摘要两大部分。招股说明书全文包

---

① 证监会1993年6月3日发布《招股说明书的内容与格式(试行)》,1997年1月6日代之以《公开发行股票公司信息披露内容与格式准则第1号——招股说明书的内容与格式的通知》,后经2001年、2003年、2006年、2015年数次修改。现行的是2015年修改的,2016年1月1日起施行。

括：(1) 封面、书脊、扉页、目录、释义；(2) 概览；(3) 本次发行概况；(4) 风险因素；(5) 发行人基本情况；(6) 业务和技术；(7) 同业竞争和关联交易；(8) 董事、监事、高级管理人员与核心技术人员；(9) 公司治理；(10) 财务会计信息；(11) 管理层讨论与分析；(12) 业务发展目标；(13) 募股资金运用；(14) 股利分配政策；(15) 其他重要事项；(16) 董事、监事、高级管理人员及有关中介机构声明；(17) 备查文件。①

招股说明书摘要是引导性的阅读文件。招股说明书内容详尽，篇幅冗长且专业性强，不便于普通投资者阅读和理解，为增强招股文件的易解性和可读性，尽可能广泛、迅速地向公众投资者提供和传达有关股票发行的扼要信息，需要以有限数量的文字概括招股说明书的主要内容。因此，招股说明书摘要便与招股说明书一起被列为法定的披露文件。摘要在篇幅上不得超过证监会指定报刊的一个版面，内容包括：(1) 重大事项提示；(2) 本次发行概况；(3) 发行人基本情况；(4) 募股资金运用；(5) 风险因素和其他重要事项；(6) 本次发行各方当事人和发行时间安排；(7) 备查文件。摘要的内容无须包括说明书全文各部分的主要内容，但应当尽量采用图表等直观的方式，力求通俗易懂，尽量少用专业词汇。同时，摘要必须忠实于招股说明书全文，不得与之矛盾。

由于摘要只是以招股说明书为原版的提要性读物，为了避免误导，发行人按规定必须在摘要的显要位置载明下列文字："本招股说明书摘要的目的仅为向公众提供有关本次发行的简要情况，并不包括招股说明书全文的各部分内容。招股说明书全文同时刊载于×××网站。投资者在做出认购决定之前，应仔细阅读招股说明书全文，并以其作为投资决定的依据。"

发行新股的招股说明书与招股说明书摘要②与首次发行股票大致相同，稍微简单一些。这是因为在首次发行时需要披露的公司主营业务及所处行业、组织结构和内部控制情况等事项在公司正常经营、并无特殊变动、且有定期报告定期披露的情况下可以不再像初次发行时那样作专门的详尽披露。而在首次发行时，由于这些基本情况从来没有披露过，所以需要单列并详尽披露。

公司发行债券，按照证监会颁发的《公司债券发行与交易管理办法》(2021年2月26日修订)和《公开发行证券的公司信息披露内容与格式准则第24号——公开发行公司债券申请文件(2015年修订)》，需要提交募集说明书及其摘要、发

---

① 1993年国务院颁发的《股票发行与交易管理暂行条例》第15条所列的16项内容与此大致相同。
② 见证监会2006年5月8日发布的《公开发行证券的公司信息披露内容与格式准则第11号——上市公司公开发行证券募集说明书》，用"证券"一词代替了"新股"一词，是因为文件囊括了可转换公司债券。原先按照中国证监会2001年4月10日发布的《公开发行证券的公司信息披露内容与格式准则第11号——上市公司发行新股招股说明书》，发行新股的招股说明书没有摘要。从2003年起有摘要要求。

行人的发行申请报告、发行人董事会决议和股东会决议、主承销商核查意见、法律意见书等十多个文件。其中的核心披露文件是募集说明书。根据《公司信用类债券信息披露管理办法》(2020年12月25日)及其附件一,公司债券募集说明书应包括(1)封面、扉页、目录、释义;(2)风险提示及说明;(3)发行条款;(4)募集资金运用;(5)企业基本情况;(6)企业主要财务情况;(7)企业信用状况;(8)担保情况;(9)税项;(10)信息披露安排;(11)投资者保护机制;(12)债券受托管理人;(13)发行有关机构。这些内容与招股说明书的内容基本相同,只是根据债券的特点做了一些适当的调整。这些内容也囊括了《公司法》第154条第2款要求公司债券募集办法必须载明的内容。

债券募集说明书和债券募集办法同义,是债券发行时信息披露的核心文件,与公开发行股票时的招股说明书性质相同,都是为了真实地反映公司的价值和经营情况,原本应该叫同一个名称。因为不管是股票还是债券,公开的原理都是一样的,公开的内容也会基本相同。因此,作为信息公开的核心文件,它们也应该叫相同的名称。但是由于我国证券市场和证券法制初建时那些管事的人不懂行,想当然地取了不同的名称,所以在《公司法》和《证券法》两部法律中,股票叫"招股说明书",债券叫"债券募集办法"。2006年以后,证监会对新股和债券的发行用"募集说明书",首次发行股票仍称"招股说明书"。以后应当统一起来,统一称为"募集说明书"或"说明书"。①

不但名称应当统一,公开的内容和格式准则也应当统一。具体办法是以首次发行股票为准,在此基础上针对不同的情况,如新股或债券发行,适当地简化和调整。② 简化和调整的内容可以由证监会规定,也可以由当事人根据具体情况自主决定。③

上面介绍的首次公开发行股票、新股发行、和公司债券发行时所必须公开的各套文件,就是《证券法》第23条所说的"公开发行募集文件"。每一套文件都必

---

① 证监会2006年5月6日发布的《上市公司证券发行管理办法》(2020年2月14日修正)和2006年5月8日发布的《公开发行证券的公司信息披露内容与格式准则第10号——上市公司公开发行证券申请文件》中统一称"公开募集证券说明书"或"募集说明书",不再使用"债券募集办法"的名称,是一大进步。2007年8月15日,证监会发布公司债券募集说明书的《内容与格式准则》,也没有使用"债券募集办法"的名称。这些文件适用于新股发行和公司债券的发行,对首次发行股票仍称"招股说明书"。

② 从2006年开始,证监会就在这样做了。见该年5月发布的《首次公开发行股票并上市管理办法》和《上市公司证券发行管理办法》以及各自的信息披露配套准则。这两个文件现在都已修改。

③ 目前主要由证监会规定,但证监会已经引入发行人自主决定的因素,如《首次公开发行股票并上市管理办法》第41条要求:"招股说明书内容与格式准则是信息披露的最低要求。不论准则是否有明确规定,凡是对投资者作出投资决策有重大影响的信息,均应当予以披露。"而《公开发行证券的公司信息披露内容与格式准则第1号——招股说明书》(2015年修订)第4条又规定:"本准则某些具体要求对发行人确实不适用的,发行人可根据实际情况,在不影响披露内容完整性的前提下做适当调整,但应在申报时作书面说明。"

须完整而真实地反映公司的实际价值,包括它的财务和经营状况。如有虚假、误导、或遗漏,就违反了《证券法》第 19 条和第 78 条关于"真实、准确、完整"的要求,就要承担相应的法律责任。也就是说,公开是否真实、准确、完整,关键就在这套文件。

最后,如果在证监会批准发行申请之后到发行人公开之前这段时间内发行人的经营情况发生了对投资者做出投资决策有重大影响的变化,发行人应当进行信息更新,修改募集说明书或进行补充披露。

2. 公开的程序

发行公开的程序规定在《证券法》第 23 条。这是发行公开的核心条文,共三款:

> 第二十三条　证券发行申请经注册后,发行人应当依照法律、行政法规的规定,在证券公开发行前公告公开发行募集文件,并将该文件置备于指定场所供公众查阅。
>
> 发行证券的信息依法公开前,任何知情人不得公开或者泄露该信息。
>
> 发行人不得在公告公开发行募集文件前发行证券。

如本章第二节开头讨论《证券法》第 9 条时所说,由于注册制还不能全面推行,实际实行的依然是批准制,所以法律中的注册一词暂时均应理解为批准。本条第 1 款也不例外,否则作为公开程序的核心条款就无法实施了。

该款主要讲公开的方式。其中也提到了公开的内容,就是那一整套"公开发行募集文件",这在前面已经讲过了。公开的具体方式是做两件事情。第一是公告这些文件。按照《证券法》第 86 条,是指"在证券交易场所的网站和符合国务院证券监督管理机构规定条件的媒体发布"。所谓"国务院证券监督管理机构规定条件的媒体",是指证监会指定的报刊和网站。公告的范围应当和证券发行的范围相一致。如果是在全国范围内发行,就应当在全国性的报纸上登载。如果是在某一区域范围内发行,则在当地的地方报刊上登载即可。第二是将这些文件置放在指定的场所供公众查阅。按照《证券法》第 86 条,这是指"置备于公司住所、证券交易场所,供社会公众查阅"。但这显然是不够的。一般说来,承销人会帮助散发这些文件的复印件,中国证监会的总部和分部(或派出机构)所在地都应当存放这些文件的原件和复印件。也可以在全国几个地方专门设立文件存放点。具体场所可以由中国证监会指定。置放的文件不受篇幅的限制,所以是整套文件。此外,参照美国的发行经验,发行人除了这两种法定的公开方式之外,还可以采取别的公开方式例如新闻发布会、巡回演讲等,以便大量地散发文件,传播信息,尤其是将招股说明书直接散发或者送达给投资者。

按照本款的规定，公告和置放文件两件事情发行人都必须做，缺一不可。从实际可行性的角度看，由于发行募集文件数量多，篇幅长，报纸公告受篇幅的限制，所以中国证监会只要求将招股说明书及其摘要在指定报刊和网站上刊出，其余文件只存放在指定地点供公众查阅。

通过电脑网络公开是一条便捷的途径。从 1999 年起，中国证监会就要求年度报告采用上网与报刊摘要相结合的披露方式。① 2001 年，证监会又要求"发行人及其主承销商除按规定将招股说明书的书面文本置备在发行人公司住所、主承销商公司住所和拟上市证券交易所外，同时还应按照拟上市交易所的有关规定在其指定网站上披露，以供公众查阅"。② 现在，证监会已经指定网站，要求发行人将有关文件在那里披露，任何人都可以自由地查阅。

如果说第 1 款的目的是促进信息的传播，那么第 2 款的目的就是限制信息的传播。这两款都是为了达到信息占有的公平。在现实中，往往少数人占有信息，特别是内幕信息，而广大的公众则处在不知情的状态。这就需要做两方面的工作，一是对公众投资者进行充分的披露，二是对少数在信息上具有便利条件的人进行适当的限制，不让他们近水楼台先得月。第 25 条的第 1、2 两款，正是为着这样的目的设计的。一方面，法律要求在证券公开发行前，通过公告发行募集文件和将这些文件置备于指定场所供公众查阅这两种方式对公众作充分的披露，保护他们的知情权。另一方面，法律又禁止任何知情人在信息依法公开之前，先将该信息公开或泄露出去，比如说，给自己的亲朋好友。第 2 款中的所谓"依法公开"，显然是指第 1 款中说的那两种公开方式：公告发行募集文件和将那些文件放在指定地点供人查阅。一边促进一下；一边限制一下，目的是要达到信息占有上的公平。这是公平原则的体现。

第 3 款只有一句话："发行人不得在公开公告发行募集文件之前发行证券。"这是一句很重要的话。它与第 1 款是相辅相成的。第 1 款从正面要求发行人在发行之前公开，第 3 款从反面禁止发行人在公开之前发行。意思是一样的。但是对于第 23 条这样一个核心条文来说，这种貌似同义反复的重复，并不使人感到多余。从意义上说，这两款也可以合并到一款里去。

不过第 3 款的措辞还有一点节外生枝的味道。第 1 款明确要求发行人在证券公开发行前公告发行文件，并将文件置备于指定地点供公众查阅。从这条规定的字面上看，公告与置放文件是并列关系，二者同为公开发行证券的先决条

---

① 见《上网披露与报刊披露并举，股东读年报容易了》，载《经济日报》1999 年 12 月 22 日第 7 版。详见 1999 年 12 月中国证监会发布的《关于做好上市公司 1999 年度报告工作的通知》。

② 见 2001 年 1 月 20 日证监会发布的《关于公开发行股票公司招股说明书网上披露有关事宜的通知》第 1 条。

件,缺少一样,便不得发行。第3款本来是与第1款相辅相成的。但是第3款中却没有了置放文件的规定,只说不经公告不得发行。这似乎在对第1款的含义作解释:公告和置放文件二者并不是并列关系;只有公告必须在发行之前,置放文件可以在发行之后。这不应当是立法的本意。所以,第3款的措辞是值得商榷的。

此外,《证券法》第23条作为发行公开的核心条款,还存在着一个严重的缺陷,那就是没有留出为公众吸收信息所需要的充足时间。从第1款的规定中我们可以看到三个时间点:批准、公开、发行。三者在这里的次序是清楚的:先批准,再公开,最后发行。但是在公开与发行之间没有规定时间间隔。于是,至少从理论上说发行人可以这样做:上午十点钟公告并将发行募集文件的复印件送到指定地点供公众查阅,十一点钟就可以出售股票了。或者在报纸公告的情况下,上午报纸已经散发,下午便开始出售。如果这样,公开就达不到目的了。

要知道,信息在公开之后,其为公众所吸收是需要时间的,像发行募集文件这样需要很多专业知识才能理解的信息尤其是这样。而另一方面,那些内幕信息的占有者,则有较长的时间来消化这些信息。如果在公开与发行这两个时间点之间没有充分的间隔,广大的社会公众依然无法享受公开的好处;内幕信息的占有者依然可以捷足先登,抢在投资大众的前面买卖证券,从中牟利。这与第23条一面促进信息的传播,一面限制信息的传播,从而达到信息占有的公平这样的立法宗旨,是背道而驰的。

本书初版提出上述批评[1]之后,2005年修订《证券法》时增加规定:"发行人申请首次公开发行股票的,在提交申请文件后,应当按照国务院证券监督管理机构的规定预先披露有关申请文件。"现行《证券法》第20条对此原封不动地予以继承。这条规定将公开的时间点提前到注册之前,提交申请文件后,后到什么时候需要证监会具体规定。证监会在《首次公开发行股票并上市管理办法》(2020年修正)第46条中规定:"申请文件受理后、发行审核委员会审核前,发行人应当将招股说明书(申报稿)在中国证监会网站(www.csrc.gov.cn)预先披露。发行人可以将招股说明书(申报稿)刊登于其企业网站,但披露内容应当完全一致,且不得早于在中国证监会网站的披露时间。"受理与提交的时间只差5天[2],而受理后的审核时间有3个月,将公开的时间点提前到受理后审核前,可以解决上述第23条第1款的缺陷。

---

[1] 初版在2004年3月。更早的批评见朱锦清:《证券法的基本原理》,载《北京市政法干部管理学院学报》2002年第1期第28页。

[2] 证监会的审核程序规定它必须在收到发行申请文件后的5个工作日内决定是否受理。

不过,《证券法》第 20 条只适用于"首次公开发行股票",不适用于以后一次又一次的股票和债券的发行。《公司法》第 134 条规定:"公司经国务院证券监督管理机构核准公开发行新股时,必须公告新股招股说明书和财务会计报告,并制作认股书。"该法第 154 条规定:"发行公司债券的申请经国务院授权的部门核准后,应当公告公司债券募集办法。"显然,发行新股和债券时的公开时间依然在核准之后而不是紧跟在申请受理之后。这种对不同证券(股票和债券)、甚至相同证券(股票的首次与再次发行)的发行公开区别对待的怪异规定,说明了立法者的外行。他们不懂得证券法通过公开的手段保护投资者,而投资者消化公开信息需要较长时间这么个道理。

证监会《上市公司证券发行管理办法》(2006 年发布,2020 年修改)第 61 条的规定似乎稍稍弥补了这个缺陷:"上市公司在公开发行证券前的二至五个工作日内,应当将经中国证监会批准的募集说明书摘要或者募集意向书摘要刊登在至少一种中国证监会指定的报刊,同时将其全文刊登在中国证监会指定的互联网网站,置备于中国证监会指定的场所,供公众查阅。"①什么叫"2 个至 5 个工作日内"呢?这是说发行人着手公布的时间应当在承销开始前的第 5 个工作日以后,在这之前不得公开;完成公布的时间应当在承销开始前的第 2 个工作日以前,保证投资者有至少 2 天的时间来阅读公开的文件,否则承销不得开始。也就是说,只要发行人有把握在 1 天之内完成公告工作的话,它完全可以在承销开始前的第 3 个工作日公布募集说明书。而除了募集说明书之外的其他公开文件则连这 2 天的保证也没有。公司的信息披露专业性很强,对于需要充分地吸收信息,在知情的基础上做投资决策的投资者来说,两天乃至三五天的时间都是不够的。另一方面,证券市场上行情瞬息万变,对发行人来说,有时不是二至五天,而是一天也不能等待,需要在政府批准发行申请之后马上开始发行。也就是说,《证券法》第 23 条和《上市公司证券发行管理办法》第 61 条所规定的时间和程序,从满足投资者吸收信息的需要来说太短,而从发行人筹集资金的需要来说又太长,容易贻误商机。这样的设计反映出我国证券立法的不成熟,同时也说明我们的立法机构对本书阐述的证券法基本原理还不大了解。

美国《1933 年证券法》对这个问题解决得比较好,值得我们借鉴。该法的核心条款第 5 条规定了两个时间点:登记和生效。登记也可以称作登记注册,相当于我们向负责批准的行政机关报送申请文件并由该行政机关受理。美国证券法的公开机制主要是通过责令发行人在美国证交委登记注册发行募集文件来实现

---

① 该规定源于 1993 年 4 月 22 日国务院发布的《股票发行与交易管理暂行条例》第 19 条:"在获准公开发行股票后,发行人应当在承销期开始前 2 个至 5 个工作日期间公布招股说明书。"

的。生效是证交委经过对所登记的文件进行审查之后作出的批准决定。现行的《1933年证券法》第8条规定证交委在发行人登记募集文件之后20天内作出批准与否的决定;20天内不作决定的,登记文件自动生效。① 在实际操作中,证交委经常要求发行人修改登记文件,每次修改,20天的时间便重新起算,所以,实际上在登记与生效之间相隔不止20天。证交委的审查是形式审查而不是实质审查。就是说,文件内容的真实与否由发行人和登记文件的签字人自己担保,证交委不负责任。只要登记文件符合法律规定的形式要件,证交委就予以批准。一经批准,登记文件就生效了。生效之后,发行人便可以出售证券。从登记到生效这段时期美国证券业内俗称"等待期"。

登记和生效这两个时间点将整个登记发行的过程在时间上分为三个阶段:登记前时期、等待期、生效后时期。美国《证券法》第5条规定发行人在登记之前不得要约;等待期内可以要约但不得出售;生效之后方可出售。在美国《证券法》中,与发行有关的任何信息传播都有可能被法院解释为要约,因此登记之前不得要约的规定实际起到了我国《证券法》第23条第2款在公开之前禁止信息传播的作用。

等待期可以要约但不可以销售的规定与我国不同。我国《证券法》第23条第2款禁止在"依法公开"之前的信息传播,在时间上是将等待期包括在禁止信息传播的时期之内的。等待期一般有几十天时间。按照美国《1933年证券法》第5条的规定,发行人在这段时间中可以要约。要约的方式主要是寄送招股说明书或者募集债券的说明书。说明书的内容由法律和证交委的法规作了详细的规定。除此之外,发行人还专门派人巡回演讲,美国证券业内俗称"路演"(road show)。演讲会上可以散发说明书。通过等待期内的信息传播,那些有兴趣购买证券的人就有了比较充足的时间来阅读和研究有关的文件,审查公司的财务和经营情况。这样,他们就不但有了对所要购买的商品挑三拣四的权利,而且有了行使这项权利的现实机会。同时,第5条禁止在等待期出售证券。这样,那些握有内幕信息的人纵然知道内幕,也不能做成任何买卖,只有眼睁睁地等待着信息的大量传播。等到投资公众掌握了充足的必要的信息时,那些知道内幕的人手中的内幕信息也就失去了其作为内幕信息的优越性,从而使大家都站在了同一条起跑线上,达到了信息占有的公平。

登记文件生效之后便可以发行,即销售。为了确保公开,承销负责人往往还

---

① 相比之下,我国《证券法》第22条规定的3个月审批时间,实在是太长了。本书初版曾尽量为此弱点开脱和解释(见该版第88页脚注2和279页第1段)。但是2005年之后,这种开脱已经不能成立,所以只能进行批评。

要向证交委作出书面保证：在最后确认买卖的 48 小时之前，已经将说明书文本送达给所有可能购买证券的人。① 此外，法律还要求所有由承销团出售的证券，在将证券寄送给投资者时，必须同时寄送最后定稿的说明书。

从上述介绍可以看出，美国《证券法》的第 5 条比我们《证券法》的第 23 条要成熟可行。我们的第 23 条作为发行公开的核心条文，在机制的设计上没有考虑到公众吸收信息所需要的充足时间。这是该条的主要缺陷，也是我国证券法公开机制的一大缺陷。

作为改进，可以模仿第 20 条将第 23 条第 1 款的公开要求和第 2 款的公开禁令的时间点从注册推前到申请文件的提交，将第 1 款改写为"证券发行申请提交之后，发行人应当依照法律、行政法规的规定，公告公开发行募集文件，并将文件置备于指定场所供公众查阅"。第 2 款可以保持不变，也可以改写为"证券发行申请提交之前，任何知情人不得公开或者泄露有关信息"。将第 3 款改写为"发行人不得在发行申请被注册之前发行证券"。按照第 22 条的规定，中国证监会有三个月的时间审核发行人的发行申请，如果允许并责成发行人在这三个月的时间内公开，充分地散布信息，上述的缺陷就可以得到弥补。

以上主要以股票为对象分析和讨论了我国证券法中的发行公开程序。公司债券发行时的公开程序与股票一样，均按《证券法》第 23 条进行。

二、发行之后的信息持续公开

和发行公开一样，发行之后的信息持续公开也是公开发行人的状况和价值，以便使投资者知情，使市场对证券的价值作出合理的判断。有了发行公开之后为什么还要持续公开呢？这是因为公司的经营情况在不断地变化，发行公开只反映了公司在发行时的价值，以后经营情况变了，公司及其股票的价值也会相应改变。所以，只要已发行的证券依然在市场上流通，就需要持续公开。但也正因为二者的公开目的是相同的，所以其内容和格式也应当是基本相同的。以后可以考虑将二者统一起来，免得重复。例如，凡是发行公开中已经有的内容，如果在持续公开时情况没有变化，就不必重复，以提及的方式囊括即可。② 反过来，公司对已发行股份所做的信息持续公开中已经有的内容，新股发行时也可以以提及的方式囊括。美国证交委在这方面做了大量的综合性工作，我们可以参照。

目前，我国对发行之后的信息持续公开，《证券法》规定在第 79 条和第 80 条

---

① 承销人没有这样做的义务，但是证交委说，如果你这样做了，我可以让你的登记文件提前几天生效。在这个提前生效的诱惑之下，几乎每个承销人都乐于作这个书面保证，已经成了惯例。

② 证监会在有关的公开要求中允许"采取相互引证的方法"，见《公开发行证券的公司信息披露内容与格式准则第 2 号——年度报告的内容与格式》（2021 年修订）第 6 条，就是为了避免重复。

两条中。这两条分别规定了年度报告、中期报告、临时报告的递交时间。报告的具体内容和格式由证监会规定。信息的持续公开主要就是通过这些报告实现的。这样的规定与美国现行的《1934年证券交易法》第13条规定的年度报告、季度报告、和临时报告是基本一致的。

信息持续公开分为定期公开和临时公开两种情况。按照《证券法》第79条所确定的定期公开制度框架,中国证监会颁布了《上市公司信息披露管理办法》①及其配套文件《公开发行证券的公司信息披露内容与格式准则第2号——年度报告的内容与格式》②和《公开发行证券的公司信息披露内容与格式准则第3号——半年度报告的内容与格式》③。证监会的这些规范性文件将《证券法》第79条的规定具体化了。

临时公开是对定期公开的必要补充,是信息持续公开中不可缺少的一个环节。企业经营中有时会出现突发性的重大事件,直接影响其股票价格,需要向股东披露。但是定期报告因为是定期的,不能适应对临时突发性事件的报告,所以就需要专门提交临时报告。《证券法》第80条规定了应当报送临时报告的十二种情况。中国证监会还没有对临时报告的内容和格式作出具体的规定,但是上海证券交易所公布过《上市公司临时报告系列格式指引》,可资参照。企业也可以自行设计临时报告。

由于不存在《证券法》第23条那种缺乏为社会公众吸收信息的必要时间的问题,有关信息定期持续公开的一系列规定还是比较规范的,这方面的问题主要地已经不是规定,而是实施④,特别是对违法行为的追究。为了节省篇幅,这些法律条文和行政规章中规定的公开内容和公开方式,就不在此罗列了,反正就基本内容来说,它们与发行公开是一致的。读者有兴趣的话可以直接查阅这些具体规定。

此外,中国证监会还就发行之后的证券上市作过专门的公开要求,发布过《公开发行证券的公司信息披露内容与格式准则第7号——股票上市公告书》⑤。但是2005年证券法将证券上市审核权由证监会移交给了证券交易所,之后改由上海和深圳两家证券交易所发布《股票上市公告书内容与格式指引》⑥。与发行

---

① 2017年1月30日发布,2021年3月18日修改。
② 现行的是2021年6月28日修订发布的。
③ 现行的是2021年6月28日发布的。
④ 例如,不按时公布年度报告是长期以来的一个痼疾。据2018年5月2日《上海证券报》第3版"沪市上市公司2017年年报整体分析报告"一文报道,截至4月30日,在上海证券交易所上市的1700多家公司中已有1417家公司按时对外公布了年报。
⑤ 2001年3月15日发布,见《中国证券监督管理委员会公告》2001年第3期第32页。
⑥ 最早在2006年5月18日两家交易所同时发布,现行的是2013年修改版。

公开相比,上市公开可能有两点不同。第一,如果从发行到上市这段时间中发行人的情况发生了变化,那就需要将变化公开。第二,上市所在的证券交易所或许有些特殊的公开要求,需要遵守。别的就没有什么不同了,因为二者的公开原理是相同的。在我国,凡是经证监会批准后公开发行的证券都是上市的,发行之后往往马上着手上市,公司在短时间内一般也不会有大的变化。因此,上市公开与发行公开的内容应当是基本相同的。为了避免重复,上市公开时也可以以提及的方式囊括发行公开的内容。

概括我国证券法的公开体系,公司信息披露分为发行公开和发行之后的信息持续公开。发行公开包括首次发行股票公开、新股发行公开、和公司债券发行公开;信息持续公开主要包括定期公开和临时公开。定期公开通过年度报告和中期报告实现,临时公开需要提交临时报告。此外,上市公开也归入信息持续公开的范畴。

第四节 关于"三公"原则及其他

既然公开是现代证券立法的基本哲学和指导思想,是证券法的核心内容和灵魂所在,它理应在证券法中占有独立而显要的位置。但是我国《证券法》却没有将公开放在这么显要的位置上,而是将它包含在所谓的"三公"原则,即公开、公平、公正之中:

> 第三条 证券的发行、交易活动,必须遵循公开、公平、公正的原则。

公开、公平、公正三个词都是常用词,书写简明,通俗易懂,又押了头韵,容易被人接受并熟记,所以"三公"的提法传播得很快,1998年《证券法》出台之前已经在我国流行数年了。① 这第3条只是吸收了学术界的提法而已。2005年《证券法》又原封不动地继承了这个条文。但是,这种提法却是不科学的和不妥当的。

我们先来讨论一下"三公"的含义。公开的含义前面已经说了很多,这里不

---

① 根据我的简单查证,"三公"并列的提法较早出现于顾肖荣主编的《证券交易法教程》,法律出版社1995年版,第5页。国务院1993年发布的《股票发行与交易管理暂行条例》第3条中还只有"公开、公平"二公并列的提法;而1997年出台的《可转换公司债券管理暂行办法》第4条中就有了"公开、公平、公正"的三公提法了。

必重复。公平和公正其实是一个意思,首先都是指道德意义上的公平。道义上的概念由法律予以确认,便上升为法律。公平的概念在证券法、合同法、反垄断法等许多法律部门中都有体现。例如在合同法上,一方以欺诈、胁迫的手段,或者乘人之危,使对方在违背真实意思的情况下订立的合同,受损害方有权请求法院变更或撤销。显然,被胁迫的一方处于弱者的地位。法律保护被胁迫者是公平的,也是公正的。证券法以保护投资者为目的,是偏向于投资者的,这也体现了公平和公正。为什么呢?因为投资者,尤其是中小投资者,属于弱者,容易被欺诈,受骗上当,是证券法的主要保护对象。保护弱者,在任何一个民族的道德观念中都觉得是公平的,也是公正的。这个一般意义上的公平概念,英语中在表达上有时候用 fairness,有时候用 fair dealing。前者翻译为公平或者公正都可以,公平更确切些;后者是公平交易的意思。不过,虽然翻译为中文在字面上看起来稍有不同,在普通法体系中它们说的都是一回事,公平与公平交易在意义上是相通的。英语世界中的普通法系并没有为公正单独创设一个词语[1],而是将它包含在 fairness 之中。公平和公正是同一个词,同一个意思。

自从"三公"并提,形成所谓的三公原则以来,我国证券法学界普遍地将公平与公正相区别。认为公平是指证券发行和交易过程中双方当事人地位平等而言的,而公正是指证券管理机关的管理行为和司法机关的执法行为公正而言的。[2] 就汉语词汇的语义来看,公平和公正是近义词,并没有这么大的差别。词典上对这两个词的解释:公平:"处理事情合情合理,不偏袒哪一方面";公正:"公平正直,没有偏私"。[3] 可见,公正就是公平的意思,二词都有不偏袒一方的意思。并没有学者们推敲的那种区别。此外,将公正解释为政府机关的执法公正,作为一条原则与公开和公平并列,不能够反映证券法区别于其他部门法的本质特征。司法机关的执法公正和行政机关的公正管理是公法上(而非私法上)的一般规则,并不是特别针对证券管理机关的,不应该作为一条法律原则写在证券法里。

将公平与平等混同也是没有道理的。目前我国证券法学界普遍认为公平是指参与证券发行和交易的双方当事人地位平等;相同的证券权利平等,例如同股

---

[1] Just 或 justice 一词可以作公正、正义讲,但与我们在这里所讨论的问题相去甚远。学习英美证券法不会听说在那里还有这么一条法律原则单列开来。

[2] 见顾肖荣主编:《证券交易法教程》,法律出版社 1995 年版,第 11—13 页;卢仿杰编著:《证券法原理与实务》,立信会计出版社 1999 年版,第 53 页;施天涛主编:《证券法释论》,工商出版社 1999 年版,第 19 页。也见卞耀武:《证券法基本知识与实务》,同心出版社 1999 年版,第 25—27 页。

[3] 《现代汉语小词典》,商务印书馆 1984 年版,第 180 页。

同权,同股同利等;投资者之间的地位平等,权利平等;等等。① 这样的解释存在两个问题。第一,平等原则规定在《证券法》第 4 条:"证券发行、交易活动的当事人具有平等的法律地位"。如果将公平作平等解释,那就等于认为《证券法》第 3 条规定的公平与第 4 条规定的平等是同义重复。这样理解法律显然是不对的。第二,公平与平等虽然近义,却有区别。区别在那个公字上。公者,公道也。平等的东西不一定公平,不平等的东西也可能是公平的。例如证券法,就是偏向投资者的。证券法规定了发行人和承销人对投资者的各种义务,而不去规定投资者的什么义务。因为投资者除了出钱之外,没有别的义务。随着我国证券法律制度的不断完善,前者的各种披露义务还会进一步增加,要求他们为投资者提供各种各样的方便,但投资者的义务不会增加。这种偏向于一方的法律是不平等的,但却是公平的。② 又如前面说到的保护弱者,保护被胁迫的一方,都是不平等的,但却是公平的。如果平等地对待胁迫者和被胁迫者、发行人与广大的中小投资者,不对被胁迫者和中小投资者予以特别的保护,那反而是不公平的。可见,公平原则不应该与平等原则混同起来。

但是,如果仅仅从一般的民商法意义上去理解公平,那也还是不够的,因为这样的理解没有抓住证券法的本质特征。作为证券法的原则,公平有它的特定含义,那就是信息占有上的公平,是以公开为基础的。例如,前面说到的《证券法》第 23 条第 1、2 两款,一方面促进信息对公众的传播,另一方面限制内幕信息的传递,就是为达到这样一种信息占有上的公平。再如保护投资者,也是通过公开,通过努力造就信息占有上的公平去实现的。只有这样解释和理解,公平作为一条证券法上的原则才有其存在的价值和理由。也只有这样理解和解释,才能反映证券法的本质特征,符合证券法的基本原理。在这里,我们不必咬文嚼字,拘泥于"原则"这个标签,而应当着重从证券法的基本原理出发去理解公平概念的确切含义。因为换一个角度,我们也可以把公平看成目的,是公开所要达到的目的。作为目的,它与保护投资者是一个意思。就是说,公开的目的是要在信息的披露上对投资者公平。证券法是以公开为核心的,是保护投资者、偏向投资者的。公平是通过公开体现出来的,是依附于公开的。如果把公开比做皮,那么公平就是皮上的毛。二者不可同日而语、相提并论。

最后,从词义属性上看,"三公"并列也不合理。公开是一个实证性的概念,有客观标准;公平与公正都是价值性的概念,标准是主观的,因而不应该相提并

---

① 见顾肖荣主编:《证券交易法教程》,法律出版社 1995 年版,第 11—13 页;卢仿杰编著:《证券法原理与实务》,立信会计出版社 1999 年版,第 53 页;施天涛主编:《证券法释论》,工商出版社 1999 年版,第 19 页。也见卞耀武:《证券法基本知识与实务》,同心出版社 1999 年版,第 25—27 页。

② 偏向于保护对象的法律不少,例如消费者权益保护法、老年人保护法、未成年人保护法、环境保护法等。

论。将公开、公平、公正三者并列而统称为"三公"原则，无非是因为在修辞上它们押了头韵。但这只是文字游戏而已。

总之，无论从词义的属性还是概念在证券法中的地位去看，"三公"并列的提法都是不妥当的。公正与公平是一个意思，光有公平就足够了。"三公"应减为二公：公开和公平。二公也不应并列，而应分清主次，突出公开。公平是指信息占有的公平，强调的依然是公开。

除了"三公"原则之外，我国《证券法》还规定了平等、自愿、有偿、诚信四条原则：

> 第四条 证券发行、交易活动的当事人具有平等的法律地位，应当遵守自愿、有偿、诚实信用的原则。

这四条原则都已规定在《民法典》中，是民商法中普遍适用的原则。[①] 即使证券法不作规定，也当然地适用于证券法，何必又要在证券法中重复这些并不能反映证券法本质特征的、普遍性的原则呢？

或许有人会说：规定了总比不规定好，总没有坏处吧！不对，是有坏处的，因为它们模糊了重点。在物理学上，压强的大小与受力面积成反比。不是受力面积越大越好，而是受力面积越大，压强越小。第二次国内革命战争时期，王明提出了"全线出击，两个拳头打人"的口号，貌似革命，结果遭到了惨败。毛泽东一针见血地批评说，只有一个拳头打人才有力，两个拳头打人打不疼。做事有张有弛，才能做好；面面俱到，分散精力，总是适得其反。[②] 事物的辩证法就是如此。

前面说过，证券法的基本原理是通过公开的手段，去达到保护投资者的目的。公开是证券法的核心内容和灵魂所在，其重要性在现阶段怎么强调都不会过分。把这四条原则，加上"三公"原则，一共七条，并列起来，不利于突出公开这个重点，只能使人感到多余和累赘，其作用是负面的。法律应当在问题的焦点上划刀子，而不是一块不痛不痒的牛皮糖。那些不能反映证券法本质特征的所谓原则，宜当删除。

就目前我国证券立法和执法的现状来看，问题都源于公开不够。在实体内容上，公开中存在着大量的弄虚作假，事后的查处和强制赔偿不够；在程序上，公开的时间和次序安排不当。如果说我们的证券法还处在初级阶段的话，那么，初级也就初级在公开机制不够完善上。突出公开，就抓住了主要矛盾。好钢必须用在刀刃上。我们的资源有限，只有突出公开这个重点，我国证券法才能逐步脱离初级阶段，向国际先进水平靠拢。

[①] 它们的含义在民法书籍中已经作了详尽的解释，无须在此重复。
[②] 参见毛泽东：《中国革命战争的战略问题》，载《毛泽东选集》（第一卷），人民出版社1991年版。

第四章　民事责任

第一节　主观责任
第二节　违法行为
第三节　损害后果
第四节　违法行为和损害后果之间的因果关系
第五节　我国证券法民事责任实况讲评

通过前一章证券法基本原理的论述，我们已经懂得了证券法通过公开披露的方式去保护投资者的道理。这里的关键是公开的内容必须真实可靠，不得有弄虚作假、包庇隐瞒等情事。否则，所谓的公开就只是骗人的把戏，到头来，不但投资者受骗上当，而且发行人和整个发行市场都将失去信誉。那样的话，证券市场就不能在一国经济中发挥其应有的作用了。

那么，怎么才能确保公开的内容真实可靠呢？换句话说，如果发行人不公开，或者公开不真实，欺骗和误导投资者，那又怎么办呢？证券法通过规定法律责任来解决这个问题。法律责任包括民事的、行政的和刑事的三种。如果该公开的不公开，或者公开的内容失真，那就要追究有关人员的法律责任。可见，法律责任是迫使发行人公开，确保公开的内容真实可靠的必要条件。

民事、行政和刑事三种法律责任共同构成证券法的责任体系。但是在这三种法律责任中，民事责任是主体，是我们学习的重点。民商法中的违法行为所侵犯的对象大多是平等主体之间的经济利益，而不是社会的公共秩序。① 对于商品交换中的这种侵犯平等民事主体的经济利益的违法行为，解决纠纷的原则是补偿（赔偿）而不是惩罚。只要受害人的经济损失得到了如数的补偿，法律就不必作进一步的追究。只有在补偿无法进行的时候才采用其他手段补救，例如，证券市场上人海茫茫，交易双方不知道谁是谁，受害方难以起诉，而行政监管机关通过侦查手段比较容易发现违法行为，这种情况就适宜采用行政性处罚。或者在补偿不足以形成有效威慑的时候，例如，针对内幕交易一般采用吐出赔偿标准，即赚得多少吐出多少。可是这么一来，违法者的风险便等于零：你抓到了我就吐出盈利，抓不到我就赚了，不会亏损。为了增加违法的风险和成本，可以处以行政罚款；对某些危害较大，特别恶劣的行为，还可以追究刑事责任。可见，民事赔偿是一般，行政或刑事的惩罚是例外；赔偿为主，惩罚为辅。这是设计民商法责任体系时应当遵循的普遍原则，证券法自然也不能例外。②

我国《证券法》第 220 条规定："违反本法规定，应当承担民事赔偿责任和缴纳罚款、罚金、违法所得，违法行为人的财产不足以支付的，优先用于承担民事赔

---

① 当然，社会是由个人组成的，个人的合法权益受到侵犯，社会的秩序也受到了侵犯。但是这种对社会的侵犯带有间接性，而且效果微小，就个案而言一般可以忽略不计。

② 这也符合市场经济中政府干预的基本原则，凡是市场能够顺利地自行调节的地方政府一概不干预，只有在市场机制失灵的地方政府才介入和干预。在证券的发行和交易中，如果当事人自己能够通过诉讼得到适当的补偿，行政机构的惩罚就是不必要的，至多也是辅助性的。政府不应当事事包揽，而应当尽量地把事情推给市场。

偿责任。"民事赔偿责任被放在了行政罚款和刑事罚金的前面,这或许可以从一个侧面说明证券法责任应当以民事责任为主体。

但是从整体上看,我国《证券法》的责任体系,却是以行政处罚为主的。整个第十三章"法律责任",从第180条到223条一共44条,几乎全是行政处罚的规定。其中只有第183条、第196条两个条文在规定行政处罚的同时附带提到了民事赔偿责任。另外就是上述第220条纯属程序性的规定。除了这几条之外,在整章的44个条文中,再也找不到有关民事责任的规定了。

诚然,与2004年法相比,2005年修改时已经大幅度地增加了民事责任条款,从原来的5条①增加到了20条。现行《证券法》中规定民事赔偿责任的条文包括第24、29、44、53、54、55、56、57、84、85、88、89、90、161、163、183、196条,总共17条。但是这些条文散见于法律的各章各节中,远不像行政责任那么系统和齐整。这样的条文布局和内容比重反映出我国在管理证券市场中更多地依赖政府而不是市场的客观现实,说明我们对市场经济的要义和证券法的基本原理还不太理解,我们的证券法制和证券市场都还处在初级的发展阶段上。

不过,就上述17个民事责任条款来看,涉及面却很广,不但有因发行人公开失真引发的民事赔偿责任,而且有内幕交易、操纵市场、券商欺诈客户、咨询机构违规操作、越轨收购等行为的民事赔偿责任,以及未经核准而擅自发行和承销、或者核准被撤销之后的款项返还责任。② 但是由于发行人的公开真实在整个证券市场的运行中处于核心地位,因公开失真而引发的民事赔偿责任便是证券法民事责任的核心和基础。抓住并解决好这个主要矛盾,我国的证券市场就会规范和健全起来。因此,本章集中讨论这个基础问题,而将其他问题留待后面各章分别讨论。

由于相关条文分布得很散,我们只能四处搜罗、拼凑,以构筑一幅尽可能完整的发行人公开失真民事责任图。以下条文可成一体:

  第七十八条　发行人及法律、行政法规和国务院证券监督管理机构规定的其他信息披露义务人,应当及时依法履行信息披露义务。
  信息披露义务人披露的信息,应当真实、准确、完整,简明清晰,通俗易懂,不得有虚假记载、误导性陈述或者重大遗漏。
  证券同时在境内境外公开发行、交易的,其信息披露义务人在境外披露

---

① 见2004年法第42、63、161、192、202条。该法第207条即现行第220条属于程序性的规定不计在内。

② 这些广泛的民事责任条款具有一定的超前性。因为有些情况在实践中还没有发生,立法者根据预见来制定责任,因此条文也写得比较抽象笼统,有待经验的补充使之具体化。例如第196条规定收购人损害目标公司及其股东的合法权益要承担赔偿责任就是如此。

的信息,应当在境内同时披露。

第十条第二款 保荐人应当遵守业务规则和行业规范,诚实守信,勤勉尽责,对发行人的申请文件和信息披露资料进行审慎核查,督导发行人规范运作。

第二十九条第一款 证券公司承销证券,应当对公开发行募集文件的真实性、准确性、完整性进行核查;发现有虚假记载、误导性陈述或者重大遗漏的,不得进行销售活动;已经销售的,必须立即停止销售活动,并采取纠正措施。

第八十五条 信息披露义务人未按照规定披露信息,或者公告的证券发行文件、定期报告、临时报告及其他信息披露资料存在虚假记载、误导性陈述或者重大遗漏,致使投资者在证券交易中遭受损失的,信息披露义务人应当承担赔偿责任;发行人的控股股东、实际控制人、董事、监事、高级管理人员和其他直接责任人员以及保荐人、承销的证券公司及其直接责任人员,应当与发行人承担连带赔偿责任,但是能够证明自己没有过错的除外。

第一百六十三条 证券服务机构为证券的发行、上市、交易等证券业务活动制作、出具审计报告及其他鉴证报告、资产评估报告、财务顾问报告、资信评级报告或者法律意见书等文件,应当勤勉尽责,对所依据的文件资料内容的真实性、准确性、完整性进行核查和验证。其制作、出具的文件有虚假记载、误导性陈述或者重大遗漏,给他人造成损失的,应当与委托人承担连带赔偿责任,但是能够证明自己没有过错的除外。

这五条的内容有两个层面:一是规定义务,二是规定违反义务的赔偿责任。第78条①规定发行人的公开真实义务,所谓其他信息披露义务人②,无非指发行人内部对所公开信息的真实性负有责任的个人;第10条第2款、第29条第1款、第163条第1句规定保荐人、承销人、各类证券服务机构的核查责任,即所谓的尽职调查或勤勉尽责义务;第85条和第163条第2句规定违反义务的民事赔偿责任。根据这些规定,特别是后两条的明文列举,对公开文件的真实性负责的是这样五类人:(1)发行人;(2)发行人的内部人(包括董事、监事、高级管理人员和其他直接责任人员);(3)发行人的控股股东和实际控制人;(4)承销人(包括保

---

① 第19条所说的发行申请文件与公开文件是同一套,所以同样是在规定发行公开的真实义务,不妨与第78条并列在一起。但是因为第78条已经包括发行公开,为了简洁起见,第19条省略。

② 证监会发布的《上市公司信息披露管理办法》(2021年5月1日起施行)第62条第2项对信息披露义务人的定义比《证券法》第78条中的含义要广一些:"信息披露义务人,是指上市公司及其董事、监事、高级管理人员、股东、实际控制人、收购人、重大资产重组、再融资、重大交易有关各方等自然人、单位及其相关人员、破产管理人及其成员,以及法律、行政法规和中国证监会规定的其他承担信息披露义务的主体。"

荐人);(5)为发行、上市、交易等证券业务活动制作并出具专业文件的证券服务机构,习惯称为专家。我们把这五类人统称为公开责任人,或责任人。关于第三类责任主体,虽然法律将保荐人和承销人并列,但是实际上保荐人都由主承销人充当,因而承销人的概念足以包含保荐人。所谓保荐,无非是明确和加强承销人在推荐发行中的担保责任罢了。

关于责任人的范围,2019年修改时在承销人处增添了"及其直接责任人员",即不但公司要负责,相关个人也要负责。其实,原先的法条早就规定过个人要负责,但是2005年修改时却莫名其妙地将个人责任删除了。对此,本书前几版都提出过批评。① 2019年重新确认个人责任,是好的。但是对于专家的责任,2005年的修改犯过同样的错误,即将个人删除,2019年修改时保留原样,没有将个人责任人复原。② 这不利于对投资者的保护。

与公开责任人相对的是公开权利人,那就是投资者。证券法保护社会公众投资者的知情权,规定发行人的公开必须真实,其他责任人要审慎核查发行人的公开材料,保证其内容真实。根据这些规定,投资者有权获得真实的信息。如果上述责任人没有做好工作,致使公开失真,那就侵犯了投资者的知情权,就要对投资者负责。这一点从第85条的明文规定中可以看出:发行人的公开失真,"**致使投资者**在证券交易中遭受损失的"(黑体添加),所有的责任人都要承担赔偿责任。第163条的表述是"给他人造成损失的"。"他人"一词用得不当③,应呼应第85条,直接点明"投资者"。总之,所有公开责任人都以投资者为公开权利人;投资者因公开失真而遭受损失的时候,有权起诉公开责任人。证券法上的民事诉权大都属于投资者。

侵犯投资者的知情权属于侵权行为。侵权行为的民事责任有四个构成要件:第一,主观责任,分过错责任和无过错责任,过错责任包括故意和过失;第二,违法行为,即公开文件中出现虚假、误导、或遗漏,违反了证券法关于信息披露必须真实、准确、完整的要求;第三,损害后果,即投资者遭受了经济损失;第四,因果关系,即投资者的损失是由公开失真引起的,更具体地说,是因为投资者相信了公开文件中的虚假或误导性陈述,所以买卖了证券,从而遭受了损失。

---

① 例如本书第4版第152页。

② 这个错误的恶果已经在实际审判中显现。在康美药业案中,法院认定注册会计师个人严重违法,但却不能责令其赔偿。详见本章第五节中所引该案。第19条第2款和第42条倒是包含了"证券服务机构和人员"。但第42条是买卖禁止条款,与民事赔偿责任相去甚远。只有第19条第2款规定专家的尽职调查义务,可以在请求赔偿时引用。只是该条限于发行申请文件,即胆发行公开文件,不包括上市公开和信息持续公开,因而其覆盖面显然不如全面规定专家民事责任的第163条。不同法条之间的不一致显示出立法的粗糙和不精致,是证券法制初级阶段上的特征。

③ 或将"他人"理解为包括发行人,那就受合同法调整。证券法只管保护投资者。

在普通的民事诉讼中,奉行谁主张谁举证的原则,因此,举证责任一般都在原告。他想胜诉,获得赔偿,就必须逐一证明侵权案的每一个构成要件。但是,证券法上举证责任的分配,又有其不同于一般民事诉讼的特殊之处,某些要件需要责成被告反证,这是由证券市场及证券发行和交易的特点所决定的。只有这样,才能有效地保护投资者。

下面先分别论述主观责任、违法行为、损害后果、因果关系四个构成要件,再讨论我国证券法民事责任的现状。

第一节 主观责任

这里所说的主观责任,是指公开责任人对投资者承担民事责任的主观要件。在五类责任人中,**发行人负无过错责任;其他人负过错责任**。所谓无过错责任,就是只要公开文件中存在着虚假信息、误导或遗漏,投资者因此而遭受了损失,发行人都必须赔偿,不管它对这种虚假信息、误导或遗漏的出现有没有主观上的故意或过失。[①] 发行人的无过错责任意味着发行人在主观责任要件上没有任何的辩护理由或托词,原告承担举证责任时可以省却主观责任这一个要件,只要其他的三个要件成立,即可胜诉,发行人即应赔偿原告的损失。发行人的责任范围覆盖全部文件,而不是部分文件。显然,在所有的公开责任人当中,告发行人最容易胜诉。不过,在很多时候,发行人的责任一旦确定,它已经濒临破产,无力赔偿了。叫做"要钱没有,要命有一条"。这时候投资者必须转向其他责任人请求赔偿。

除了发行人之外的其他公开责任人负过错责任。这些人包括发行人的内部人、承销人、发行人的控制人和专家,一共四类。所谓过错,是指存在着主观上的故意或过失。也就是说,他们必须具有主观上的故意或者过失才负责任。如果没有这种主观上的故意或者过失,就不必承担责任。

[①] 最高人民法院《关于审理证券市场因虚假陈述引发的民事赔偿案件的若干规定》(以下简称《2003年司法解释》,2003年1月9日发布,2022年1月22日废止。)第21条第1款中规定:"发起人、发行人或者上市公司对其虚假陈述给投资人造成的损失承担民事赔偿责任。"最高人民法院副院长李国光在答记者问时明确解释说:"对发起人、发行人或者上市公司……确立的是无过错责任。"见《中国证券报》2003年1月10日第19版。2005年修改之后,发行人的无过错责任已经由法条明文规定(见现行法第85条)。

这里有一个谁负担举证责任的问题。是由原告来证明被告具有主观上的故意或过失呢,还是责成被告去为自己开脱,证明自己没有主观上的故意或过失。就民事责任的一般举证规则来说,应由原告证明。但是在证券法上,要原告证明被告的主观故意或过失是很困难的。例如,被告的故意或过失可能表现在某年某月某日他对下属说过的某一段话中,或者他与同事一起做的某一件事情上。这时,除非被告阵营内部出了"叛徒",即被告的下属或同事倒向原告一边,为原告当证人,原告是难以收集到这样的证据的。反过来,如果责成被告去证明自己没有过错,就要容易得多。被告可以举出自己所做的很多事情来证明自己已经尽心尽职,并无主观过错。所以,证券法将举证的负担分配给被告,让被告去证明自己没有过错。凡是证明不了的均推定其有过错。这样做既公平,又有效,有利于达成保护投资者的目的。因此,《证券法》第 85 条、第 163 条对于除发行人之外的其他四类被告,在规定他们的过错责任的同时均含有"但是能够证明自己没有过错的除外"这样一个但书从句,意指举证责任在被告。

那么,这样的被告怎样才能证明他没有主观过错呢?证券法规定:只要他作了**尽职调查**①,就没有过错了。**调查的尽职**是指每个责任人都必须对公开的信息作合乎情理的核实和调查;根据这样的调查,他有合乎情理的理由相信所公开的信息是真实、准确、完整的。**合乎情理的标准**是一个谨慎的成年人在管理自己的财产时所用的心或应尽的注意义务。这一尽职义务要求每一个责任人尽心尽职,在自己的职责范围内按照上述标准调查核实为发行证券而公开的信息。一旦发现问题,便在自己的职权范围内提问追究,及时地反映问题,并且拒绝在有关文件上签名认同。如果责任人做了这样的尽职调查而没有发现问题,或者发现了问题并及时地追问和反映,做了各自应做的事情,他就尽职了,可以对公开失真以及由此引起的投资者损失不负责任。反过来,如果他对于知道或者应该知道的不真实信息不予追问,没有尽职,就要对公开失真负责,赔偿投资者由此而遭受的损失。

所谓应该知道是指他所处的地位或担任的职务要求他知道这一信息。例如,作为一个总经理,他对企业的投资决策、下属的职权范围等应该知道;作为一个主管财务的副厂长,他对本厂各项资金的流向应该知道,不知道时应该通过调查了解清楚。凡是应该知道的,即使责任人实际上不知道,也应当认定他为知道,并据此确定他的民事责任。因此,一个懒惰而不作调查或者一个不称职的、看不懂公开文件的责任人,即使他怀有十二分的善意,没有说谎的主观故意,也还是有可能在他根本不知道文件有任何失真的情况下不知不觉地担上了责任,

---

① 美国人称之为"应有的勤勉"(due diligence)。

以致赔得倾家荡产。

所谓知道是指事实上知道。即使他的职务或地位并不要求他知道某一信息,但是由于他实际上知道该信息,那么,也还是应认定他为知道。

在故意和过失这两种主观过错中,故意是当然的过错,只要证据确凿,就不会有争论。容易引发争论的主要在认定有没有过失,这是确定过错责任的难点所在。由于上述各类人以及每一类人中的各个人所处的地位和具体情况的不同,尽职的标准对不同类别不同情况的人也不尽相同。

一、发行人的董事、监事、高级管理人员和其他直接责任人员

根据《证券法》第85条的规定,发行人的董事、监事、高级管理人员和其他直接责任人员对发行人的公开失真负过错责任。过错责任给被告以出路和希望,使每个人努力为自己开脱,将责任推给别人,在诉讼和举证的过程中将会挖掘出大量的、原本无法发现的事实和证据。如果不作区别对待,不分内外部董事,不区分任职的长短和各种具体的情况,一棍子打死,容易使这些同病相怜的被告抱成一团,互相庇护,不利于分化被告,更不利于有效而真实地公开。法律的规定充满了政策和策略的考虑。

过错的确定以是否进行了尽职调查为标准。由于发行人的董事、监事、高级管理人员和其他直接责任人员所处的地位比较特殊,每个人的情况又不尽相同,所以必须具体情况具体分析。董事和监事有外部和内部之分。**内部董事**和监事,是指在公司内部担任具体行政职务的人,因而是公司的雇员。**外部董事**是指除了董事的职务之外不在公司里担任任何其他的行政职务的董事,因而不是公司的雇员。所谓的独立董事就是外部董事。内部的董事和监事,加上高级管理人员和其他直接责任人员,由于他们的职务要求或者他们所处的地位使他们具有获得内幕信息的便利条件,对于公开失真一般总是知道或者应当知道的,因此很难证明他们对公开文件真实性的调查是尽职的,或者做到了应有的勤勉。所以,尽管法律给了他们过错责任的待遇,但实际上他们的责任几乎是一种无过错责任。不过也有例外的情况。例如某些新来的董事,不了解公司的详细情况,客观上也还来不及对公开的文件进行核实和调查。在这样的情况下,他或许就能免除责任,尽管他的举证责任也是很艰难的。又如经理层中地位较低的人,虽然参与了公开文件的制作,但是由于他的职位并不要求他知道某些信息,而事实上也不知道这些信息,当公开文件因这些信息的虚假而虚假时,这样的经理或许就能证明他的调查已经尽职。对于外部董事来说,只要他在职务范围内作了力所能及的调查,并有理由据此相信文件是真实的,就不用对实际的失真及其引发的后果负责。**监事**原来都是内部的,应与内部董事同等对待。在国务院决定对国

有大型企业派出监事会之后,这些由国家派驻公司但与公司没有行政隶属关系的独立监事的民事责任标准可以参照外部董事执行。至于对公开文件的负责范围,发行人的董事、监事、高级管理人员和其他直接责任人员同发行人一样,都必须对全部公开文件的真实性负责。

最高人民法院《关于审理证券市场虚假陈述侵权民事赔偿案件的若干规定》(以下简称《2022年司法解释》)①第14条规定了内部董事的过错标准:

> 发行人的董事、监事、高级管理人员和其他直接责任人员主张对虚假陈述没有过错的,人民法院应当根据其工作岗位和职责、在信息披露资料的形成和发布等活动中所起的作用、取得和了解相关信息的渠道、为核验相关信息所采取的措施等实际情况进行审查认定。
>
> 前款所列人员不能提供勤勉尽责的相应证据,仅以其不从事日常经营管理、无相关职业背景和专业知识、相信发行人或者管理层提供的资料、相信证券服务机构出具的专业意见等理由主张其没有过错的,人民法院不予支持。

第1款表明内部董监高和其他直接责任人员的过程标准都因人而异,要根据其工作岗位、职责、所获知的信息和在信息披露中所起的作用具体情况具体分析。第2款是针对实际诉讼中经常出现的现象进行告诫,不能简单地以相信公司管理层呈送的材料为由开脱,必须主动调查核实,才算勤勉尽责。但是调查核实到什么程度?没有说。而这,恰恰是深入一步的关键处。本章末尾所附的美国经典判例,艾斯考特诉巴克利司建筑公司案②,具有重要的参考价值。该案法官针对多个内部董事作了细致的区分、比较和审查,谁处于什么岗位、知道什么情况、做了哪些工作,这些工作是否符合尽职调查的标准,等等,都作了合乎情理的分析,正好以具体的例子与本条的抽象规定衔接和配套。遵循巴克利司建筑公司案的判决思路,以后类似案例判得多了,积累经验,内部董事的尽职调查标准就会逐步形成。

第16条规定了外部董事的过错标准:

> 独立董事能够证明下列情形之一的,人民法院应当认定其没有过错:
>
> (一)在签署相关信息披露文件之前,对不属于自身专业领域的相关具体问题,借助会计、法律等专门职业的帮助仍然未能发现问题的;
>
> (二)在揭露日或更正日之前,发现虚假陈述后及时向发行人提出异议

---

① 2022年1月21日发布,次日起施行。
② Escott v. BarChris Construction Corp., 283 F. Supp. 643 (S.D.N.Y. 1968)。

并监督整改或者向证券交易场所、监管部门书面报告的；

（三）在独立意见中对虚假陈述事项发表保留意见、反对意见或者无法表示意见并说明具体理由的，但在审议、审核相关文件时投赞成票的除外；

（四）因发行人拒绝、阻碍其履行职责，导致无法对相关信息披露文件是否存在虚假陈述作出判断，并及时向证券交易场所、监管部门书面报告的；

（五）能够证明勤勉尽责的其他情形。

独立董事提交证据证明其在履职期间能够按照法律、监管部门制定的规章和规范性文件以及公司章程的要求履行职责的，或者在虚假陈述被揭露后及时督促发行人整改且效果较为明显的，人民法院可以结合案件事实综合判断其过错情况。

外部监事和职工监事，参照适用前两款规定。

第1款第1项要求外部董事在签署文件前对于财务和法律等自己不懂的内容借助专门职业的帮助，有点过分。外部董事只能依靠自己的能力查阅公开披露的信息，一般能够认真阅读并提出问题就不错了。当然，所谓借助，形式也可以多样，比如由公司花钱请人向董事解释，那是可以的。但是要董事自己花钱去请会计师或者律师来帮助他审核则是不可行的。具体怎么做，有待观察。第2—3项都以事先发现虚假为前提。问题是怎么可能发现虚假。外部董事不在公司上班，有自己的工作要做，偶尔来公司开一次董事会；公开文件一大摞，光招股说明书就有好几十页。外部董事通过什么途径去发现其中的虚假陈述呢？可见，这些规定都是不成熟的，有待今后逐步完善。

比较实用的是第16条第2款：

独立董事提交证据证明其在履职期间能够按照法律、监管部门制定的规章和规范性文件以及公司章程的要求履行职责的……[①]人民法院可以结合案件事实综合判断其过错情况。

这是什么意思呢？就是看独立董事在履职期间所做的全部工作，特别是对公开文件所做的核查工作，加总起来，是否达到尽职调查的标准。这就说明，和内部董事一样，对于独立董事有没有过错，同样需要具体情况具体分析。这里，巴克利司建筑公司案区分不同外部董事所做的分析比较同样有用，可以参照。

不管是内部的还是外部的董事，都有对公开文件的真实性进行主动调查和

---

① 这里省略的部分为"或者在虚假陈述被揭露后及时督促发行人整改且效果较为明显的"，因为以独立董事发现虚假为前提条件，缺乏现实可行性，正文前面已有分析。

核实的责任,而不能轻易地相信公司官员们的口头陈述。例如,公司官员可能会口头搪塞外部董事的询问;在公司实行业绩考核制度的情况下,部门经理及其属下可能会虚报利润,或者为了达到利润指标而采用违法的手段,而其违法的行为又将给公司带来严重的后果①,等等。当然,每个董事的具体情况不同,其应调查核实的程度和范围也应有所不同,需要具体情况具体分析。下面以本章末尾所附的巴克利司建筑公司案为例,看看美国法院如何认定董事有无过错。读者在阅读下面的内容之前,最好能先读该案例,在了解基本案情的基础上结合下面的分析作一番认真的思考和研究。

该案中的可丘是一个典型的内部董事。他知道公司造假的所有情况,包括由审计师审计过的部分,其主观过错属于故意性质,所以根本无法开脱。

而本波虽然也是内部董事,情况却大不相同。他1960年10月才来公司工作,担任法律顾问和助理文书,并不参加公司的经营管理。公司于1961年3月30日向证交委登记债券募集的公开文件,他于4月17日才晋升为公司文书并担任董事。所以,法院认为公开文件中的许多虚假事实他是不知道的,尤其是1960年的财会报表中失真之处,他有权信赖审计师的审计,不应当对此负责。② 但是对公开文件的其他部分,即使他不全部知情,也至少知道一些。例如,他为公司登记设立了一些子公司以经营球馆,包括大厦球馆有限公司、约克思球馆有限公司、和大道球馆有限公司。所以他了解这方面的情况。他告诉公司未交订货中的那些 T 形球馆合同没有法律约束力,所以应当知道说明书中未交订货的数额有差错。他从1961年3月22日开始参加执行委员会会议,4月17日担任董事之后便成为该委员会的成员,从4月24日的会议开始担任记录工作。因此,他应当知道部分内情,知道公开文件的非专家部分所含有的某些虚假不实之处。但是他在从4月17日担任董事到5月24日发行完毕这段时间内对这些问题或可疑之处没有做任何的主动调查工作,而只是依赖别人的指点做事,没有尽到一个董事应尽的责任,因而不符合应有的勤勉标准。所以,本波也存在着主观过错。

奥思兰德是一位新来的外部董事。他在接受董事的职务之前对巴克利司的调查摸底工作做得无可指责。与本波一样,他在4月17日正式当选为巴克利司的董事。5月24日债券发行。期间开过两次董事会,5月10日和

---

① 例如,Graham v. Allis-Chalmers Manufacturing Co., 41 Del. Ch. 78, 188 A. 2d 125 (Del. Sup. 1963)。

② 本波是唯一不对公开文件专家部分的失真负责的内部董事。

15 日，会上对公开文件作了修改。两次他都在署名页上签上了自己的名字，但是第一次签名的时候连那是什么文件也不知道。与本波相比，奥思兰德更加不了解公司的内幕，没有时间也没有机会来熟悉公司的事务。这样的一位新当选的外部董事要不要对公开文件的失真负责是一个难断的问题。法院最后用"一个谨慎的人在照管他自己的财产时"的用心标准去衡量，认为如果是他自己的财产，他不会不做任何调查就这么轻易地相信一些还相当陌生的人的陈述，并签上自己的名字的。所以，除了对那些经过审计的 1960 年年度报告中的数字他有权信任审计师的结论之外，对公开文件其他部分的失真，他没有尽职，存在着主观过失。①

格拉特是个比较特殊的外部董事，因为他是公司聘用的律师，起草了登记陈述的全部。但他的失职却不是因为律师工作没有做好，而是因为董事工作没有做好，没有进行主动的合乎情理的调查。作为律师，他或许有权相信客户，作为董事，他却没有轻信的权利。"预防错误的办法是用原始的书面记录去核实客户的口头陈述。"而且，因为他担任了律师工作，起草了登记陈述，所以就比没有参加这项工作的外部董事更加了解情况，因此也就负有更重的尽职调查责任。请注意法院认为格拉特容易核实却没有核实的事例，包括发行人在回租合同下的义务、未交订货的实际数量、经营球馆的事实、资金紧缺的程度(官员借钱给公司、支票应寄而未寄、重要债务人的破产等)；而在奥思兰德那里，法官就指不出一个容易核实却没有核实的事实例子。认定格拉特过错时的这种具体事实罗列有助于从证券法民事责任的角度阐明董事的注意义务。

总而言之，不管是内部还是外部董事，都程度不同地负有主动调查和核实公开文件真实性的义务，标准就是一个谨慎的人在经管自己的财产时的用心程度。

二、承销人

承销人也要对全部公开文件的真实性负责，负的也是过错责任。承销人的职责是对发行人公开文件的真实性、准确性、完整性作出详细的核查，包括查阅公司股东会、董事会和监事会近五年内的每次开会记录，公司的重大合同及其执行情况，公司的重大诉讼情况，公司的财会报表，等等，以确定公开文件是否全面而真实地反映了公司的价值。一旦产生疑问或发现问题，便应当顺藤摸瓜，进一步检查公司财会明细表和有关原始资料，并向公司有关负责人提问。承销人还

---

① 我国上市公司常聘请名人当独立董事，以装点门面，付给十万年薪。但是如果有朝一日法律按照这里所说的标准认真起来，很多起不到作用的挂名董事可能会在一夜之间赔得倾家荡产，实在应该引以为戒。

可以与发行人约定开会碰头或者通过电话会议向发行人提问并了解承销人认为必须弄清的信息,直到承销人满意为止。遇到对方回答问题含糊不清、吞吞吐吐时,必须抓住不放,追根究底,直到彻底弄清为止。除此之外,承销人还必须将提问得到的回答同原始档案或原始记录进行核对,得到证实之后才可以放心。在做完了这些工作之后承销人依然对公开文件感到满意的,便可以向负责核准的政府机构推荐准予发行。对于那些本来就不该记录在册也没有记录在册的信息,承销人有权相信发行人的有关官员的口头陈述,必要时可以要求该官员出具书面的署名证词。到了发行承销之日,承销人还要问问情况有没有重大变化,尤其是负面的变化。如有,就必须对公开内容进行更新,必要时推迟承销。如果没有,应请发行人的有关官员出具书面证明,由发行人和该个人连带担保,保证发行人至承销日为止没有发生重大的负面变化,然后才可以在承销协议上签字。承销人在尽到了这些勤勉义务之后,对于公开文件中实际存在但是没有发现的虚假失真就可以解脱责任,不必赔偿投资者因此而遭受的损失。反之,如果没有尽职,就要赔偿投资者的损失。

在巴克利司一案中,主承销商在决定是否承担承销工作之前做了有效的可行性调查,包括阅读社会独立评估机构有关发行人的报告和发行人的年度报告等。这些工作对以后的尽职调查是有帮助的,但还不是尽职调查本身。承担承销工作之后,承销人初期的尽职调查做得也不错,主要是参加发行会议并提出了中肯的问题。但是后来承销人将所有的工作都委托给律师去做,因而律师不光是向客户提供法律咨询,而且是在以代理人的身份代理承销人做尽职调查工作。既然律师的尽职调查不合格,由此而引发的后果只能由承销人承担。

尽职调查的不合格首先表现在主动调查不够,律师助手斯坦顿在巴克利司只待了一天,主要阅读了一些会议纪要,没有查阅主要的合同。就调查过程中遇到的问题,律师也没有一追到底。首先,律师发现执行委员会会议纪要有缺漏而没有坚持要求将那些缺漏的纪要整理出来让他查阅。如果他坚持要求了,他会从这些纪要中发现许多问题。例如,1961年2月27日的会议上执行委员会仔细地讨论了客户的欠款问题,读了会议纪要就会知道说明书中说的巴克利司从1955年以来只被迫购买了不到半个百分点的客户打折欠条这句话已经不真实了。但是他没有要求阅读这些纪要,而只是听信公司官员可丘的话:缺漏的纪要只是关于"日常事务"的,并不重要。而且,在已有的会议纪要中读到执行副总裁拉索说过的"由于客户拖欠款项,巴克利司没准会自己经营球馆"这句话时,律师也没有要求查看发行人的客户拖欠款账单或者打折兑现商的欠款过期通知书,而只相信公司官员的口头回答:拖欠款问题已经不像 1960 年 11 月份(会议纪要时)那么严重了,纪要中的那句关于公司可能会自己经营球馆的话"纯属假设性的"。可见,承销人在尽职调查中光是阅读材料、发现问题、提问和取得口头回答还是不够的,还必须查阅原始的书面材料以核实这些回答的可靠性。

  主动调查不够还表现在律师没有查阅所有的重大合同,尤其是发行人与主要打折兑现商太尔考特的合同,结果,就没有注意到太尔考特在那些集资协议中的权利以及一旦行使权利会给巴克利司带来多么严重的后果。① 未交订货也一样,属于重大的合同,应当查阅汇总,以核实说明书中的数字是否真实。但是律师没有查阅这些合同。另外,律师也没有注意信息的更新。三月份询问了公司官员借钱给公司的事并得到了满意的答复,到五月份发行的时候已经两个月过去了,没有再问一问情况有没有变化。特别是在公司官员可丘坚持要求将一条赋予个人贷款以清偿优先权的条款写进债券合同的时候,律师居然没有产生怀疑。因此,承销人就没能发现四月份发生的新的借款事项,因而也就不知道公司现金流量的严重问题以及公司官员们将债券集资款的一大部分挪作他用的打算。而一个谨慎的人在经管自己的财产时会比这用心得多。所以,承销人的调查没有尽职。

  在我国,承销人的尽职调查是根据中国证监会的具体规定开展的。早在 2001 年 3 月 17 日,中国证监会就发布了《证券公司从事股票发行主承销业务有关问题的指导意见》②,详细规定了承销人尽职调查的内容。附件一《首次公开发行股票申请文件主承销商核对要点》就发行人的组织结构、股本演变、同业竞争与关联交易、主要财产、重大债权债务、重大资产变化、税务、环保、风险因素、内控制度、高层人员变动、各种财务会计资料等方面以提问的方式列出了 439 个问题,要求承销人逐项核查,并填写《首次公开发行股票申请文件主承销商核对表》,作为发行申请文件之一报中国证监会。附件二《主承销商关于上市公司新股发行尽职调查报告必备内容》规定了新股发行中承销人的尽职调查义务,要求填写附件三《主承销商关于上市公司新股发行申请文件核对表》。

  这个指导意见的第 16 条还要求承销人在发行完成当年及下一个会计年度发行人年度报告公布后的一个月内,对发行人进行回访,就其募集资金的使用情况、盈利预测实现情况、是否严格履行公开披露文件中所作出的承诺、以及经营

---

  ① 即一旦有客户拖欠款项而巴克利司不能代为清偿,太尔考特便有权让所有的三百多万元欠款提前到期,请求巴克利司立即清偿,如此必然导致巴克利司破产。
  ② 《中国证券监督管理委员会公告》2001 年第 3 期,第 42 页。

状况等方面是否与推荐函相符等进行核查,出具回访报告,报中国证监会并予以公告。① 此外,从 1995 年开始,中国证监会还规定了承销人辅导发行人的制度,一直延续到现在。

2003 年 12 月 28 日,中国证监会发布《证券发行上市保荐制度暂行办法》(以下简称《保荐办法》),规定所有股票和可转换公司债券的公开发行和上市,都要由具有保荐资格的证券公司推荐。保荐人担任主承销人。保荐人对发行公开文件中无专业意见支持的内容,"应当进行充分、广泛、合理的调查,对发行人提供的资料和披露的内容进行独立判断,并有充分理由确信所作的判断与发行人公开发行募集文件的内容不存在实质性差异"②;对发行公开文件中有专业意见的内容,"应当进行审慎核查,对发行人提供的资料和披露的内容进行独立判断",如果所作判断与专业意见存在重大差异,就"应当对有关事项进行调查、复核,并可聘请其他中介机构提供专业服务。"前面的"充分、广泛、合理的调查",显然与后面的"审慎核查"不同。前者指主动的调查取证,后者指被动的阅读研究。因此,前后两个"独立判断"也不一样,前者指在合理调查的基础上有合理的理由相信文件是真实的;后者指在被动阅读之后没有合理的理由相信文件是假的。只有在后一个判断不能成立,即通过认真阅读发现有问题时,才应变被动为主动,进行调查、复核,并可聘请中介机构提供专业服务。

2008 年 12 月,中国证监会发布《证券发行上市保荐业务管理办法》③(2020 年 6 月 1 日修订)(以下简称《管理办法》),取代了 2003 年的《保荐办法》,对保荐人尽职调查的描述有所变化,但意思是一样的。例如,对专家部分的提法由《保荐办法》中的"专业意见支持的内容"变成了"证券服务机构及其签字人员专业意见支持的内容"(第 8 条)。按照《管理办法》,对非专家部分,"保荐机构应当获得充分的尽职调查证据,在对各种证据进行综合分析的基础上对发行人提供的资料和披露的内容进行独立判断,并有充分理由确信所作的判断与发行人申请文件、证券发行募集文件的内容不存在实质性差异";对专家部分"保荐机构应当结合尽职调查过程中获得的信息对其进行审慎核查,对发行人提供的资料和披露的内容进行独立判断"。这些表述与《保荐办法》在文字上差异很大,尽管意思相同。只有对所作判断与专业意见存在重大差异时的规定,两个文件使用了相同

---

① 这一回访制度于 2004 年 1 月 2 日证监发〔2004〕1 号废止。取而代之的是同年 2 月 1 日生效的《证券发行上市保荐制度暂行办法》中规定的督导期,见正文下面两段。

② 本节前头陈述尽职调查标准时用"合乎情理的"调查和"有合乎情理的理由相信"这样的表述,而这里证监会用"充分、广泛、合理的调查"和"有充分理由确信",语言不同,意思一样,应作相同理解。

③ 《证券发行上市保荐业务管理办法》在取代《保荐办法》的同时也取代了 2001 年的《首次公开发行股票辅导工作办法》。已经 2009 年 5 月、2017 年 12 月、2020 年 6 月三次修改。

的语言。

2006年5月29日发布的《保荐人尽职调查工作准则》(以下简称《准则》),是证监会历年来发布的所有关于承销人尽职调查各种规章的集大成者。《准则》第6条描述尽职调查标准:

> 对发行人公开发行募集文件中无中介机构及其签名人员专业意见支持的内容,保荐人应当在获得充分的尽职调查证据并对各种证据进行综合分析的基础上进行独立判断。
>
> 对发行人公开发行募集文件中有中介机构及其签名人员出具专业意见的内容,保荐人应当结合尽职调查过程中获得的信息对专业意见的内容进行审慎核查;对专业意见存有异议的,应当主动与中介机构进行协商,并可要求其做出解释或出具依据;发现专业意见与尽职调查过程中获得的信息存在重大差异的,应当对有关事项进行调查、复核,并可聘请其他中介机构提供专业服务。

这里称专家为"中介机构及其签名人员",与前述两个文件又稍有不同。不同文件中对承销人尽职调查义务的不同表述说明中国证监会在照搬美国经验的过程中对于具体的表达也拿不定主意,也在不断地学习,努力地寻找更为恰当的语言。不过读者只要知道了美国《1933年证券法》第11条的规定用语和巴克利司建筑公司案所确定的尽职调查标准,就能以不变应万变,很容易理解证监会的意思。那就是把发行公开文件分为两大块:非专家部分和专家部分。承销人对这两个部分的尽职调查标准是不同的。对前一部分的调查责任重,必须经过合理的调查,有合理的理由相信它是真的。对后一部分的调查责任轻,读了之后只要没有合理的理由相信它是假的即可免除责任;但是如果发现问题,即有合理的怀疑理由,就必须追查,这时调查的责任加重,变得与前一部分相似了。合理与否可以用一个谨慎的成年人在照管自己财产时的用心程度去衡量,具体标准必须通过案例中案情的比较才能确定。

但《准则》主要地不是用抽象的语言来描述尽职调查的标准,而是为执行这些标准提供了具体内容。从第二章到第十章,《准则》以工业企业为对象,用66个条文分九个方面极为详尽地规定了保荐人尽职调查的内容,包括发行人基本情况调查、业务与技术调查、同业竞争与关联交易调查、财务与会计调查、风险因素等。

每一个条文都写得十分具体。例如,第9条"改制与设立情况"是这样规定的:

> 取得发行人改制的相关资料,包括改制前原企业(或主要发起人)的相

关财务资料及审计报告、资产和业务构成情况、上级主管部门同意改制的批复文件等，以及发行人的改制方案、人员安置方案、审计报告、评估报告等，并通过与发行人董事、监事、高级管理人员（以下简称"高管人员"）及其员工谈话，咨询中介机构等方法，核查发行人在改制时业务、资产、债务、人员等重组情况，分析判断是否符合法律、法规，是否符合证券监管、国有资产管理、税收管理、劳动保障等相关规定。调查改制完成后原企业或主要发起人的资产构成和业务构成情况，改制前原企业的业务流程、改制后发行人的业务流程，以及原企业和发行人业务流程间的联系；调查发行人成立以来，在生产经营方面与主要发起人的关联关系及演变情况，分析判断发行人改制是否清晰、彻底，是否已将与发行人业务有关的生产经营性资产及辅助设施全部投入股份公司，是否保证了发行人供应系统、生产系统、销售系统等方面的独立性和完整性，以及与原企业或主要发起人在法律关系、产权关系、业务关系（如现实的或潜在的关联交易和同业竞争等）、管理关系（如托管等）等方面是否存在重大瑕疵。

取得发行人设立时的政府批准文件、营业执照、公司章程、发起人协议、创立大会文件、评估报告、审计报告、验资报告、工商登记文件等资料，核查发行人的设立程序、工商注册登记的合法性、真实性；必要时走访相关政府部门和中介机构。

《准则》不但规定了每一项调查的内容，而且指明了调查的具体方法与途径："通过现场调查、咨询中介机构、走访工商管理部门，以及查阅发行人主要股东（应追溯至发行人实际控制人）的营业执照、公司章程、财务报告及审计报告（如有）等方式，调查或了解……"（见第14条第1款）；"查阅商标、专利、版权、特许经营权等无形资产以及房产、土地使用权、主要生产经营设备等主要财产的权属凭证、相关合同等资料，并通过咨询中介机构意见，走访房产管理、土地管理、知识产权管理等部门，必要时进行实物资产监盘等方法，调查……"（见第16条第2款）；"通过询问会计师，查阅银行存款、应收账款、销售收入等相关科目等方法，了解……"（见第46条第1款）；"取得发行人收入的产品构成、地域构成及其变动情况的详细资料，分析……"（见第46条第2款）；等等。

从2001年的主承销商尽职调查核对要点到2006年的《准则》，证监会对承销人尽职调查的要求不断地修正，规定的内容越来越细到，说明证监会自身也在不断地学习和提高中。

值得注意的是，《准则》第41条第1款要求保荐人"审慎核查"经注册会计师审计过的财务报告及相关财务资料，在仔细阅读和研究了这些资料之后还要"对重要的财务事项进行重点核查"。这是很高的要求。因为一般说来,对经会计师审计过的材料,承销人在认真阅读和研究之后,如果没有发现什么可疑的迹象,也没有理由怀疑材料中有虚假不实之处,就可以信任会计师的审计而不必再作进一步的核实,更不需要自行独立审计。只有当发现问题的时候才需要核实。第41条第2款要求的核查正是在"发现异常财务事项"的情况下去做的。但第1款要求的是在没有发现异常现象的情况下仍然要做重点核查,这只能理解为证监会面对目前问题众多的现实所规定的矫枉过正的措施。而这类规定在《准则》中并不限于个别条款。

最后,《准则》第4条还有一项兜底性的规定:"本准则是对保荐人尽职调查工作的一般要求。不论本《准则》是否有明确规定,凡涉及发行条件或对投资者做出投资决策有重大影响的信息,保荐人均应当勤勉尽责地进行尽职调查。"

完成了《准则》要求的调查工作之后,保荐人才能按《管理办法》向中国证监会推荐准予发行。推荐的时候,保荐人必须向证监会承诺其有充分理由确信发行人的申请文件和公开文件不存在虚假记载、误导性陈述或者重大遗漏;有充分理由确信自己的判断与中介机构的专业意见不存在实质性差异;保证自己的保荐代表人及相关人员已勤勉尽责,对发行人的申请文件进行了尽职调查、审慎核查;保证推荐文件与履行保荐职责有关的其他文件不存在虚假记载、误导性陈述或者重大遗漏。这些保证无疑为主承销人日后与发行人承担连带赔偿责任提供了法律依据。所谓保荐,就是担保加推荐,在推荐中作出保证。这是在原来由承销人推荐的做法之上增加了担保的成分。而担保人的作用原本就是替债务人承担连带责任。

《管理办法》还规定了保荐人的自我辩护标准。如果保荐人能够证明发行人的弄虚作假是无法发现的,自己已经勤勉尽责,就可以免除责任。

由于《管理办法》和《准则》都只是行政规章,只能规定行政处罚措施和行政责任,无权规定民事赔偿责任,所以不能直接引用来作为民事追偿的法律依据。追究承销人的民事赔偿责任还是要依据《证券法》第85条。但是,作为一个由主管我国证券市场的专业性行政机关发布的规范性文件,《管理办法》和《准则》都带有行业标准的性质。投资者在民事诉讼中反证承销人没有尽职,违反了《证券法》第10条第2款和第29条规定的核查义务时,是可以将它们作为尽职调查的标准来引用的。反过来,承销人也可以引用这些标准来为自己辩护,证明自己的调查已经尽职。

概括起来,中国证监会发布的上述规章规定了承销人的辅导、尽职调查、和保荐义务。辅导是为了确保发行人规范运作,从而使它的证券质量可靠;尽职调查是为了确保公开真实;保荐是在前两项工作的基础上为发行人担保。但是承担担保人连带责任的标准依然是证券法规定的过错责任。只是举证责任倒置，承销人必须证明自己的调查尽职，因而没有过错；否则就要赔钱。

《2022年司法解释》第17条是最高人民法院首次涉及承销人的过错责任标准，比中国证监会整整落后了20多年。该条规定如下：

> 保荐机构、承销机构等机构及其直接责任人员提交的尽职调查工作底稿、尽职调查报告、内部审核意见等证据能够证明下列情形的，人民法院应当认定其没有过错：
>
> （一）已经按照法律、行政法规、监管部门制定的规章和规范性文件、相关行业执业规范的要求，对信息披露文件中的相关内容进行了审慎尽职调查；
>
> （二）对信息披露文件中没有证券服务机构专业意见支持的重要内容，经过审慎尽职调查和独立判断，有合理理由相信该部分内容与真实情况相符；
>
> （三）对信息披露文件中证券服务机构出具专业意见的重要内容，经过审慎核查和必要的调查、复核，有合理理由排除了职业怀疑并形成合理信赖。
>
> 在全国中小企业股份转让系统从事挂牌和定向发行推荐业务的证券公司，适用前款规定。

第1款第1项总体上要求承销人按照前述证监会发布的《准则》进行调查核实。第2项和第3项分别针对公开文件中的非专家部分和专家部分规定承销人的尽职调查义务，没有尽到义务就是过错。但是这两项在表述上含混不清，从字面上看不出有什么明显的区别，远远比不上前面介绍的中国证监会在《保荐办法》《管理办法》和《准则》中的相关表述，说明最高院在这个问题上的认识还处在初级的阶段上。不过读者经过本节内容的学习，应该知道承销人对非专家部分的调查核实职责远重于对专家部分的核实职责。前者要经过合理的调查有合理的理由相信其真实；后者只要没有合理的理由认为其虚假即可。更为具体的标准要从具体的判例中去辨别。

三、发行人的控股股东、实际控制人

实际控制人出现在公司法和证券法两部法律的多个条文中，是2005年修订时新增加的。《公司法》第216条第3项将实际控制人定义为："虽不是公司的股东，但通过投资关系、协议或者其他安排，能够实际支配公司行为的人。"一般说来，控股股东就是实际控制人。所以最高人民法院在《2003年司法解释》中表述

为"控股股东等实际控制人",表明控股股东也是实际控制人,即实际控制人包含了控股股东。可是,《证券法》第 85 条和其他许多条文都追随公司法表述为"控股股东、实际控制人",将二者并列,说明实际控制人不再包含控股股东,而专指控股股东以外的实际控制公司的人,或者说不控股,甚至不是股东,但却实际控制着公司的人。这种情形在现实生活中是很少的,实例之一是我国有些互联网公司通过 VIE 模式融资,其中就有不是控股股东的实际控制人。① 由于情形稀少,初学者完全可以忽略法条中的实际控制人一词而只关注控股股东。

将控股股东及实际控制人列为被告是有实际意义的,颇具中国特色。② 在我国,大多数上市公司都是由国有企业改制而成的,其实际控制权掌握在母公司的手中,信息公开中的弄虚作假行为往往是在母公司的操纵和配合下进行的。将这样的控股股东或实际控制人拉进来作为直接被告,符合公平的理念。

2019 年对这个条文的修改亮点是将这类责任人的举证责任倒置,即像其他几类过错责任被告一样要求其证明自己没有过错。原先的规定与《公司法》第 20 条③相呼应,要求原告承担初始的举证责任(见 2014 年《证券法》第 69 条)。因为股东的有限责任是公司法明文规定的,也是公司法上众所周知的原则。不管是控股股东还是其他中小股东,其对公司债务的责任都应当限于其出资的数额。只要其出资已经到位,就不再承担其他的公司债务责任。公司弄虚作假,侵犯了投资者的合法权益,由此而产生的侵权债务只能由公司负责,不能由股东负责,即使这个股东是控股股东,是母公司,也应如此。股东对公司的债务承担责任只有在刺穿公司面纱的情况下才能成立。比如说,母子公司间财产界限不清,关联交易频繁,无偿或者不等价地互相流转和调拨财产;母公司对子公司的严密控制已经使子公司失去了独立的意志,完全成了傀儡;或者母公司把子公司当作一个工具来实施欺诈行为,等等,都可以刺穿公司面纱,在子公司的财产不足以清偿的时候责成母公司替子公司偿债。但刺穿公司面纱适用普通举证程序,举证责任不倒置,即由原告来证明被告的过错。原先证券法要求原告举证,应该就是出

---

① VIE 是英文 variable interest entity 的缩写,中文一般翻译为可变利益实体。为了规避国内法规的限制,来自国外的投资并不直接投入国内的互联网公司,而是注入一个外资企业,再由该外资企业借钱给互联网公司并与之签订控制协议。通过这样的安排,外国的投资者就控制了国内的互联网企业。

② "近年来,上市公司控股股东或者实际控制人通过各种手段掏空上市公司,上市公司董事、监事、高级管理人员不勤勉尽责甚至弄虚作假,损害上市公司和中小投资者合法权益事件时有发生。"见周正庆 2005 年 4 月 24 日在十届全国人大常委会第 15 次会议上作"关于《中华人民共和国证券法(修订草案)》的说明"第一部分。

③ 我国《公司法》第 20 条第 1 款和第 3 款对刺穿公司面纱作了原则性规定:"公司股东……不得滥用公司法人独立地位和股东有限责任损害公司债权人的利益。……公司股东滥用公司法人独立地位和股东有限责任,……严重损害公司债权人利益的,应当对公司债务承担连带责任。"这里所说的债权债务,自然既包括合同的债权债务,也包括侵权引起的债权债务。引用这一条状告股东的,原告需要证明股东有过错。

于这样的考虑。

2019年的修改将举证责任倒置，主要考虑到投资者诉讼的困难，因为在现有的民事诉讼规则下，作为原告的投资者要收集到发行人的控股股东和实际控制人的过错证据难于上青天，因而规定这类责任人的民事赔偿责任实际上没有意义。只有将举证责任倒置，让控股股东和实际控制人来证明自己没有过错，他们的民事责任才有意义。

《证券法》没有对控股股东和实际控制人的具体义务和过错责任标准作出明确的规定。对其他几类过错类责任人，《证券法》第10条第2款、第19条第2款、第29条、第163条第1句明确规定了他们的尽职调查义务，要求他们勤勉尽责，但是对控股股东和实际控制人则什么义务也没有规定。他们在发行公开中应该做些什么？主动的监督以确保公开真实，还是被动的不参与、不唆使作假？抑或像别的过错责任人那样还要调查核实？都不清楚。证券法没有规定，公司法更不会规定。而没有义务，又哪来责任？

《2022年司法解释》第20条第1款规定："发行人的控股股东、实际控制人组织、指使发行人实施虚假陈述，致使原告在证券交易中遭受损失的，原告起诉请求直接判令该控股股东、实际控制人依照本规定赔偿损失的，人民法院应当予以支持。"由此看来，控股股东和实际控制人的义务仅限于不指使发行人造假，并无主动监督的义务。因此，在实际诉讼中，控股股东和实际控制人只要证明自己对发行人的发行申请和信息披露不加干预，就可以免责了。

四、专家——为发行、上市、交易出具文件的证券服务机构

为发行和上市出具文件的证券服务机构是指《证券法》第160条列举的从事证券服务的财务顾问机构、资信评级机构、资产评估机构、会计师事务所。2005年以前的法律用语是"专业机构和人员"。中国证监会据此制定的一系列行政规章也都使用了这样的或类似的用语。2005年改称"证券服务机构"，去掉了"人员"一词，现行法依然如此，意味着只追究机构责任，不追究个人责任。这点不合理，已经在审判实践中显现，前面已有注释。

会计师事务所出具审计报告、资产评估机构出具资产评估报告、财务顾问机构出具财务顾问报告、资信评级机构出具资信评级报告，等等，都需要专业知识。因此，这些人习惯上称为**专家**。律师算不算专家？按照美国的判例法，不算。2005年《证券法》第169条没有将律师事务所列为专业性证券服务机构，但在修改后的现《证券法》第160条中已经明确将律师事务所与其他机构并列，因此现在律师应当算专家。美国不算的理由是全部公开文件都是律师起草的，如果律师算专家，那么全部文件都是专家部分，这显然不合理；而我国的律师主要出具

法律意见书,并不起草全部公开文件。特别是发行公开的核心文件——招股说明书在美国是由律师起草,而在我国是由承销人起草的。① 这样,我国律师作为专家也说得过去。

专家的责任比较特别。首先,在责任范围上,发行人、承销人、发行人的董事、监事、高级管理人员和其他直接责任人员,不管负的是有过错还是无过错责任,都要对全部发行、上市、或交易的公开文件负责,而这些为发行、上市、或交易出具文件的专家却只对其审查并认证的文件负责,对其余文件中的虚假以及投资者由此遭受的损失不必负责。也就是说,他们只对部分文件负责,不对全部文件负责。在这里,我们不妨把全部发行文件分为两个部分,一个叫做专家部分,另一个叫做非专家部分。经过专家审查过和认证过的部分是**专家部分**;其余的叫**非专家部分**。前述中国证监会在《证券发行上市保荐业务管理办法》和《保荐人尽职调查工作准则》中将发行公开文件分为有专业意见支持和无专业意见支持两个部分,用语不同,意思相同,分法也相同。为发行、上市、或交易出具文件的专家只对各自审查和认证的专家部分负责;不对其他专家部分和非专家部分负责。其次,在责任的轻重上,对专家部分的责任,专家与非专家的勤勉义务有所不同。对专家来说,他必须就其审查的部分进行主动的和全面的调查,核实文件中的各种数据,充分地运用他的专业知识,在调查核实的基础上有合乎情理的理由相信②发行人的公开是真实、准确、完整的,他才算尽到了勤勉的义务。而对于非专家来说,他在看了经专家审计过的文件以及专家的审计报告和结论之后,只要没有理由怀疑文件有任何的虚假、误导或者遗漏,便算尽到了勤勉的义务。③ 也就是说,对于公开文件的专家部分,专家的勤勉义务和责任要重于非专家。专家对于专家部分的责任和非专家对于非专家部分的责任是类似的,都负有主动调查的勤勉义务。

专家从事尽职调查,首先必须称职、熟悉业务。在此前提下按照行业内普遍公认的专业标准进行审计或评估。如果单位或机构内部根据这一标准制定了书面的应审事项纲要或评估计划,就应当按照这样的纲要或计划认真审计或评估。审计中一旦发现疑问,就要追查到底,彻底弄懂。追查时可以向公司官员口头提问,得到回答后还要用原始的书面材料核实这些口头的回答。只有在账面、口头

---

① 美国法学是强势专业,律师也是强势行业,所以呈扩张趋势,很多在我国由经济学家、承销人等做的事都由律师去做;而我国法学是弱势专业,律师也是弱势行业,所以呈收缩趋势,很多美国律师能做的事情,我国律师都做不了。

② 试比较中国证监会在《证券发行上市保荐业务管理办法》第23条中使用的语言"有充分理由确信",表述虽然不同,但基本意思应该是一样的。实际检验起来,标准也应该是相同的。

③ 证监会在《保荐人尽职调查工作准则》中似乎提出了比这更高的要求,见前一小节的论述。有兴趣的读者也可找该准则来阅读。

回答、和原始证明材料相一致的情况下，才能对发行文件的专家部分予以认证。只有这样，调查才是尽职的。

在巴克利司一案中，法院认定审计人披马维克会计师事务所对发行人1960年财会报表的审计和对1961年更新数字的审查都没有尽职。1960年审计的主要问题是没有发现天堂球馆并没有卖出去，正在由发行人自己经营的事实，因为发行人的财会报表将这个球馆算作已经售出，从而虚增了销售额和利润。受披马维克派遣从事整个审计的是高级会计师布拉地。布拉地在审计的时候，看到一份该球馆的买卖合同，又看到该球馆列在发行人已经售出的球馆名单上，就理所当然地将它计入了销售额。如果事情到此为止，那么布拉地的审计应该是尽职的，因为没有任何危险信号警示他合同没有履行或者球馆没有售出。但问题在天堂球馆还有另一个名称——大厦球馆，关于大厦球馆有不少信号提示他发行人正在经营它，而布拉地始终不知道这两个不同的名称指的是同一个球馆，也没有对所获得的信号追踪调查，因而不知道发行人正在经营球馆的事实，而是错误地认为球馆还没有建好，支付租金只是因为占有空地的缘故。布拉地读过1960年11月22日的董事会纪要，知道董事会授权一个子公司经营大厦球馆，从其他文件中他还知道大厦球馆正在支付租金，并且订有火灾保险、员工薪水保险、和公共责任保险三份合同。法官认为基于这些事实，布拉地不应该简单地认为球馆还没有造好，而应该做进一步的调查。如果他做了进一步的调查，通过调查弄清楚了发行人正在经营大厦球馆的事实，他就有可能知道大厦和天堂其实是同一个球馆，天堂球馆并没有售出去。① 此外，巴克利司的某些会计记录，例如6036号工程的成本账卡上写着"大厦剧院（天堂）"，两张应收账款卡片上都同时写着两个名字：大厦和天堂。布拉地或许认为为审计的目的，光看应收账款的记录就够了，没有必要查阅这些卡片。法官承认"这是一个两边接近的、难断的问题。"但是因为举证责任在披马维克，法官认为披马维克没有能够充分地举证，所以只能得出其调查没有尽职的结论。

对于另一份同样是没有卖出去而账面上算作已经卖出去的资产——哈沃德球馆旁屋，因为所查阅的档案中没有任何的危险信号足以引起审计人的警觉，所以法院认为审计人不了解这一事实，完全是公司隐瞒的结果，审计人的调查在这个问题上已经尽职。

1960年审计中的另一个问题是审计人把不会在一年之内全部退还的后

---

① 法官没有说这句话，但是有这个意思，因为这是其论证推理的逻辑中的一个必要环节。

备基金算作流动资产,这或者是不懂业务,或者是疏忽大意。

在1961年第一季度更新数字的审计中,审计人没有切实执行事务所专门为这类审计制定的审计计划,没有检查计划要求检查的全部文件,尤其是执行委员会的会议纪要和重要的合同,因而不知道有两个球馆属于内部买卖,另外六个球馆还没有订单。他只知道发行人资金紧缺,却不知道紧缺到什么程度,不知道公司押下了大量的已署名支票不寄,等待着集资款的注入;不知道公司在向公司官员和制造商信托公司借款;不知道客户拖欠债务情况的进一步恶化。法院认为"在他看过的材料里有着足量的危险信号要求他作进一步的调查"。这些危险信号至少包括:(1)六处T形球馆没有标价;(2)发现"资金紧缺";(3)从打折兑现商那里得到了一些有关债务拖欠的情况。审计人只检查了更新阶段的试算平衡表,将它与经过审计的前阶段的数字比较,就比较中发现的问题提问,得到回答,感到满意,就不再去核实。例如,对资金紧缺,启翎解释说只是"暂时有点困难",审计人就相信了,没有作进一步的核实。法院认为这样做没有达到普遍接受的会计标准,从而使整个更新审计毫无用处。证明尽职的举证责任在被告,审计人没能证明。

总之,主观要件的举证责任在被告。被告证明自己没有过错的途径是证明自己对于违法事实的调查已经尽职。因此,诉讼中双方争执的焦点是被告的调查是否尽职。

应当说明,不管是承销人的尽职调查还是专家的尽职调查,其阅读量都是巨大的。拿承销人的尽职调查来说,光五年内的各种会议记录往往就有几大本,合同也是一大沓,往往一份合同就有几十页,要全部查阅清楚,并不是一件容易的事。审计人的审计工作同样是耗时耗力的。除了资产负债表、损益表、现金流量表等主要财会报表之外,还要审查各种明细表和大量的原始凭证和资料。所以当我们作为事后诸葛亮去阅读法院判决时,法院已经从大量的事实中挑出了毛病,自然我们会觉得被告的所作所为实在太不像话,工作确实过于疏忽大意了。但是当你实际从事尽职调查工作的时候,你就会发现巴克利司一案中的那个被告所犯的错误也是你很容易犯的或者很自然会犯的错误。这就给每一个从事尽职调查工作的人敲响了警钟,要求你恪尽职守、一丝不苟地进行尽职调查,不得有任何的侥幸心理。

2006年3月29日,在科龙电器造假案浮出水面后,科龙的一位小股东在上海市黄浦区人民法院起诉科龙的审计人德勤华永会计师事务所有限公司,诉状称 2004 年 4 月 19 日,被告对科龙 2003 年年报出具了无保留意见的审计报告,致使原告于 2004 年 11 月 11 日和 2005 年 3 月 25 日分别以每股 5.02 元和 3.81 元的价格买入科龙股票各 100 股,直到 2005 年 8 月 2 日中国证监会公布科龙电器财务报告不实的消息,原告才知道真情,损失 495 元。被告的行为违反了《注册会计师法》第 21 条和《证券法》第 173 条(现行法第 163 条),按《注册会计师法》第 42 条,应赔偿原告 495 元。① 数目虽然不大,性质却很典型。从证券法的角度看,最终都会落实在会计师的尽职调查标准上。

差不多同时,4 月 7 日,中国证监会举行对德勤行政处罚的听证会。② 听证会上的控辩焦点恰恰是德勤的尽职调查有没有做好的问题。据报道,证监会所指控的都是德勤在审计中的一些"硬伤"。首先,在对科龙电器各期存货及主营业务成本进行审计时,德勤直接按期末存货盘点数量推算各期主营业务成本,没有充分地抽样调查。其次,在抽样盘点时,没有确定好有效的抽样范围,因而未能发现科龙虚构的出货记录和销售收入。事实上,科龙的存货都封存在仓库里,并没有发出去。最后,科龙的应收账款中有大量的出库未开票存货所确认的销售收入。审计人就此向 4 家客户发函询证,客户回复时仅在询证函的首页盖章,而首页并没有对后附明细表作金额和数量的综述,不符合会计准则。而且,将出库未开票存货确认为销售收入的做法本身就有问题,尤其是审计人在存在异常销售退回的情况下仍然没有充分注意各期真实的销售情况,存在着重大的审计失误。

《注册会计师法》第 21 条规定:"注册会计师执行审计业务,必须按照执业准则、规则确定的工作程序出具报告。"如果证监会的上述指控被证实,那么,德勤对科龙电器的审计没有尽职是确定无疑的了,因为它显然违反了《注册会计师法》第 21 条的规定,没有按照独立审计准则来审计。业内人士评论说,如果达到了会计行业内普遍接受的审计准则③,一般来说就可以算已勤勉尽责。在巴克利司案中,法官也曾这样说过:"不应当要求会计师们遵守比专业公认的准则更高的标准,我在这里也没有这样做。但是布拉地的审计没有达到这种专业标准,因

---

① 这位股东同时引用证券法和注册会计师法,显然是想避开最高人民法院就证券市场虚假陈述所设置的前置过滤屏障,但是后来没有避开,还是被法院驳回了。前置过滤屏障见后面第五节的介绍。
② 见《德勤听证会今日举行,多项硬伤浮出水面》,载《上海证券报》2006 年 4 月 7 日第 A8 版。
③ 财政部 2006 年 2 月 15 日发布了 39 个《企业会计准则》和 41 个《中国注册会计师审计准则》,2007 年 1 月 1 日起施行。41 是从网上查阅到的数字,但 2006 年 4 月 6 日《上海证券报》A2 版报道,审计准则共有 48 个。这些准则时有新的解释和修正,如 2017 年财政部对第 9—12、14 和 16 号企业会计准则的解释和修正。

为他连披马维克的书面计划所规定的某些步骤都没有采取。"

就目前情况来看,行业标准的遵循将是专家的调查是否尽职的关键。《2022年司法解释》第18条并没有提出更高的要求:

> 会计师事务所、律师事务所、资信评级机构、资产评估机构、财务顾问等证券服务机构制作、出具的文件存在虚假陈述的,人民法院应当按照法律、行政法规、监管部门制定的规章和规范性文件,参考**行业执业规范**规定的工作范围和程序要求等内容,结合其核查、验证工作底稿等相关证据,认定其是否存在过错。
>
> 证券服务机构的责任限于其工作范围和专业领域。证券服务机构依赖保荐机构或者其他证券服务机构的基础工作或者专业意见致使其出具的专业意见存在虚假陈述,能够证明其对所依赖的基础工作或者专业意见经过审慎核查和必要的调查、复核,排除了职业怀疑并形成合理信赖的,人民法院应当认定其没有过错。

(黑体添加)可见,专家只要遵循了行业标准,即可免责。目前充当被告的专家主要是会计师事务所,判其赔偿的原因都是偷工减料,没有达到行业标准。为此,《2022年司法解释》第19条特地为会计师事务所作出专门规定:

> 会计师事务所能够证明下列情形之一的,人民法院应当认定其没有过错:
>
> (一)按照**执业准则**、**规则**确定的工作程序和核查手段并保持必要的职业谨慎,仍未发现被审计的会计资料存在错误的;
>
> (二)审计业务必须依赖的金融机构、发行人的供应商、客户等相关单位提供不实证明文件,会计师事务所保持了必要的职业谨慎仍未发现的;
>
> (三)已对发行人的舞弊迹象提出警告并在审计业务报告中发表了审慎审计意见的;
>
> (四)能够证明没有过错的其他情形。

(黑体添加)重点在第1项,要求严格遵守行业标准,意思和第18条是一样的,并无新意。从目前情况看,最高院不可能对专家的尽职调查提出比行业标准更高的要求。

附：

艾斯考特诉巴克利司建筑公司案

Escott v. BarChris Construction Corp.
283 F. Supp. 643 (S. D. N. Y. 1968)

（本判例原文的背景介绍部分涉及美国诉讼程序法和成文证券法中一系列相互关联而又比较晦涩的文句，为了方便我国读者的阅读和理解，本书对这一部分作了改写，增添了一些必要的解释，删除了一些与本章内容无关的程序性的介绍。）①

巴克利司建筑公司于1961年5月24日发行了350万美元年息5.5%的可转换低级债券。一年之后公司破产。债券的持有人得不到清偿，其中的九位便以他们自己的名义同时也代表所有的债券持有人于1962年10月25日集体起诉。后来不断有别的债券持有人作为原告加入进来，到1968年3月29日判决时共有六十多人。

被告分为三类。一是登记陈述的署名人；二是承销人，包括八家投资银行；三是审计人。这些人都是法定的、对发行公开的真实性负有责任的人。

署名人首先是巴克利司公司本身，另外还有公司的总会计师和九个董事。在这九个董事中，五个是巴克利司的官员，即内部董事，包括：总裁魏托罗和副总裁普格里斯，这两个人没有受过教育，法院说他们完全没有处理资金往来的能力；执行副总裁拉索，实际上行使着总裁的权力；财务主管可丘是注册会计师，以前在披马维克工作；本波1960年10月才开始为巴克利司工作，1961年4月17日才担任董事和文书。此外，还有监事与总会计师启翎，1960年离开披马维克到巴克利司工作。四个是外部董事，格拉特是巴克利司公司所雇的普金律师事务所的成员，于1960年10月开始担任董事；可尔曼是觉克思尔投资银行的合伙人，于1961年4月17日担任董事；奥思兰德和罗丝也从那天开始担任董事，但是与巴克利司没有别的联系。承销人包括觉克思尔与其他七家投资银行。审计人名为披特、马维克、米切尔和公司（简称"披马维克"），是一家会计师事务所。

根据美国《证券法》第5、10、11条的规定，公开发行证券前必须向美国国家证券与交易委员会（简称"证交委"）登记一个陈述。这个陈述的目的是全面、如

---

① 译文注释凡未特别标明者，皆为本书作者所加。

实地反映所发行证券的质量。它由发行说明书和许多其他的发行公开文件组成，统称为登记陈述。登记陈述充分地公开之后才能发行证券。如果登记陈述中存在重大的失真或者遗漏，致使投资者遭受了损失，对公开失真负有责任的人就要承担赔偿的责任。在所有的责任人中，发行人对公开真实性负无过错责任；其他责任人都负过错责任。但是真正到了赔偿的时候，发行人公司往往已经或者将要破产，对原告没有太大意义，有意义的是其他有钱的被告。

原告在诉状中称巴克利司公司在证交委登记并于1961年5月16日生效的有关本次债券发行的公开文件含有重大的失真和遗漏，致使原告购买了债券并遭受了损失，要求被告们承担赔偿的责任。

美国《证券法》第11条规定，过错责任人只要尽了勤勉的义务，就可以不负民事责任。什么是这些人的勤勉义务呢？法律将责任人区分为专家和非专家，将登记陈述分为专家部分和非专家部分。专家指审计师、资产评估师、工程师等。这些专家分别对登记陈述的某个部分运用其专业知识予以认证。专家部分就是指这个经专家认证过的部分。除了专家部分之外，其余的都是非专家部分。专家与非专家对这两个不同的部分分别负有不同的责任。

本案中法院首先作出了两个裁定。第一，发行人的律师和承销人的律师都不是第11条意义上的专家，否则整个登记陈述都成了专家部分，因为都是律师起草的；本案中只有审计人是专家。第二，本案中登记陈述的专家部分是指审计师认证过的巴克利及其子公司的综合资产负债表以及与此相关联的、同样是经过审计师认证的利润表；审计人没有认证过的财会报表和数字不属于专家部分。

第11条规定，非专家对于登记陈述中的非专家部分，必须经过合理的调查，有合理的理由相信也确实相信在登记陈述生效的时候，这些文件的内容真实，没有遗漏为了避免误导而必须说明的重要事实，方可免除责任；而对于登记陈述的专家部分，除非他直接负有责任，他在登记陈述生效的时候，没有合理的理由相信也确实不相信这些文件的内容有虚假，或者遗漏了为了避免误导而必须说明的重要事实，即可免除责任。专家对于他所认证的专家部分的责任，与非专家对于非专家部分的责任是相似的，即他必须经过合理的调查，有合理的理由相信也确实相信在登记陈述的这个部分生效的时候，其内容真实，没有遗漏为了避免误导而必须说明的重要事实。

"合理的调查"和"合理的理由"中合理的标准是一个谨慎的成年人在管理自己的财产时所用的心或者应尽的注意义务。

被告们否认登记陈述有虚假记载。除了发行人之外，每个被告还都以自己已尽勤勉义务为理由,①要求依法免除其责任。问题在于他有没有证明他已经尽到了勤勉的义务。

为了确定被告的民事责任,法院需要回答以下三个问题:第一,登记陈述中有没有虚假记载,或者应当记载而没有记载的误导性遗漏。第二,如果有,这些虚假记载或者遗漏是否重要。第三,如果是,各个被告的辩护理由是否成立,换句话说,他有没有尽职,有没有做到应有的勤勉。

判词长193页,判定登记陈述在许多重要方面含有虚假的和误导性的记载,除发行人之外的其他被告或者事先知道这些虚假和误导,或者虽然不知道,但是没有能够尽到应有的勤勉义务去发现这些虚假和误导,犯有过失,因而必须承担相应的民事责任。

巴克利司公司成立于1955年,是由魏托罗和普格里斯两人的合伙组织转化而来的。公司主要建造保龄球馆,并且正好赶上了1952—1962年由于棒槌自动置放机的引进而产生的保龄球热潮。其经营方式是先与客户订立合同,得到一笔数目较小的定金,然后就开始建造并装配球馆,完工交付之后,客户便以在数年之内分期付款的欠条来支付剩余的全部价款。公司将这些欠条拿到一家打折兑现商那里兑现,并为这些欠条作半数担保,该兑现商则在打折的基础上再扣留部分价款,以便支付巴克利司的担保义务,余额均如数兑现。

从1960年开始,公司采用了一种新的可选择融资方式——出售与回租相结合。公司负责装配球馆,装配完毕之后,将球馆卖给打折兑现商太尔考特。太尔考特付给全部价款并将球馆租赁给巴克利司的客户或者子公司,如果租给子公司,子公司再租给客户。在前者,公司担保租金的25%,在后者,则担保100%。

不管采用哪一种融资方式,巴克利司在保龄球馆建成之前都要预付大笔的款项,短时间内不能收回,因而公司总是缺少现金。随着其经营规模的扩大,这种紧缺更加突出。

1959年,巴克利司公开发行了56万股普通股票,每股3美元。1961年年初,公司又需要运行资金,本案中牵涉的债券就是在这样的背景下发行的,其集资款一部分即被用于公司的运行。发行募集文件是在1961年3月30日向证交委登记的,5月11日第一次修改,5月16日第二次修改,同日生效。集资款项于5月24日交付完毕,巴克利司于同日得到该次集资的净款项。

当时,巴克利司的应收账款正在遇到困难,有些客户在他们的分期付款的欠条到期时仍然不能向打折兑现商付清,情况越来越严重。从1961年到1962年,

---

① 他们还相互指责,推诿责任,但法院在本判词中只考虑其应有勤勉的辩护,不考虑其他的主张和请求。

虽然巴克利司还在继续建造保龄球馆,但是该行业过剩的现实变得越来越明显,许多球馆都倒闭了。1962年5月,巴克利司试图再次发行股票集资,但是没有成功,它在登记之后又撤回了登记。1962年10月29日巴克利司根据联邦破产法第十一章的规定主动要求破产,11月1日,它没有支付本案中这批债券的到期利息。

经法庭取证,登记陈述中的虚假记载和遗漏包括下列各项:

1. 1960年损益表

销售	
说明书	9165320
正确数字	8511420
多算	653900
营业净收入	
说明书	1742801
正确数字	1496196
多算	246605
每股盈利	
说明书	0.75
正确数字	0.65
多算	0.10

2. 1960年资产负债表

流动资产	
说明书	4524021
正确数字	3914332
多算	609689

3. 按可选择融资方式计算的截至1960年12月31日的潜在债务①

说明书	750000
正确数字	1125795
少算	375795
天堂球馆应当计为负债	325000

---

① 按照巴克利司新的可选择融资方法,当它将球馆卖给太尔考特之后,太尔考特或将球馆租给巴克利司的客户,或者租给巴克利司的子公司。租给前者,巴克利司担保25%的客户义务;租给后者,巴克利司必须担保100%。而说明书只说巴克利司有可能承担25%的租金。对第二种情况来说,公司的潜在责任被少说了75%。

4. 截至1961年4月30日的潜在债务
  说明书   825000
  正确数字   1443853
  少算   618853
  天堂球馆应当计为负债   314166

5. 1961年3月31日为止的季度利润数字
  销售
  说明书   2138455
  正确数字   1618645
  多算   519810

  毛利
  说明书   483121
  正确数字   252366
  多算   230755

6. 1961年3月31日为止未交的订货
  说明书   6905000
  正确数字   2415000
  多算   4490000

7. 没有说明1961年5月16日尚未清偿的公司官员的贷款   386615

8. 没有说明不按说明书所说用途使用的募集资金 1160000

9. 没有说明1961年5月客户们逾期不付款的事实及其可能给巴克利司带来的后果 1350000

10. 没有说明巴克利司已经在从事,并且将更多地从事保龄球馆的直接经营的事实。

  法院认为除了本波一人之外,所有的内幕人员都必须对全部登记陈述负责。他们故意公示了这些虚假的登记陈述。拉索知道所有的事实,像发行人一样没有任何的辩护理由,必须对全部文件负责。魏托罗和普格里斯虽然没有受过教育,阅读登记陈述有困难,但是也没有理由相信文件的内容都是真实的。启翎作为可丘的下手,虽然不知道某些虚假之处,但是依然必须对全部文件负责。

  (以上除报表数字之外均为本书根据原文所作的概括,与判词原文在文字上并不完全一致。以下则为原文,由本书作者翻译)。

可 丘

　　可丘是公司出纳,又是首席财务官员。作为一位注册会计师,他对巴克利司的财务状况了如指掌。他知道巴克利司与太尔考特合同的条件,知道客户们没能按期付款。1961年5月,他与拉索一起,努力将太尔考特应付过去,一直到募集的资金进来为止。他知道募集来的资金将如何使用,并且确保按照这些计划的用途使用。他也安排了公司官员们的贷款并知道一切与此有关的事实。

　　此外,作为执行委员会的一员,有人不断地向可丘报告那些不属于他直接管辖的部门的情况。他知道正在经营和将要经营的球馆,知道大厦被包括在1960年的销售额中,布里奇和约克思被包括在1961年第一季度的销售额中,而事实上这些球馆都还没有卖出去。他也知道包含在未交订货数字中的客户合同是有问题的。事实上,后来他还特别批评了拉索对T形球馆的处理。总之,可丘知道所有有关的事实。

　　可丘参与了登记陈述的准备工作。他与格拉特、有时也与巴勒特[①]商量,并回答他们提出的有关公司的问题。他很内行,手头有说明书的文本,知道里头说了什么和不说什么。

　　可丘为自己辩护说,他以前从来没有参加过登记陈述的起草工作,不知道那里头应当含有什么内容,因此他完全依赖于格拉特、巴勒特、和披马维克的指导。如果文件内容有什么错的话,那完全是他们的责任。不管怎样,他对他们说的话都在公司的记录簿内,只要这些专家们去看一下这些簿子,就会找到同样的事实。反正他如实地回答了所有的问题。如果他们懂得太少,因而问的问题不对或者没有给他适当的指示,那并不是他的责任。

　　这里有个可信度的问题。事实上,可丘在与格拉特及巴勒特打交道时并不坦率,他隐瞒了一些事实。但即使他没有隐瞒,他也还没有尽到法律意义上的勤勉义务。可丘了解事实,应当知道说明书的专家部分,即1960年的数字,是部分失真的。他不可以在明明知道事实的情况下,却闭着眼睛,完全依赖披马维克去起草说明书的专家部分。至于说明书的非专家部分,可丘了解事实,没有任何合理的理由认为该部分是真实的。恰恰相反,他一定知道它是部分失真的。在这样的情况下,他没有权利袖手旁观,责怪律师没有给他忠告。

　　可丘没有证明他已尽到了勤勉的义务。

……

[①] 巴勒特是承销人的律师,见后面对承销人的介绍。

本　波

本波是个年轻的律师，1957年开始行业，曾经先后在两个不同的律师事务所工作过一段时间，而后开了他自己的事务所，但时间都不长。1960年10月，他为巴克利司所雇佣，成为该公司的法律顾问和助理文书。不幸的是，在巴克利司本次发行的公开文件初稿登记之后，他于1961年4月17日晋升为公司文书，并当上了董事。因此，他便在以后的登记陈述修改稿上签了名，从而对最后定稿的说明书的真实性和准确性负有责任。

虽然说明书在描述公司管理层时将本波列为执政官员之一，并且介绍了他的履历，实际上他既没有行政权力，又没有参与公司的经营和管理。作为法律顾问，他处理了一些日常的法律事务。例如，他登记了巴克利司的一些子公司，包括经营大厦球馆的大厦球馆有限公司、后来经营约克思球馆的约克思球馆有限公司、和后来经营布里奇球馆的大道球馆有限公司。所以他了解这方面的情况。

本波检查过公司的合同，曾经告诉公司那些T形球馆合同没有法律约束力。所以他知道那个事实。

从公司的助理文书到文书，本波的主要工作之一是对公司及其子公司的会议进行记录，这使他在很大程度上能了解公司的情况。然而，由于他最初不是执行委员会的成员，他没有记录过早先的会议。根据公司记录，他"因该委员会的邀请"第一次参加会议是在1961年3月22日。后来他很快就成了委员会的成员，从1961年4月24日的会议开始，他就担任记录工作。

看来，说明书中的许多失真之处本波大概是不知道的。但是，他至少知道一些。不管怎么说，他没有调查，只依赖别人做事。与启翎不同，他有权就1960年的数字依赖披马维克，因为看来他对公司的账目和现金往来是不知道的。但是对于说明书的其他部分，他没有权利依赖可丘、格拉特和巴勒特。作为一个律师，他应当知道法律所规定的义务，知道对于他所签署的文件的非专家部分，他有义务进行合理的调查，以确定其是否真实可靠。本波没有作这样的调查，因而没有合理的理由相信这些内容都是真实的。这样，除了1960年的数字之外，他也没有证明他已经尽到了应有的勤勉义务。

奥思兰德

奥思兰德是一位外部董事。他是长岛峡谷小溪民族银行的董事长。1961年2月，魏托罗请他给巴克利司当董事，并且热情地向他描述了巴克利司的业绩和发展前景。作为一点引诱，魏托罗许诺说这一次发行集得资金之后，他将在奥思兰德的银行里存款100万美元。

从 1961 年 2 月到 3 月初,奥思兰德对巴克利司作了一番调查。他拿来邓与布拉德斯觉特报告,查看了巴克利司 1960 年底之前的销售与盈利情况。他派人询问了巴克利司的一些开户银行,它们都对巴克利司看好。来自太尔考特的反馈也说巴克利司挺不错。

在这样调查摸底的基础上,1961 年 3 月 3 日,奥思兰德表示愿意担任巴克利司的董事。3 月 14 日,可丘给他寄来一本巴克利司 1960 年的年度报告。奥思兰德看到巴克利司的审计人是披马维克。而披马维克也是峡谷小溪民族银行的审计人,已经给奥思兰德留下了良好印象。

1961 年 4 月 17 日,奥思兰德被选举为董事。当时发行文件的初稿已经登记。1961 年 5 月 10 日,他在登记陈述的初次修改稿的署名页上签名。因为署名页是单独的,没有附在登记陈述上,所以他当时并不清楚是什么东西,只知道是某一个发送给证交委的文件。初次修改稿于 5 月 11 日登记。

5 月 15 日,董事会开会,奥思兰德参加了。那里他又在一张署名页上签了一次名。那是登记陈述的第二次修改稿,也是最后的定稿。和上次一样,署名页是单独的一张纸,奥思兰德没有看到登记陈述。不过,那一次他知道所签名的是证券发行文件。在当天的会议上,登记陈述初次修改稿的一个复印件在会上传阅。奥思兰德粗粗地翻了一下,没有细看。在该次会议上,拉索和魏托罗说一切都在有序进行,说明书是正确的。奥思兰德相信他们说的话。

在考虑奥思兰德的应有勤勉辩护时,应当对说明书的专家部分和非专家部分作出区分。对于专家部分,奥思兰德知道披马维克已经对 1960 年的数据作了审计。他一向信任披马维克,因而相信这些数据是正确的。他没有理由怀疑这些数据。但是对于非专家部分,他似乎认为披马维克也都是审计过的。这个印象显然是错误的,而只要他认真地阅读一下说明书,他就会发现这个错误。但是他对说明书的真实性和准确性不作任何调查,而是完全依赖魏托罗和拉索的陈述和他在 2 月份和 3 月初所作的调查。那些调查及其所得到的回答都是粗略的和一般性的,与说明书里的具体陈述没有联系,而且说明书是在这以后制作的。

诚然,奥思兰德是在集资的前夕担任董事的,他没有机会来熟悉公司的事务。问题在于在这样的情况下,他对说明书的非专家部分有没有尽到应有的勤勉义务。在这个问题上尚无先例可以遵循,但是英国的公司法与我们的证券法类似,英国法院在 1915 年根据该法判过一个案子,那儿一位董事自己没有看过说明书也不知道说明书的任何内容,公司总经理对他说情况都好,他就相信了。法院判决他必须对说明书中不真实的部分负责。

第 11 条所列的各类应当承担责任的人员中,董事首当其冲,不管他是不是新来的。他被假定为在担任董事时就知道他的责任。他想要逃避责任,就必须用一个谨慎的人在照管他自己的财产时所运用的那种用心去调查有关的事实。我觉得,一个谨慎的人在这么重要的一件事情上,不会对有关的事实一无所知,仅仅依赖一些还相当陌生的人的陈述和一些与本案没有多大联系的粗略的和一般性的情报便采取行动。如果说作了这么一点点调查就达到了法律所要求的勤勉义务标准的话,那么新来的董事们就可以因为他们是新来的而不负任何责任。这显然不是对第11条的正确理解,因为该条的根本目的是为了保护投资者而要求公司的披露必须全面而真实。

除了经过审计的1960年的数字之外,奥思兰德的应有勤勉辩护也不能成立。

……

格 拉 特

格拉特于1960年10月担任巴克利司的董事。他的律师事务所是巴克利司发行登记的律师,格拉特本人起草了1959年的股票发行和1961年1月的购股权证发行的登记陈述。他也起草了本次债券发行的登记陈述。他与承销人的律师巴勒特是这样分工的:格拉特负责起草登记陈述,巴勒特起草债券合同。

格拉特是作为发行人的董事和登记陈述的署名人之一,而不是因为律师工作没有做好而被起诉的。不过,在审查他的应有勤勉辩护时,他在发行登记中的特殊地位是必须考虑进去的。作为一个直接起草登记陈述并对其准确性负有责任的董事,他应当比一个与起草工作没有直接联系的董事做更多的调查核实工作。

原告指责格拉特明知说明书中有虚假、不完整、和误导的地方。这是没有根据的。我仔细察看了格拉特作证的全过程,对他的道德品质是满意的。我断定格拉特真诚地相信登记陈述是真实的,不存在重大遗漏。

但是,他却错了。尽管他做了不少工作,他却始终没有发现本判决意见书中前述的错误和遗漏,大厦球馆除外。他知道巴克利司还没有卖掉这个球馆,准备自己经营,但是他错误地认为因为公司说自营是暂时的,所以将这个球馆包括在已卖掉的球馆中是得到披马维克的认可的。

格拉特争辩说,如果法院裁定他没有进行合理的调查,那就等于说公司的发行律师,为了证明他做到了应有的勤勉,必须对客户给他的所有数据进行单独的审计。我认为这样表述问题不符合实际。这里有许多错误和遗漏是不经过审计就可以发现的。问题是格拉特虽然没有发现这些问题,但是能不能说他依然为发现这些问题而作出了合理的努力。

这个登记陈述的起草相当大的一部分是剪贴工作。格拉特将以前的说明书中的大批段落移植过来,作了一些他认为必要的修改。但是巴克利司到1961年5月情况已经变坏了。一些在一月份还是准确的说法到了5月份就不准确了。格拉特却没有发现这一点。他相信可丘和拉索的话,他们说这段时间里的任何变化都是变得更好,而不是相反。

格拉特声称作为一个律师,他有权相信客户的陈述;如果要求他去核实这些陈述的准确性,那就把标准定得太高了。这种说法过于笼统。这里有个度的问题。要求他去审计显然是不合理的,但是要求他去核实那些很容易得到证实的事实却是合理的。即使是诚实的客户也会弄错的。法律规定了陈述虚假的民事责任,不管这种虚假的出现是否故意。预防错误的办法是用原始的书面记录去核实客户的口头陈述。

有一些事情是格拉特很容易检查核实而没有检查的。例如,他竟然不知道巴克利司与太尔考特之间的合同规定了什么,因为他从来没有看过。如果他看了,他很容易知道根据B类型回租安排,巴克利司附条件的民事责任是100%,而不是25%。他也没有注意到一旦巴克利司不能按时收购太尔考特已经通知偿付但客户却过期不付的债权,太尔考特有权就所有的客户欠条要求巴克利司提前清偿,这些欠条的总额已达300多万美元。

至于未交的订货,格拉特明白公司账面上已订而未交的货属于确定的法律义务,但是他从来没有要求看一下那些合同。按照说明书,这些未交订货的总额是690.5万美元,而实际上只有241.5万美元,说明书多报了449万美元。

格拉特也不知道巴克利司即将经营布里奇和约克思两个球馆。他没有阅读那些子公司的会议记录。如果看了他就会知道的。关于会议记录,格拉特知道巴克利司的执行委员会在1961年开过的几次会议还没有将记录整理出来。可丘作为会议的秘书,保留有这些会议的完整笔记。可丘告诉格拉特说,这些会议的记录整理出来也没有什么意义,因为会上讨论的问题都是日常事务性的。格拉特既没有要求把这些记录整理出来,也没有去看一下可丘的笔记。如果他看了,他就会知道在1961年2月27日的会议上执行委员会仔细地讨论了客户的欠款问题;1961年3月8日,委员会讨论了巴克利司自己经营保龄球馆的利弊得失;在1961年3月18日的会议上,委员会获悉公司正在或者即将建造12个没有合同的球馆;在1961年5月13日,公司最严重的债务拖欠人之一,觉佛思,已经申请破产。

格拉特知道巴克利司以前向它的官员借过钱,因为这些问题在1959年和1961年的说明书中都提到过。在3月份,格拉特为起草说明书之用而制作了一份问卷,请公司的官员和董事们回答。问卷没有明确地问到公司官员借钱给公司的问题。大约与此同时,格拉特为了起草就年度股东会发出的代理权征求书,又制作了另一份问卷,其中问到公司官员个人是否欠了公司的钱,却没有问到他有没有借给公司钱。

尽管这些问卷有不足之处,格拉特在 1961 年 3 月 16 日倒是口头询问了公司官员有没有借钱给公司的情况。拉索、魏托罗、和普格里斯对他说所有的借款都已经归还了。格拉特以后就不再询问了,所以他就不知道 4 月份的借款。不过他知道可丘坚持要在债券合同中增添一个条款,以给予个人借款优先于所发行债券得到清偿的权利,但是却没有对此产生怀疑。

公正地说,是可丘引导格拉特相信官员们没有再借钱给公司,即相信在 5 月 16 日之前没有新的借款。但是,在这样的情况下,格拉特是不是应当作进一步的调查,比如说在 S-1 登记陈述的审查过程中请披马维克在账面上核实一下这个问题?这个问题比较难说,但是我倾向于认为一个谨慎的人会去核实的。

应有的勤勉还不止这些。还有所募资金的使用。说明书中有关所募资金用途的说明是在 1 月份由可丘起草的。那时侯,这可能是他的真实意图,但是到了 5 月份,他的意图,还有巴克利司其他官员的意图已经变化了。格拉特没有想到早先的字句已经不再适用了。他根本不知道在 5 月份公司所面临的实际情况。他只知道巴克利司资金短缺,但是不知道短缺到什么程度。他不知道巴克利司扣押了大量已经签署的支票不寄出去,因为公司在银行的账户上没有足够的钱支付这些支票。他也不知道公司的官员正准备将大约 1/3 的所募资金用于说明书中没有说到的用途,包括支付大约 100 万美元的旧债。

与此相关的是一个以前顺便提到过的事实。1961 年 5 月巴克利司的银行账户资金不足以支付已署名的支票,这些支票中有一张是付给格拉特的事务所的,总额 8711 美元,出票日期为 1961 年 4 月 10 日。这张支票格拉特的事务所一直到 6 月 1 日,即巴克利司取得了集资的资金之后,才去存。如果格拉特知道内幕而故意不存,他就与拉索、魏托罗、普格里斯同谋了。但是我相信事实并非如此。我断定是巴克利司没有将支票寄出去,一直押到 6 月 1 日前夕才交给格拉特的事务所。

提及此事另有原因。说明书第 10 页上说格拉特的事务所总共从巴克利司得到了 1.3 万美元的律师费。这 8711 美元是这 1.3 万美元的一部分。格拉特的事务所是在 5 月 16 日之后才收到支票的,格拉特本人根本不知道这件事。但是当他看到说明书中这句错误的话时却没有察觉,也没有与他自己事务所的会计核对一下是否正确。可丘告诉他律师费账单都付清了,格拉特就信以为真。如果他询问一下,发现这句话不对,他很可能能够由此顺藤摸瓜,发现巴克利司在 1961 年 5 月的真实财务状况。

就客户的拖欠款而言,格拉特虽然与可丘讨论过,但可丘和拉索对他说没有什么严重的问题,他也就相信了。巴克利司备有客户拖欠款的账本,他没有查看过。他只要稍稍问一下公司与太尔考特的关系或者翻阅一下二者之间在1961年4月份和5月份的通讯,便可以了解事实的真相。如果这样,他就会注意到本次说明书中从以前的说明书中剪贴过来的那句话,说巴克利司从1955年以来只被迫购买了不到半个百分点的客户打折欠条,已经不真实了。

格拉特有权依赖披马维克所审计的1960年的数字。他没有合理的理由认为它们是不准确的。但是我在上面说的那些都不是说明书的专家部分。对于这些非专家部分的信息,格拉特必须进行合乎情理的调查。我不得不裁定他没有这样做。尽管巴克利司的官员们误导了他,但还是有很多地方格拉特容易询问而没有询问;而如果他问了,他就很容易引起警惕。我认为,从本案中所出示的证据来看,这样的裁定不会给其他案件中担任公司董事、同时又为公司在发行中作为律师雇佣的人确立一个过高的标准。每个案件都必须以该案的具体事实为基础。我的结论是,格拉特的应有勤勉辩护除了审计过的1960年数据之外均不能成立。

承销人与可尔曼

承销人除了觉克思尔之外都没有对说明书的准确性作任何的调查。其中披特·摩根承销过公司1959年的股票,并且一直是公司的董事。所以他对公司的事务有个一般的了解。但是关于债券募集说明书,他知道得并不比别的承销人多。他们都依赖主承销人觉克思尔。

觉克思尔确实作了调查。具体工作是在该投资银行的一位合伙人,可尔曼,的主持下开展的。可尔曼的助手是普通业务员卡四普森。觉克思尔的律师代理了全体承销人,具体由巴勒特主持,他的助手是斯坦顿。

4月17日,可尔曼担任了巴克利司的董事。他在5月11日注册的登记陈述的第一次修改稿和5月16日注册的第二次修改稿上签了名。那第二次修改稿也是最后的定稿。所以,除了承销人的责任之外,他还承担了一个董事的责任。

有关可尔曼所作调查的事实可以扼要概括如下。他于1960年9月15日通过介绍与巴克利司公司相识。这以后他开始了解该行业的一般情况,主要阅读了两家保龄球馆的主要建筑商的报告和说明书。这些资料显示该行业还在发展。他还阅读了巴克利司1959年的招股说明书、以前几年中每年的年度报告、和1960年上半年未经审计的财会报表,从而对巴克利司有了一个一般的了解。他向巴克利司开户的一些银行和太尔考特打听过巴克利司的情况,得到的回答都是好的。

这些初期调查的目的是赖以决定觉克思尔要不要承担集资工作,与任何具体的登记陈述没有关系,因为当时还没有起草登记陈述。由于可尔曼对巴克利司的前景感到乐观,所以他于1960年12月购买了巴克利司的股票1000股。

1961年1月24日,可尔曼与巴勒特、格拉特、可丘等人开了一次会。那时可尔曼已经大致决定负责集资,尽管正式的意向书到了1961年2月9日才递交(3月7日又作了修改)。在这次会议上,可尔曼问可丘巴克利司打算怎样使用集资款。可丘于1961年1月30日写信答复,信中扼要描述了巴克利司的计划。这最终成为说明书中资金用途一节的基本内容。

可尔曼继续他的一般性调查。他于3月16日拿来邓与布拉德斯觉特关于巴克利司的报告,并且阅读了巴克利司1960年的年度报告,因为到1961年3月份该年度报告已经出来了。

3月中旬,可尔曼得以作更加具体的调查。那时格拉特已经完成了说明书的初稿。初稿是1961年购股权说明书的翻版和修改。可尔曼参加了几次会议,与巴克利司的代表们交流。这些会议是1961年3月20日、23日、和24日在普金德尼尔事务所举行的。出席会议的人包括格拉特或者他的合伙人莫克考马克、可丘①,他们代表公司;可尔曼、卡四普森和巴勒特,他们代表承销人。披马维克负责审计巴克利司1960年财会报表的洛根也出席了会议。

会议详细讨论了说明书的证明材料,并且作了修改。那时1961年的数据还没有出来。那些数据是在5月份填进说明书的。

可尔曼和巴勒特问了些中肯的问题,得到了满意的答复,会议进程中包含了以下的内容。

洛根解释了1960年的一些数据,包括坏账后备金,他认为后备金是充足的。

会议也讨论了募集资金的使用问题,没有作出任何重要的修改。

至于巴克利司手头的未交订货,当时数字还没有出来,不过巴勒特说一定得具体可靠,不可以吹牛夸大。格拉特和可丘表示同意。

他们还谈到了15%—25%的定金问题。可丘说数字是准确的。

对我们来说,重要的是他们谈到了巴克利司以前购买半个百分点的客户拖欠款欠条。可丘说这个数字还是"留有余地"的。巴勒特问,尽管以前的经验是这样的,但是"你看有没有任何现实的可能将来会不得不回购球馆?"可丘说"没有"。

会上还对新的集资方法作了解释。可丘说巴克利司只负25%的担保责任。

自营球馆的事情也谈到了。可丘说巴克利司没有自营任何球馆。可尔曼和

---

① 格拉特负责这项工作,但是3月20和23日两天他外出了,所以这两天由莫克考马克代理他。——原注第22。

巴勒特问巴克利司有没有冒险建造球馆，即在没有客户合同的情况下自己建造。可丘说没有。

他们也谈到了公司官员的贷款。可丘说总共15.5万美元已经全部归还，公司目前不打算向它自己的官员借钱。可尔曼说这是明智的，因为公司官员借钱给公司表示公司的财务处于不稳定状态。

以后，可尔曼再也没有参加这类会议。卡四普森参加了一些，向可尔曼汇报。巴勒特也向可尔曼汇报他的工作。

1961年4月17日可尔曼被选举为巴克利司的董事之后，他没有对说明书的准确性作进一步的独立调查。他以为此事由巴勒特在代表他也代表全体承销人处理。

1961年4月，巴勒特指示斯坦顿查阅巴克利司过去五年内的会议纪要和"公司签订的主要合同"。于是，斯坦顿于4月24日来到巴克利司的办公所在地。他向本波要会议纪要本。他看了董事会的会议纪要之后发现纪要本里隔了一些执行委员会在1960年开会的会议纪要空白页。于是他问可丘还有没有别的会议纪要。可丘回答说还有一些执行委员会的会议，但是纪要还没有整理出来。

斯坦顿阅读了巴克利司的一些子公司的会议纪要。但是究竟哪些子公司，他的证词相当含糊。他记不清有没有看到过大厦球馆公司或皮爱尔或公园路公司的会议记录。他没有发现巴克利司正在经营大厦，也没有发现巴克利司将要经营布里奇和约克思。

至于"主要合同"，斯坦顿只记得看过一份保险合同。本波告诉他没有主要合同的档案。斯坦顿没有检查与太尔考特的协议，也没有检查与客户的合同。他没有寻找哪些合同组成了未交订货的数字。斯坦顿没有检查巴克利司的任何会计记录。他在公司只待了一天，主要用来阅读董事会纪要。

4月25日，巴勒特就斯坦顿前一天在巴克利司注意到的一些事情写信给格拉特，不过他认为这些都不是什么"了不得"的事情。这些事情中与我们有关的包括(1)在执行委员会1960年11月3日的会议纪要中记录着拉索说过的话：由于客户拖欠款项，巴克利司没准会自己经营球馆；(2)三帕克房地产公司的会议纪要不完整；(3)执行委员会的会议纪要没有。

1961年5月9日，巴勒特到纽约与格拉特和可丘商讨。他们讨论了证券与交易委员会1961年5月4日的缺陷信，该信要求在说明书中增加1961年第一季度的净销售收入、毛利、净盈利等数据。他们也讨论了巴勒特4月25日给格拉特的信中提到的几点。关于后一个问题，讨论主要围绕着拉索在1960年11月3日说的那句话的真实含义。可丘说，客户拖欠款现在不像1960年11月份那么严重了，公司再也没有被迫回购球馆，虽然他"对哈勒姆区的那个球馆担心"（觉佛思),但那仅仅是一个"特例"。格拉特说拉索说过,他在 1960 年 11 月 3 日说的话"纯属假设性的"。根据这个对话,巴勒特对说明书中半个百分点的那个数字感到满意,认为不需要作什么修正或解释。

至于漏缺的会议纪要,可丘说三帕克的那些是不重要的,执行委员会的那些只是关于"日常事务"的。

要知道这次会议离登记陈述的生效仅一个星期了。在这一个星期中巴勒特没有做别的检查工作。

巴勒特没有坚持要将执行委员会的那些会议纪要整理出来让他查阅,虽然他在证词中说经验告诉他执行委员会的会议纪要可能是极其重要的。如前所述,如果他坚持要求了,他会从这些纪要中发现许多问题,……。巴勒特也没有要求查看巴克利司的客户拖欠款账单,太尔考特的欠款归还过期通知,或者巴克利司与太尔考特之间的通信。

巴勒特没有检查巴克利司与太尔考特的合同,因而没有注意到太尔考特在那些集资协议中的权利以及一旦行使权利会给巴克利司带来多么严重的后果。

巴勒特没有调查未交订货的组成部分,以便确信说明书的数字没有吹牛夸大。3 月份之后他没有问过公司官员借钱给公司的事,虽然他知道可丘坚持要求将一条赋予个人贷款以优先权的条款写进债券合同。他不知道巴克利司现金流量的严重问题以及公司官员们打算将债券集资款的一大部分挪作他用。他不知道巴克利司正在经营大厦球馆。

像格拉特一样,巴勒特自己不去检查,只信赖他从可丘那里听来的信息。他也相信公司方面的律师格拉特,说起来格拉特总比他更加了解公司的事务。

1961 年 5 月 24 日是成交日。那天巴勒特的事务所向全体承销人提交了正式的意见书。意见书清楚地说明了巴勒特做了哪些工作。书中说(斜体是我们加的):

"在公司起草和准备登记陈述和说明书的过程中,我们与公司的律师、代表、审计人多次会晤,提出了许多有关公司经营的问题。每一个问题都得到了令人满意的答复。我们所要求得到的信息和文件也都给了我们。我们认为,登记陈述和说明书准确地反映了呈交给我们的数据资料,*这些数据资料中没有任何重要的事实被登记陈述遗漏。虽然对提供给我们的情报我们没有另行核实*,但是如上所述,除了财会报表和附表本意见书不予审查之外,我们没有理由认为登记陈述或说明书含有关于重要事实的虚假陈述、或者遗漏了要求陈述的或为了使陈述中的一些说法不致误导而必须陈述的重要事实。"

可尔曼作证说,觉克思尔和它的律师相互明白"我们期望他们来为我们查阅公司的档案资料,包括但不限于公司、股东、和经董事会授权代表董事会行使职权的委员会的会议纪要"。巴勒特派斯坦顿去阅读会议纪要和主要合同,正表明了他明白这一默契。但这一默契是与巴勒特的事务所出具的正式意见书相矛盾的,因为意见书明确否认对公司和它的律师所提供的情况进行核实的意图。

不管怎么说,有一点是清楚的,那就是没有试图作任何有成效的核实。问题是应有的勤勉是不是要求作这样的核实。换句话说,光是提出问题,取得回答——这些回答如果是真实的,也确实能满足公开的要求——而没有检查公司的档案资料以核实这些回答是否真实,是不是就够了?

我已经判定这个程序对格拉特来说是不够的。那么,就应有的勤勉义务来说,承销人是否不同呢?

承销人们争辩说,说明书是公司的说明书,不是他们的说明书。① 毫无疑问,承销人们一般都是这么看的。但是证券法没有作出这样的区分。如果说明书虚假,承销人和公司一样要负责任。况且,投资者在决定是否购买证券时都考虑到承销人的信誉。

在这个问题上尚没有权威的说法,没有类似的判例确定承销人应有什么程度的勤勉才能确立起第十一条规定的辩护理由。

纽约州有一种权威的说法,公司的董事有权信赖公司官员提供给他的信息,而不必作独立的核实工作。判决该案的法官引用了1901年的一个英国判例中的这样一句话:"如果一个人不能信赖他委托从事具体的经营管理工作的那些人,公司的正常运作将无法进行。"

当然,纽约州的法律不能适用于本案。对证券法的解释是一个联邦法律问题。但是承销人争辩说,上述的英国判例依然是适用的,因为它为一个董事所应有的合理谨慎确立了一条标准,一个承销人根据证券法所应有的合理谨慎同样应当适用这条标准。

我认为这两种情况是不可类比的。承销人并没有"委托公司官员从事具体的经营管理工作",也没有选择他们。从某种意义上说,承销人和公司官员所处的地位是对立的。公司官员对承销人说的话可能是为了自己的利益而引诱他答应承销证券;他们可能格外地热情和讨好。有时候他们可能故意说谎,就像在本案中那样。

第11条的目的是保护投资者。为了这个目的,法律责成承销人对说明书的

---

① 言下之意,既然是公司起草的而不是他们起草的,核实自然也应当是公司和公司律师的事情,而不是他们的事情。

真实性负责。如果承销人仅仅听信公司官员的陈述而不作进一步的核实,便可以逃避责任,那么第11条将承销人列为责任人之一就没有什么意义,因为它并不能给予投资者以更多的保护。为了达到法律保护投资者的目的,必须将"合理的调查"一词解释为要求承销人做更多的工作,而不仅仅是按照公司"所给予的信息和数据"在说明书中予以准确地报告。尽管这些信息和数据是由承销人通过向公司官员提问取得的,承销人在当时也确实相信公司官员的话是真实可靠的,但还是不能改变这样的要求。为了使承销人的参与对投资者有点价值,承销人必须作出合理的努力去对呈交给他们的信息和数据进行核实,而不能完全依赖公司官员或公司律师。一个谨慎的成年人在经管自己的财产时是不会完全依赖他们的。

至于这种核实工作应当做到什么程度,我们很难确定一条一成不变的、适合于一切情况的规则。这里有个度的问题,应当根据每个案子的具体情况来作出判断。在本案中,承销人的律师几乎没有作出任何努力去核实经理层对他们说的话。我断定这是不够的。

根据本案中出示的证据,我裁定承销人的律师没有对说明书中的非专家部分进行合理的调查。觉克思尔必须对此负责。这不是一个当事人有权信赖律师的法律咨询问题。律师们在这里处理的是事实问题。觉克思尔委托他们代理自己检查公司的会议纪要和合同,因而必须对他们检查不充分的后果负责。

其他的承销人什么也没有干,完全依赖觉克思尔和他们的律师。他们同样必须对此负责。结论是清楚的:虽然觉克思尔和其他的承销人相信说明书中那些部分是真实的,他们的这种相信却没有法律意义上的合理理由。所以,除了1960年的审计数字之外,他们的应有勤勉辩护不能成立。

同样的结论也适用于可尔曼本人。虽然他积极地参与了说明书的早期起草阶段,除了律师的问题之外,还提出了他自己的问题和警告,但是在1961年3月底之后他就不再参与了。当上了董事之后他就不再调查。在核实工作上,他依赖自己的律师。既然律师没有核实,可尔曼就必须对此负责。因此,作为个人被告,除了1960年的审计数字之外,可尔曼的应有勤勉辩护也不能成立。

披 马 维 克

[第11条规定除了发行人负无过错责任之外,其他的公开责任人只负过错责任,即只要尽了勤勉的义务,就可以不负民事责任。关于专家的应有勤勉义务,该条第2款规定:对于登记陈述中的专家部分,他经过合理的调查,有合理的理由相信也确实相信在登记陈述的这个部分生效的时候,其内容真实,没有遗漏

为了避免误导而必须说明的重要事实。]①

这款规定了专家的应有勤勉辩护。披马维克已经提出了这样的辩护。

本案登记陈述中的专家部分是指披马维克以专家的资格审计过的 1960 年的数据。但是法律要求法院确定"在登记陈述的这个部分生效的时候,"披马维克脑子里究竟相信什么以及这种相信的理由。就这一正面辩护而言,事情必须以 1961 年 5 月 16 日为准,确定披马维克在当时是否经过合理的调查,有合理的理由相信也确实相信 1960 年的这些数据是真实的,没有遗漏为了使 1960 年的这些数据不致误导而必须包括在登记陈述中的重要事实。法院在作决定时不但要考虑披马维克在 1960 年审计中做了什么,而且要考虑它在后来的"S-1"审查中做了什么。

注意,我们在这儿只关心披马维克是否要对原告承担民事责任的问题。在 1961 年 5 月 24 日的成交日,披马维克向承销人递交了一封所谓的"放心信"。该信说:"此信只是向承销人通报情况,不得在登记陈述、说明书、或其他促销证券的印刷品中全部或部分地引用或提及。"

原告不得利用此信中的陈述或保证。如果这些陈述或保证超越了"S-1"审查的正常范围(这个问题我现在不予确定),此事只与被告们之间已经提出的相互主张有关,我以后再作决定。

1960 年审计

披马维克的这项工作是由事务所的一个成员,卡明斯,监管的,并由披马维克的一位经理,洛根,直接负责的。大部分实际工作则是高年级会计师布拉地做的。布拉地有几位低年级助手,其中之一便是肯尼迪。

布拉地那时约三十来岁。他还不是注册会计师。他以前没有与保龄球行业打过交道。这是他担任高级会计师之后的第一项工作,恐怕也是能够分配给他的最难的工作了。

布拉地先从洛根那里了解了一些巴克利司的背景情况,审阅了披马维克 1959 年审计的工作文件,然后查看一位低年级会计师对巴克利司的记账程序的初步审查结果并准备了一份"内部控制问卷"和一份"审计计划"。在 1960 年 12 月 30 日之后的几天里,他查看了巴克利司的存货,视察了一些球馆的建筑情况。最后,1961 年 1 月 13 日,他开始审计,审计工作大致上连续进行,直到 1961 年 2 月 24 日完成为止。在审计临近结束的时候,洛根过来审查,向布拉地提了一些建议,作了一些评论。

---

① 为简明起见,本段已由译者在忠实于原文意思的基础上改写,故用方括号标出。

重述布拉地在审计过程中所做的每一件工作是没有必要的。我们只关心布拉地对说明书中我已发现的1960年数字中的错误做了什么或者没有做什么的那些证据。更具体一点说,我们只关心那些我已发现是重要的事项。

大 厦 球 馆

首先,布拉地没有发现大厦球馆还没有卖出去。这个错误既影响了销售额,也影响了资产负债表上的负债一边。归根结底,错误的产生是因为布拉地从来不明白天堂球馆和大厦球馆是同一个球馆的不同名称。在审计的过程中,巴克利司让布拉地看了它的合同档案。他检查了档案中的合同,并将它们列了一个单子。因为布拉地在单子中包括了天堂球馆,所以档案中一定有一份外边的人购买天堂球馆的合同,尽管在审判时当事人没有能够出示这样一份合同。单子上没有大厦的名字,所以档案中显然没有称为大厦球馆的合同。

可丘也列了一张工程的单子。天堂在他的单子上,大厦不在。布拉地比较了两张单子,确信所有的工程都包括进去了。他以为天堂应和其他已经完工的工程一样对待,因而将它包括在他的一切计算之中。

至于巴克利司的官员有没有告诉过布拉地天堂和大厦是同一个球馆,巴克利司正在经营大厦,还没有将它卖掉,证据互相矛盾。我断定他们没有告诉他。

布拉地注意到了巴克利司的文件中时常提到一个叫做大厦的球馆,知道文件中提到过巴克利司在某个时候可能要经营这个球馆。他读了1960年11月22日的董事会会议纪要,其中说道:"董事长提议公司通过三帕克房地产公司的一个子公司去经营位于康州东天堂主街271号的大厦球馆。"纪要还说:"……会议一致同意由公司官员自由裁量是否让上述子公司尝试着经营大厦球馆。"

低年级会计师肯尼迪读了大厦球馆有限公司的会议纪要本,公司于1960年12月在康州注册成立。纪要本里有一张公司成立证书,证书授予公司拥有并经营球馆等权力。但是纪要本中没有任何纪要说到公司事实上拥有并经营着一个球馆。

布拉地也从巴克利司的各种文件中知道,大厦球馆公司正在向太尔考特支付租金。另外,披马维克的一份上有肯尼迪首字母的工作文件记载着大厦球馆持有数份保险合同,包括一份内部设施的火灾保险合同、一份员工薪水保险合同、和一份公共责任保险合同。另一份上面同样有肯尼迪姓名首字母的工作文件记载着大厦球馆在康州有一笔1000美元的资金。文件上写着这样一句话:"追溯到报销账本——为经营球馆而预付——60年12月31日尚未花掉。"洛根对此审计的书面评论中有这样的记载:"60年下半年与太德?可丘谈话时,他曾提到一个子公司正在租赁巴克利司建造的球馆——这项工程中的利润应当减掉,因为它是关联集团内部的财产。"在这句话的对面布拉地记载:"关联者将财产卖给了别人。大厦球馆目前正在支付租金,其实是一种租赁购买计划。"

这句话有点歧义。如果布拉地所说的"别人"是指外头的购买者,他就应当将这笔销售计算进去,但是他没有算进去。按理说,他所说的"别人"是指"别的关联者"。那么,不管他实际上是怎么想的,他就把这笔交易当作了一笔公司内部的交易。显然,洛根是这样理解布拉地的解释的。

布拉地作证说他问过拉索有关大厦球馆的事,拉索告诉他说大厦球馆有限公司将要经营一个球馆但目前还没有球馆。布拉地说他理解球馆还没有建造起来,租金是为占有空地而支付的。

这一举证没有使我信服。如果布拉地确实这样认为的话,那么他不应当这样认为。关于保险和"经营球馆"的记载应该使他对存在球馆的事实引起警觉。他应当在这个问题上作进一步的调查。显然,布拉地不懂这笔交易。

不管怎么说,他从来没有将这个神秘的大厦球馆与已经被他计入销售与利润额的天堂球馆等同起来。关键的问题是他是否终于没有进行合理的调查,而如果他作了这样的调查,他就会发现事情的真相。

巴克利司的某些会计记录本来可以引起布拉地的注意,促使他作进一步的询问,但是他说他没有看到。一个是布拉地写在他的单子上的天堂球馆的工程号码——6036号工程的工程成本账卡,那卡上写着"大厦剧院(天堂)"。此外,两张应收账款的卡片每一张上都同时写着两个名字:大厦和天堂。布拉地作证说他看了应收账款的记录,但是没有看这些卡片。他说他没有看工程成本账卡,因为他是从另一本账本——成本记录上取得成本数字的。

这个问题的举证责任在披马维克。虽然这是一个两边接近的、难断的问题,我断定披马维克没有能够充分地举证。就大厦球馆而言,披马维克没有能够证明布拉地作了合理的调查,因而也没有证明其不知道事实真相是有正当理由的。

哈沃德球馆旁屋

布拉地没有发现这个旁屋也没有卖掉。这里证据比较稀少。布拉地在档案中看到一份关于这个旁屋的合同。没有人告诉他它将被出租而不是出售。没有证据证明有什么能引起他注意的记载存在。我断定他对这一项目的调查是合理的。

……

前面我已分析了1960年销售额中的不精确之处,现在谈流动资产中的错误,一共有四项:现金、联邦球馆后备、打折兑现商后备、和哈沃德球馆旁屋。最后一项我刚才已经谈过了。

关于现金，布拉地从银行要来了对巴克利司在1961年12月31日现金存款余额的认定。他不知道这个余额的一部分是用太尔考特暂时退回给巴克利司的后备金存入的。我不认为布拉地合理地应当知道这一点。虽然披马维克的工作文件提示这些后备金退了回来，但是没有任何迹象显示这一退回是有条件的。拉索显然没有公开这一事实。如果在布拉地没有任何理由怀疑有异常情况时，要求他去检查巴克利司所有的通信档案，这是不合理的。

……

至于打折兑现商的后备，很难理解布拉地为什么要将这笔钱算作流动资产，因为明明绝大部分后备资金不会在一年内释还。如果布拉地没有注意到这一事实，那么他是应当注意到的。

因此，就流动资产而言，披马维克要对后备资金的错误负责，但不必对现金项目和哈沃德旁屋的应收账款中的错误负责。

……

S-1 审查

对资产负债表得到认证之后发生的事件进行审查（与登记陈述相联系时叫做 S-1 审查）的目的是要弄清公司的财务状况有没有发生重大的变化。如果有，该种变化必须公开，因为如果不公开，资产负债表中的数据就会产生误导。根据普遍接受的审计准则，这种审查不是全面、彻底的审计，它的范围是有限的。

披马维克为这一审查准备了一份书面计划。我觉得这份计划符合普遍接受的审计准则。它要求：

1. 审查股东会、董事会、和委员会的会议纪要……。
2. 审查最新的财会报表，并与前一年中相应的财会报表比较；对其中重大的变动进行追问。

   ……

4. 审查重要的财会记录，对非正常业务范围内的重大交易和其他的重大事项进行追问。

   ……

6. 就重大合同中的变动予以追问……。

   ……

10. 对尚未提供后备的重大坏账和有争议的账目进行追问。

    ……

14. 就发现的债务进行追问，不管是确定的还是潜在的……

布拉地于1961年5月作此 S-1 审查。他总共花了20.5小时，即两天多点时间。他没有发现任何一项我在前面已经详细讨论过的 1961 年公司事务中的错误或遗漏,这些错误或遗漏都是重要的。问题是尽管他没有发现什么,他的调查在成文法的意义上是否依然是合理的。

布拉地所做的工作是阅读了巴克利司所制作的截至 1961 年 3 月 31 日为止的试算平衡总表,将它与经过审计的 1960 年的数字比较,就比较中发现的某些不利情况询问启翎,并阅读了某些会议纪要。除了试算平衡表之外,他没有检查别的"重要财会记录"。至于会议纪要,他只看了本波所给他的那些,都是巴克利司董事会的会议纪要。他没有看过执行委员会的会议纪要。他不知道有一个执行委员会存在,所以没有发现可丘有执行委员会会议的未经整理的笔记。他没有看过任何子公司的会议纪要。

实质上,布拉地所做的与格拉特和巴勒特所做的没有什么两样,他提出问题,得到了令他满意的回答,就不去核实这些回答。例如,他要来了启翎的合同列单,单子上有约克思和布里奇。因为布拉地没有读过子公司的会议纪要,他就不会知道约克思和布里奇属于公司内部的买卖。单子上还包括了吴搔科特(Woonsocket)等六处 T 形球馆工程。因为布拉地没有看过合同文本,也不知道 1961 年 3 月 18 日的执行委员会会议纪要(那时只存在于可丘的笔记中),他就不会知道关于这些工程巴克利司还没有签订合同。启翎的单子上也没有标明它们的价格,尽管单子上标明了约克思、布里奇和其他一些工程的价格。这一事实没有引起布拉地的警觉和怀疑。

布拉地注意到巴克利司的应付债款增加了。启翎向他承认巴克利司在支付账单方面"慢了一点"。布拉地在他的审计笔记中写着巴克利司"资金紧缺"。启翎解释说巴克利司"暂时有点困难"。

布拉地不知道资金短缺到什么程度。他没有发现巴克利司因为银行里没有钱付账而押下了大量的支票。① 他不知道来自制造商信托公司或者公司官员的贷款。因为他从来没有看过说明书,所以他根本不知道发生过公司官员的贷款问题。

在 1960 年审计中,布拉地从打折兑现商处取得了一些关于债务拖欠的情况,但即使在当时也不详尽。在他进行 S-1 审计时他没有继续就此向打折兑现商询问。因为他不知道可丘所做的执行委员会会议的笔记,他也就不知道债务拖欠的情况已经进一步恶化。他只听信启翎的话——到那时为止还没有任何潜在的责任变成现实的责任。

---

① 其中有一张支票是付给披马维克的,共 3000 美元。出票日期是 1961 年 4 月 4 日,存款日期是 1961 年 5 月 29 日。——原注第 27。

看起来，布拉地所联系的唯一的公司官员是启翎。他不记得曾经问过拉索、魏托罗、或普格里斯。至于可丘，布拉地的证词有点自相矛盾。有一个地方他说他曾问过可丘，而另一个地方他又说他不记得曾经问过。

巴克利司的财务状况已经严重恶化。因为恶化得严重，所以没有公开这一事实就使 1960 年的数字产生误导。布拉地没有发现这个问题。从最终结果来看，他的 S-1 审查是没有用的。

不应当要求会计师们遵守比专业公认的准则更高的标准，我在这里也没有这样做。但是布拉地的审计没有达到这种专业标准，因为他连披马维克的书面计划所规定的某些步骤都没有采取。他也没有在如此艰巨的一项任务上花费足够的时间。尤其重要的是，他在提问时过于轻信公司官员给他的随口而圆滑的回答。

这并不是说他应当进行全面的审计。但是在他看过的材料里有着足量的危险信号要求他作进一步的调查。普遍接受的会计准则也要求在这样的情况下应当作这种进一步的调查。仅仅提出问题有时候是不够的。

这里，举证责任在披马维克。我认为它没有满足这一责任。所以，披马维克的应有勤勉辩护不能成立。

……

（以下法院就被告民事责任的其他要件所作的论述删除不译）

（说明：美国诉讼时间长。在这过程中诉讼双方会发生一系列实体上和程序上的重大争执。法院常常会作出许多次阶段性的判决，每次判决都将诉讼向前推进一步。节节推进，直至最后的判决。本判词便是一场持久的诉讼进程中的一个重要的环节，它主要确定各被告的主观过错责任和违法行为（虚假陈述）的存在，附带论及了因果关系，但是没有涉及损失后果的认定和计算，因为它不是最终的判决。这里译出的是主要的违法事实和部分被告的尽职调查标准。重点在尽职调查标准。法院对违法事实所做的分析没有译出，但是本章第二节内有所述及。法院对因果关系简单讨论也没有译出。）

第二节　违法行为

一、概述

违法行为是指发行人或其他责任人在公开中存在着虚假的或误导性的陈述

或者遗漏。《2022年司法解释》第4条第2—4款说:"虚假记载,是指信息披露义务人披露的信息中对相关财务数据进行重大不实记载,或者对其他重要信息作出与真实情况不符的描述。误导性陈述,是指信息披露义务人披露的信息隐瞒了与之相关的部分重要事实,或者未及时披露相关更正、确认信息,致使已经披露的信息因不完整、不准确而具有误导性。重大遗漏,是指信息披露义务人违反关于信息披露的规定,对重大事件或者重要事项等应当披露的信息未予披露。"简单地说,虚假记载是指公开了但是不真实;遗漏是指应该公开而没有公开。前者是为,后者是不为。而误导性陈述是部分公开部分隐瞒,既为又不为,从而产生误导的效果。三者统称为公开失真。《证券法》第19条和第78条都要求公开必须真实、准确、完整。公开失真违反了这一要求,属于违法行为。违法行为是构成证券法民事责任的要件之一。

公开包括法定的公开和非法定的公开。法定的公开是法律法规所要求的公开,包括发行申请材料、上市申请材料、和法定的信息持续公开材料等。前面在讲证券法基本原理时所讲的公开手段,就是指法定的公开。非法定的公开指法律不作要求,但发行人自动公开,如发行人在平时就公司状况发布的新闻消息、发表的公开讲话等。我国《证券法》中围绕发行人公开失真而规定的民事赔偿责任有第85和163两条,它们覆盖的公开内容包括"证券发行文件、定期报告、临时报告及其他信息披露资料",还有"审计报告及其他鉴证报告、资产评估报告、财务顾问报告、资信评级报告或者法律意见书等文件"。发行文件包括招股说明书(或者债券募集办法)及其配套证明材料;定期报告包括年度报告和中期报告。这些都是法定的公开;所谓"其他信息披露资料"当指非法定的公开。[1] 美国《1933年证券法》在规定民事责任时,同样包括法定公开中的失真和非法定公开中的失真两个方面[2],我们显然借鉴了他们的经验。

不管在法定还是非法定的公开中,违法行为都具体表现为虚假的或误导性的陈述或者遗漏。这些违法行为目前在我国证券市场上大量存在,尤其以虚假陈述为多,主要是通过各种手法虚构利润,制造经营业绩良好的假象。例如,轰动全国的"银广夏公司通过伪造购销合同、伪造出口报关单、伪造免税文件和伪造金融票据等手段,虚构主营业务收入,虚构巨额利润7.45亿元。其中,1999年

---

[1] 原先的法条中没有拖这样一个兜底性的尾巴,所以只有法定公开,没有非法定公开。本书初版曾提出批评,认为是证券法民事责任立法的一个缺陷,希望在以后的修改中弥补。见初版110页末段。2005年法律修订时增加了这个兜底性词组,是一个进步。

[2] 该法第11条规定了发行登记文件中公开失真的民事责任,第12条规定了这些登记文件之外的内容中,包括口头讲话中,公开失真的民事责任。

1.78亿元;2000年5.67亿元"。① 又如成都红光实业股份有限公司为了骗取上市资格而编造虚假利润,通过虚构产品销售、虚增产品库存和违规账务处理,在股票发行上市申报材料中称1996年度盈利5400万元,而实际情况是亏损10300万元,虚报利润15700万元。骗取了上市资格之后,在1997年8月公布的中期报告中,又将亏损6500万元虚报为净盈利1674万元,虚构利润8174万元。② 一些会计师事务所也参与作假,例如深圳中天勤会计师事务所就为银广夏公司出具了严重失实的审计报告。这类现象在我国的证券市场上时有发生,一些企业完全放弃了公平交易和诚实信用的道德准则,为了骗钱圈钱而不择手段。有人将会计报表中的种种作假手法归类,揭露在报纸上③:

  上市公司在会计报表中做假账,编造虚假利润的事,时有发生。这样的事,一经揭露,不仅违反《证券法》,上市公司还要受到证监会严肃查处,现在来说也是违反《会计法》的,相关责任人员也将得到应有的惩罚。可是,在上市公司会计报表中,还有许多做出来的报表利润,是属于"擦边球"或相关法规所许可的,上市公司及会计人员并不需要为之承担责任;而投资者如果据此作出投资判断,却不可避免地将承担投资风险。因此,识别报表利润之玄机,就显得分外重要。

  制造报表利润,大概有以下种种方法:

  (1)"寅吃卯粮"法。利用会计政策变更进行利润调整。例如在提取坏账准备、短期投资跌价准备、存货跌价准备以及长期投资减值准备的过程中,有的上市公司在某年年报中提取了巨额的存货跌价准备和坏账准备,造成当年的巨额亏损,这样也就为其下一年度扭亏提供了较大的方便。深南玻在1999年度一次性提取房地产存货跌价准备1.7亿元,长期减值准备1500万元,导致账面亏损16970万元。然而,正是有了这"一次亏个够",才有了今年中期的轻松扭亏,深南玻在亏损方面亦可谓是"寅吃卯粮"。上市公司在发生资产重组、股权转让、领导更迭或其他重大转变的情况下,通常都会采用此法,以便把亏损记在前面的账上,让新的会计年度更好地显示出面貌改观来。

  (2)"待摊费用"法。将费用先挂在"待摊费用"科目,推迟费用入账时间以降低本期费用,然后悄悄地设法通过其他途径消化该笔费用。例如厦

---

 ① 见《银广夏案涉嫌犯罪人员将被依法追究刑事责任》,载《上海证券报》2001年9月6日第1版,记者薛莉。证监会于2001年8月3日对银广夏公司正式立案稽查。
 ② 见《红光弄虚作假受严惩》,载《上海证券报》2001年12月11日第18版,案例选登。
 ③ 见黄湘源:《报表利润,暗藏玄机》,载《经济日报》2000年8月1日第6版。

新电子1998年中报将6080万元广告费列入长期待摊费用,从而使其中期每股收益达0.72元,以维持其高位股价,利于公司高价配股,然后在年末由集团公司承担商标宣传费用,股份公司只承担产品宣传费用的方法,解决了巨额广告费用挂账的问题。因为商标宣传费用和产品宣传费用在广告费用中的份额是可以任意分配的,并无一定的标准。但是,尽管这一年该公司每股收益仍达1.02元,终因有诸多减利因素不能长期不反映,后经追溯调整,1998年度每股收益减少为0.88元,而1999年度更减少为0.108元。2000年中期,该公司已拉响了预亏警报。这说明,该法虽然在一时之间可以打肿脸充胖子,但到头来受伤的还是自己。

(3)"关联交易"法。即利用关联交易,调整"其他业务收入"项目,或以其他单位愿意承担某项费用的方式减少公司本年度费用,从而增加利润。此外还包括向关联方出让、出租资产或替关联方托管资产来增加收益。这实际上是变相地将他人的收益变为自己的收益。1998年,内蒙古华电受托对母公司下属企业10台发电机组进行托管经营,实现净利润1.2亿元,占当年净利润的56%。1999年,由于托管协议到期,此项收益一下子就减少1.4亿元,但其母公司又承诺代该公司承担18%的企业所得税,使得该公司在恢复按33%的所得税率缴纳企业所得税的情况下,仍能按15%计算所得税,1999年因此而增加净利润4046万元。不过,内蒙古华电能不能长期靠这一套手法来维持其业绩是值得怀疑的。

(4)"假销售"法。提前实现销售,甚至在报告日前做一手假销售,再于报告发送日后退货,从而虚增本期利润。ST港澳1998年和1999年两年主营业务收入连续出现高达-5241.78万元和-3006.44万元的负值,导致实现净利润分别为-15582.14万元和-5661.84万元,原因据称是客户违约,终止合同,销售返回。按道理,商品房销售实际收到的款项,累计付款超过50%的合同款项,或其余销售款项能够收回的合同款,才能确认为销售收入,而对于附有销售退回条件的商品销售方式,应在购买方正式接收商品或在退回限期期满时确认销售收入。按照上述原则,像ST港澳这样无法实现已确认销售收入的情况应该比较罕见。而ST港澳这种情况在1996年就已经发生过,不排除其中存在偷天换日的可能性。类似情况在PT网点也曾出现过。

(5)"应收款造假"法。公司向关联企业收回应收账款,同时以对该单位短期融资的方式又把此笔金额从账面上划给对方,给人造成关联企业占用应收款减少的假象,同时也借机少提本期应提的坏账准备,降低费用支出。东海股份就是这么做的。1998年,东海股份借给第二大股东农工商东海总公司和万隆房地产开发公司7.27亿元,据次年1月东海股份公告称,上述二公司将支付7800万元短期投资回报,但经注册会计师审核对此无法确认,导致该笔款项的巨额财务费用由东海股份负担,不仅直接影响当年利润总额比上年大幅下降86.92%,而且庞大的债务给公司带来了极大的潜在风险。东海股份的大股东欠款一向列在短期投资中,以往对这一项目从不提坏账准备,此次追溯调整,竟导致1998年减利4676万元,1997年减利9442万元,这两年原有账面净利润510.32万元和4648.76万元,一下子变成了−4165.76万元和−4793.05万元,加上1999年亏损6103.96万元,成了三连亏。

(6)"补贴充数"法。在资重组过程中,通过固定资产盘盈、资产评估增值、资产或股权溢价转让,都可以轻易地增加利润总额。当然,更简捷的方法莫过于政府补贴。天目药业1999年年报披露,该公司将其所属全资子公司手表螺钉厂整体转让给公司第二大股东,转让价1418万元,比账面净资产少421万元,为此当地国资局给予公司补贴500万元。资产转让本来纯属企业行为,何以突然冒出一个"政府补贴"?一看天目药业当年的净资产收益率就明白了。1999年该公司净资产收益率为6.09%,如果没有这一笔"政府补贴",眼看配股资格就可能保不住。显然,500万元政府补贴完全是为了让天目药业不要跌破"保六"的配股资格线。

在这篇报道罗列的六种作假手法中,有的是明目张胆的作假,如假销售、通过关联交易对应收账款造假。有的在会计法上或许还勉强说得通,如寅吃卯粮、待摊费用法,但是这些数字却存在着严重的误导,应当通过醒目的说明来消除这种误导[1],否则便构成了证券法上的公开误导,属于引发民事责任的违法行为。

除了这些造假手法之外,通过资产重组虚构利润也曾存在。请看《经济日报》短评《当心重组陷阱》[2]中的几段话:

每至年末,总有不少上市公司忙着做资产重组的功课,单是那雪片般的重组公告就足以构成沪深股市一大风景。再瞅瞅那些忙碌的面孔,大多又是些困难户。于是乎了然,这无非是要在资产的拿进抛出之间让年报生出一块利润或收益,或为保配,或为保牌。

但使人疑惑的是,年尾重组为何如此吃香?快速重组是不是一定有神速的效益产生?年报又如何能塞进一块利润"馅饼"?因为根据财政部颁布

---

[1] 当然,误导正是他的目的。如果按要求消除误导,他就达不到目的了。
[2] 《经济日报》1999年1月14日第15版。

的《股份有限公司会计制度》规定,收购股权公司计入被购买企业业绩应以股权购买日为界限,即购买日后的经营业绩才可按持股比例计入自己公司的账上。而股权购买日,按照国际惯例应该是以购买企业的公司实际掌握了被购买的净资产和经营控制权的日期作为标志,年末资产重组,按理说不可能如此快速地体现在当年的年报中。但读一读各式的重组公告,顿时释然。原来重组的利润计算时点大多成了如来手中的玩意,想怎么捏就怎么捏,什么时点有利就定在什么时点,只要利润能做进年报,重组就算功德圆满,时点并不重要。有例为证:

例证一,某化工设备上市公司中期每股收益 0.05 元,净资产收益率 3%。大约为踩上 10% 的保配线,年末也发布了资产置换公告。公告称:至本次资产置换评估基准日(1998 年 6 月 30 日)次日起,至本次资产置换合同生效,本公司置换出的资产所发生的变化及相关业务所带来的盈利或亏损,归集团公司享有和承担;集团公司置换进本公司的资产所发生的变化及相关业务所带来的盈利和亏损,由本公司享有和承担。不用说,这家公司的年报将在这资产一进一出中改观不少。

例证二,一商业板块上市公司在年末的资产重组公告中称,将本公司一块亏损资产转让给自己的母公司。该资产评估净资产值为 4000 多万元,母公司以现金的方式支付在 1999 年 3 月和 6 月分两次付清,而这块亏损资产却从 1998 年 7 月 31 日已经正式划归母公司了。也就是说,虽然母公司并未真正掌握这块亏损资产,但从 7 月 31 日起其发生的亏损要算在母公司的账上了。资产评估只是交易双方为确定交易价格提供的依据,评估基准日又何以能等同为收购日?

凡此种种,均是将资产重组的生效日当作年报升值的点金棒术,为我所用。此种情况助长了资产重组的泡沫成分,使利润重组、报表重组之类有了方便之门。[①]

据《经济日报》1999 年年初不完全统计,仅 1998 年 12 月份,就有 39 家上市公司涉及重组。[②] 为什么这么多公司都要在 12 月份重组呢?因为临近年底,需要上报年报,有了重组,就容易把利润像捏泥巴那样捏造得好看些。

除了虚假陈述和误导之外,还有遗漏。前面提到的红光实业股份有限公司

[①] 《经济日报》2000 年 12 月 7 日第 6 版上的另一篇短评《伪重组可休矣》中有这样的评语可以参照:"至于'重组'的手段,则大抵无非上市公司向其母公司高价售货、由母公司低价让入资产或索性与母公司进行资产置换。1998 年时,曾有某公司于一日之内,将同一份资产即买即卖,顷刻间逾 4000 万元利润落入账中,令人不能不叹为观止。"

[②] 见《本报统计显示:年末多数重组公告过不了关》,载《经济日报》1999 年 1 月 14 日第 15 版。

在1997年8月公布的中期报告中,在虚构利润的同时,又隐瞒了其关键生产设备彩玻池炉废品率上升、不能维持正常生产的重要事实①,就是遗漏的一例。这是虚假陈述与遗漏同时存在、双管齐下的作假。更典型的遗漏请看《经济日报》1999年8月10日第7版《北海银河违规封锁重大信息,深交所通报批评昭示投资人》的报道:

> 北海银河股份有限公司因隐瞒公司重大信息,8月6日被深圳证券交易所通报批评,成为《证券法》正式实施后首家因信息披露违规被曝光的上市公司。
> 深交所在对北海银河的公开批评通报中说,北海银河于1999年6月3日与南宁广播电视局有线电视台签订合作协议,投资4500万元合作建设与经营"南宁有线电视综合信息网"项目,协议涉及的投资金额超过公司1998年年底净资产的10%。根据《上市规则》的有关规定,公司应当于签订协议后两个工作日内向交易所报告并公告,但公司直至7月20日才报告深交所并公告,未及时履行重大事件披露义务。②

这里,北海银河所隐瞒的其与南宁广播电视局有线电视台签订合作协议,合作建设与经营"南宁有线电视综合信息网"项目的信息,就是一种遗漏。红光实业股份有限公司遗漏的是利空信息,而北海银河遗漏的则是利好信息,但是二者违法的性质却是一样的,都构成了证券法上的公开失真。十年后,这样的隐瞒仍在继续,请看2011年杭州《都市快报》的一则报道③:

天海股份信息披露违法案

> 天海股份2007年12月18日与长江租赁有限公司签订天燕集装箱货船售后回租协议,涉及金额5366万元,占天海股份2006年度经审计净资产的绝对值比例达99.85%,但天海股份未及时披露上述事项。2008年12月20日,天海股份与长江租赁签订《船舶租赁合同》,约定在上年度售后回租协议期满后,天海股份继续租赁该船舶,但取消了售后回租条款。对上述事项天海股份未及时公告;2008年、2009年度,天海股份涉诉事项累计达25笔,累计金额达12474余万元。对上述事项天海股份未及时公告,也未在2008年中报、2008年年报中进行披露。

---

① 《红光弄虚作假受严惩》,载《上海证券报》2001年12月11日第18版案例选登。
② 报道的后半部分在本章第五节中将继续引用。
③ 见《监管风暴荡涤四类猖獗"邪派"》,载《都市快报》2011年12月17日第B2版。

我国《证券法》第 80 条第 2 款第 3 项要求披露对公司的资产负债有重要影响的合同,第 10 项要求披露重大诉讼。① 上述涉及金额占净资产 99.85% 的租赁合同无疑将对公司的资产负债产生重要的影响,涉案金额超过公司净资产两倍的 25 笔诉讼无疑属于重大诉讼,都应当依法公开。隐瞒这样的重大事件构成证券法意义上的公开失真。

2018 年 6 月 9 日《上海证券报》第 2 版《证监会对三宗案件作出行政处罚》的报道中说:"圣莱达信息披露违法违规案中,证监会查明,圣莱达预计 2015 年度净利润将持续为负,为防止被交易所特别处理,公司通过虚构影视版权转让业务和虚构财政补助的手段,虚增 2015 年度收入和利润 2000 万元,虚增净利润 1500 万元,导致圣莱达 2015 年年度报告存在虚假记载。"②

除了重大造假,还有重大遗漏。证监会 2018 年 3 月 14 日通报,称已查明:2013 年 9 月 18 日至 2015 年 6 月 30 日,上市公司华泽钴镍通过关联交易向星王集团提供资金,累计发生关联交易金额约 54 亿元;在此期间星王集团持续占用华泽钴镍资金,截至 2013 年末、2014 年末和 2015 年 6 月底占用资金余额分别高达 8.2 亿元、11.5 亿元和 13.3 亿元。华泽钴镍没有依法披露这些关联交易。此外,2015 年,华泽钴镍为星王集团融资提供 3 亿元担保,为实际控制人王涛向他人借款 3500 万元提供担保,华泽钴镍也均未依法披露。实际控制人为了达到长期占用上市公司资金的目的,指使华泽钴镍采取虚构采购合同、虚构代付业务、凭空进行票据背书等多种手法来隐瞒这些关联交易。③

随着环境问题越来越突出,上市公司污染环境之后隐瞒不披露的情况也越来越多。2018 年 5 月 8 日《上海证券报》第 5 版在《环保信披越来越严,部分企业"报喜不报忧"》的报道中指出:"有些公司报喜不报忧,或者是选择性进行披露。比如对于实行较好的环保工作披露内容就多一些,而存在被环保部门处罚的事实或者存在的问题则轻描淡写甚至不进行披露。"特别是鞍钢股份,1 年之内因环保问题被处罚 7 次,涉及金额达 420 多万元,这么重要的信息也不在年报中披露。"上证报梳理 2017 年年报发现,在年报中选择性披露环保信息的公司为数

---

① 报道的事件发生在 2007—2009 年,应适用 2005 年《证券法》。对应现行法第 80 条第 2 款第 3、10 两项的是 2005 年法第 67 条第 2 款第 3、10 两项。

② 也见《编造传播虚假信息案件频发,证监会严密盯防严肃查处》,载《上海证券报》2018 年 1 月 20 日第 1 版。从证监会查处的造假案件来看,我国市场编造传播虚假信息近年来呈现出了一些新的特征:恶意编造监管动向甚至监管政策的明显增多;虚假信息的编造传播已经不限于证券市场,还开始向期货市场蔓延;传播路径也由前几年的"广场式"公开散布为主,转变为"茶坊式"社交网络集聚、传播后转公开为主。

③ 见《证监会通报两宗市场操纵"史上之最"》,载《上海证券报》2018 年 3 月 15 日第 1 版。

不少。"报道还点名批评了赣锋锂业、恒丰纸业集团、吉林化纤等企业。①

　　总的说来,由于我国证券法制还不健全,所以市场上的各种公开失真,或说谎、或误导、或遗漏,都是足以引导投资者上当受骗的重大失真。因此,只要证据确凿,认定其失真和违法并不困难。但是学习证券法,研究公开失真的标准,却不能停留在这些一看就能知道是重大失真的简单事例上,而应当进一步分析可上可下、更为难断的事例,学会在疑难问题上判断公开失真的标准和方法,从而为迎接更加复杂的挑战,建立比较健全的民事责任制度做好准备。

二、辨别

　　证券法要求公开必须真实、准确、完整。那么,真实、准确、完整的确切含义是什么呢?是不是任何轻微的失真或遗漏都违反了证券法的这一要求呢?不是的。比如说,公司净资产总值应当为 34570 万元,由于会计计算的失误或者某项财产归类的错误,账面上写成了 34578 万元或者 34565 万元。这算不算违法?如果投资者遭受损失,能不能因此而责成发行人负赔偿的责任呢?答案是不能。因为对于一个净值数亿元的公司来说,几万乃至几十万元的误差是微不足道的,不重要的。如果没有其他的错误,这样的财会报表在证券法上依然是真实的和准确的,并不会因为一个不重要的误差而判定它失真或遗漏。误导的含义也是这样,一句无关紧要的假话或者片面的陈述,看起来似乎带有误导的性质,但是并不是证券法意义上的误导或不准确。因为它无关大局,并不影响整个公开的真实、准确与完整。这么一说,必然产生一个随之而来的问题,那就是标准何在?什么才算重要的失真、误导、或遗漏,什么才算不重要的、无关紧要的失真、误导、或遗漏呢?失真达到了什么程度才算违法,才会导致责任人承担赔偿责任呢?

　　这要看失真或遗漏对投资者的决策有无举足轻重的影响。投资者的标准是一个普通的、谨慎的投资者。如果该信息对于一个普通的投资者在决定投资与否或者对于一个股东决定如何投票时具有重要的影响力,这个信息就是重要的,其失真或遗漏就违法;否则,就是不重要的,其失真或遗漏就不影响公开文件整体上的真实、准确、完整,因而不构成证券法上的违法行为。换句话说,就是投资者在作出投资决策时认为该信息是重要的,那它就是重要的;投资者认为是不重要的,那它就是不重要的。这并不是说在实际的诉讼中将由作为原告的投资者说了算,法院必须通过取证或者认定确定一个普通的、谨慎的投资者标准。由于这样的投资者具有一定的抽象性,而一个具体的投资者在面对一个可上可下的

---

① 也见《ST 三维环保问题涉嫌信披违规,证监会启动立案调查》,载《上海证券报》2018 年 4 月 20 日第 1 版。

疑难案例时并不能很容易地做出投资决定，不同的人往往会得出不同的结论，因此，更多地还是可能性大小的判断。如果一个普通的、谨慎的投资者认为该信息重要的可能性比较大，该信息就是重要的；否则就是不重要的。

例如，在巴克利司一案①中，法院发现说明书中有许多错误和遗漏。其中有些是不重要的，有些是重要的。前者如公司1960年损益表中的销售收入显示916.5万美元，实际应为851.1万美元，夸大了65.4万美元；净收入显示174.3万美元，实际应为149.6万美元，夸大了24.7万美元；每股盈利显示0.75美元，实际应为0.65美元，夸大了0.1美元。法院认为这些错误不算重要。原因有二。第一是与1959年比较。公司1959年的销售收入、净收入、和每股盈利分别为332万美元、44.1万美元、和0.33美元。即使按照没有夸大的真实数字，销售收入的增幅也达到256%、净收入增长了105.5万美元、每股盈利增长了一倍。这样的业绩已经对投资者具备了足够的吸引力。如果按照夸大的数字，增幅自然更大一些，分别达到276%、130.2万美元、和一倍多一点。但这点差别不会对投资者的购买决定产生逆转的影响，即投资者看到夸大的数字会购买而看到真实的数字就不会购买。第二，所发行债券级别为"B"而不是"A"，说明是风险性的投资。任何一个谨慎的投资者都会懂得这一点。他之所以购买，主要是因为公司股票的增值潜力使债券的可转换权具有吸引力。即使按照实际真实的数字，公司与以前年度相比在1960年所表现出来的增值潜力也是非常引人注目的。因此，一个原来想购买这些债券的投资者不会因为知道了1960报表中的这些误差便放弃购买的决定。同样，公司1960年资产负债表的第九个脚注中显示按照新的计算方法算出的潜在债务为75万美元，实际应为112.6万美元，少报了37.6万美元。从这一项数字本身来看，误差似乎很大。但是，该脚注同时显示公司其他方面总的潜在债务为396.9万美元，加上按照新的计算方法算出的75万，总数达到472万美元。公司的总资产只有610.1万美元。潜在债务数字对于公司总资产来说已经是非常巨大了。投资者不会不知道这一点。在这样的情况下，他们不会因为实际的潜在债务要比所显示的数字高出37.6万美元而改变购买的决定。因此，少报的这37.6万美元的潜在债务也应当属于不重要的错误。

另外一些错误则被法院认定为重要。例如，1960年资产负债表中显示的流动比率为1.9，法院认为这已经够糟糕的了，但是因为流动资产被夸大

---

① Escott v. BarChris Construction Corp., 283 F. Supp. 643 (S.D.N.Y. 1968).

了 61 万美元，流动负债被少算了 6.5 万美元，实际比率应为 1.6，那就更加糟糕了。即使是一个以增值为投资目标因而愿意承担风险的投资者，知道了真相也会三思而后行。还有，1961 年第一季度的销售收入显示 213.8 万美元，实际应为 161.9 万，夸大了 52 万；毛利显示 48.3 万，实际应为 25.2 万，夸大了 23.1 万；未交订货显示 690.5 万，实际应为 241.5 万，多报了 449 万。这些误差出入太大，都是重要的虚假。

此外，说明书多处含有虚假陈述。经理层部分声称公司官员借给公司的 15 万多美元已经全部还清，但事实上魏托罗和普格里斯从公司取走了 5 万多和 8 万美元的支票不去存，一直等到公司收到本次债券的募集款之后才去存。而且拉索和魏托罗两个人新借给公司 27.5 万美元，随即从公司取走了相同数额的支票，但也不去存，一直等到公司收到本次债券的募集款之后才去存。募集资金用途部分没有说明大约 116 万左右的集资款将被用于偿还公司官员和银行的贷款，支付欠给建筑商的债务，从而构成了重大的遗漏。有关客户坏账的陈述虽然在字面上是真实的，但是却掩盖了公司正在承受着的来自打折兑现商的巨大压力，给人以这方面基本没有什么问题的假象，从而构成了重大的误导。经营状况部分没有说明公司已经在经营天堂球馆、准备经营另外两个球馆、而且有可能买回或者经营更多的球馆的事实，从而构成了重大的遗漏。

所有这些重大的失真都构成证券法上的民事违法行为。同样的分析方法也被运用于下面的案例中。①

甲公司在 2 月份购买了乙公司 34% 的股票。乙公司的董事会于同年 10 月 16 日开会建议变卖本公司，将资产全部卖给甲公司。具体办法是甲公司用它的 B 系列优先股和购股权证换取乙公司的普通股和第一系列优先股。11 月 12 日，两个公司的董事会向各自的股东联合发出了代理权征集书，推荐上述建议。代理权征集书中引用了霍氏投资银行对乙公司变卖一事的意见书，说变卖对乙公司的股东们十分有利，因为"他们换得的[甲公司]证券的实际价值远远超过他们换掉的[乙公司]证券目前的市场价格"。同时代理权征集书还列出了 5 天之前即 11 月 7 日的市场收盘价格表，显示以每股价格 12 元的乙公司第一系列优先股换取的甲公司 B 系列优先股和购股权证的价格为 15.23 元，盈利 3.23 元，交易利润率 27%；以每股 13.25 元的乙公司普通股换取的甲公司 B 系列优先股和购股权证的价格为 16.19

---

① 本例子根据 TSC Industries, Inc. v. Northway, Inc., 426 U.S. 438, 96 S. Ct. 2126 (1976) 编写。

元,盈利 2.94 元,交易利润率 22%。代理征求十分成功,变卖乙公司的建议得到采纳,乙公司被变卖并解散,乙公司的股东们换得了甲公司的 B 系列优先股和购股权证。

但是乙公司的原股东之一,北路公司,反对这次变卖,认为甲乙两公司董事会联合发出的代理权征集书存在着严重的遗漏和误导。第一,代理权征集书没有清楚地说明甲公司自从二月份购买了乙公司 34% 的股票之后实际上已经取得了对乙公司的控股权,尤其是没有明确地说明甲公司的总裁叶先生已经兼任了乙公司的董事长,甲公司的执行副总裁施先生已经兼任了乙公司执行委员会的主席;第二,引用霍氏投资银行原话"他们换得的[甲公司]证券的实际价值远远超过他们换掉的[乙公司]证券目前的市场价格",并用 11 月 7 日的收盘价格进行证明是一种误导性的做法。因为霍氏投资银行的意见书是 10 月 16 日签发的,两个星期之后,即 10 月 30 日,霍氏投资银行的一位合伙人(兼任乙公司董事)又来信解释说根据他们的计算,甲公司的购股权证的价值大约为每股 3.5 元。按照 11 月 7 日的收盘价格,甲公司的购股权证的价格为每股 5.25 元。代理权征集书中列出的盈利都是基于这个每股 5.25 元的购股权证价格计算的,如果按照每股 3.5 元的价格,盈利将分别降低到 1.48 元和 0.31 元,交易利润率分别为 12% 和 2%。代理权征集书只引用霍氏投资银行 10 月 16 日意见书中"他们换得的[甲公司]证券的实际价值远远超过他们换掉的[乙公司]证券目前的市场价格"这句话,避而不谈霍氏投资银行的那位合伙人 10 月 30 日来信中对这句话的解释以及关于甲公司的购股权证的价值大约为每股 3.5 元的计算结果,而是采取移花接木的手法,将 11 月 7 日的市场收盘价格引来作为证实意见书中的这句话的证据,从而产生了误导的效果。

下级法院经过审理,认为代理权征集书中确实存在着这些遗漏和误导,而且这些遗漏和误导都是重要的,因此原告的起诉理由成立。于是法院判决原告胜诉。被告不服,上诉。

关于甲公司对乙公司的控股地位,被告在上诉中辩解说,他们的代理权征集书已经在显要的位置披露:甲公司拥有乙公司 34% 的股份,没有任何别的股东拥有乙公司 10% 以上的股份,乙公司董事会十位董事中有五位是甲公司任命的,其中叶先生是甲公司的总裁,施先生是甲公司的执行副总裁。这些事实的披露已经足以说明甲公司与乙公司的关系。任何一个智商正常的股东都能根据这些事实对甲公司的地位作出正确的判断。代理权征集书唯一没有说到的是叶先生在乙公司任董事长,施先生在乙公司任执行委员会主席。这点遗漏不足以影响一个智商正常的股东作出相反的决定,即本来同意给予代理权而因为这进一步的披露而拒绝给予代理权。上级法院同意被告的争辩,认为如果没有已有的披露,这样的遗漏显然是重要的,因为有了上述已有的披露,剩下的关于叶先生和施先生在乙公司所任关键性职务的事实对于披露甲公司的控股地位来说已经显得不那么重要了。

关于霍氏投资银行10月30日的解释信,被告辩解说,即使不是按照11月7日的收盘价格,而是按照霍氏投资银行合伙人解释信中的计算结果,所引意见书中"他们换得的[甲公司]证券的实际价值远远超过他们换掉的[乙公司]证券目前的市场价格"这句话也是成立的,没有必要将10月30日的解释信同时附上。10月16日的意见书是根据当时的市场价格与10月上旬的价格相比较而得出的结论。如果以10月上旬的价格为基础计算,乙公司第一系列优先股每股11元,可以换取价值13.1元的甲公司B系列优先股和购股权证,盈利2.1元,交易利润率为19%;乙公司普通股价格每股11.63元,可以换取价值为13.25元的甲公司B系列优先股和购股权证,盈利1.62元,交易利润率为14%。

优先股得到19%、普通股得到14%的交易利润率算得上"远远超过",但是离用11月7日的收盘价格比出来的27%[①]和22%还是相差甚远,代理权征集书存在着误导。至于这样的误导是不是证券法意义上的重要误导,这是一个事实问题而不是法律问题,因而发回下级法院就此误导的重要性作重新审理。

这是美国联邦最高法院在1976年判决的案子。按美国法院的审案规则,在上诉案件中上级法院只审查法律问题;而在下级法院的审案过程中,又是由陪审团认定事实问题,法院决定法律问题。于是当一个事实问题难以断定的时候,上级法院可以推给下级法院,发回重新审理;下级法院可以推给陪审团,最后由陪审团投票决定。[②] 中国法院没有这样的司法传统,对于证券法上的民事赔偿案件又缺乏经验,只能在实践中不断摸索,注意交流,积累经验,发展标准,从而为同样没有经验的立法机构提供经验基础,推动我国证券法民事赔偿制度的建立和完善。

[①] 原文为"25%"。因与前页所述的"27%"不符,本书作者疑为法官的笔误或美国出版机构编辑的疏忽,故改为"27%",以与前述一致。

[②] 当一个问题很难断定究竟是事实问题还是法律问题的时候,就要看法院的兴趣了。法院愿意决断的就说它是法律问题,不愿意决断的时候就说它是事实问题。美国法学界对此颇有微词,没少讽刺挖苦。但既已成为该国法制的一个传统,也难以改变。

三、将来的、不确定事件

以上判例涉及的都是对已经确定的事实,发行人没有予以真实、充分地披露。因此,这种虚假和遗漏是否重要,从而是否构成证券法上的民事违法行为,便成为问题的要点。但是对尚未确定的事情,发行人予以否认或拒绝披露的行为是否构成违法行为——遗漏,也是一个应当探讨的问题。

在基础有限公司一案[1]中,燃烧工程有限公司从1976年9月开始与基础有限公司谈判合并事宜。1978年12月20日基础有限公司正式宣布接受燃烧工程有限公司以每股46美元的价格收购其全部股份的要约。在1976年9月到1978年12月20日这两年多的时间内,基础有限公司三次公开否认合并谈判之事。原告们都是基础有限公司先前的股东,在基础有限公司第一次公开否认谈判之事后抛出了手中的股票,现在对基础有限公司及其董事们起诉,声称由于公司误导性的公开陈述,致使他们以低价抛售了所持的股票,低价的原因在于当时的市场价格受那些误导性陈述的影响而下跌,因此,被告应当补偿原告在信息披露不失真的情况下应当得到的利益或价格。

这个案子与本节前面引述的我国《经济日报》上报道的北海银河股份有限公司隐瞒重大信息的例子十分相似。差别在于北海银河投资4500万元与南宁广播电视局有线电视台合作建设"南宁有线电视综合信息网"的协议已经签订,而燃烧工程有限公司与基础有限公司合并之事尚在谈判酝酿之中,会不会合并还是一个未知数。尽管如此,基础有限公司对于谈判合并之事实的公开否认依然被提起损害赔偿之诉。法院需要决定在这种不确定的情况下,这些否认谈判的虚假陈述是不是重要的。在这里,法院采用了如下的公式来检验案中涉及的虚假陈述的重要性。

$$信息的重要程度 = 事件发生的可能性 \times 事件的重大性$$

这实际上是将一个相对抽象的问题解剖成两个相对具体的问题来进行分析。事件发生的可能性可以从谈判当时双方公司高层对合并所表现的兴趣来确定,包括董事会的内部决议、公司对投资银行所作的指示、实际谈判的进程、以及参加谈判的人员在各自公司中的地位等。事件的重大性可以从双方公司的规模大小和合并可能引起的股票增值的幅度来确定。在确认了这些分析方法和标准之后,联邦最高法院将案子发回下级法院(第六上诉审法院)重审,令其根据最高

---

[1] Basic Incorporated v. Levinson, 485 U. S. 224, 108 S. Ct. 978, 99 L. ED. 2d 194 (1988).

法院新定的标准重新判决。

与此案相比,北海银河的案子就很好断了,协议已经签订,合作已成定论,隐瞒这一重大事件属于遗漏,构成违法。

对发行人披露的预测性信息怎么办?比如公司公布了对发展前景的预测,或者对下一年度或数年度盈利的预测,后来事实发展的结果恰恰相反,说明当初的预测完全错误。在此过程中,投资者因信赖公司的预测而交易公司证券,遭受了损失。公司要不要对此承担赔偿责任。答案是否定的。因为错误的预测不等于造假。我们都是凡人,不是神仙。预测的错误是经常发生的,应当容许。这样规定有利于鼓励发行人披露重要信息,而公司对发展前景的预测就是一种很重要的信息。但是任何事情过犹不及,宽容度过大,放手让公司在预测时漫无边际地吹牛,那也是不行的。《2022年司法解释》第6条第1款规定了一个预测性信息的安全港制度:

> 原告以信息披露文件中的盈利预测、发展规划等预测性信息与实际经营情况存在重大差异为由主张发行人实施虚假陈述的,人民法院不予支持,但有下列情形之一的除外:
> (一)信息披露文件未对影响该预测实现的重要因素进行充分风险提示的;
> (二)预测性信息所依据的基本假设、选用的会计政策等编制基础明显不合理的;
> (三)预测性信息所依据的前提发生重大变化时,未及时履行更正义务的。

意思是说,在一般情况下,公司可以自由地发布预测性信息,即使事后被证明预测错误,也无须承担民事赔偿责任,但是有三点限制,或者说例外。第一是要说明哪些因素会影响预测的实现,并进行风险提示。第二是预测要有合理的依据。合理与否的标准一是常识,二是行业标准。如果依据明显不合理,那就不行。第三是情况一旦有变,就要及时更正。如果发现预测不能实现而不及时更正,那就是故意误导投资者,就要承担赔偿责任。

概括本节内容,违法行为的举证责任在投资者。投资者不但要证明被告的信息披露中存在着虚假陈述、误导或遗漏,而且要证明这些失真之处都是重要的。因此,失真的重要与否将是诉讼中双方争执的焦点。这一争论也会涉及一个普通的、谨慎的投资者将会在该案中作出何种投资决定的问题。以前我国证券市场上的公开失真大都属于显而易见的重大失真,容易断。但是以后疑难案例将会逐步出现。

第三节 损害后果

一、投资者的损失与市场波动

所谓损害后果,是指投资者因信赖了含有虚假陈述、误导或遗漏的公开材料而买进或卖出证券后遭受的损失。这个损失一般可以通过买卖前后的差价计算确定。例如,公开材料把发行人说得太好,其中含有正面的夸大性陈述或者对风险因素的掩饰和遗漏,这时股价为每股50元,投资者买进股票,真相暴露之后股价下跌到每股35元,损失即为每股15元。反过来,如果公开材料把发行人说得太差,其中含有负面的虚假陈述或者对重大商机的隐瞒或遗漏,[①]这时股价为每股50元,投资者卖出股票,真相暴露之后股价上涨到每股60元,损失即为每股10元。

这是简单情况,即市场本身没有什么明显的波动。如果市场本身在波动,就应当先除去市场波动的因素,这样才公平合理。我国律师界在实际的观察和研究中早已注意到了这个问题。例如,有人就银广夏造假曝光引起股价下跌一事问道[②]:"银广夏造假是导致股价下跌的唯一原因吗?""纵观近期股市,大盘走势一直不佳,不仅银广夏股票天天下跌,其他一些个股也在天天下跌。"所谓"大盘走势一直不佳",其他个股也在下跌的情况,就是指市场本身的下跌。这里需要分清市场波动引起的股价变动和公开失真引起的损失两个部分。

接着第一段的数字例子继续讨论,在前一种情况,把发行人说得过好,如果同行业内其他公开没有失真的股票价格也都在跌,平均跌幅为10%,这就意味着即使公开没有失真,该种股票的价格也会从 $35 \div (1-10\%) \approx 38.89$(元)的价位上下跌10%而跌到35元。因此,投资者的损失应当确定为每股 $50 - 38.89 = 11.11$(元)。相反,如果同行业内公开材料没有失真的股票价格平均上涨了

[①] 前述基础有限公司一案中公司否认合并谈判事实和北海银河否认其与南宁广播电视局有线电视台合作的情况即属此例。

[②] 见上海市上正律师事务所律师徐国荣:《银广夏造假是导致股价下跌的唯一原因吗?》,载《上海证券报》2001年10月11日第4版。作者接着写道:"……说明银广夏股票下跌除了银广夏的作假行为外必然还有其他各种原因,是各种原因的综合作用导致了银广夏股票的下跌。如果没有银广夏的作假行为,银广夏股票也很有可能随着大盘走势而下跌。导致银广夏股票下跌的各种原因很难全部罗列,对股票下跌的作用更无法量化。"作者的观察是有价值的,但"无法量化"的观点却不可取。

10%，投资者的损失应当确定为每股 $50-35\div(1+10\%)\approx18.18$（元）[1]，因为要不是公开失真的话，投资者不但不会每股亏损 15 元，而且还会每股赚 3.18 元。

在后一种情况，把发行人说得太差，如果同行业内公开材料没有失真的股票价格也都在涨，平均涨幅为 10%，这就意味着即使公开没有失真，股票价格也会上涨。按 10% 的涨幅计算，每股 60 元的价格是由每股 $60\div(1+10\%)\approx54.55$（元）的价格上涨而来的。因此，投资者的损失应当确定为每股 $54.55-50=4.55$（元）。相反，如果同行业内公开材料没有失真的股票价格平均下跌了 10%，这就意味着现在这每股 60 元的价格是从原来每股 $60\div(1-10\%)\approx66.67$（元）的价格下跌 10% 而成的。因此，投资者的损失应当确定为每股 $66.67-50=16.67$（元）。

在举证责任的分担上，对市场波动因素应当采用谁主张谁举证的原则。如果投资者认为在按股价变动计算的损害后果基础上加入市场波动因素对自己更有利，由投资者举证；如果被告认为在按股价变动计算的损害后果基础上加入市场波动因素对自己较为有利，由被告举证。

如果同行业的范围难以确定，可以适当扩大范围，比如以某种指数为准。在美国联邦纽约东区地区法院的一个判例中，法官在区分因虚假陈述而引起的价格下跌和市场本身的因素而引起的价格下跌时采用了标准普尔 500 种股票指数的下跌来确定市场的跌幅。[2] 我国现有沪深综合指数、中经 100 指数、上证 30 指数、深证成份指数等。在同行业的股票范围难以确定的情况下，可以选择其中适合的指数用作参照。[3]

确定价格的时间应当以真相暴露之后信息得以广泛传播为准。美国联邦第一上诉审法院曾经判过这样一个案子。[4] 被告是一家不动产信托公司的总裁，于 1975 年 12 月 23 日在市场上购买了 9500 股本公司股票，12 月 24 日该公司宣布兼并另一家建筑公司。不动产公司的股票价格一下子从每股 4.63 美元上升到 5.5 美元，到 12 月底升到每股 5.75 美元。但是被告并没有立即抛售，而是持有了一年多点时间，到 1977 年以每股 10 元的价格卖出。被告购买股票属于内幕交易，并使投资者遭受了损失，这是肯定的。问题是投资者的损失应当怎样计算。是用 10 减去 4.63 呢，还是用 5.75 或 5.5 减去 4.63？法院认为应当以真相

---

[1] 要不是股市普遍上涨，该股会跌到 32.82 元而不是 35 元，现在的 35 元是从 32.82 元上涨 10% 的结果。

[2] Feit v. Leasco Data Processing Equipment Corp., 332 F. Supp. 544 (N. Y. E. D. 1971).

[3] 在"黄明江诉海南亚太实业发展股份有限公司证券虚假陈述责任纠纷案"（2016 年 9 月 30 日判决）中，海南省海口市中级人民法院即参照了深证成份指数和深证 A 股指数来确定投资者有无损失。（2016）琼 01 民初 160 号。

[4] SEC v. MacDonald, 699 F. 2d 47 (1st Cir. 1983).

暴露之后的一段合理的时间之后的价格为准。这段合理的时间是真实信息公开之后得以传播并为公众吸收所需要的时间。在这里,5.75(真相公开之后一个星期)大概是比较合适的,而10(真相公开之后一年多)显然是不合适的。因为真相公开并传播之后,卖方应当知道,而且可以重新购买这些证券。价格的确定应当以卖方应当知道的日期为准,以后这些股票的增值就不能作为投资者的损失了。

同样,如果投资者因信赖虚假的利好公开而买进股票,真相大白之后价格下跌,但投资者没有马上抛售,而是继续持有,那么,以后价格下跌就不能算作投资者的损失了。

最高人民法院《2022年司法解释》第26条采用"虚假陈述揭露日或者更正日起至基准日期间每个交易日收盘价的平均价格"。该条还规定了基准日的确定方法:"在采用集中竞价的交易市场中,自揭露日或更正日起,被虚假陈述影响的证券集中交易累计成交量达到可流通部分100%之日为基准日。"如果交易特别活跃,不到10个交易日就达到了100%,仍以第10个交易日为基准日;反过来,如果市场疲惫,等到第30个交易日仍未达到100%的,则以第30个交易日为基准日。这种方法的基本精神仍然是要得到在市场充分地吸收了真实信息之后所形成的价格,但略有偏离。因为方法死板,没有机动余地,所以确定的基准日价格不一定就是市场充分地吸收了真实信息之后所形成的价格。但是死板的标准具有操作简便的优点,便于下级法院掌握运用。

至于虚假陈述的揭露日,上述《2022年司法解释》第8条第1款规定为虚假信息在全国性的媒体上被首次公开揭露"并为证券市场知悉之日"。所谓"为证券市场知悉",就是指信息被市场充分吸收。但是现实生活复杂多样,揭露日可能有多个时点。例如,科龙电器造假案有三个揭露日:2004年8月10日香港中文大学教授郎咸平在复旦大学讲演质疑科龙董事长顾雏军①,第二天见报;2005年5月1日科龙宣布被证监会立案调查,这之前市场已经在传言科龙做假账;2005年8月2日证监会表态顾雏军涉嫌证券违法行为。到底哪一天是揭露日?②

上述美国联邦第一上诉审法院在判例中以市场充分吸收了真实信息之后所形成的价格为标准,表述准确而运用灵活,有助于解决我们的疑难问题。郎咸平

---

① 顾雏军2005年7月29日被刑事拘留,9月2日批捕,2008年被判10年有期徒刑,服刑期间获得减刑。2012年出狱后向最高人民法院申诉,获法院受理。2017年12月27日,最高人民法院决定对该案启动再审程序。2019年4月8日,再审判决保留挪用资金罪,撤销虚报注册资本罪和违规披露、不披露重要信息罪,改判5年有期徒刑。因其服刑超期,故获国家赔偿。具体包括人身自由赔偿金28.7万余元,精神损害抚慰金14.3万元。另返还罚金8万元及利息。

② 见《聚焦科龙证券民事赔偿案》,载《中国证券报》2006年4月13日第A17版。

仅仅质疑、怀疑科龙有问题,并不能100％肯定科龙造假,或者造了多少假。作为一位学者的一家之言,市场能相信多少?证监会立案只表明科龙可能有问题,结论在调查之末,而不是立案之始。即使证监会表态顾雏军涉嫌证券违法行为,也还没有对科龙公司本身下最后的结论。这些事件本身都不足以构成完全、充分的揭露。这里有一个市场的反应问题,即对这些并非最后结论的信息的相信和肯定程度,通过科龙股票价格的变动反映出来。只有将揭露的内容,揭露人的权威性,市场的反应,尤其是市场价格的变动诸因素综合起来考虑,才能合理地确定市场充分吸收了真实信息之后所形成的价格。

因此,《2022年司法解释》第8条第2款要求法院"根据公开交易市场对相关信息的反应等证据,判断投资者是否知悉了虚假陈述"。[①] 就是要根据市场交易的活跃程度和股票价格的变化来判断对虚假的揭露有没有被市场充分知悉。

考虑到下级法院在具体案件的审理中可能难以把握分寸,第8条第3款进一步规定:"除当事人有相反证据足以反驳外,下列日期应当认定为揭露日:(一)监管部门以涉嫌信息披露违法为由对信息披露义务人立案调查的信息公开之日;(二)证券交易场所等自律管理组织因虚假陈述对信息披露义务人等责任主体采取自律管理措施的信息公布之日。"这款规定有本末倒置的偏差。因为它把第3款作为一般规则,而把第2款降为例外。正确的规定应该相反,以第2款为规则,第3款为例外。只有在按照第2款的规定难以确定揭露日的时候,才可以取第3款的(1)或(2)作为揭露日。

二、三种赔偿标准

在实际诉讼中,被告赔偿范围的确定可以有多种不同的方法,分别适用于不同的情况。这里介绍三种。第一种是以投资者的损失为标准进行计算,即按照上述方法算出从违法行为发生之后到真相暴露之后的一段合理时间为止的买卖差价,在这段时期内因买卖证券遭受损失的投资者都可以以此价格为准请求被告补偿损失。例如差价为10元,期间有100万股易手,其中30万股遭受了10元的损失,70万股遭受了6元的损失,被告的赔偿总额就应为 $10 \times 30 + 6 \times 70 = 720$(万元)。按照这种方法计算的赔偿数额往往比较大,对投资者的补偿最为充分,而对被告的打击也比较严厉。这种方法适用于被告有义务向社会公开真相,因而每一个遭受损失的投资者也都有权利知道真相的情况。由于被告作了虚假

[①] 这里的语言表达有点问题。字面上似乎指投资者知悉了虚假陈述的内容并信以为真——那是自虚假信息发布以来一直存在的状况。但是最高院的真实意思是指广大投资者知悉了真相,即对虚假陈述的揭露。所以应该将"虚假陈述"的词序倒过来,变成"陈述虚假",那样就没有歧义了。

的陈述,因而侵犯了投资者的知情权,导致投资者买卖证券并遭受损失。因此,对被告的较为严厉的惩罚也是合情合理的。这种计算方法适用于绝大多数因公开失真而引致的损害后果。

最高人民法院《2022年司法解释》第25条规定的就是这种计算标准:"信息披露义务人在证券交易市场承担民事赔偿责任的范围,以原告因虚假陈述而实际发生的损失为限。原告实际损失包括投资差额损失、投资差额损失部分的佣金和印花税。"

第二种计算方法是以被告的盈利为准进行计算,即按照上述方法算出从违法行为发生之后到真相暴露之后的一段合理时间为止的买卖差价,然后按照被告买卖证券的数量算出他的实际盈利,以此作为他的赔偿数额。这实际上无非是要他把所获得的盈利吐出来,如此而已。例如,差价为10元,被告出售了5000股,每股获利10元,赔偿总额应为5万元。这5万元正是交易对方所遭受的损失。不过,在证券交易所的交易场上买卖双方并不亲自碰头交接,而是通过各自的代理人进行买卖,实际的证券交割和价金支付又是通过结算公司进行的,所以很难找到交易的对方。而那个真正的交易对方也不可能知道他这笔交易的另一方是一个内幕交易者而不是普通的公众投资者。为了解决这个难题,只有允许在违法行为发生时到真相暴露之后的一段合理时间内的所有与交易对方处于相同地位(同为卖方或买方)的交易者都来索偿,索偿总额超过赔偿总额时按比例分成。按照这种方法计算的赔偿数额往往比较小,对遭受损失的交易对方的补偿是不充分的,对被告的打击也比较小,只是剥夺了他的非法盈利,并无惩罚。

这种方法适用于内幕交易。内幕交易是指占有内幕信息的人在社会公众和交易对方都不知情的情况下买卖证券,从中获利。这是一种不公平的交易。为了达到公平的目的,法律对于内幕交易者的禁令格言是"公开或克制"。意思是说如果你要交易,你就必须向对方公开你所占有的内幕信息;如果你不愿意公开内幕信息,你就必须克制自己,不去交易,否则你就犯法了。但是内幕交易者的公开义务只限于交易对方,他没有义务向全社会公开。反过来说,除了交易对方之外,其他的普通投资者也没有权利获知该信息。还有,只要内幕交易的数额不太大,也不会引起市场价格的波动,因而其他投资者的盈利或亏损并不是由内幕交易引起的。也就是说,除了内幕交易的对方之外,对绝大多数从事交易的投资者来说,违法行为与他们的实际损失之间并无因果关系。这时如果按照公众投资者的交易损失来计算赔偿数额,实际上是让大批从事交易的公众投资者获取了不该获取的意外利益,对违法者的打击也显得过分。惩罚与行为的危害程度之间失去了恰当的比例,有违公平理念。只有按照被告所获得的实际盈利计算赔偿数额,才显得比较合理。

按照被告所获得的实际盈利计算赔偿数额的方法在美国证券法上被称为"吐出标准"(disgorgement measure)。但是光吐出是不够的,因为抓住了就吐出,抓不住就获利,风险等于零,违法的成本太低了。为了增加违法的成本和风险,美国证券法对内幕交易除了要求吐出盈利之外,还允许对其处以盈利三倍的民事罚款,既是对违法者的惩罚,又是对执法的投资者的鼓励。① 我国证券法只规定了盈利 1 到 5 倍的行政罚款,没有民事罚款。2005 年《证券法》第 76 条第 3 款虽然规定了内幕交易的民事赔偿责任,但按什么样的标准确定赔偿数额,并不清楚,需要法院在以后的审判实践中发展标准,具体确定。在这里,美国的吐出标准对我们是有参照价值的。此外,为了鼓励投资者监督内幕交易,用民事罚款来奖励原告其实也是必要的。我国立法者应该考虑这个问题。

第三种方法是按被告的许诺或吹牛进行计算。

在奥索夫斯基一案②中,被告与联合公司竞相出高价争购 B 公司。联合公司先发出以每股 48 美元的价格收购 B 公司的全部普通股股份的要约;被告跟着要约以每股 55 美元的价格购买 B 公司 430 万股普通股(约占 B 公司全部普通股股份的 35%),并且声明它已经拥有 120 万股 B 公司的普通股股票;联合公司随后将要约出价也提高到每股 55 美元,变成了以 55 美元的价格购买全部股份的要约;接着被告又把出价提高到每股 60 美元,依然购买 430 万股;三天之后联合公司又将出价提升到每股 58.5 美元购买全部股份。在两家公司竞相竞价的情况下,B 公司的股票在二级市场上的价格也在猛涨,公司决策层决定按每股 2.5 美元颁发特别红利,同时表示赞成被告的收购要约。联合公司继续加码,宣布凡是已经向和将要向联合公司售交股票的 B 公司股东都将获得即将颁发的特别红利的一半,因此,联合公司的实际出价是每股 $58.5+2.5\div 2=59.75$(美元);紧接着被告在第二天又将出价提升到每股 62.5 美元,收购总数增加到 480 万股,并愿意将特别红利全部转交给出售股票的股东,于是被告的实际出价达到每股 $62.5+2.5=65$(美元)。联合公司宣布退出竞争。

B 公司的股东一共向被告呈交了 930 万股,被告根据每位股东的呈交数量按比例购买了 480 万股,连同自己原来拥有的股份,一共拥有 49% 的 B 公司股份。不久以后,被告与 B 公司联合发出了一份代理权征集书,内含两家公司合并的计划,希望股东们授予公司决策层通过这项计划的权力。计划的主要内容是:凡是被告尚未买下的 B 公司普通股股份将全部换成被告

---

① 此外,美国还有刑事上、行政上和行业内职业道德上的配套处罚。见第五章第一节内的相关讨论。
② Osofsky v. Zipf, 645 F.2d 107 (2nd Cir. 1981).

的股票,兑换的比例为每股 B 公司普通股换取被告公司的一股累积优先股和一股可转换优先股。该书还引用了 B 公司的金融顾问摩根士丹利公司的意见:合并一旦通过,每股 B 公司普通股所换得的被告股份将价值 62.5 美元。于是,B 公司的股东们赞成合并。但是到了合并生效之日,以每股 B 公司股票换得的被告股份在纽约股票交易所的市价仅为 59.88 美元,离代理权征集书中引用的 62.5 美元还差 2.62 美元。奥索夫斯基等人因此而提起集体诉讼,要求被告说话算数,补偿这个差价。在这里,原告们并没有遭受什么实际的损失。因为在联合公司初次要约以每股 48 美元的价格收购 B 公司的普通股股份时,每股 48 美元的收购价已经远远超出了 B 公司的普通股在当时二级市场上的流通价格。现在他们能够获得每股 59.88 美元的兑换价,已经是大赚了。被告以此为理由请求法院作即时判决。初审法院同意被告的请求,认为起诉状所述的起诉理由不能成立,即时判决被告胜诉。原告上诉。

按照美国法院的诉讼规则,根据起诉状作出起诉理由不能成立的即时判决,意味着即使承认起诉状所述的每一条事实都是真实的,起诉理由依然不能成立。上诉审法院否决了下级法院的即时判决,因为原告在诉状中声称被告用欺诈的手段和虚假的数字引诱投资者同意赋予他们以投票代理权,因而违反了《1934 年证券交易法》第 14 条有关代理权征集书的规定。如果这些声称确属事实,要求被告付出说谎或吹牛的代价并无不可。该院接着解释了在以前的一些判例中曾经拒绝采用这样的标准,但那是因为应当赔偿的数额难以确定,而在本案中,被告说得很清楚:62.5 美元。既然如此,就应当由被告按照它自己所说的数额支付广大的向它兑换股票的投资者,补足 62.5－59.88＝2.62(美元)的差价。所以,该院将案件发回下级法院重审①。此案涉及的股份总数在 600 万股以上。如果原告最后胜诉,被告将赔偿 1600 万美元左右的数额,说不定还会因为欺诈而负担诉讼费用。

这第三种方法计算的实际上是英美合同法中的期待利益。② 期待利益是因

---

① 当然,法院在判决意见中也回答了 2.62 美元是否重要的问题。单独看来,这个数字并不大。但是在两家公司竞价争购的情况下却不同了。被告已经声明一旦收购成功,将会实行两个公司的合并,届时尚未收购的 B 公司股份将换得与收购价值相当的股份。如果股东们知道后来的价格只有 59.88 美元,他们就有可能按 59.75 美元的价格卖给联合公司,因为那样可以马上拿到全部股份的价金,而不用等待这么长的时间。再说,联合公司也可能不退出竞争而继续加价,那样,B 公司的股东们更不会卖给被告了。至少,陪审团在决定是否重要这样的事实问题时,还是很有可能认定这 2.62 美元的差价在这里是重要的。所以即时判决是不合适的。

② 与此相似的还有投资者应当得到但因证券商或经纪人的搅拌而未得到的利益。参见本书第五章第三节中米莉诉欧喷海马公司案和爱里虚投资公司案的讨论。

合同的履行而会得到但却因合同的不履行而没有得到的利益。在侵权案件中，一般都按照原告的实际损失计算应赔数额，即本节前述第一种方法。按期待利益标准计算损害后果的只限于欺诈性的侵权案件，而且该期待利益必须相当确定，如像这个判例中的 2.62 美元那样。欺诈性的侵权案件中实际包含了合同的成分：被告的吹牛为要约，原告上当受骗的行为为承诺，于是原告便有权要求得到期待利益。由此可见，公开责任人的某些虚假陈述中如果包含了相当确定的虚假许诺的话，也可以采用期待利益的标准。

三、承销人的赔偿限额

以上介绍了责任人赔偿数额的三种计算方法。在证券发行中承销人组团承销的情况下，对承销团成员的赔偿数额应当有所限制，就是每一家承销团成员的赔偿额都不得超过该家成员销售给投资者的证券价格总额。例如，发行总额为 1 亿元，由 8 家证券公司分销，其中的某一家分到 15%，即 1500 万元。发行完毕 6 个月之后投资者起诉，法院判决全体责任人连带赔偿投资者损失 3000 万元，判决该家证券公司的赔偿份额为 200 万元。这时这家证券公司对投资者的最高赔偿额应为 1500 万元，赔偿后有权向其他承销人按其应付数额追偿，共 1300 万元。也就是说，对于普通的承销团成员来说，其承担连带责任有一个最高的限额，那就是由它直接销售给投资者的那部分证券的价格总额。但是如果他在承销时从发行人那里直接或间接地得到了别的承销团成员没有得到的好处（按承销比例计算），他的赔偿责任应当加上所得的这种好处。以上例中那家承销 15% 的证券公司为例，如果它在发行的时候与发行人私下串通，偷偷地得到了 10%，即 150 万元的回扣，其应当赔偿投资者的最高限额就应当加上这个回扣，一共为 1650 万元。从发行人处得到特殊好处的情况于承销经理，即主承销商，较为常见。对于承销经理，立法时可以考虑责成其就承销总额承担连带责任，以加强对投资者的保护。

所有的公开责任人都应当在各自的责任范围之内以及共同负责的部分承担个别的和连带的责任。例如对于公开文件的专家部分，发行人的董事、监事、高级管理人员和出具文件的专家可能都负有责任，那么，这些人的责任应当连带。而如果承销人对专家部分不负责任，只对非专家部分负责，其连带责任就只限于非专家部分。一个责任人支付了多于该人应该赔偿的数额之后，有权就多支付的部分向其他连带责任人按其各自应付的比例追偿。例如上段例子中的那家证券公司如果直接赔偿投资者的数额超过 200 万元的话，该公司有权就超过的部分向其他尚未履行支付义务的责任人追偿。这是民法上连带责任的本来含义，适用民法上的一般规定。

总之,损害后果的举证责任在投资者。损失根据不同的情况有多种计算方法,但是前述第一种方法比较常见。这一举证比较容易,尤其是按第一种计算方法计算时,证据都在投资者自己手中。最高人民法院《2022 年司法解释》第 2 条要求投资者提起诉讼时必须提交"因虚假陈述进行交易的凭证及投资损失等相关证据",就是为了举证的目的。不过,在引入市场波动因素时问题就会复杂一些,可能会成为诉讼中双方在损失问题上争执的一个焦点。

第四节 违法行为和损害后果之间的因果关系

因果关系是指在违法行为与损害后果之间存在着原因和结果的关系。违法行为指公开失真,是原因;损害后果指投资者遭受的损失,是结果。根据我国的民法理论,因果关系是侵权行为民事责任的构成要件之一。

一、举证的困难与市场欺诈理论

在证券法上,这种因果关系具有一定的特殊性。普通的民事纠纷都是一对一、面对面的交易。张三打伤了李四,或者损坏了李四的财产,构成了侵权,李四因此而遭受了损失,因果关系十分清楚,也容易证明。但是在证券法上,因果关系却不是那么简单明了。证券市场人海茫茫,交易双方不但互不见面,而且连对方叫什么名字都不知道。投资者在买卖证券之后,怎么才能证明违法行为与他的投资损失之间存在着因果联系呢?首先,他必须证明他阅读了或者听到了责任人的虚假的或者误导性的陈述;其次,他还要证明他相信了责任人的失真陈述;最后,由于他相信了失真的陈述,所以作出了买卖证券或者投票的决定,最终遭受了损失。投资者人数众多,大多数投资者在买卖证券时不会去阅读公开材料,仔细阅读那些公开文件的只是极少数。既然没有阅读,那你怎么知道责任人的公开中存在着虚假的或误导性的陈述呢?不知道又怎么谈得上对虚假陈述的信赖呢?这样,因果关系就不能成立。

此外,证券法上的违法行为包括主动的、有所为的虚假陈述或者误导和被动的、有所不为的遗漏或者不公开。在主动的虚假陈述或误导,投资者还可以说他信赖了虚假的陈述,上当受骗了;在被动的遗漏或不公开,投资者就很难说他信赖了不公开。他只能说如果责任人如实及时地公开了真相,他就会作出相反的投资决定,从而不会遭受这样的损失。而这完全是一种没有发生的假设性的事实,证明起来比前述主动的虚假陈述或误导更加困难。加上投资者人数众多,各人的阅历和文化程度又参差不齐,在举证过程中很可能出现许多互相矛盾的地方,因而因果关系的举证负担将进一步加重。结果,除了极少数投资者之外,大多数投资者都得不到赔偿;而违法说谎者则逃之夭夭。这与证券法保护投资者的目的是背道而驰的。

最后,从司法效力上看,也不允许在一个案件中由成千上万的原告逐一出庭作证。因为那样的话,法院一年也判不了几个案子。

为了解决这些难题,尤其是为了达成保护投资者的目的,根据让有过错的公开责任人承担责任的公平理念,我们不妨采用美国联邦第九巡回法院在审判实践中提出的"市场欺诈"(fraud on the market)[1]理论。根据这种理论,市场是充分竞争的和健全的,能够及时地吸收所有已经公开的信息,市场价格就是所有这些已经公开的真的和假的信息的综合反映。投资者在不知道失真真相的情况下,出于对市场的信赖,作出了投资的决定,自然也就包罗了对虚假信息的信赖。因此,投资者只要证明失真的信息是重要的,法律便可以推定因果关系成立。可见,所谓市场欺诈,是指违法行为对整个市场的欺诈。投资者作为这个市场的一个组成部分,自然也与整个市场一起遭受了欺骗。因此,即便投资者没有阅读过公开材料,也根本没有听到过责任人的虚假陈述或误导,也还是受到了欺骗,因而因果关系可以成立。

这一理论业已在美国全国被广泛采用。美国第六巡回法院在审判实践中[2]对此作了进一步的讨论和发挥,认为为了适用市场欺诈的理论,原告应当证明下列五个要素:(1) 被告公开作出了虚假的或误导性的陈述,(2) 这些虚假或误导性的陈述是重大的,(3) 证券交易所在的市场是充分竞争的和健全的,(4) 这些虚假或误导性陈述足以导致一个正常的投资者对证券的价值作出错误的判断,(5) 原告是在从虚假陈述到真相暴露之间的这段时间内买卖证券的。在这五个要素中,(1)(2)(4)实际上是原告在证明违法行为时必须证明的要素,其中(2)和(4)实际上是一回事,因为重大与否的定义就是对投资者的投资决策或判断有无举足轻重的影响,而这种影响又能使他对证券的价值作出错误的判断。(5)是投资者在证明损害后果时必须要证明的要素。因此,就因果关系这一要件而言,投资者唯一需要证明的是(3),即证券交易所在的市场是充分竞争的和健全的。对一个普通正常的证券交易市场来说,证明这一点不会有太大的问题。

---

[1] Blackie v. Barrack, 524 F. 2d 891 (9th Cir. 1975), cert. Denied, 429 U. S. 816 (1976).
[2] Levinson v. Basic, Inc., 786 F. 2d 741 (6th Cir. 1986).

1988年，市场欺诈理论作为诉讼过程中的一条举证规则，正式得到了联邦最高法院的确认。在基础有限公司一案①的审理中，联邦最高法院采纳了市场欺诈理论，并指出这是一种可反驳的信赖假定，也就是说，市场欺诈理论一旦适用，投资者就因果关系的初始举证任务即告完成，举证责任转向被告，由被告来证明因果关系不成立。被告可以证明投资者事实上没有信赖失真的信息，例如他事先知道该信息失真，或者尽管不知道，但是他即使知道了也会进行同样的证券买卖。②此外，被告还可以证明投资者的损失是由违法行为以外的原因引起的，比如前面说过的市场本身的波动，但那是与损害后果的认定一起进行的。

二、我国引进

我国最高人民法院《2022年司法解释》第11条和第12条两条也在实际上采纳了可反驳的信赖假定：

第十一条　原告能够证明下列情形的，人民法院应当认定原告的投资决定与虚假陈述之间的交易因果关系成立：

（一）信息披露义务人实施了虚假陈述；

（二）原告交易的是与虚假陈述直接关联的证券；

（三）原告在虚假陈述实施日之后、揭露日或更正日之前实施了相应的交易行为，即在诱多型虚假陈述中买入了相关证券，或者在诱空型虚假陈述中卖出了相关证券。

第十二条　被告能够证明下列情形之一的，人民法院应当认定交易因果关系不成立：

（一）原告的交易行为发生在虚假陈述实施前，或者是在揭露或更正之后；

（二）原告在交易时知道或者应当知道存在虚假陈述，或者虚假陈述已经被证券市场广泛知悉；

（三）明知虚假陈述存在而进行的投资；

（四）原告的交易行为构成内幕交易、操纵证券市场等证券违法行为的；

（五）原告的交易行为与虚假陈述不具有交易因果关系的其他情形。

第11条采用了市场欺诈的理论推定投资者的信赖，只要被告做了虚假陈

---

① Basic Incorporated v. Levinson, 108 S. Ct. 978, 99 L. ED. 2d 194 (1988).

② 在第六巡回法院的辖区之内，被告还可以否认上段五个要素中的任何一个。但是联邦最高法院的判决中没有提及这五要素说。

述,而投资者正好该虚假陈述发布之后被揭露之前买卖证券的,因果关系即告成立;而第 12 条则允许被告通过提供反面的证据进行反驳。两条合起来正好构成一个可反驳的信赖假定,其客观效果是将初始的举证责任推给被告。

第 12 条第 5 项中所说的"不具有交易因果关系的其他情形",可以用美国第五巡回法院在哈德尔斯屯案判词①的一个脚注中所举的例子来说明。一家运输公司的公开文件声称它的两艘主要船舶都是万吨轮,而实际只有 6000 吨,这显然是严重的失真;但是关于这两艘船舶都没有买任何的保险这一事实,公开文件却作了如实的说明,并且解释说船舶在航行中失事的概率很低,而保险费又太贵,从概率上计算,不买保险是合算的。如果后来船舶吨位的真相暴露,股票价格下跌,投资者遭受了损失,那么,吨位公开失真与投资者的损失之间就存在着因果关系。但是如果吨位的真相没有暴露,船舶在航行中触礁沉没,因为没有投保,运输公司的股票一下子变得一钱不值了,从而使投资者遭受了损失,那么,吨位失真与损失之间就没有因果联系。因为触礁属于航运企业的正常风险,发行人如实地公开了没有买保险的事实,投资者明知风险的存在依然购买了股票,说明他愿意承担风险。在这样的情况下,投资者就不能以吨位上的公开失真要求公开责任人赔偿投资损失。

美国普通法将损害的原因分为两类:事实上的原因和法律上的原因。② 所谓事实上的原因是指假如没有违法行为,损害后果就不会发生,这种联系可以比较间接和遥远;而所谓法律上的原因则是指直接的和具有逻辑必然性的原因。证明因果关系时必须二者具备。在上述例子中,当船舶因为触礁而沉没,吨位上的公开失真与投资者损失之间仍然存在着事实上的因果联系,即因为将 6000 吨的船舶说成了万吨轮,所以投资者才购买了股票,因为买了股票才遭受了损失。如果发行人当初不吹牛皮,将 6000 吨的实际吨位如实公开,投资者很可能就不会购买这些股票,因而也就不会遭受今天的损失了。但是因为损失的直接的和合乎逻辑的原因是没有买保险,而投资者又主动地承担了风险,所以应该认定吨位上的公开失真不构成投资者损失的法律原因。③ 但是这个例子比较特殊。一般说来,虚假或误导性陈述与投资者损失之间的联系是直接的,因而都能构成法律上的原因。

---

① Huddleston v. Herman & MacLean, 640 F. 2d 535 (5th Cir. 1981)。为通俗起见,这里略作改编。
② 事实上的原因的英文习惯表达常用"but for" cause 或 causation in fact,较少用 factual cause;法律上的原因一般用 proximate cause,不大用 legal cause。
③ 事实原因和法律原因类似于我们所说的间接原因和直接原因。用词不同,概念稍异,但是分析方法相同,得出的结论也是一样的。

三、私下交易时的因果关系

市场欺诈的理论适用于买卖双方不直接接触的大市场①，例如证券交易所、柜台市场和发行市场。对于买卖双方直接接触、一对一、面对面地进行的私下交易②，则要根据违法行为③的主动与被动作具体分析。主动的、有所为的违法行为包括虚假陈述和误导，被动的、无所为的违法行为指遗漏或隐瞒。对原告来说，在交易对方亲口对他作出虚假的或误导性的陈述的情况下，证明他信赖了被告的陈述并据此作出了最后招致损失的投资决策相对比较容易。在交易对方不予披露的情况下，证明他因为对方不披露而作出了这样的投资决策，而如果对方披露了就不会作出这样的决策，则比较困难。因为后者需要证明实际上没有发生的假设性事实。

在犹特公民案④中，美国联邦最高法院认为在违法行为是隐瞒或不披露的情况下，原告没有必要出示他信赖被告的确凿证据；他只要证明被告所隐瞒的事实对一个正常的投资者来说，在作投资决策时可能会认为是重要的，就可以了。

> 在该案中，一个印第安部落将资产投入某公司以后，它的成员得到了这个公司的股份。由于这些印第安人的生活比较闭塞，不了解自己手中的股份在外面市场上的价格，当地一家白人银行的两位职员便向这些印第安人购买这些股份，还帮助别的白人向印第安人购买，然后倒手将这些股份在外面证券市场上以高得多的价格售出。真相大白之后，85位印第安人股票销售者起诉这两位银行职员及其所属的银行，认为银行方面在收购原告的股票时负有公开的义务，由于被告向原告隐瞒了外部非印第安市场上该种股票的价格，原告抛售了手中的股票并遭受了损失，因此被告应当赔偿原告的损失。下级法院认为原告没有能够出示其相信被告欺骗的确凿证据，因而在违法行为与损害后果之间没有因果联系。但是联邦最高法院说，在被告隐瞒真相的情况下，原告不需要出示信赖证据。被告有公开的义务，其所隐瞒的事实又是重要的。这二者结合起来足以确立因果关系。

---

① 这一点也为美国联邦最高法院在 Basic Incorporated v. Levinson, 108 S. Ct. 978, 99 L. ED. 2d 194 (1988) 一案中所明确。

② 在大市场上交易的主要是上市公司发行的证券。但是对于不上市的公司，尤其是那些小公司，它们的股份没有市场，所以交易只能在私下里面对面地进行。当然，上市公司的大宗股票在场外私下交易的也不少，例如本节后面将举的康达尔股票的私下转让就是一例。

③ 根据民法上的诚信原则和证券法上的公开规则，证券交易中知道内幕信息的一方负有向对方(虽然不是向整个社会)公开的义务。

④ Affiliated Ute Citizens of Utah v. United States, 406 U. S. 128, reh. Denied, 407 U. S. 916.

这个判例确立了这样的规则：在违法行为是无所为的不公开而不是有所为的虚假或误导性陈述时，原告不需要证明因果关系，只要证明了违法行为的存在，即被告隐瞒的信息是重大的，就可以了。因为这本身就意味着如果原告事先知道这一信息，他就会作出相反的投资决定。所以，法律认定因果关系已经成立，举证责任转向被告，由被告来反证因果关系不存在。这与前面所说的适用市场欺诈理论的情况大同小异。不过，在一对一的交易中，被告的反证工作与在人海茫茫的市场上进行证券交易的情况相比要相对容易一些。

最后就只剩下一种情况，那就是在一对一、面对面的交易中，被告的违法行为是主动的虚假陈述或者误导。在这种情况下，原告应当承担因果关系的举证责任。即他除了证明被告的违法行为之外，还必须证明他读到或者听到了被告的虚假或误导性陈述，相信了这些陈述，出于这样的信赖而作出了投资决定，最后因投资而遭受了损失，所以违法行为与投资损失之间存在着因果联系。

归纳起来，关于因果关系要件的确定，可以分两类四种情况。第一类是在买卖双方不直接接触的大市场上的交易，如证券交易所、柜台市场等；第二类是买卖双方一对一、面对面接触的私下交易。每一类交易中的违法行为又分为主动的或者有所为的虚假陈述或误导和被动的或者无所为的遗漏或隐瞒两种情况。第一类中的两种情况，都可以适用市场欺诈的理论，一旦违法行为成立，便假定因果关系成立，由被告反证因果关系不成立。第二类中的两种情况，则因主动的陈述或被动的不陈述而有所不同。在被动的不陈述，根据美国联邦最高法院的犹特公民案判例，同样假定投资者已经信赖，因果关系成立，而由被告承担反证的负担；而在主动的虚假陈述或误导，则由投资者承担举证因果关系的责任。

四、举例说明

下面试举我国证券市场上的一个具体例子[①]，运用本节介绍的证券判例规则来分析其中的因果关系：

---

① 见孙劼人：《中科创业为何连遭重创》，载《浙江日报》2001年1月11日第5版。该报道的后半部分与这里的分析无关，篇幅关系，就不引述了。
又据《黑幕暴露越来越多》，载《杭州日报》2002年6月14第14版，转载新华社北京2002年6月13日电，"中科创业"操纵股价案件当天在北京市第二中级人民法院结束了连续三天的庭审，越来越多的黑幕暴露在阳光之下。据《中国证券报》2003年4月2日第1、2版上有关报道，该案作为操纵证券市场价格案，涉案人丁福根等已被北京市中级人民法院判处4年至2年零2个月不等的有期徒刑，但是主要涉案人吕梁和朱焕良却依然在逃，未被抓获。

乌鸡是怎样变凤凰的？

尽管从昨天开始，中科创业在连续跌停后，止跌回涨，出现涨停。但大多数投资者都认定，这是"回光返照"。中科创业令投资者伤透了心，他们不禁疑问：乌鸡是怎么变凤凰的？

过去的中科创业可风光了。说它是只凤凰，没人会摇头：公司涉足医疗设备、电子商务、生物制药等高科技行业，股价每年翻番。

如今，中科创业落难了，自然有人出来揭它的老底。吕梁就是其中的一位。吕梁别名"K 先生"，在证券市场上颇有影响。《财经时报》记者在采访他时，他称中科创业的前身是一只"乌鸡"。

中科创业的前身——深圳市养鸡公司成立于 1979 年，1982 年更名为宝安县养鸡公司，1992 年底再次改名为深圳康达尔实业总公司。1994 年 4 月 18 日，经深圳市政府批准，公开发行股票，并经股份制改组为深圳康达尔（集团）股份有限公司。1994 年公司公开发行 2180 万股新股，加上发起人龙岗区投资管理公司净资产 6100 万股，共 8280 万股。11 月 1 日，股票在深交所上市。

吕梁说，1998 年底，深圳一个投资咨询公司经理因为投资康达尔被深度套牢，找到他希望获得"帮助"。当时，吕梁以"K 工作室"的名义汇集了一批北京机构投资者的分析师，设计了针对康达尔的投资计划。参与该计划的北京机构同意接手康达尔 50% 左右的流通盘，作为长线投资。

1999 年初夏，北京机构斥资受让康达尔的部分国有股，入驻以后，将企业改为"中科创业"，其业务从原来的饲料、养鸡转为医疗设备、电子商务、制药，并将其中科技含量高的生物制药作为企业的主要开发项目。

由此，养鸡业摇身变为高科技企业，当时被称为投资界的"经典之作"。

"多米诺骨牌"是如何搭起来的？

昨天，中科创业涨停，中西药业也涨停。这个现象很容易让人与它们过去的表现发生联想：中科创业不仅仅是单一概念，它与其他一些股票和投资一起，构成了一个"多米诺骨牌"，一荣俱荣，一损俱损。

这个"多米诺骨牌"是中科创业花了一番大心血搭建起来的。据北京机构投资者的说法，"事实上，北京机构真正接手康达尔以后，才发现已落入投资圈套。此时的康达尔远非原来所称的业绩良好，而是早已烂掉，企业财务虚数黑洞巨大"。在当时，为了补救投资损失，深陷其中的北京机构只好被动地组织更多的资源投入康达尔重组，在北京注册成立北京"中科创业"，收购中西药业 29% 的股份。

之后,中科创业进行了一番眼花缭乱的受让和转让,与海南中网投资有限公司、上海中西新生力生物工程有限公司、深圳英特泰投资有限公司等发生投资关系,形成十分庞大而且错综复杂的关系网。中科创业还与中西药业、中科健等公司成为贷款对等担保方,拟定贷款互保额为 2 亿元。

市场上,大家对与中科创业关系复杂的股票有一个统称,叫"中科系"。从"中科系"的运作手法来看,确实"老谋深算",为企业化解了财务运作风险,但整个系统运营的风险反而增强。那么长的一条资金战线上,只要哪个环节出错,所导致的连锁反应会迅速摧垮整个操作系统。目前人们看到的"中科系"股票莫名其妙的同涨同落便是这一恶果。

这是报道的前半部分,主要讲北京机构上当受骗,购买康达尔股票而陷入泥淖的过程。报道语焉不详,没有说明卖方是谁,也没有说明 1998 年底北京机构同意接手的 50% 的流通股后来有没有买,什么时候买的,这些流通股与 1999 年初夏受让的"部分国有股"有什么关系,等等。或许卖方是深圳的那个投资咨询公司经理,或许是别的国有股持有者。不管怎样,这些股份肯定是私下转让的。我们可以想象,转让的过程中,卖方在向北京机构隐瞒很多重要情况的同时,也为了达成交易而作了许多必要的虚假或误导性陈述。假如北京机构以卖方欺诈为由提起诉讼,要求退出交易的话,那么,在因果关系这一要件上,就信赖被告虚假或误导性陈述这一点,应当负举证责任;但就信赖被告隐瞒的事实不存在这一点,则不需要举证,由被告进行反证。当然,本案中的北京机构没有起诉,在当时的法制条件下恐怕也无法起诉,因而在无奈之下将错就错,继续投资,期望在适当的时候撤出,无非是自己遭人骗,试图再骗人罢了。这样的做法,只能为自己以后可能承担民事赔偿责任埋下伏笔。

五、小结

综合前面四节所述,在公开失真的民事责任四要件——被告的过错(没有尽职)、违法行为(公开失真)、投资者的损失、因果关系——中,投资者的举证责任主要地只限于违法行为和所受损失这两个要件,其中公开失真的重要与否往往是诉讼双方争论的重点。只要投资者证明了公开文件有重大失真,自己又遭受了损失,案由即告成立。这时法律假定被告有过错,失真与损失之间存在着因果联系。主观过错和因果联系这两个要件的举证责任基本上都在被告。被告只有证明了他没有过错,或者违法行为与损害后果之间没有因果联系,才能逃避责任。否则就要赔偿投资者的经济损失。其中的因果关系只有在交易双方直接接触,知情的一方主动作出不真实的陈述的时候,才由投资者承担举证责任。而这种情况,目前在我国诉讼和审判实践中还没有涉及,当前大家所关心的主要是大市场交易规则的建立和完善,所以因果关系应当由被告举证。

第五节 我国证券法民事责任实况讲评

一、历史演变

长期以来,我国证券法民事责任有名无实。法律虽然做了规定,但是法院基本不受理这类案子。

学术研究起步很晚。1998年《证券法》就规定了民事责任,显示这是一种侵权责任。但是时至2000年,学者们还将证券法上的民事责任平分为违约和侵权两大类别。尤其是违约责任,一列就是一大堆,什么证券承销合同违约、证券买卖合同违约、证券上市合同违约、证券委托合同违约、上市公司收购合同违约、证券服务合同违约,等等——纯属不切实际的凭空想象。[①] 其实,证券法上的纠纷主要是因公开失真(包括不公开)侵犯投资者的知情权而引起的损害赔偿案,是侵权案件而不是合同纠纷。我们在前面论述证券法的基本原理时曾经反复强调一事物区别于他事物的本质特征,即为一事物所特有而他事物所没有的那些特征。讲一门法律,也要突出此部门所有而他部门所没有的内容。侵权法或者合同法可以解决问题的,证券法就不必重复了。合同纠纷适用合同法足矣,证券法基本用不上。侵权行为之所以要专门研究,是因为证券法上的侵权行为有其特殊性和复杂性,民法上关于侵权行为的简单的一般性规定不能够解决证券法上出现的各种复杂情况。

大致上从2001年开始,我国证券法学界对于证券法民事责任主要是侵权案件这一点的认识逐渐清楚起来,但是依然缺乏对各个构成要件的深入讨论,大都浮在表面上,泛泛而论,解决不了实际问题。法律是要解决实际问题的,对于证券法民事责任的研究必须达到这样的效果:使法院看了知道怎么判案,律师读了知道怎么帮助投资者打官司。

而在现实中,证券违法行为早已到了泛滥成灾的地步。在本章第二节中,我

[①] 例如周友苏、罗华兰:《论证券民事责任》,载《中国法学》2000年第4期。

们对此,尤其是虚假陈述,作了简单的介绍。那里提到的银广夏、红光等,都是轰动全国的作假大案。诸如此类的作假行为在我国证券市场上并不是一两家,而是大量存在的。新华社报道说①,"据初步统计,自 2001 年 3 月 31 日到 2001 年 11 月 19 日,因虚假信息披露而受中国证监会处罚的上市公司共有 16 家。他们分别是:大庆联谊、中集集团、ST 同达、华立控股、西安饮食、嘉宝企业、西藏圣地、山东海龙、ST 天颐、PT 东海 A、ST 张家界、圣方科技、PT 郑百文、ST 九州、渤海集团和金路集团"。这仅仅是在不到八个月的时间内的初步统计。此外,湖北系列上市公司造假案(包括为 ST 活力虚增利润、ST 幸福大股东配股虚评资产、肆意占用上市公司资金、ST 康赛大股东"白条"配股)、亿安科技案、中科创业案等都是有名的造假案件。②

　　虚假的信息引诱了千百万普通投资者上当受骗,他们多年辛苦积攒下来的血汗钱一朝之间付诸东流。例如,银广夏造假事件曝光后,股价从停牌前的 30.79 元跌至复牌或的 6.59 元,累计下跌 24.2 元,跌幅达 78.6%,流通市值缩掉 67.95 亿元。③ 按当年 6 月底的统计,持有银广夏股票的股东总数为 14245 人④,平均每人损失近 50 万元。在造假的上市公司中,哪一个公司的中小股东们没有这么一部血泪斑斑的惨痛历史?

　　证券法的主要用处就是保护投资者。如果在这种赤裸裸的坑蒙拐骗面前不能对投资者提供有力的保护,那么我们的证券法就是一张废纸。1998 年出台的《证券法》尽管对虚假陈述的民事赔偿责任规定得不够系统和完善,但是如果法院能够充分地运用它的智慧和司法解释权,发挥主动性,也足以据此断案了。但是,由于学术研究的落后,法官专业知识的不足,我们的法院在铺天盖地的证券侵权案件面前手足无措,迟迟不敢受理。⑤

　　1998 年 12 月,上海一位投资者状告成都红光实业股份有限公司的 24 名管理人员,包括该公司的董事长何行毅、总经理焉占翠等 19 名董事,诉状称由于原告听信被告的虚假陈述而购买股票,亏损 3136.5 元,请求赔偿。⑥ 这是一个完整而合法的诉讼请求。但是,上海浦东新区法院于 1999 年 3 月以这类纠纷不属于

---

　　① 见《因虚假信息披露而受证监会处罚的上市公司》,载《浙江日报》2002 年 1 月 18 日第 3 版转新华社 1 月 17 日电。
　　② 见许少业:《让造假者倾家荡产》,载《上海证券报》2001 年 8 月 29 日第 1 版。
　　③ 见辛桦:《连续 15 个跌停,万千股东损失惨重,银广夏 68 亿市值瞬间蒸发》,载《上海证券报》2001 年 10 月 10 日第 4 版。15 个跌停指从 2001 年 9 月 10 日复牌到 10 月 8 日收盘。
　　④ 同上。
　　⑤ 1990 年春,耶鲁大学法学院的里斯门(W. Michael Reisman)教授在给我们讲课时说:"法律不是立法机构立的法律,而是法官具体适用的法律。"我国《证券法》颁布以来有法不执的现实证实了这一点。
　　⑥ 见符冰:《状告红光始末》,载《南方周末》2001 年 3 月 1 日第 9 版。

人民法院处理范围为由裁定不予受理。证券侵权纠纷居然不属于法院的处理范围,实在是荒唐透顶! 1999 年 5 月,又有七位投资者告到上海市中级人民法院,同样败诉。①

2001 年 9 月,最高人民法院正式下发通知,称"由于受我国立法及司法条件的局限,法院尚不具备受理及审理这类案件的条件,因此要求各地法院对于证券市场纠纷引起的民事赔偿案件暂不予以受理和审理"。② 据此,上海市第一中级人民法院决定暂不受理上海 100 多位投资者起诉银广夏作假一案,已经受理此案的无锡市崇安区人民法院改为暂不审理。③

2001 年 10 月,最高人民法院又发通知:暂不受理证券市场因内幕交易、欺诈、操纵市场等行为引起的民事赔偿案件。④

可是,投资者怒不可遏,市场的呼声与日俱增。中国证监会从市场监管的角度出发,对此表示了支持。因为对如此泛滥性的作假行为,光靠证监会是管不过来的。2001 年 8 月上旬,中国证监会首席顾问梁定邦在接受有关媒体采访时表示,股东可以通过法律途径起诉银广夏。8 月中旬,中国证监会副主席高西庆又表示,证监会鼓励合法权益受侵害的中小股东联合起来,充分利用现有的民事诉讼法律机制,提出损害赔偿诉讼,将违法的相关责任人员送上法庭。⑤

在市场压力的推动下,最高人民法院于 2002 年 1 月 15 日正式下发《关于受理证券市场因虚假陈述引发的民事侵权纠纷案件有关问题的通知》⑥,规定发行人、承销的证券公司公告招股说明书、公司债券募集办法、财务会计报告、上市报告文件、年度报告、中期报告、临时报告中存在虚假记载、误导性陈述或者重大遗漏,致使投资者在证券交易中遭受损失的,投资者可以向法院起诉赔偿,法院从即日起开始受理。但是对于受理案件的范围,通知作出了明确的限制:仅限于中国证监会及其派出机构已经作出处罚决定并且处罚已经生效的案子。也就是说,凡是证监会还没有注意到的案子、正在调查但是尚未作出处罚决定的案子、甚至已经作出处罚决定但尚未生效的案子统统不予受理。这在业内被称为**前置过滤屏障**,也叫**前置程序**。其客观效果是将 95% 以上的案子拒之门外。

---

① 见符冰:《状告红光始末》,载《南方周末》2001 年 3 月 1 日第 9 版。
② 《一波多折的银广夏赔偿案》,载《上海证券报》2001 年 9 月 27 日第 4 版。所谓立法条件的局限,是指当时的《证券法》有缺陷;所谓司法条件的局限,是指法官的业务水平和专业知识不够,还不会审理这类案件。
③ 同上。
④ 见《股民被"黑",谁主持公道?》,载《南方周末》2001 年 10 月 25 日第 4 版,转载《中国经济时报》2001 年 10 月 17 日。
⑤ 同上。
⑥ 已经于 2022 年 1 月 22 日与《2003 年司法解释》同时废止。

据新华社报道,最高人民法院之所以作出这样的限制,是因为"考虑到现阶段我国证券市场虚假陈述等侵权行为时有发生,目前如果没有民事诉讼前置程序屏障,案件数量可能很大,设置这一程序,在目前法律框架下是非常必要的"。[①]这就是说,案件太多了,法院的负担太大了,所以必须将这类案件中的大部分过滤掉。这个理由叫人哭笑不得。

将已生效证监会行政处罚作为受理民事案件的前置程序,至少存在以下三大问题。首先,证监会发现违法造假行为不如市场及时和有效。行政机关的工作效率无法与市场比拟。证监会能够发现和查处的只是市场违法案件中的一小部分,大部分案件都发现不了。而市场力量无处不在,有违法行为,就有受到违法行为损害的投资者的不满和起诉请求赔偿的冲动。投资者的起诉可以使违法造假行为无所藏匿,因而是发现和制衡违法行为最有效的手段。其次,证监会的监管角度与投资者的诉求有所不同。证监会主要查处扰乱市场秩序和规则的行为,而投资者则要获得赔偿。在市场瞩目的亿安科技造假案中,人们注意到"证监会只是对联手操纵亿安科技股票价格的4家投资顾问公司进行处罚,而未涉及虚假信息问题"[②],因而就不符合最高人民法院通知的受理条件。最后,投资者的举证负担轻于证监会,因而在相同案情下比证监会更容易胜诉。从证据法理论上说,刑事处罚、行政处罚和民事赔偿的举证负担是不同的。刑事诉讼中的公诉人必须证明到确凿无疑的地步,才能对犯罪嫌疑人科以刑罚;行政处罚中的行政机关也必须证明到令人信服的地步,才能处罚违法者;但是民事诉讼中的任何一方当事人只要证明到这种可能大于那种可能,即可胜诉。如果用数字来表达,这三种官司的举证负担分别为90%—95%、75%和51%。可见,证监会不能承受的举证负担投资者却可以承受。综上,前置程序使绝大部分违法造假行为人得以逃脱民事赔偿责任。

2003年1月9日,最高人民法院发布了《关于审理证券市场因虚假陈述引发的民事赔偿案件的若干规定》(简称《2003年司法解释》,2022年废止)。它首次明确了发行人公开失真侵权案的四个构成要件,圈定了被告范围,并对举证责任作了正确的分摊,从而大大增强了案件审理的可操作性,迈出了在我国建立证券法民事责任制度的第一步。首先,在主观要件上,该解释在当时破天荒地第一次规定发行人负无过错责任,其他公开责任人负过错责任;过错与否的举证责任在被告,即由被告来证明自己没有过错,而不是由原告去证明被告有过错。其次,

---

[①] 已经于2022年1月22日与《2003年司法解释》同时废止。
[②] 《一个实实在在的"利好"——投资者积极评价法院受理证券民事侵权案》,载《浙江日报》2002年1月18日第3版。

该解释引进美国法学界的市场欺诈理论和可反驳的信赖假定,规定只要投资者是在虚假陈述作出之后真相暴露之前这段时间内买入证券,而后因真相暴露而招致证券贬值,遭受损失的,一律推定为因果关系成立,由被告反证其不成立。最后,损害结果的计算以投资者买卖证券的前后差价为准。这些规定清楚地表明最高人民法院对于证券市场上的这类虚假陈述案件在专业认知上已经具备了审理和判决这类案件的能力。有了这个司法解释,下级法院同样能够审理这类案件。

遗憾的是,《2003年司法解释》依然维系了2002年通知中所设置的前置过滤程序,将绝大部分案件挡在法院的大门之外。最高人民法院大概感觉处理证券民事纠纷经验不足,想通过受理一部分案子,先积累一些经验,然后再逐步推开。实际上也确实是这么做的。在一般情况下,这样想这样做可能也不错。但是,在证券造假案子上这样做却是错误的。因为问题太重要,事情太急迫。正确的思路应该如毛泽东所说:读书是学习,使用也是学习,而且是更重要的学习。① 很多事情不是学好了再干,而是干起来再学,一边干一边学。法院既然已经有了2003年的司法解释所反映出来的对这类案件的认识深度,那就应该敞开大门受理投资者的起诉,从而对公司造假行为形成有效的威慑。

投资者的诉讼是市场的健康力量,是市场违法行为自然引发的市场免疫功能。政府只有充分利用和依赖市场的健康力量,利用投资者的诉讼积极性,发动他们、帮助他们去制衡违法造假行为,才能顺理成章地维系好正常的市场秩序。在投资者诉讼达不到的地方,再由证监会监管,进行必要的行政处罚。这就叫做市场调节为主,政府干预为辅。

前置过滤程序恰恰违反了上述自然法则,违反了市场经济的规律。它不是帮助市场的健康力量去压制违法行为,而是把健康力量压制住,不让它发挥作用,任由违法行为猖獗泛滥,只让证监会一家行政机构在那里单打独斗。

本书自2004年3月②的第一版开始就不断地讲述上述道理,呼吁取消前置过滤程序,鼓励法院开门。

一些省的高级法院走在最高人民法院的前头。广东、浙江、安徽等省都试图

---

① 《毛泽东选集(第一卷)》,人民出版社1991年版,第181页。
② 此书在2002年年底已经基本完稿,书中的重点就是民事责任,讲解如何打证券民事赔偿官司。笔者当时对最高人民法院的印象很不好,因为2002年的通知像2001年的两个通知一样,写得实在太差了,完全外行。但是当我看到2003年1月的司法解释时,我的眼睛一亮:喔唷,最高人民法院变得内行了。于是,我特地推迟了书稿的投稿时间,专门停下来研究这个司法解释,给了它高度的评价和充分的肯定,同时也对它存在的问题,做了详细的点评,指出应该怎么改进。读者诸君如果有兴趣,可以把此书第一版拿来查看,里面都有。对于前置过滤程序,我当时就指出,应该马上取消。以后此书多次再版,每次都要严厉批评前置程序,呼吁法院开门。

突破前置屏障,受理投资者诉讼。① 但是最高人民法院在 2018 年的一系列判决中,明确表示前置屏障继续有效。在周剑明、广东威华股份有限公司证券虚假陈述责任纠纷②、徐肃益、广东威华股份有限公司证券虚假陈述责任纠纷③、李显蓉、广东威华股份有限公司证券虚假陈述责任纠纷④等案中,最高院判决说:"虽然……《证券市场虚假陈述民事赔偿若干规定》已施行十几年时间,较之制定该司法解释时而言,目前证券市场等相关情况已发生一定变化,但该司法解释目前仍然有效,在其未被废止或修订之前,原审法院继续适用并无错误。"

二、 前置屏障的取消与《2022 年司法解释》

2021 年 7 月 6 日,新华社发布了中共中央办公厅、国务院办公厅印发的《关于依法从严打击证券违法活动的意见》。该意见第 7 条要求"修改因虚假陈述引发民事赔偿有关司法解释,取消民事赔偿诉讼前置程序"。2022 年 1 月 22 日,期盼已久的新司法解释最高人民法院《关于审理证券市场虚假陈述侵权民事赔偿案件的若干规定》(简称《2022 年司法解释》)正式生效实施,替代并废止了 2002 年的通知和《2003 年司法解释》(为比较简便起见,以下将 2022 年的司法解释称为新解释,将 2003 年的司法解释称为旧解释)。新解释第 2 条第 2 款规定:"人民法院不得仅以虚假陈述未经监管部门行政处罚或者人民法院生效刑事判决的认定为由裁定不予受理。"至此,维持了二十年的前置过滤屏障终于被撤销。这是一个历史性的进步,因为它恢复了市场本身的免疫功能,是我国证券市场从病态恢复健康的关键一步。

除此之外,从证券法专业的角度去看,新解释与旧解释相比还有很多改进,因为它更有条理,更加简明扼要;虽然篇幅更短,但是对虚假陈述侵权案的四个构成要件却规定得更加具体。对于这些改进和依然存在的一些不足,我们简要评述如下。

第一,在主观要件上,旧解释只规定发行人负无过错责任,其他公开责任人负过错责任,但是没有规定过错责任人的免责标准。新解释第 13—20 条填补了这一空白,对四类过错责任人的过错标准逐一做了规定。这些规定的具体内容和存在的问题已经在本章第 1 节中讲解过了。

---

① 例如,2016 年 6 月 6 日判决的(2016)粤民辖终 110 号、2016 年 7 月 21 日判决的(2016)皖民终 412 号、2017 年 2 月 15 日判决的(2017)浙民终 72 号和 2017 年 2 月 14 日判决的(2017)浙民终 73 号。
② (2018)最高法民申 1402 号,2018 年 5 月 17 日判决。
③ (2018)最高法民申 873 号,2018 年 3 月 29 日判决。
④ (2018)最高法民申 872 号,2018 年 3 月 29 日判决。

第二,在违法行为的认定上,旧解释第 17 条对失真信息重大性的描述不够充分,比如说虚假记载是"将不存在的事实在信息披露文件中予以记载的行为",重大遗漏是"未将应当记载的事项完全或者部分予以记载。"新解释第 4 条第 2—4 款在解释虚假、误导和遗漏时都加入了"重大"或"重要"的字样,清楚地表明鸡毛蒜皮的不真实不能构成违法行为。第 10 条还对重大性进行了列举。不足之处是对重大性的抽象标准没有明确规定。信息重大与否的判别标准是看其对投资者的投资决策有无举足轻重的影响。投资人的标准应当是一个普通的、谨慎的人。这些都没有规定。本章第 2 节第 2 小节中的论述可以从学理上补充司法解释的不足。

第三,在损害结果的计算上,旧解释只考虑到了虚假利好信息招致投资者买入证券,而没有考虑虚假利空信息招致投资者卖出证券。换句话说,同样是由虚假陈述引发的投资损失,只有买亏了才能索赔,卖亏了就不能索赔。这显然不合理。试举一例如下。

本章第二节中已引述过《经济日报》对北海银河股份有限公司隐瞒其与南宁广播电视局有线电视台签订合作协议,投资 4500 万元合作建设与经营"南宁有线电视综合信息网"项目一事的报道①,该报道的后半部分介绍了公司股价的变化:

> 该公司于 1999 年 6 月 3 日签订上述重要合同,对公司股价产生较大影响,自签约之日至公告当日公司股票价格涨幅超过 100%。但是,1999 年 6 月 29 日,公司董事会在其股票连续 3 天达涨幅限制的提示性公告中却明确说明公司近期无应披露而未披露的信息,披露的内容与事实不符。

> 北海银河董事会 8 月 6 日发表致全体股东的致歉信。信中解释,该公司与南宁广播电视局有线电视台签订的《合同书》需经南宁市政府、市财政局同意之后才能正式生效,公司董事会错误地以为《合同书》只有在经南宁市政府、市财政局同意生效之后才能对外披露。称该事件的发生主要是由于公司董事会对有关法规学习理解不够深入。该公司董事会接受深交所的批评,并表示已经充分认识到此次事件的严重性,全面接受此次事件的沉痛教训。

> 深交所在对北海银河予以通报批评的同时重申:上市公司必须认真履行信息披露义务,上市公司董事会全体成员必须保证重大信息的及时披露,保证信息披露内容真实、准确、完整,没有虚假、严重误导性陈述或重大遗漏,并保证就其承担个别和连带的责任。

---

① 江帆:《北海银河违规封锁重大信息,深交所通报批评昭示投资人》,载《经济日报》1999 年 8 月 10 日第 7 版。

这里说到"自签约之日至公告当日公司股票价格涨幅超过100%",本章第二节引述的报道的前半部分中说到公告日为7月20日,这就是说,从6月3日签约到7月20日公告这40多天的时间内,市场在公司隐瞒信息的情况下通过内部的或其他的渠道逐步获取信息,从而价格一步一步地上升,一共涨了一倍多。报道没有说公告之后的一段合理时间内股价有没有继续升高。假定没有。那么,在这段应当公告而没有公告的时间内,很可能有的投资者会因为这个虚假的公告而抛售了手中的股票,那时候股价只上升了30%,而如果这个重大信息完全公开的话,股价本来会上涨100%的,所以投资者就遭受了70%的损失。① 但是按照旧解释,这类卖亏的损失不能索赔。

旧解释中的这个缺陷源于当时许多人的误解——以为只有因虚假陈述而高价买入所遭受的损失才可以赔偿,而因虚假陈述而低价抛售所遭受的损失则不需要赔偿。例如,《经济日报》在报道上述北海银河的同一版面还刊登了一篇短评②——《当心负连带责任》:

> 早就听说,有些上市公司的信息披露有"猫腻",诸如"本公司近期无应披露而未披露的信息"的背后,往往有重大隐情。只是没有抓个正着。
>
> 现在,北海银河被深交所拎了出来,通过媒体公开通报批评。终于抓着个"货真价实"的典型。这一事件,确实触目惊心。
>
> 北海银河没有及时履行重大事件披露义务,已属违规。在签约26天后,公司董事会在其股票连续3天涨10%的提示性公告中还隐瞒真情,居然称"公司近期无应披露而未披露的信息",披露的内容与事实严重不符。说这是一种欺骗行为,可能大多数投资者会赞同。肯定有投资者因未了解真相而遭受了损失,肯定有"内幕人士"因明了底细而大发其财。因为,从签约日到真实信息公告日,北海银河的股价上涨超过了100%。
>
> 深交所借此事件再次告诫:上市公司必须认真履行信息披露义务,"并保证就其承担个别和连带责任",北海银河董事会的这次严重违规也许有点"庆幸",隐瞒信息后股价大涨。如果股价大跌,有投资者因此遭受巨额损失而告到法院,北海银河董事会成员是否应承担"个别和连带责任"?(黑体

---

① 类似的情况还见《河池化工:一个并不动人的故事》,载《经济日报》2000年4月19日第6版。广西河池化工股份有限公司是一家尿素生产企业,1999年9月3日以4.15元的价格公开发行了5000万股流通股。12月2日上市交易,开盘价9.23元,以后大致维持在这个价位上。但是从2000年3月13日开始的11个交易日内,股价一路飙升到21元。在此期间,公司则分别于3月16日、22日、25日发布公告,称近期内没有资产重组或股权转让等应当披露的重大事项。许多投资者在这个价位上抛出了股票。4月13日,公司又发布了第四则公告:其控股股东广西河池化学工业集团公司拟将所持的8950多万股国家股的51%转让给南开大学搞科技合作。股价随后涨到23元。已经抛售的投资者感觉上当。

② 崔书文:《当心负连带责任》,载《经济日报》1999年8月10日第7版。

附加。)

实际上未能及时履行重大事件披露义务的不只北海银河一家。那些因无知而犯规或蓄意违规的董事会成员,可能总有一天会坐到法院的被告席上。

这则短评的作者以为隐瞒信息后股价大涨,作假人就不用承担"个别和连带责任",只有当股价大跌的时候,作假行为才会导致民事责任。可见,不光是最高人民法院,股评人士乃至报社普遍持有这种误解。

现在,新解释纠正了这种误解,在第11条中使用了"诱空型"和"诱多型"两个新词,对买入和卖出两种情形作了对等规定。所谓诱多,就是利好;诱空,就是利空。与此相对应,新解释第27、28两条分别对买入和卖出两种情形作出了具体的规定。不但买亏了可以索赔,卖亏了同样可以索赔。

第四,因果关系的推定像旧解释一样,依然沿用美国法院的市场欺诈理论和可反驳信赖假定,即只要投资者是在虚假陈述作出之后真相暴露之前这段时间内买入证券,而后因真相暴露而招致证券贬值,遭受损失,一律推定为因果关系成立,由被告反证其不成立。

最需要讨论的是市场波动因素。旧解释把它放在因果关系中规定,还给它取了个特别的名字,叫做市场系统风险。正确的编排如本章所示,应该放在损害结果的计算中。这一点,新解释纠正过来了,规定市场波动因素的第31条属于"损失认定"一节,而不属于"因果关系"一节。不过,主要问题还不在体系编排上,而在实体内容上。旧解释只允许被告通过证明市场波动来减少赔偿,而不允许原告通过证明市场波动来增加赔偿,在本来可以一碗水端平的地方偏向被告,损害了原告的利益,违背了证券法保护投资者的宗旨。新解释本来应该纠正这个长期存在而又十分明显的错误,但是第31条的规定却模糊不清:

人民法院应当查明虚假陈述与原告损失之间的因果关系,以及导致原告损失的其他原因等案件基本事实,确定赔偿责任范围。

被告能够举证证明原告的损失部分或者全部是由……证券市场的风险……所导致的,对其……减轻或者免除责任的抗辩,人民法院应当予以支持。

第1款中的两个概念"虚假陈述与原告损失之间的因果关系"和"导致原告损失的其他原因",特别是前一个概念,能否包含市场波动因素?按理说,既然被告可以通过证明市场波动来减少赔偿,原告当然同样有权通过证明市场波动来增加赔偿,因而答案是可以包含。但是有两点疑惑。第一,最高人民法院不是让原告去证明,而是要求法院查明。一个按照常规应当由原告举证的事实,法院会主动去查明,减轻原告的举证负担吗?如果不会,那是否说第 1 款没有给予原告举证市场波动因素以增加赔偿数额的权利呢?第二,第 2 款直接点明"证券市场的风险",对应旧解释中的"证券市场系统风险",明显指市场波动因素。与第 2 款具体明确的用语相比,第 1 款没有使用市场风险一词,用语显得抽象模糊,容易得出否定的结论,即上述两个概念不包含市场波动因素。因为如果包含,为什么不像第 2 款那样具体点明呢?

这个问题十分重要,因为涉及投资者的切身利益。如果第 1 款没有将市场波动因素包括进去,那就说明最高人民法院至今没有发现旧解释中的这个错误。这是很不应该的。

像旧解释将当时法律还没有规定的"发起人、控股股东等实际控制人"拉进来作为公开责任人一样,新解释又在第 21 条、第 22 条中将证券法没有规定的"公司重大资产重组的交易对方"和"发行人的供应商、客户,以及为发行人提供服务的金融机构等"添加进来作为潜在的被告。显然,这是因为下级法院在实际审案中碰到了上下游串通造假,那些帮助造假的局外人并不属于证券法规定的公开责任人,所以新解释将他们作为法定责任人添加进来。最高人民法院的这些规定一般都切合实际。但是在现行的宪法框架下,最高人民法院只有司法解释权,没有立法权。规定新的责任人是在立法,不是释法。从这个意义上说,最高人民法院越权了。

最后,新解释在谋篇布局上,也存在一些可以商榷的地方。解释第 2 部分"虚假陈述的认定"主要想讲清楚什么是虚假陈述。而第 7—9 条规定虚假陈述的实施日、揭露日、更正日,目的是要计算原告的损失,与虚假陈述的定义毫无关系,所以放在第 2 部分不合适,应当移到第 6 部分"损失认定"中去。反过来,第 10 条对重大性的列举有助于对虚假陈述的认定,属于对虚假陈述的定义,应从第 3 部分移至第 2 部分。第 3 部分是规定因果关系的,而重大性属于违法行为的特征,即公开失真必须是重大的,不重大的失真不算违法。所以第 3 部分的标题"重大性及交易因果关系"显得不伦不类。将第 10 条移走之后,"重大性及"四个字就可以从标题中删除了。

可以预见,随着前置屏障的取消,投资者诉讼将会井喷。在公开失真侵权案的四个构成要件中,原告需要证明违法行为和损害后果两个要件(见新司法解释第 2 条第 2 款)。损害后果的证明十分容易,凭交易交割单即可。只有违法行为的证明要花点力气。在没有证监会行政处罚的情况下,投资者需要独立调查和收集发行人公开失真的事实证据。以往很多时候,发行人弄虚作假明目张胆,取证容易。但是随着法制的逐步健全,这种明目张胆的弄虚作假会越来越少,取证也会变得越来越困难。

有时候,投资者很需要查看发行人的财务账册,传唤相关的责任人员。可是按照我国现行《民事诉讼法》,原告及其律师的取证权利还十分有限。对此,最高人民法院和中国证监会联合发布的《关于适用〈最高人民法院关于审理证券市场虚假陈述侵权民事赔偿案件的若干规定〉有关问题的通知》①第 2 条规定:

> 当事人对自己的主张,应当提供证据加以证明。为了查明事实,人民法院可以依法向中国证监会有关部门或者派出机构调查收集有关证据。
>
> 人民法院和中国证监会有关部门或者派出机构在调查收集证据时要加强协调配合,以有利于监管部门履行监管职责与人民法院查明民事案件事实为原则。在充分沟通的基础上,人民法院依照《中华人民共和国民事诉讼法》及相关司法解释等规定调查收集证据,中国证监会有关部门或者派出机构依法依规予以协助配合。

问题是原告对违法行为的举证需要达到何种程度才能触发法院的主动调查和证监会有关部门或者派出机构的配合,还有待观察。一旦触发,问题倒是容易解决,因为证监会有调查取证的各种特权,容易获取发行人弄虚作假的确凿证据,包括具体的财务数据等。

另一条解决问题的途径是修改《民事诉讼法》,扩大原告及其律师的调查取证权。但兹事体大,可能需要中央来拍板。

三、康美药业案剖析

由于投资者人数众多,如果单个投资者分别起诉,可能会形成几千甚至几万个类似的案子,那将耗尽司法资源和各方当事人的财力物力,缺乏现实可行性。但在另一方面,由于被告相同,案情也都相似,这类案子完全可以合并处理。参照国外集体诉讼的模式,最高人民法院于 2020 年 7 月 30 日出台了《关于证券纠纷代表人诉讼若干问题的规定》(以下简称《证券纠纷代表人诉讼规定》)。该规定将投资者针对证券市场虚假陈述、内幕交易、操纵市场等行为提起的民事赔偿诉讼分为两大类:普通代表人诉讼和特别代表人诉讼。普通代表人诉讼由原告集体推选代表,特别代表人诉讼由投资者服务机构担任代表,代表全体原告进行诉讼。

随后,该年 8 月,丁红春等 315 名投资者根据中国证监会的处罚决定对上海飞乐音响股份有限公司在半年度报告等公开资料中的虚假陈述在上海金融法院

---

① 2022 年 1 月 21 日发布。

提起普通代表人诉讼。① 法院于 2021 年 5 月 11 日判决被告向原告集体赔偿 1.23 亿余元。而赔偿数额更高影响更大的则是广州市中级人民法院 2021 年 11 月 12 日判决的康美药业案。该案原告人数达 5.2 万人，获赔总额近 24.59 亿元。

康美药业虚假陈述民事赔偿案②

广东康美药业有限公司成立于 1997 年，位于广东省普宁市，2000 年改组为康美药业股份有限公司（以下简称"康美药业"），2001 年 3 月 19 日在上海证券交易所主板上市，至今已在全国建立起 17 个中药饮片和医药现代化生产基地，与 2000 多家医疗机构、20 多万家药店有长期的合作关系，年门诊总量达到 2.5 亿人次以上，投资多家公立医院，在 100 多家公立医院开展医药物流延伸配送服务，属于国内中医药产业中的龙头企业。公司证券简称"康美药业"，2019 年 5 月主动改称"ST 康美"，后又进一步改称"*ST 康美"。ST 是英文 special treatment 的缩写，意思是特别处理，具体指连续 2 年亏损；*ST 则表示连续 3 年亏损，发出退市预警。

2017 年 4 月 20 日、2018 年 4 月 26 日、2018 年 8 月 29 日，康美药业在上海证券交易所网站和巨潮资讯网及中国证监会指定报纸上先后披露了《2016 年年度报告》《2017 年年度报告》《2018 年半年度报告》（以下简称三份定期报告）。对于 2016 年和 2017 年两份年度报告，康美药业的董事马兴田、许冬瑾、邱锡伟、马汉耀、林大浩、李石、江镇平、张弘、李定安 9 人在董事会上投了赞成票；监事罗家谦、温少生、马焕洲 3 人在监事会上投了赞成票；高级管理人员林国雄、庄义清、李建华、韩中伟、王敏 5 人签署了书面确认意见。对 2018 年的半年度报告表决时，上述董事中的后两位张弘、李定安换成了郭崇慧、张平，仍然是 9 位董事，都投了赞成票；上述监事中的温少生换成了李定安，仍然是 3 位监事，都投了赞成票；上述高级管理人员中增加了温少生，成了 6 人，都签署了书面确认意见。

2018 年 10 月 15 日晚开始，网上陆续出现文章，质疑康美药业货币资金真实性，指出可能存在财务造假等问题。主要包括：2018 年 10 月 15 日晚，微信公众号"初善投资"发布标题为《康美药业究竟有没有谎言》的文章，该文认为康美药业货币资金真实性可疑、造假特征明显，建议各位投资者小

---

① （2020）沪 74 民初 2402 号。
② 根据广东省广州市中级人民法院民事判决书改编。原文 2.2 万多字，比较难懂；改编为 1.1 万多字，夹杂解释和点评，比较易懂。原判决书编号为：（2020）粤 01 民初 2171 号，2021 年 11 月 12 日判决。

心。2018年10月16日,微信公众号"市值相对论"发布标题为《千亿康美药业闪崩!大存大贷大现金大质押哪个是坑?》的文章,该文指出康美药业存在存贷双高、大股东股票质押比例高和中药材贸易毛利率高等问题,质疑康美药业存在财务造假。前述文章被多家影响范围较大的媒体广泛转载,引起激烈反应。康美药业股票10月16日盘中一度触及跌停,收盘跌幅5.97%,此后连续三日以跌停价收盘,而同期(2018年10月16—19日)上证指数跌幅为0.69%,医药生物(申万)指数(801150)跌幅为4.01%。同时,以"康美药业"为关键词的百度搜索指数、百度资讯指数、各类媒体转载指数在2018年10月16日之后均呈现爆炸性增长。例如百度资讯指数,2018年10月16日之前几日康美药业百度资讯指数为1000多,但至2018年10月16日猛增至4620,在10月17、18日分别达到了8014和10792。

2018年12月29日,康美药业发布公告称收到中国证监会《调查通知书》,要求公司配合证监会调查其涉嫌信息披露违法违规的行为。2019年8月17日,康美药业公告称公司及相关当事人收到中国证监会《行政处罚及市场禁入事先告知书》。该告知书列出了证监会查明的康美药业违法事实:一、虚增营业收入、利息收入和营业利润:《2016年年度报告》虚增营业收入89.99亿元,利息收入1.51亿元、营业利润6.56亿元(占合并利润表上利润总额的16.44%);《2017年年度报告》虚增营业收入100.32亿元、利息收入2.28亿元、营业利润12.51亿元(占合并利润表上利润总额的25.91%);《2018年半年度报告》虚增营业收入84.84亿元、利息收入1.31亿元、营业利润2029亿元(占合并利润表上利润总额的6552%)。二、虚增货币资金:2016年1月1日至2018年6月30日,康美药业通过不记账或记假账,伪造、变造大额定期存单或银行对账单,伪造销售回款以增加营业收入等方式,虚增货币资金,在2016和2017年的两个年度报告和2018年的半年度报告中分别虚增货币资金225亿元、299亿元和361亿元,分别占3个报告中披露总资产的41.13%、43.57%、45.96%和净资产的76.74%、93.18%、108.24%。三、2016年1月1日至2018年12月31日,康美药业在未经决策审批或授权程序,向控股股东及其关联方提供非经营性资金累计116亿多元用于购买股票、替控股股东及其关联方偿还融资本息、垫付解质押款或支付收购溢价款等用途,但却从未按规定披露这些关联交易,构成重大遗漏。四、《2018年年度报告》虚增固定资产、在建工程和投资性房地产。因此,中国证监会拟对康美药业及其21个董监高直接责任人员分别给予罚款、警告、市场禁入等行政处罚。

2020年5月,证监会下达《行政处罚决定书》,正式确认了上述事实认定和各项处罚决定。

2021年2月18日,证监会作出《行政处罚决定书》,对负责审计康美药业2016—2018年3个年度财务报告的审计人广东正中珠江会计师事务所(特殊普通合伙)(以下简称正中珠江)进行处罚,认定审计人在审计过程中没有遵循应有的审计程序,因而没有发现其中应该发现的虚假记载,具体包括但不限于:

(1)审计计划有缺陷。关于2016年财务报表,其中的货币资金由于期末余额大、"存贷双高"明显、外部媒体质疑较多等原因,舞弊嫌疑很大;营业收入由于规模大、业务复杂、涉及关联公司多等原因,舞弊嫌疑也很大。但是审计底稿却没有将这两项汇总到重大风险领域,还认定它们不存在重大错报风险。

(2)即使是有缺陷的审计计划也没有切实执行。康美药业有两个信息系统。一个是业务管理系统——捷科SCM3.0新架构供应链系统;另一个是账务处理系统——金蝶EAS系统。审计计划要求两个系统都要关注并进行数据对比,但是审计人在审计的时候却只关注金蝶系统,没有充分关注捷科系统并从中获取审计证据,因而不知道这两个系统之间的相互联系①、数据差异及造成差异的原因。例如审计计划规定的往来对账,包括客户、供应商、销售部门、采购部门、财务部门均以捷科系统数据为基础,相互进行对账,实际并未执行。审计底稿记载审计人员现场查阅了《销售回款统计表》《采购付款统计表》,实际也没有做。在审计定期存款审批流程和资金对账的过程中,都有审计底稿上写了实际却不做的情形。此外,审计底稿记载:2016年财务报表审计期间,正中珠江走访了25个客户,函证了2016年1至9月份的交易数据。但实际上并未函证交易数据。也就是说,审计人连自己制定的计划都不执行,审计底稿的记载有虚假。在审计应收账款时,审计人员苏创升伪造发函路径,主动配合并指导公司造假。他事先通知公司,由公司将审计人发给公司客户和供应商的询证函调包,再联系对方请求配合造假。由于多数客户和供应商拒绝配合,所以2016年应收账款回函比例仅为30.89%。事实上,正中珠江每年函证的回函比例都很低。而面对这么低的回函比例,审计人却视而不见,不去查清背后的原因。

(3)违反起码的审计准则。银行对账单应向银行索取,但是审计人却直接向被审计的公司索取,而这些对账单恰恰是公司伪造的。不但如此,公司还伪造了银行询证函和资信证明。这些伪造的文件存在明显异常且相互

---

① 原文使用"勾稽关系"一词。那是会计术语,相互联系的意思,尤其指不同数据之间的联系。

矛盾，审计人都没有进一步查清以消除疑虑。

（4）对康美药业2017年财务报表的审计，存在与2016年财务报表审计类似缺陷。

在上述不合格审计的基础上，审计人对康美药业2016和2017两个年度的财务报表都出具了无保留意见，由注册会计师杨文蔚、张静璃签字确认。此外，审计人对康美药业2018年财务报表虽然出具了保留意见（注册会计师杨文蔚、刘清签字），但是审计报告仍存在虚假记载。

因此，证监会决定：(1)责令审计人改正并没收其业务收入1425万元①，另处4275万元罚款；(2)对杨文蔚、张静璃、苏创升给予警告，并各处10万元罚款；(3)对刘清给予警告，并处3万元罚款。

2020年12月31日，即在证监会作出处罚决定7个月后，原告顾华骏、刘淑君等11名投资者，向广州市中级人民法院起诉马兴田、许冬瑾，认为他们是弄虚作假的主要责任人，请求法院判令其赔偿原告的投资差额损失共计41万余元，外加佣金、印花税及利息损失1000余元，并请求发行人康美药业及其在2016—2018年的年度报告和半年度报告上签字的21个董监高个人承担连带责任。11名原告共同推选顾华骏、刘淑君为拟任代表人，同时请求具有相同诉讼请求的其他投资者加入，一并提起普通代表人诉讼。法院即日受理，而后裁定本案权利人范围为自2017年4月20日（含）起至2018年10月15日（含）期间以公开竞价方式买入、并于2018年10月15日闭市后仍持有康美药业股票的投资者。据此，法院发出诉讼权利登记公告，以便符合条件的投资者前来登记加入。

2021年3月30日，根据证监会对正中珠江及相关责任人作出的行政处罚，原告申请追加正中珠江、杨文蔚、张静璃、刘清、苏创升为本案被告，法院准许。

2021年4月8日，中证中小投资者服务中心有限责任公司接受了黄梅香等56名权利人的特别授权，向法院申请作为代表人参加诉讼，获得准许。法院根据我国《证券法》第95条第3款和最高人民法院《关于证券纠纷代表人诉讼若干问题的规定》（以下简称《证券纠纷代表人诉讼规定》）第32条第1款的规定，经最高人民法院指定管辖，适用特别代表人诉讼程序审理本案。4月16日，法院重新发布诉讼权利登记公告，除了明确前述的权利人范围之

---

① 正中珠江对康美药业2016—2018年年度报表的审计收费分别是：430万元、495万元、500万元。如此巨额的收费不禁使人联想到审计人与被审计人沆瀣一气、串通作假的种种黑幕。

外,还根据《证券纠纷代表人诉讼规定》,采用默示加入,明示退出①的方式确定原告,即属于权利人范围的投资者,只要未在公告期间届满(2021年5月16日)后15日内向法院书面声明退出的,即视为同意加入。最终只有梅毅勇等9名投资者在此期间提交书面声明退出。

一、违法行为

本章第2节已经阐明,证券法上的违法行为主要是公开失真,即披露虚假或误导性的重大信息或者隐瞒应该披露的重大信息。本案中,法院以中国证监会作出的上述两份《行政处罚决定书》为依据,认定康美药业披露的三份定期报告中存在虚增营业收入、利息收入及营业利润,虚增货币资金和未按规定披露控股股东及其关联方非经营性占用资金的关联交易情况,属于对重大事件作出违背事实真相的虚假记载和披露信息时发生重大遗漏的行为;正中珠江出具的康美药业2016年、2017年财务报表审计报告存在虚假记载。因此,违法行为存在。

《2018年年度报告》虽然存在虚假记载,但是因为发布在虚假陈述的揭露日之后,与本案中的原告损失没有因果关系,所以不必考虑。

诉讼过程中有多个被告提出:被中国证监会行政处罚并不等同于具有证券虚假陈述民事侵权责任的过错。这个辩解似是而非。似是因为行政责任与民事责任性质不同,构成要件与着眼点不同;而非是因为证监会的事实认定完全可以为民事诉讼直接借用——证监会认定的虚假陈述即构成民事案中的虚假陈述、证监会认定的虚假陈述中的主观过错即构成民事案中的主观过错。这是因为行政处罚中的举证要求高于民事诉讼。所以反过来,民事诉讼中证明的虚假陈述和主观过错就不能直接为证监会在行政处罚时借用。

二、主观责任

根据我国《证券法》的规定,发行人负无过错责任;其他26个被告负过错责任,但是要证明自己没有过错。

马兴田和许冬瑾夫妇是康美药业的创始人、内部董事和主要负责人,也是2016—2018年财会报表弄虚作假的始作俑者。公司造假,就是他们在造假,所以无法证明自己没有过错。

邱锡伟是内部董事、副总经理、董事会秘书,主管公司信息披露事务。他辩称,《行政处罚决定书》作出的事实认定错误且证据不足,因为他并未组

---

① 这是特别代表人诉讼与普通代表人诉讼不同的地方,后者加入必须作出明确的意思表示,即明示加入,与前者的默示加入正好相反。

织、策划相关人员转移上市公司资金及实施涉案财务造假行为，仅基于董秘职务签署了《2016年年度报告》《2017年年度报告》《2018年半年度报告》，对该职务过失行为，自愿承担该期间的法律责任。2018年10月19日提出辞职后已离开康美药业，不应对之后投资者买入康美药业股票的损失承担任何责任。这个辩护苍白无力。既然承认自己对上述3份报表应当承担责任，那就只有准备赔钱了。其唯一试图为自己开脱的就是自己对公司的造假只有过失而无故意。但是即使这一点法院也不认同，认为他亲自参与并实施了财务造假行为，因而是故意而非过失。

庄义清是康美药业的财务负责人，属于高级管理人员，签署了三份定期报告。他辩称没有参与涉案造假活动，对公司的财务工作已尽到一定的勤勉尽责义务，不具有民事侵权责任的过错。法院对此辩解不予认同，认为他其实参与和实施了财务造假行为，属于故意性质。

温少生以公司监事身份签署了2016和2017两份年报，以高级管理人员身份签署了2018年的半年度报告。他辩称不掌握公司的整体经营管理情况，也不是三份定期报告中虚假财务资料的提供者和撰写者，已经尽到一定的勤勉义务，过失轻微。但是法院不予认同，认为他协助董事会秘书和财务负责人分管财务工作，根据马兴田、邱锡伟的授意安排，组织相关人员将上市公司资金转移至控股股东及其关联方，组织协调公司相关人员实施财务造假及信息披露违法行为，因而也是故意性质。

马焕洲是公司监事，担任财务部总监助理，分管出纳工作，签署了三份定期报告。他辩称自己不是虚假陈述信息的策划者、决定者，没有参与案涉年报的制作，也没有能力对年报提出异议，未从公司造假中获益，履行监事义务已勤勉尽责，过失轻微，不应承担民事赔偿责任。即使要赔，也只应承担补充责任，不应承担连带责任。但是法院认为马焕洲根据马兴田等人安排，参与了财务造假工作，具备主观故意。

总之，邱锡伟、庄义清、温少生、马焕洲明知康美药业的三份定期报告虚假，仍然作为董事、监事或高级管理人员签字并承诺保证相关文件真实、准确、完整，因而都是信息披露违法行为的直接责任人，都应当对原告承担连带赔偿责任。

李石是内部董事，签署了三份定期报告。他辩称未参与造假，也不知情，因而没有过错。这个辩护是不到位的，因为光不知情不造假是不够的，作为董事，他既然在定期报告上签了字，就负有认真核查以确保文件真实可靠的责任，没有这样做属于重大过失，做了但是没有做好也是过失，都构成过错。

林大浩和马汉耀都以内部董事的身份签署了三份定期报告,但是辩称他们在客观上不可能参与造假,在核查涉案虚假陈述行为的过程中已经勤勉尽责,因而主观上也没有违法的故意或过失,这个辩解思路是正确的,击中了要害。只要能够证明勤勉尽责,那就不必赔钱。但是他们好像没有进一步解释他们具体做了哪些核查工作,从而证明他们已经勤勉尽责。至少在法院的判词中没有陈述他们具体做了什么工作。而这一点是应该讲清楚的。只有把具体的所作所为摆出来,才能确定他们的核查工作是否尽职。一般地,内部董事很难证明自己的调查尽职。

李建华和韩中伟作为高级管理人员签署了三份定期报告,他们的辩护意见与林大浩、马汉耀相同。

罗家谦是公司监事,签署了三份定期报告。他辩称对案涉虚假陈述行为从未主动参与,也不存在主观过错。这个辩护与上述李石的辩护一样苍白无力。

林国雄作为高级管理人员签署了三份定期报告,他的答辩意见与罗家谦基本一致。另辩称,2016年因身体原因已逐步减轻和退出康美药业的工作。这个辩护同样无力,身体不好显然不能成为免责的理由。身体不好应该辞去相关职务,尤其不能在定期报告上签字。

王敏作为高级管理人员签署了三份定期报告,辩称康美药业的违法行为较为隐蔽,难以察觉;自己不但未参与造假,而且在职责范围内已经履行勤勉尽责义务,因而不应承担民事赔偿责任。这个辩护意见思路正确,与上述林大浩等四人相同,但也存在相同的问题。

江镇平、李定安、张弘、郭崇慧、张平不在公司任职,都是外部董事,即所谓的独立董事或兼职董事。他们辩称,对于康美药业各类违法行为事前事后均不知情,更未从中获益;作为独立董事在履职期间认真审阅公司报告,依据个人专业独立形成并明确表达意见;虽然客观上未能识别和发现康美药业案涉年度报告中存在虚假,但已尽到勤勉尽责义务和对上市公司投资者权利合理关注的审慎注意义务。这个辩护思路也是正确的,特别是出席董事会会议、认真审阅公司报告、依据个人专业独立形成并明确表达意见,这些都是独立董事注意义务的范围。如果确实做得好,应该可以免除责任。只是他们似乎没有讲清楚具体怎么审阅公司报告,又形成和表达了什么样的意见。如果对这些具体问题进行深入的探讨,就有可能形成独立董事的尽职调查标准。可是很遗憾,法院没有这样做。判词中只是笼统地表示公司造假时间长,诸被告如果勤勉尽职,不可能不发现问题。这种推断对于不在公司任职上班的独立董事来说似乎不太公平,更无助于标准的形成。

总之，法院将公司内部的董事、监事、高级管理人员马汉耀、林大浩、李石、罗家谦、林国雄、李建华、韩中伟、王敏8人与5位独立董事江镇平、李定安、张弘、郭崇慧、张平总共13个被告放在一起裁决，认为他们虽然并非具体分管康美药业财务工作，但财务造假持续时间长，涉及会计科目众多，金额十分巨大，这13个被告如果尽到了勤勉义务，即使仅分管部分业务，也不可能完全不发现端倪。可见他们没有勤勉尽责，而且又在三份定期报告上签了字，过失较大，应当负责。可问题是5个独立董事连部分业务也没有分管，法院对此却不作区别分析，显然不妥。虽然在赔偿数额的认定上，法院认为独立董事的责任小于内部人，而在5位独立董事中，仅签署《2018年半年度报告》的郭崇慧、张平的责任又小于另外3位，但这无助于明确独立董事尽职调查的标准。只有讲清楚被告具体做了哪些工作，再拿一个谨慎的成年人进行对比，看他在同样情况下管理自己财产时会不会做更多的工作，才能明确特定被告的尽职调查标准。

唐煦和陈磊自2019年1月28日起才担任公司的高级管理人员，所以没有在三份定期报告上签字，只因签署了《2018年年度报告》才受到证监会的行政处罚。他们辩称没有参与造假，与涉案的三份定期报告没有关系，因而不应承担民事责任。这个辩护理由成立，也为法院所接受，所以此二人得以开脱。

审计人正中珠江与前述被告不同，属于专家，因而只对公开文件的专家部分负责，不必对全部公开文件负责。本案中的专家部分是指审计人在审计了2016年和2017年的财务报表后出具的审计报告及其审计过的财务报表；2018年的半年度报告及其他未经审计的公开材料，均属于非专家部分，审计人不必对其失真负责。

正中珠江辩称上述两份财务报表中的虚假是因为康美药业及其相关管理人员实施了有预谋、有组织的系统造假，审计人并不知情；审计人在审计过程中已经遵守了执业准则和规则所确定的工作程序，执行了银行函证程序，仍未能发现金融机构提供了虚假或不实的证明文件。因此，审计人并无过错，不应该承担连带赔偿责任。这个辩护思路是正确的。如果审计人确实遵守了应该遵循的全部审计准则和规则而仍然不能发现问题，那就可以开脱，不必赔偿。但是证监会的调查证明审计人在很多地方没有遵循审计准则，没有实施必要的审计程序，比如没有关注捷科和金蝶两个系统之间的差异，对于货币资金和营业收入的错报风险应对不当，函证回函率之低超乎寻常而不去查清原因，甚至"加塞"函证交易数据以及配合造假等。可见审计人的辩护不符合事实，缺乏证据支持，所以不能成立。法院依据证监会已经查明的事实予以认定是正确的。

正中珠江的审计没有尽职,当然是具体审计的个人所致。他们是杨文蔚、张静璃、刘清和苏创升4被告。前3人都是注册会计师,苏创升是审计期间的项目经理。其中刘清只审计了2018年的年报,与涉案的三个定期报告无关,所以在本案中不必负责。其余3人都有严重过错,特别是苏创升参与造假,具备主观故意,性质更为恶劣。但是案发期间适用的《证券法》第173条只要"证券服务机构"——本案中即为正中珠江,承担责任,不要求在机构内任职并提供具体服务的个人承担责任。这是因为2005年法律大修改时将原先《证券法》第161条规定的"专业机构及人员"中的"及人员"3个字莫名其妙地删除了,意味着只追究机构的责任而不再追究个人的责任。本书在2006年第二版时即对此提出批评,认为改得不好,不利于对投资者的保护,应当改回去。可是之后法律虽经多次修改,都未改正这个错误。直到2019年年底证券法再次大修改时才改正。根据法不溯及既往原则,法院只能适用2014年《证券法》。这就使得这3个应该负责的个人逃过了证券法的惩罚。不过,因为杨文蔚是正中珠江的合伙人,法院依据《合伙法》判其与正中珠江承担连带赔偿责任,算是对《证券法》缺陷的一点弥补。但是张静璃和苏创升2人仍然得以开脱。

三、损害后果

因公开失真引发的投资者损失一般按照买入和卖出的差价计算。《2003年司法解释》第30条规定除了投资差额损失之外,还应加上与该差额有关的佣金和印花税。① 由于证券交易所里的股票价格每天每时每刻都在变化,所以首先要确定买入和卖出的时点。

在本案中,买入的时点其实在法院的诉讼权利登记公告中已经确定,即2017.4.20—2018.10.16。前者为虚假陈述的实施日,即内容严重失实的第一份文件《2016年年度报告》披露之日;后者为虚假陈述的揭露日,即虚假陈述在自媒体上受到揭露的日期。法院对揭露一词做了解释:"是指虚假陈述被市场知悉、了解,不要求达到全面、完整、准确的程度,只要交易市场对揭露文章存在明显的反应,即可认定市场知悉虚假陈述行为。"实际情况正是如此。康美药业股价在被自媒体质疑后短期内急速下挫,走势与上证指数、行业指数的走势存在较大背离,说明市场对于自媒体的揭露行为作出了强烈反应。这就是说,在虚假陈述的实施日起到揭露日为止的一年半时间内

---

① 法院在实际判案时,还会加上利息损失。利息=(投资差额损失+佣金+印花税)×银行同期活期存款利率×实际天数/365。

的任何时点上买入康美药业的股票,都按实际买价计算买入成本。

卖出的时点应该以市场充分吸收了揭露出来的真实信息之后形成的价格为准。但是抽象的标准在实际司法中会有分歧。所以,《2003年司法解释》第33条第1项(新解释第26条第2款同此)统一规定为从"揭露日或者更正日起,至被虚假陈述影响的证券累计成交量达到其可流通部分100%之日",并将这一天称为基准日。卖出价以基准日的收盘价为准。在本案中,从揭露日起算,康美药业上市可流通股票换手率达到100%的日期是2018年12月4日,基准价为12.7元。凡是在揭露日之后基准日之前卖出股票的原告,以实际卖价为准;在基准日仍持有股票的原告,则以基准价为准。(买入价—卖出价)×股份数=投资差额损失。

如此计算投资差额损失是比较简单的。但是除此之外还需要考虑市场波动因素。因为在买入与卖出之间如果整个市场都在下跌,那就说明即使发行人没有造假,股票价格也会下跌,只是不会跌得这么厉害而已;如果整个市场都在上涨,那就说明假如没有造假,那么投资者不但不会亏,而且还会赚。在前一种情况,被告的赔偿额应当小于投资差额损失;而在后一种情况,赔偿额应当大于投资差额损失。这些道理在本章第3节中已经讲过。

一般地,市场波动因素可以参照同行业内,最好是同一地区内,其他没有造假的企业的股价涨跌予以确定。如果没有这样的企业可以参照,则可以参照行业指数;如果没有行业指数,则可以取市场指数。本案中,法院取与康美药业行业接近的医药生物(申万)指数(801150)作为参照,是合理的。①

最高人民法院《2003年司法解释》第19条将市场波动因素称为市场系统风险,不是把它纳入损害后果的计算,而是作为因果关系予以考虑,这也说得通。但是该条只允许被告举证来减少赔偿,却没有说原告也可以举证来增加赔偿。从此以后,我国所有的相关判例都不允许原告举证增加赔偿。这显然是不合理的,本案也不例外。

诉讼过程中,康美药业及其他多位被告提出因市场系统风险引起的损失应当从赔偿额中扣除,法院准许。具体的扣除比例 $r=x/y$,x 表示证券买入与卖出期间指数加权平均跌幅,y 表示证券买入与卖出期间个股加权平

---

① 不过,原告方面曾经提出,康美药业在申万一级行业指数中所占据的权重比例较高,仅选取该指数可能导致系统风险扣除比例过高,不利于最大程度地保护投资者的合法权益。对此,法院应当作出回应,弄清具体的权重比例,并作如下选择:(1)说明选取申万指数作为市场参照系统的合理性,或者(2)探讨从指数中排除康美药业的可能性,或者(3)从行业内选取几家与康美药业处境类似的没有造假的企业作为参照。可惜法院没有这样做。

均跌幅。其中 $x=a/b$，a 表示(指数卖出损失＋指数持有损失)，b 表示(有效索赔股数×指数买入均价)；$y=c/d$，c 表示(个股卖出损失＋个股持有损失)，d 表示(有效索赔股数×个股买入均价)。应赔额＝$c×(1-r)$。

  这些公式貌似复杂。简单的理解是每次都花等额资金买入个股和指数以作对比，个股损失超过指数损失的部分，就是被告应赔的数额。那就意味着在上述公式中 $b=d$，那么应赔额就是 $c-a$，不知道为什么要弄出指数买入均价这个概念来使问题复杂化。

  实际操作时，每个原告的损失分别计算，从他第一笔有效买入开始，假设他同时买入了相同金额的指数，以后每一笔买卖都如此，最终将买卖个股与买卖指数进行对比，用个股的损失减去指数的损失，即为应赔额。揭露日后卖出或持有股票的，也假设他同步卖出或持有对应的指数进行对比。

  法院特别注明：在公式应赔额＝$c×(1-r)$ 中，风险系数 r 大于 1，则按 1 计算；风险小于 0，则按 0 计算。这是什么意思呢？大于 1，就是说指数的跌幅大于个股的跌幅，分子大于分母，也就是买指数亏得比买个股还要多，$y-x<0$，按此计算出来的赔偿额为负数，意味着投资者反而要向违法的被告赔偿，当然不合理，所以按 1 计算是对的。风险小于 0，是指买指数不亏反赚，而买个股却亏了。因为买指数会赚，所以亏损额是个负数；而买个股亏，所以亏损额是正数；分子是负数，分母是正数，计算出来的比例自然是负数，意味着赔偿额大于个股实际损失。按 0 计算，就是不允许大于，将大于改为等于。这是完全没有道理的，也正是本书从初版至今始终在批评的《2003 年司法解释》第 19 条中的错误。举例说，投资者买康美药业的股票亏了 3 元，而如果在同一时间购买指数会赚 2 元，那么被告就应当赔偿 5 元。这和市场下跌时应当减少赔偿额是一个道理。而最高院却硬性规定只能赔 3 元，将市场上涨的 2 元抹去。原本一碗水端平、属于双刃剑性质的市场波动因素在我国成了违法者独家享用的避风港，投资者避之唯恐不及，这与证券法保护投资者的宗旨是背道而驰的。①

  本案中，按照上述公式测算的结果：55326 名投资者发生实际损失 48.66 亿元，其中损失金额扣除系统风险后为 0 或者负数②的投资者人数为 3289 名，扣除系统风险后损失金额为正数的投资者人数为 52037 名，损失金

---

  ① 最高人民法院的司法解释多处体现出它在学习其他成熟市场的先进经验，比如 2020 年《证券纠纷代表人诉讼规定》，《2003 年司法解释》先于法律提出主观过错的举证责任倒置、因果关系采用市场欺诈理论推定成立(实际上也是举证责任倒置)等，都是鲜明的例子。但是在市场波动因素上最高院却犯了错，说明他们学得还不到位，没有融会贯通，存在不少一知半解的情形。

  ② 所谓扣除系统风险后为 0 或者负数，就是风险系数 r 等于 1 或者大于 1 的情形。

额总数为 2458928544 元。这个数字已经将佣金、印花税和资金利息都包括在内了。① 可以想象,如果允许风险系数 r 小于 0,按负数实算,那么这个数字还会高一些。

四、因果关系

本章第 4 节中已经讲到,最高人民法院《2003 年司法解释》第 18 条引进了美国法院提出的市场欺诈理论,即假定投资者在买卖股票时信赖了虚假的信息,所以因果关系成立,但是被告可以举证证明因果关系不成立。这样规定的客观效果是举证责任倒置,即将初始的举证责任分摊给被告。

法院在审理本案时自然遵循《2003 年司法解释》第 18 条的规定,认定因果关系成立。被告除了强调市场系统风险之外也无法证明因果关系不成立。有趣的是法院将因果关系分为交易因果关系和损失因果关系。按照《2003 年司法解释》第 18 条认定的因果关系被称为交易因果关系,而对市场系统风险的考虑被称为损失因果关系。

五、判决

根据上面的分析,法院判决:(1) 康美药业向原告顾华骏、黄梅香等 52037 名投资者赔偿投资损失 2458928544 元②;(2) 马兴田、许冬瑾、邱锡伟、庄义清、温少生、马焕洲承担连带清偿责任;(3) 马汉耀、林大浩、李石、罗家谦、林国雄、李建华、韩中伟、王敏在 20% 范围内承担连带清偿责任;(4) 江镇平、李定安、张弘在 10% 范围内承担连带清偿责任;(5) 郭崇慧、张平在 5% 范围内承担连带清偿责任;(6) 正中珠江、杨文蔚承担连带清偿责任;(7) 驳回原告顾华骏、黄梅香等 55326 名投资者的其他诉讼请求。

此案全面展示了因虚假陈述引发的证券民事责任赔偿案的构成要件和我国法院对每一个要件的审理方式,包括其所达到的高度和存在的不足。其中的违法行为要件由于有证监会的行政认定而简化。如前所述,前置屏障取消之后,这个要件的审理会变得相对复杂。但是法院对其他三个要件的审理是一样的。

值得注意的是,此案以普通代表人诉讼开始,而后转变为特别代表人诉讼,因为投资者服务机构(俗称投服机构)充当了原告的代表。设置投服机构属于创新,颇具中国特色。一般地,原告诉讼只要有称职的律师就够了。投服机构能做的事情律师都能做。不过,《证券纠纷代表人诉讼规定》似乎给了投服机构几项

---

① 其中佣金损失=投资差额损失×0.03%,印花税损失=投资差额损失×0.1%,利息损失=(投资差额损失+佣金损失+印花税损失)×0.35%×第一笔有效买入日至最后一笔卖出日或者基准日的实际天数/365 天。

② 判决书有一张附表,列明了各原告应获的赔偿金额。

特殊的权利和优惠,包括:(1)可以向证券登记结算机构调取权利人名单,(2)原告可以不预交案件受理费,和(3)原告申请财产保全的,法院可以不要求提供担保。这些优惠为什么不同样给予普通代表人诉讼,原因不明。如此区别对待的客观效果如何,还有待时间的检验。不过,实践中普通代表人诉讼似乎也可以向证券登记结算机构调取权利人名单(如飞乐音响案),只是后两项优惠不能享受。此外,机构的服务是否有偿,收费标准如何,都有待观察。

据《南方周末》等多家媒体报道,康美药业在 2021 年 6 月上旬便已进入破产重整程序。本案在 2021 年 11 月 12 日判决之后没过几天,债权人会议便通过了重整方案,由广药集团有限公司等多家国有企业共同组成的神农氏合伙企业,联合部分社会资本,参加康美药业的公司重整,并清偿康美药业的全部债务。其中 50 万元以下的债务将用现金全额清偿,超出部分将通过以股抵债、信托收益权等方式清偿。由于本案中平均每人获赔金额只有 4.73 万元,所以绝大部分投资者都能获得现金赔偿。少数获赔金额在限额以上的投资者会获得 50 万元的现金,超过的部分将用股票或信托收益权代替。而在被告一方,特别是 19 位个人被告及审计师事务所正中珠江,在经历了一场虚惊之后都可以放心,不用赔款了。

不过,个人被告和中介机构不可能永远这么幸运。在证监会于 2021 年 4 月正式认定乐视网在 2007—2016 年间财务造假(特别是发行公开和信息持续公开造假)并下达《行政处罚决定书》,对乐视网以及贾跃亭等 14 名自然人作出行政处罚之后不久,11 位个人投资者即在北京金融法院起诉乐视网及多家中介机构和相关个人,法院受理之后确定为普通代表人诉讼。随后,登记的原告人数达 2000 人,索赔总额 45 亿多元。被告中介包括保荐人和会计师事务所。此案原告胜诉可能很大。届时如果乐视网无力赔偿,又没有人像在康美药业案中那样接手的话,那么相关的中介机构和个人被告都会承担巨额的赔偿。

无论是康美药业案、飞乐音响案,还是乐视网案,法院的受理依然恪守前置屏障。在法院大门没有敞开而只开一条门缝情况下,投资者的诉讼依然如此踊跃,可见市场生机勃勃,充满了活力。我国证券法制建设的首要任务就是将这股健康的市场力量充分地释放出来。随着《2022 年司法解释》的实施,我国证券市场必将发生凤凰涅槃般的巨变——从一个畸形的病人变成正常的健康人。一旦没有了前置屏障,投资者能够自由地起诉发行人的弄虚作假,证券市场就如同一个有机的机体获得了免疫功能,就有了对各种疾病的天然抵抗力。如此这般,证券市场作为经济晴雨表和调节器的各种功能就能体现出来,而这正是证券市场存在的意义所在。

第五章 几种违法行为的讨论

第一节 内幕交易
第二节 操纵市场
第三节 欺诈客户

在前一章中我们以发行人公开失真为核心论述了证券法上民事责任的四个构成要件及其举证责任。那里的违法主体是发行人,违法行为是公开失真。发行人的公开失真是目前我国证券市场上违法行为的主干部分。本章讨论除开发行人的公开失真之外的其他一些违法行为,包括内幕交易、操纵市场和欺诈客户。这些行为的主体一般不是发行人,或者在行为的实施中发行人至多起一个配角的作用。

第一节 内幕交易

内幕交易是指从事交易的一方知道某种影响证券价格的重要信息,在社会公众和交易对方都不知情的情况下买卖证券,从中牟利。证券法上所说的内幕交易与一般社会生活中所说的内幕交易或者幕后交易不同。一般意义上的内幕交易或幕后交易,是指交易双方都知情,互相串通一气干一些见不得人的勾当;而证券法上的内幕交易,则必定是一方知情而另一方不知情的交易。这里所谓的知情就是知道内幕信息。**内幕信息**是指尚未公开的、一旦公开便会对证券的价格产生显著影响的信息。掌握了内幕信息的人称为**内部人**,或称内幕人员,《证券法》第50、51条对此使用了描述性的语言:"证券交易内幕信息的知情人员"。简单地说,内幕交易就是内部人利用内幕信息买卖证券,从而获利的行为。

我国证券法中规范内幕交易的条文包括《公司法》第141条、《证券法》第44条和第50—54条。

一、对公司内部人和大股东的特殊规定

《公司法》第141条规定:

> 发起人持有的本公司股份,自公司成立之日起一年内不得转让。公司公开发行股份前已发行的股份,自公司股票在证券交易所上市交易之日起一年内不得转让。
>
> 公司董事、监事、高级管理人员应当向公司申报所持有的本公司的股份

及其变动情况，在任职期间每年转让的股份不得超过其所持有本公司股份总数的百分之二十五；所持本公司股份自公司股票上市交易之日起一年内不得转让。上述人员离职后半年内，不得转让其所持有的本公司股份。公司章程可以对公司董事、监事、高级管理人员转让其所持有的本公司股份作出其他限制性规定。

第1款对发起人股份的转让限制中含有促进投资，防止皮包公司等多重考虑[①]，不光是内幕交易一个因素。从规范内幕交易的角度看，重点在第2款。公司的董事、监事、高级管理人员是天然的内部人。他们了解公司内幕，享有天然的信息特权，如果允许他们自由地买卖公司的股票，他们便很容易操纵市场，牟取私利，从而与公司发生利害冲突，这于社会经济的发展自然是有害的。因此，对他们买卖本公司的股份应当予以限制。第2款对此加了三点限制：(1) 1年内转让不超过所持股份的1/4；(2) 自公司股票上市之日起1年内不得转让；(3) 离职后半年内不得转让。第二点针对一、二级市场可能出现的差价和上市之初可能的价格波动，因而特定在股票上市后的1年，对以后新来的董事和高管人员都没有限制。因此，重要的是第一点限制。但是，各人所持的股份有多有少，四分之一也可能是一个很大的数额。况且，即使持股数量不很多，如果频繁交易，同样可以充分地利用内幕信息来获取巨额利益。所以，《证券法》第44条又作了进一步的限制：

> 第四十四条 上市公司、股票在国务院批准的其他全国性证券交易场所交易的公司持有百分之五以上股份的股东、董事、监事、高级管理人员，将其持有的该公司的股票或者其他具有股权性质的证券在买入后六个月内卖出，或者在卖出后六个月内又买入，由此所得收益归该公司所有，公司董事会应当收回其所得收益。但是，证券公司因购入包销售后剩余股票而持有百分之五以上股份，以及有国务院证券监督管理机构规定的其他情形的除外。
>
> 前款所称董事、监事、高级管理人员、自然人股东持有的股票或者其他具有股权性质的证券，包括其配偶、父母、子女持有的及利用他人账户持有的股票或者其他具有股权性质的证券。
>
> 公司董事会不按照第一款规定执行的，股东有权要求董事会在三十日内执行。公司董事会未在上述期限内执行的，股东有权为了公司的利益以

[①] 例如，发起人在设立公司过程中有过错造成公司损失的，应当承担赔偿责任。但是有些不当发起行为的法律后果可能滞后，在公司成立之后的短时间内不能显现出来。如果发起人在这时候因转让股份退出了公司，就很难追究其责任，不利于保护他人或社会公众的利益，所以需要在一定时期内禁止其转让。

自己的名义直接向人民法院提起诉讼。

公司董事会不按照第一款的规定执行的,负有责任的董事依法承担连带责任。

重点在第 1 款中 6 个月买卖期限的规定。就是说,内部人可以按《公司法》第 141 条抛售所持的股份,但在买和卖或者卖和买之间必须间隔 6 个月以上,否则所得收益归公司所有。一个限制转让的数量,一个限制转让的频率,二者相辅相成,构成对内部人交易的限制系统。从这个限制系统的全貌来看,上述《公司法》第 141 条第 2 款中的第三点限制,即离职后半年内不得转让所持的股份(哪怕是一股),就显得过分了。在任期间可以转让一定数量,离任后半年反而绝对不许转让,是没有道理的。如果将这半年纳入任职期一并计算,同等对待,也比绝对禁止要好得多。

除了董事和高管人员之外,公司的大股东也有内部人的嫌疑。这有两方面的原因。一是持股多了,在公司的发言权和对公司的控制权就大,在公司担任要职及成为内部人的可能性就大,即使自己不担任职务,也往往在公司董事会中有自己的利益代表,容易获知内幕信息。二是持股多了,就有了研究和了解公司内幕的动力,而普通股东的投机倾向较大,一般不愿意花那么多的时间和金钱去研究和了解公司的内幕。所以《证券法》第 44 条将大股东与董事同等对待,限制其买卖本公司股票的频率。大股东的标准为持股 5% 以上。为什么是 5%,而不是 4.9% 或者 5.1% 呢?这是立法者的选择,没有多少道理可讲,因为总得在某一个地方划一道界限吧。

不过,推敲起来,作为法定内部人,5% 的持股比例还是太低了。法定为内部人的股东应当是控股股东[①],从我国目前的国情来看,国有股占大头,而且持股份额相对集中,5% 是难以取得控股地位的。美国定为 10%[②],是因为他们的上市公司持股相当分散,10% 的股份常常可以取得控股权,至少有相当大的发言权。从我国的国情出发,法定为内部人的比例至少应当高于 10%。

为了更好地理解这些限制内部人转让本公司股份的规定,可以将我国的规定与美国《1934 年证券交易法》第 16 条 c 款作一比较,该款规定:上市公司的董事、官员或者持股 10% 以上的股东如果在 6 个月之内买卖本公司的股票,其所获利润必须交还给公司。可见,我们的第 44 条几乎是美国的第 16 条 c 款的翻版。

[①] 控股有两种情况,一是持股份额大于 50%,称为绝对控股;二是持股份额小于 50%,但是因为股东人数多,持股分散,其所持股份显著领先于其他股东而对公司董事会的人选握有实际的控制权,称为相对控股。

[②] 见美国《1934 年证券交易法》第 16 条 c 款。

原先我们为了有效地杜绝内部人的内幕交易,矫枉过正,一律不准董事、监事、经理在任期之内转让所持的股票,离任之后也须等待 6 个月后方可转让[①],只对 5％的股东采取 6 个月内买卖的利润归公司所有的办法。这样的限制过分了。[②] 现行法律终于纠正了这一过分的做法。

　　为什么说原来的限制过分呢?首先,公司董事、监事、经理愿意把自己的钱拿出来向公司投资,是对公司的前途有信心的表现,可以对社会公众起到示范的作用,对于公司的发展是有益的。如果绝对地禁止这些董事、监事、经理转让手中的股票,就会抑制他们的投资积极性。其次,法律的目的不是要禁止盈利,而是要禁止对信息的不公平占有和利用。前述的美国《1934 年证券交易法》第 16 条 c 款一开始就开宗明义地指出该条文的目的是"防止这些公司的所有人、董事或者官员不公平地利用因他们与公司的关系而得到的信息"。反过来说,只要没有这种对信息的不公平利用,公司的董事、监事、经理完全可以和常人一样为着营利的目的而买卖公司的股票,即使是投机倒把也无可非议。因为在机会均等、信息占有公平的情况下,投机者的收益是对他所冒风险的补偿。有罪的不是投机盈利,而是对信息的垄断和不公平利用。从市场经济的一般情况来看,由于在经济利益的驱动下人们对证券信息的关注,加上现代化的通信手段,对一种信息的长期垄断是十分困难的。一般说来,利用内幕消息倒卖股票牟取暴利的行为,往往是在几天之内完成的;否则,就赚不到钱。这是因为从事证券业的专家们在经常地分析公司所登记的年度、季度甚至月度报表和其他的有关资料。[③] 当一个公司的董事、监事或者经理大量地买进或卖出该公司的股票时,市场会很快地作出反应,探究这种异常情况出现的原因;新闻界也会对之跟踪追击。这种努力的结果将很快地使内幕信息曝光,从而打破垄断。因此,内幕交易必须要在市场作出这种反应之前完成,才能达到超额盈利的目的。对此,法律规定了 6 个月的买卖间隔来防止对信息的不公平利用,使市场有足够的时间作出反应,打破内部人的信息垄断。过分的限制,例如不允许内部人买卖公司的证券,或者间隔期太长,都会对市场产生有害的副作用。

---

　　① 见 1993 年《公司法》第 147 条和中国证监会 1996 年 4 月发布的《关于加强对上市公司董事、监事、经理持有本公司股份管理的通知》(证监发字〔1996〕54 号)。

　　② 本书初版第 169—170 页曾有批评;同样的批评还可以追溯到本书作者 1996 年 7 月 31 日在《金融时报》理论版上发表的文章"关于限制内幕交易"。

　　③ 我国在这方面比较薄弱。中国证监会前副主席史美伦女士认为我国还没有真正意义上的证券分析师,尽管电视上每天的股评铺天盖地,但是,"不知道他们在说什么"。见《杭州日报》2002 年 5 月 23 日第 10 版,"我国将推出证券分析师制度"。证券分析师是专门向个人或机构投资者提供证券投资分析意见并指导其进行投资的专业人才。其与客户的关系是一种典型的委托代理关系,如何来保证证券分析师能够以投资者的利益为目标而提供分析意见进而指导投资,就成为这种关系能否持续的关键。

有趣的是，1993年4月22日我国国务院发布的《股票发行与交易管理暂行条例》第38条已经模仿美国的规定作了与今天的《证券法》第44条第1款几乎完全相同的规定：

> 股份有限公司的董事、监事、高级管理人员和持有公司5%以上有表决权股份的法人股东，将其所持有的公司股票在买入后6个月内卖出或者在卖出后6个月内买入，由此获得的利润归公司所有。

那么，为什么1993年12月29日颁布的《公司法》要改变这样的规定而作出更加严厉的限制，彻底地禁止董事、监事和高级管理人员在任期内买卖公司股票，而证监会还要在此基础上进一步加上离任后6个月的禁卖期呢？估计有多方面的原因，首先是执行困难。违法行为发生之后谁去告呢？按理说，利润归公司，公司作为受益者，可以去告，但是，公司控制在董事、监事和高级管理人员的手中，他们怎么会去告呢？所以，就将董事、监事和高级管理人员分离出来，禁止他们买卖。其次，禁止公司官员买卖本公司股票的一刀切的规定具有简明易行的优点，可以降低执法的成本。在一个证券法制不健全、司法和执法人员的素质不高的国度内，尤其是这样。最后，当时我国公司的董事、监事、经理们所持的股份大都是赠送的或者是半送半卖的，因而也不存在影响投资积极性的问题。这些，大概就是当年严厉限制的背后原因吧。

第44条第1款在具体适用上还有三方面需要澄清：一是6个月的期限计算，二是利润计算，三是被告身份的确定。

根据我国《民法典》第201条第1款和第202条的规定，6个月的期限应从达到5%的下一天开始计算，并且包括本数。例如，某股东在2006年1月3日买进一批本公司的股票而使其持股份额达到或超过了5%，6个月的截止期就是2006年7月3日。如果他在2006年7月4日或之后卖出，那是允许的，即使获利甚丰，也无须上交。如果在7月3日或之前卖出，他就必须将所获利润无偿地交给公司。①

利润的计算主要是被告在连续多次买卖中的盈亏能否相抵的问题。我国司法实践中还没有这方面的判例，成文法也没有规定，所以不妨参照美国判例法予以解释：盈亏不得相抵。② 如果被告从事了一系列的买卖活动，其中有赚有亏，以

---

① 美国证券法的措辞与算法都不同。成文法的规定为"不少于6个月"，按 Jammies v. Nowinski, 700 F. Supp. 189 (S.D.N.Y. 1986) 和 Stella v. Granham-Paige Motors Corp., 132 F. Supp. 100 (S.D.N.Y. 1955) 两判例所作的解释，6个月的计算应为本数减一。那么，1月3日买进的，到7月2日即已满6个月，该日卖得的利润便无须上交，只有7月1日或以前卖得的利润才应上交。

② Chemical Fund v. Xerox, 377 F. 2d 107 (2d Cir. 1967).

其所有的盈利相加确定利润,亏损自负。如果各次的盈利难以确定,则以最高的卖价与最低的买价计算盈利,所以,即使被告在 6 个月的买卖中总体亏损,他还是得吐出"利润"来。①

关于被告身份的确定,对董事、监事、高级管理人员而言,6 个月的期限只要占住一头即可。例如:某人今日买进公司的股票,5 个月后担任了公司的董事,卖出了股票,适用第 47 条,利润必须吐出;或者今天是董事,买了(或者卖出)公司的股票,明天辞职并且开始在另一家企业工作,6 个月之内将这些股票卖出(或者买进),获得的利润同样必须如数吐出,归公司所有。而对 5% 的股东,则必须在买卖两头都是 5%,比如说,某股东在 2006 年 1 月 3 日买进一批本公司的股票而使其持股份额超过了 5%,于同年 4 月 3 日卖出,那就符合两头都是 5% 的条件,即在买进的时候达到了 5%,卖出的时候也是 5%,从买进到卖出的整个过程中都持有 5%,而这个过程又不到 6 个月,所以必须将所得利润上交给公司。但是如果他在 4 月 3 日卖出了一部分股票从而使其持股份额下降到 4.9%,而后在第二个工作日将剩余的 4.9% 全部抛出,那么前一天卖得的利润必须上交,后一天卖得的利润无须上交,因为他在后一天卖出时已经是 4.9% 的股东了,尽管他前一天还是 5%,而且前后两天中的连续抛售显然是在完成同一个抛售计划。这是 1972 年美国联邦最高法院确定的规则。② 其之所以这样区别对待,是因为董事等高级管理人员是天然的内部人,其信息优势显而易见;而 5% 的股东毕竟是法律拟制的内部人,其信息优势不及董事等天然内部人。况且如前所述,5% 的比例本来就规定得太低,所以更应在身份的确定上适度宽容。

2019 年的修改扩大了《证券法》第 44 条第 1 款的适用范围,通过在该款中插入"股票在国务院批准的其他全国性证券交易场所交易的公司"字样将新三板挂牌公司拉了进来。

该款中所谓"其他具有股权性质的证券",是指期权、可转换债券等。例如,大股东买进了可以转换为 5000 股普通股的可转换债券,又卖出了他所持有的 6000 股普通股股票,即应视为买进又卖出了 5000 股股票,据此计算有没有利润实现。③ 以后在行使期权或可转换权而买进股票的时候不再计算。④

---

① Chemical Fund v. Xerox, 377 F. 2d 107 (2d Cir. 1967).
② Reliance v. Emerson, 404 U. S. 418 (1972)。此外,美国法院将公司的董事和官员与大股东区别对待,大股东必须两头都是 10% 才令其吐出利润,而董事官员则在 6 个月的期限内占住一头就行。例如,2002 年 1 月 1 日买进,到 6 月 29 日任职时卖出,或者 1 月 1 日作为公司经理买进之后马上离职,到 6 月 29 日卖出,都必须将利润吐出来。只有当买卖二行为都在任职之前或者离职之后,或者买卖二行为的间隔超过 6 个月,才不受这条规定的限制。
③ Chemical Fund v. Xerox, 377 F. 2d 107 (2d Cir. 1967).
④ 见美国证交委根据《1934 年证券交易法》第 16 条制定的 Rule 16b-6。

新增的第 2 款明确了第 1 款中所列的董事、监事、高级管理人员和股东个人持有的证券还包括他们的家属持有的证券。此外,股东不但包括自然人,也包括法人。这样,母公司、控股公司等都应当包括在内,其买卖股份所得利润都应当按第 1 款吐出。

在公司合并中的股份交换符合一定条件时也可以看作第 1 款下的股票抛售。如果被告对于合并拥有决定权,其中又有利用内幕信息的可能性,他的股份交换就应视为股份的抛售[①],适用第 1 款。如果他没有这样的决定权,其股份的交换是被迫的,例如,少数派股东因为票数不够而无力阻止合并的进行,他的股份交换就不应当视为股份的抛售[②],不适用第 1 款。

最后,《公司法》第 141 条中的"董事",如果是另一个公司或者合伙组织派来的,那么,该公司或合伙组织也视为董事,因此,不但董事本人不得转让,派遣他的公司或合伙组织也不得转让。董事、监事、经理的家庭成员买卖公司股票是否也在禁止之例,要看董事、监事、经理本人在其中有没有经济利益。一般情况下总是有的。因而除非有确凿的证据证明其没有经济利益,否则其家庭成员应一同在禁止之例。"转让"在该条中大概是卖出的意思。因此,按市价买进本公司的股票应该不在禁止之例,除非他违反了别的关于内幕交易的条文,例如《证券法》50—54 条的规定。

二、对内幕交易的一般规定

如果说我国《公司法》第 141 条和《证券法》第 44 条是对显而易见的内部人可能从事的内幕交易进行专门限制的话,那么,《证券法》第 50—54 条则是对一般意义上的内幕交易进行限制。前者因其行为主体所处的特殊地位而被法定为内部人,其在法定期限内所从事的交易被法定为内幕交易,即使他在实际上并没有利用内幕信息,也如此对待;后者则不限于前者指定的主体和限定的期限,任何人,只要利用了内幕信息进行了交易,都是内幕交易而在禁止之例。第 50 条规定:

禁止证券交易内幕信息的知情人和非法获取内幕信息的人利用内幕信息从事证券交易活动。

这是一种笼统的、包罗性的禁止。所谓"证券交易内幕信息的知情人",就是本节开头时说到的"内部人"或"内幕人员";所谓"非法获取内幕信息的人"[③],是

[①] Newark v. RKO, 425 F. 2d 348 (2d Cir. 1970).
[②] Kern County Laand Co. v. Occidental Petroleum Corp., 411 U. S. 582, 594 n. 26 (1973).
[③] "非法"二字为赘言,应删除。合法获取内幕信息的人也不得交易。

指从前者那里或者从已获取信息的人那里获取信息的人,获取信息之后便与前者一样,成为"证券交易内幕信息的知情人",即内部人。也就是说,"知悉"内幕信息的人和"获取"内幕信息的人,或者说,"泄露"信息人(tipper)和接受信息人(tippee)①,都是内部人。例如,甲是一个内部人,将内幕信息泄露给他的好朋友乙,乙又传递给他的小舅子丙,丙再告诉他的弟弟丁,丁从事了内幕交易,那么,甲乙丙丁四人都是内部人,都要对丁的内幕交易负责。可见,内部人的概念不限于公司内部的知情人,而可能是一条或数条信息链,不管有多长,链条上的每一个环节都是内部人。上一个环节为泄露信息人,下一个环节为获取信息人。

由于之前一段时间我国证券法制不健全,法院又不受理内幕交易的民事责任案件,人们的法制观念淡薄,内幕交易的情形时有发生,2010 年爆发的李启红案就是一个例子。②

广东省中山市与上海市虹口区互为友好城市,在两地交流中,时任中山市委常委兼组织部部长的李启红与在银河基金总部(位于虹口区)任职的谭庆中建立了信任。2006 年 5 月,谭庆中到中山市就任市属的上市公司公用科技股份有限公司(以下简称"公用科技")的董事长。同年 12 月,李启红升任中山市代市长,2007 年 1 月任市长。之后,李启红开始对公用科技进行重组。她在 3 月份表示:"公用集团在水务整体上市、投资天然气项目、重组旅游产业、收购证券公司、拓展新兴产业等方面都将按先易后难、成熟一个推进一个的原则实施。"7 月 3 日,李启红向中国证监会汇报了重组方案;7 月 4 日,公司股票停牌,8 月 20 日复牌,同日公告吸收合并及定向增发议案,外界称之为"公用集团整体上市"。在此期间,公用科技的股票从 1 月份的不足 5 元一路攀升到 5 月份最高时的 12 元。7 月 2 日开盘不到一小时就涨停,3 日再度涨停,4 日停牌。8 月 20 日复牌后连续 12 个涨停板。加上停牌前的两个涨停板,一共 14 个连续涨停板。2008 年 8 月,公用科技更名为"中山公用"。

2006 年 8 月,公用科技的股票处于低迷时期,一家叫振业投资的机构大量买入,到该年第四季度,振业投资成为公用科技的最大流通股股东。而振业投资的法定代表人就是公用科技物业开发事业部综合部部长张来明。振业投资在 2007 年 5 月股价攀升到 12 元后抛出了部分股票。之后 3 个月,尤

---

① tipper 和 tippee 是行内术语,专指泄露信息人和获取信息人。请不要去查普通的英文字典,那儿多半是没有的。有兴趣查证的人,可以查阅英文版的法学词典。

② 见《名头最响的女贪官李启红明日开审》,载《都市快报》2011 年 4 月 5 日 A2 版。该报道不太专业,本段内容根据该报道重新组合编写。

其是 7、8 两个月,股票飙涨,使坊间充满猜测。

2007 年 6 月中旬,谭庆中在办公室约见李启红的丈夫林永安,向他泄露资产重组的消息。林与李启红对股票不熟悉,决定由李启红的弟媳林小雁操作。林小雁筹集了 677 万元,借用其弟林伟成和同事刘赞雄的名义开设了证券账户。从 6 月 29 日到 7 月 3 日,这些账户一共买入公用科技股票 89.68 万股,花去 669 万元。8 月 20 日之后股票飙涨,他们又陆续卖出,收益 1983 万元。2010 年 5 月 30 日,李启红被"双规",其家族财富备受关注。

本案中的内幕交易有两条线索。一条是公用科技的内部人张来明所控制的振业投资,另一条是李启红家族。前者是公司内部人直接从事内幕交易,后者是通过信息的传递由公司外面的人所从事的内幕交易。后来据李启红本人交代,她当时并不知道这样买卖股票是违法的,更不知道有内幕交易这样一个罪名。一个市长会这样想,更何况普通人,足见人们法制观念的淡薄。①

《证券法》第 50 条的规定说得简单一点,就是"禁止内部人利用内幕信息买卖证券"。理解这个条文的关键词语有两个:内部人和内幕信息。第 51、52 两条正是解释这两个概念的。

第 51 条采用列举的方式给内部人下定义:

证券交易内幕信息的知情人包括:

(一)发行人及其董事、监事、高级管理人员;

(二)持有公司百分之五以上股份的股东及其董事、监事、高级管理人员,公司的实际控制人及其董事、监事、高级管理人员;

(三)发行人控股或者实际控制的公司及其董事、监事、高级管理人员;

(四)由于所任公司职务或者因与公司业务往来可以获取公司有关内幕信息的人员;

(五)上市公司收购人或者重大资产交易方及其控股股东、实际控制人、董事、监事和高级管理人员;

(六)因职务、工作可以获取内幕信息的证券交易场所、证券公司、证券登记结算机构、证券服务机构的有关人员;

(七)因职责、工作可以获取内幕信息的证券监督管理机构工作人员;

(八)因法定职责对证券的发行、交易或者对上市公司及其收购、重大资产交易进行管理可以获取内幕信息的有关主管部门、监管机构的工作

---

① 李启红最终被判有期徒刑 11 年,罚金 2000 万元,没收财产 10 万元。见《证监会披露中山公用案详情》,载杭州市《都市快报》2011 年 12 月 7 日第 C11 版。

人员；

(九)国务院证券监督管理机构规定的可以获取内幕信息的其他人员。

显然，这里所列的仅仅是第51条所说的"证券交易内幕信息的知情人"，不包括"非法获取内幕信息的人"，因为那是无法列举的。

本条(一)(二)两项所列的发行人的董事、监事、高级管理人员[①]和持股5%以上的股东与前面分析过的《公司法》第141条和《证券法》第44条是相同的。不同的是第(二)项中除了大股东之外，还增加了大股东的"董事、监事、高级管理人员"和"公司的实际控制人及其董事、监事、高级管理人员"。这相同的和不同的主体在法律的适用上有所不同。相同的主体适用第44条的规定的利润吐出标准，推定其交易为内幕交易，不需要证明他利用了内幕信息；不同的主体则适用第51条所作的一般禁止性规定和第53条的规定，需要证明他利用内幕信息实施了交易。

这里所说的大股东，显然是指公司而不是自然人。所以，它才有董事、监事、高级管理人员。公司的意志是通过它的官员来体现和表达的。所谓公司知情，其实就是它的官员知情。所以，将这些董事、监事、高级管理人员囊括在法定内幕人员中是合理的。

控股股东是权力最大的内部人。但是由于大股东(持股5%以上)的概念已经将控股股东包含了，所以控股股东不再单列，是合宜的。

"公司的实际控制人"这一概念已经在第四章第一节第三小节中讨论过了，这里不再赘述。

高级管理人员指谁？董事、监事都是高级管理人员，既然分开列举，自然应指董事、监事以外的管理人员，级别要比他们低一些，比如经理、副经理、总会计师、财务主管等。此外，公司出纳、部门经理等算不算高级管理人员，要根据各个公司和个人的具体情况而定，主要看他应不应该知道、是不是知道。如果根据公司的制度或运作习惯他应该知道，即应推定为知道；如果他的职位并不要求他知道，但是事实上知道，也应认定为知道。知道的就属于内部人。如果他既没有义务知道，也确实不知道，那就不是内部人。内部人的确定还不能光看职务的高低，还要看他在证券交易中所处的地位及公司内部的其他各种便利条件，于是，就有了第(四)项："由于所任公司职务……可以获取公司有关内幕信息的人员。"

---

① 原先两部法律没有衔接好。1993年《公司法》第147条称"经理"，1998年《证券法》第68条称"经理、副经理及有关的高级管理人员"。本书初版指出了这个问题，认为两部法律用语不同，意思相同，应将《公司法》中的经理"理解为包括副经理及有关的高级管理人员在内"(见该版第174页第1段)。2005年之后统一称"高级管理人员"，衔接好了。

这些人是第(一)项中的"高级管理人员"的延伸和补充,凡是不能归入第(一)项所说的"高级管理人员"的内部人,都可以归入第(四)项中的这些人。

第(三)项是指公司的子公司及其董事、监事、高级管理人员,与第(二)项所列的母公司及其官员相对而言。母公司的人会知悉,子公司的人也会知悉,所以都列为法定的内部人。

以上三项半都是公司内部的人和与公司关联的人;后面几项都是公司外部的人。首先,第(四)项中"因与公司业务往来而获取公司有关内幕消息的人员"文义自明。第(五)项列了收购人和重大资产交易方。大凡收购公司的人,都会把公司情况摸得一清二楚,不然不会来收购,所以其知道内幕信息几乎是必然的;重大资产交易与收购在获取公司内幕信息上大同小异,所以二者并列。第(六)项包含各家服务于证券交易的民间机构,其中有些在我国也带有半官方色彩,例如证券交易所和证券登记结算机构。这些机构在《证券法》第七、八、九、十章中有具体的规定。所谓"有关人员",自然不是指机构的全体人员,而只是指在提供服务过程中接触了内幕信息的人员。第(七)项专指中国证监会及其各地的派出机构内的人员。第(八)项包罗了除证监会之外的其他对证券的发行和交易有一定管理职能的政府部门,例如国务院授权的部门内负责核准债券发行的工作人员。此外,由于这是一个描述性的词组,所以还包括股票发行审核委员会中来自证监会之外的人员、工商税务和审计部门的有关人员、负责查处公司违法行为的司法机关的人员等等。① 这些人在执行职务的过程中会接触到公司的内幕信息,所以被法定为内幕人员。

这(六)(七)(八)三项所列的人员,在第40条内还有具体的禁止,即在他们的任期内不得买卖股票,也不得收受他人赠送的股票;原先持有的,在其成为所列人员时必须卖掉。这些针对特定内部人的禁止与第44条针对特定内部人的禁止一样,与这里针对内幕交易的一般性禁止,形成互补关系。

第(九)项是所谓的兜底条款。大凡列举,总是难以包罗全部的。内部人的范围很广,前面所列的八类并没有覆盖所有的种类,所以给中国证监会留下了制定行政规章予以补充的余地。同时,本条对内部人列举的不足之处,将由第52条的概括性规定予以补充。

第52条从概括和列举两个方面定义内幕信息:

> 证券交易活动中,涉及发行人的经营、财务或者对该发行人证券的市场价格有重大影响的尚未公开的信息,为内幕信息。

---

① 见《证券法释义》编写组:《中华人民共和国证券法释义》,中国法制出版社2005年版,第110页第二段。

本法第八十条第二款、第八十一条第二款所列重大事件属于内幕信息。

第 1 款用概括的方式定义内幕信息。理解上要抓住两个要点：一是影响价格，二是尚未公开。所谓"重大影响"，其中的"重大"一词，与前一章解释的重大失真中"重大"的意思是一致的，就是指对投资者的投资决策有着举足轻重的影响，换句话说，不知情的交易对方如果知道真相的话，可能会作出相反的买卖决定。此外，因为这里仅限于对价格的影响，所以也不妨从"明显""显而易见"的意义上去理解"重大"，即该信息一旦公开即会引起价格明显地上升或下降，这样更具体些，更看得见、摸得着一些。所谓"尚未公开"，有两层含义，一是社会公众不知情，二是交易对方不知情。这在本节开头已经作了说明。证券法上的内幕交易都是一方知情而另一方不知情的，而我们平常所说的内幕交易或者幕后交易则是双方都知情，所谓天知地知，你知我知。二者是不同的。

本款中的"或者"一词值得商榷。"或者"表示前后所列的各项之间是一种平等、并列、可供选择的关系。从这个词前后内容之间的关系上看，如果将它改写为"等"，变成举例说明的关系，可能会更好一些，因为尚未公开和影响价格是内幕信息的两个基本特征，可以概括所有的内幕信息。涉及公司的经营和财务的信息只是常见的、比较典型的例子而已，而且也必须符合尚未公开和影响价格两个条件，否则就不是内幕信息。还有不涉及公司经营或财务的内幕信息，例如，公司高层的人事变动、潜在的重大诉讼事件等。当然，如果对"经营"一词作广义的解释，也可以将这些勉强包罗进去。不过，某庄家打算炒作公司股票的信息，就与公司经营没有什么关系，但是却符合尚未公开和影响价格两个条件，属于内幕信息。可见，对内幕信息的定义抓住尚未公开和影响价格两个特征就够了，公司的经营和财务与内幕信息的这两个特征之间应当是举例关系，而不是并列关系，况且也不是任何涉及公司经营或财务的信息都是内幕信息。

第 2 款具体列举内幕信息，直接引用第 80 条第 2 款和第 81 条第 2 款所列的影响证券价格的重大事件。这两款列举的都是触发临时报告的事件[①]，重大无疑。本款的前身是原《证券法》第 75 条第 2 款，那里列举了几种重大事件，同时又引用触发临时报告的重大事件，显得累赘。2019 年修改后本款自身不再列举，直接引用，是一大改进。但是本款像其前身一样，依然没有加上**"在公开之前"**的字样，属于立法上的不严谨。因为再重大的事件，只有在其公开之前才是内幕信息，公开之后就不是了。本书第 2 版就指出了这个问题，以后不断提醒，但是始

[①] 第 80 条列举的是影响股票价格的事件，第 81 条列举的是影响债券价格的事件，性质是一样的，所以二者多有重复，本来大可不必，应当将二者合二为一。其之所以分列，大概是因为需要照顾到那些股票还没有上市但是债券却在上市交易的有限责任公司吧。但是如此体例是否合适尚需时间的检验。

终没有引起立法者的注意。

这1、2两款是互补关系。第1款概括,第2款列举。等于是先告诉你什么叫内幕信息,然后再举几个内幕信息的具体例子给你看。

从上述分析可以看出,《证券法》第51条对内部人的定义、第52条对内幕信息的定义都是以发行人为核心,围绕着发行人来考虑的,因为在绝大多数情况下,内幕信息的最终来源都是发行人,前面引用的李启红案就是。但是现实生活错综复杂,例外的情形也很多,金融业界常说的**老鼠仓**就是其中之一。请看杭州市《都市快报》2011年12月17日第B2版文章《监管风暴荡涤四类猖獗"邪派"》下的几则报道:

基金经理李旭利老鼠仓案

2009年2月28日至2009年5月20日,交银施罗德基金管理有限公司原投资决策委员会主席李旭利利用职务之便,通过其实际控制的2个证券账户,先于或同期于其管理的基金买入或卖出相同股票2只,非法获利1000余万元。

基金经理韩刚老鼠仓案

2009年1—8月,韩刚在担任长城基金久富证券投资基金经理一职期间,利用其职务便利获得的非公开信息,先于或同步于其管理的基金多次买卖相同个股共15只,非法获利金额共计人民币303274.46元。

基金经理许春茂老鼠仓案

2009年2月28日至2010年4月15日,光大保德信基金管理有限公司许春茂利用职务便利,亲自或明示、暗示他人利用其实际控制证券账户,先于或同期于其管理的基金买入或卖出交易股票68只,非法获利209万余元。

这三个案例有一个共同的特点。由于基金买卖股票的数量巨大,必定对这些股票的价格产生显著的影响,即当基金买入某几只股票的时候,这些股票的价格会上涨;当基金卖出某几只股票的时候,这些股票的价格会下跌。而买卖基金的决定由于不为社会公众所知并且将对价格产生影响而属于内幕信息。基金经理在基金买入之前或同时因为知道股票价格必定会上涨而用自己的钱为自己买入股票,等到价格实际上涨之后再卖出;或者在基金卖出之前或同时因为知道价格必定下跌而将自己的股票卖出,就可以为自己谋取巨大的经济利益。由于这是内幕交易,属于违法行为,基金经理往往通过他人开设好几个账户,以逃避证监会的监管。这好几个账户就像老鼠将粮食储备在好个洞里一样,称为老鼠仓。同时,利用老鼠仓进行交易的行为也被笼统地称为老鼠仓。老鼠仓属于内幕交易,为第50条和下面讲述的第53条所禁止,至于老鼠仓中的内部人和内幕信息是否与《证券法》第51、52条的列举式定义相吻合,现行规定是否应当做适当的调整,则是一个理解、解释和可以讨论的问题(参见后面杨剑波一案)。

第53条与第50条一样都是禁止性的规定:

> 第五十三条　证券交易内幕信息的知情人和非法获取内幕信息的人,在内幕信息公开前,不得买卖该公司的证券,或者泄露该信息,或者建议他人买卖该证券。
>
> 持有或者通过协议、其他安排与他人共同持有公司百分之五以上股份的自然人、法人、其他组织收购上市公司的股份,本法另有规定的,适用其规定。
>
> 内幕交易行为给投资者造成损失的,行为人应当依法承担赔偿责任。

第1款的内容与第50条同——主语完全相同,只是谓语更加具体。第50条笼统地表述为"从事证券交易活动",而本款则具体化为"买卖该公司的证券,或者泄露该信息,或者建议他人买卖该证券"。这就是说:自己买卖违法;建议别人买卖违法;别人利用你给的信息买卖了证券,不但他违法,而且你也违法。因此,所有这些行为都在禁止之例。从立法体例上说,第50条可以并入本款,因为二者的内容相同。

修饰语"在内幕信息公开前"是2005年《证券法》修订时添加的。加得不好。如上所述,这组词语加在第52条第2款就很好。但是本款作为一条具体禁令,应当表述得更加确切。内幕信息在公开之后、被市场充分吸收之前的短时间内依然要禁止利用。作为本款禁令的修饰语,如果这样表述就会好得多:"在内幕信息未经公开并被市场充分吸收之前"。

第53条第2款是例外条款。它指的是公司收购,本来与内幕交易无关。但是因为在收购中会形成持股5%以上的情形,而这里又将持股5%以上的股东定为内部人并且禁止内部人从事内幕交易,为了使收购行为不受这里的禁令的影响,所以就在这第2款里设置例外。其实,对内幕交易的救济一般多适用吐出标准,收购公司时只买不卖,没有盈利,无从吐出。所以本款不要也罢。

第3款设置了内幕交易的民事赔偿责任。但赔给谁,赔多少,却值得探讨。尽管该款示意应赔给遭受损失的投资者,我们仍然需要确定内幕交易侵犯了哪一个投资者的什么样的权利,致使该投资者有权获得赔偿。内幕交易是一种不公平的交易,因为内部人知道内幕信息,交易的对方不知道这样的信息。根据证券法倡导的平等占有信息的公平原则,交易的对方在与内部人交易时有权获知同样的信息。也就是说,内部人有义务向对方公开内幕信息①,其沉默或不公开侵犯了交易对方的知情权。因此内部人应当赔偿交易对方遭受的损失。如果不计交易费用,这一损失等于内部人从内幕交易中获得的利益。内部人应当吐出。内部人有没有侵犯社会公众的知情权呢?没有。内幕信息是尚未公开的信息,社会公众在没有与内部人交易的情况下并没有获得知悉内幕信息的权利。所以,内部人从事内幕交易并没有侵犯社会公众的知情权。

由于证券市场的匿名性,真正遭受损害的那位投资者不可能知道对方的内部人身份,因而也不会去起诉。抓到内幕交易者之后,也难以确定交易对方的确切身份,所以一般采取在同段时间内允许所有与交易对方处于相同地位的人登记为交易对方的做法,只是在损害后果计算上采用吐出标准,即以被告获得的利益为准,而不是以全体原告在交易中发生的实际损失为准。这些在前一章"民事责任"中已经作过介绍。因为是一人吐出,许多人分摊,所以每一位投资者最终分到的数额是极小的。因此,投资者针对内幕交易的诉讼热情一般不高。为了提高投资者的诉讼积极性,不妨参照美国的做法,对内幕交易者处以获利三倍的民事惩罚来奖励诉讼人。

内幕交易除了侵犯交易对方的知情权之外,还侵犯了全国证券市场的信誉和健康。因为撇开交易对方遭受的个人损失不说,如果一个国家的证券市场上到处是内幕交易的话,这个市场必然失去投资者的信任,从而衰落下去,这自然会损害国家和社会的利益。我国《刑法》第 180 条规定了内幕交易的刑事责任,包括有期徒刑和按违法所得计算 1 到 5 倍的罚金。《证券法》第 191 条又规定"没收违法所得,并处以违法所得一倍以上十倍以下的罚款"。② 根据我国现行《证券法》第 220 条规定的民事赔偿优先支付的原则,在有交易对方提起诉讼,内部人已经全额吐出的情况下,由于违法所得已经吐出,所以不再没收,但是罚款仍然应当执行,构成犯罪的,依然应当追究刑事责任。我国眼下最大的问题是侦查力度不够,发现概率不高③,因而内幕交易隐秘存在。

---

① Chiarella v. United States,445 U.S. 222 (1980)似乎表明,只有当内部人的信息来源于发行人时,他才有这种义务。为了简明,这个问题在此不作深究了。
② 比较:美国在 1988 年对其《1934 年证券交易法》进行了补充,增加了第 21A 条,该条针对内幕交易,规定证交委可以请求法院处被告以所得利益之三倍的罚款。相比之下,我国的一至十倍伸缩性大一些。
③ 美国的证券法制比较健全,对内幕交易除了民事上的赔偿与处罚、刑事上、行政上和行业内职业道德上的配套处罚之外,侦查工作做得特别好,对内幕交易盯得紧,发现概率高。

三、对内幕交易的查处

一般地,市场经济的管理原则是市场调节为主,政府干预为辅。对于证券市场上因虚假陈述引发的民事赔偿案件,就应当贯彻这一原则。但是内幕交易与此不同,因为市场动力不足,而且不容易发现,所以只能以政府查处为主。也就是说,抓内幕交易主要靠证监会和其他侦查机关如公安局、国安部等。因为只有中国证监会才能在市场的监管中发现这些问题,并在其他机关的配合下抓住犯罪嫌疑人。交易对方和其他投资者很难发现某人在从事内幕交易,在内幕交易数额较小、内幕信息数经传递的情况下,尤其是这样。国家应当动用最精干的侦查人员和最先进的侦查手段来侦查内幕交易。

杨剑波与中国证券监督管理委员会其他二审行政判决书[①]

2013年11月1日,中国证监会作出(2013)59号《行政处罚决定书》(以下简称被诉处罚决定),认定光大证券股份有限公司(以下简称光大证券)内幕交易并予以处罚,同时认定杨剑波为其他直接责任人员并处以60万元罚款。杨剑波不服,向北京市第一中级人民法院提起行政诉讼,一审败诉后又向北京市高级人民法院上诉。本案主要事实如下。

据证监会查明:

2013年8月16日11时05分,光大证券在进行交易型开放式指数基金(以下简称ETF[②])申赎[③]套利交易时,因程序错误,其交易系统以234亿元的巨量资金申购180ETF成份股,实际成交72.7亿元(以下简称错单交易)。经测算,180ETF与沪深300指数在2013年1月4日至8月21日期间的相关系数达99.82%,即巨量申购和成交180ETF成份股对沪深300指数、180ETF、50ETF和股指期货合约价格均产生重大影响。因此,证监会认为光大证券的错单交易属于内幕信息,而光大证券则是内幕信息知情人。

当日11时32分,21世纪网刊发了标题为《A股暴涨:光大证券自营盘70亿乌龙指》的报道,称:"据21世纪网独家获悉,今天上午的A股暴涨,源于光大证券公司自营盘70亿的乌龙指。对上述消息,光大证券公司董秘梅键对大智慧通讯社表示自营盘70亿乌龙纯属子虚乌有。光大证券公司权

[①] (2015)高行终字第943号,北京市高级人民法院2015年5月4日判决。原判词有1.4万多字。为节省篇幅,便于读者理解,本书作者做了补充和删改。本案例中提及法律法规及条款皆指当时有效之法律规定。

[②] exchange traded funds 的首字母缩写。

[③] 申赎是申请赎回的意思,实际是将所持基金卖还给基金发行人。

威人士对大智慧通讯社表示,有上述相关传闻说明他们不了解光大证券公司严格的风控,不可能存在70亿元乌龙情况,称传闻纯属子虚乌有。但21世纪网已从多个渠道获悉,上午巨额买盘的资金的确是走的光大证券公司自营席位的通道"。该报道随后由多家网站转载。

当日不晚于11时40分,光大证券时任法定代表人、总裁徐浩明召集时任助理总裁杨赤忠、时任计划财务部总经理兼办公室主任沈诗光和时任策略投资部总经理杨剑波开会,达成通过做空①股指期货、卖出ETF对冲②风险的意见,并让杨剑波负责实施。因此,光大证券知悉内幕信息的时间不晚于当天11时40分。

当日13时,光大证券称因重大事项停牌;14时22分,光大证券发布公告,称"公司策略投资部自营业务在使用其独立套利系统时出现问题"。可见,上述内幕信息自当日11时05分交易时产生,至14时22分公开。

当日13时开市后,光大证券即通过卖空股指期货、卖出ETF对冲风险,至14时22分,共卖出股指期货空头合约IF1309、IF1312③共计6240张,合约价值43.8亿元,获利74143471.45元;卖出180ETF共计2.63亿份,价值1.35亿元,卖出50ETF共计6.89亿份,价值12.8亿元,合计规避损失13070806.63元。当日全天,50ETF的交易量为17.64亿份,180ETF的交易量为16.49亿份。

被诉处罚决定认定:光大证券的上述交易行为属于内幕交易;徐浩明为直接负责的主管人员,杨赤忠、沈诗光、杨剑波为其他直接责任人员。依据《证券法》第202条和《期货交易管理条例》第70条的规定,证监会决定没收光大证券公司ETF内幕交易违法所得13070806.63元,并处以违法所得5倍的罚款;没收光大证券公司股指期货内幕交易违法所得74143471.45元,并处以违法所得5倍的罚款。上述两项罚没款共计523285668.48元。此外,中国证监会对于徐浩明、杨剑波等相关责任人员还给予警告并处以罚款。其中对杨剑波的处罚是:因光大证券ETF内幕交易给予警告,并处以30万元罚款;因光大证券股指期货内幕交易给予警告,并处以30万元罚款。两项罚款合计60万元。杨剑波不服被诉处罚决定,向北京市第一中级人民法院提起行政诉讼(一审)。

一审法院经审理认为,根据《证券法》第179条第1款第7项,中国证监

---

① 业内行话,将来卖出的意思,即现在签订卖出股指的合同,先定好价格,将来交货。
② 对冲一般指反向,对冲交易是反向交易的意思。本案中光大证券错单买入,现在卖出,所以说对冲。
③ IF是index fund的首字母缩写,1309指2013年9月,IF1309是指2013年9月交割的沪深300指数期货合约。同理IF1312是指2013年12月交割的沪深300指数期货合约。

会有权对证券市场上的违法违规行为进行查处;根据《期货交易管理条例》第47条第7项,证监会有权对期货市场上的违法违规行为进行查处。根据《证券法》第202条及《期货交易管理条例》第70条,证监会有权对内幕交易予以行政处罚。杨剑波对被诉处罚决定认定的基本事实及作出程序的合法性未持异议。经审查,被诉处罚决定认定事实清楚,证监会作出被诉处罚决定的程序亦无违法之处。

双方当事人的争议焦点在于:(1) 本案错单交易信息是不是内幕信息;(2) 光大证券案发当日下午的交易是不是内幕交易;(3) 杨剑波是不是其他直接责任人员。

关于争议焦点一。本案的错单交易信息产生于证券市场。诚如原告所说,《证券法》第75条第2款明确列举的内幕信息主要是与发行人自身相关的信息。但是该款第8项规定内幕信息还包括证监会认定的对证券交易价格有显著影响的其他重要信息。而根据该条第1款的规定,证券交易活动中,涉及公司的经营、财务或者对该公司证券的市场价格有重大影响的尚未公开的信息,为内幕信息。因此内幕信息并不限于与发行人自身相关的信息。凡是对公司证券的市场价格有重大影响而尚未公开的信息都是内幕信息。进一步考虑到大盘指数与公司证券价格之间的紧密关联性,对大盘指数产生重大影响的交易信息亦应属于《证券法》所指对公司证券的市场价格有重大影响的内幕信息范畴。就期货市场而言,虽然《期货交易管理条例》第82条第11项中列举的内幕信息并未明确包含期货市场以外的交易信息,但该条规定,期货市场的内幕信息也包括证监会认定的对期货交易价格有显著影响的其他重要信息。而该条对内幕信息给予了明确的定义,即内幕信息是指可能对期货交易价格产生重大影响的尚未公开的信息。这与《证券法》第75条第1款对内幕交易所下的定义是完全一致的。考虑到证券市场与期货市场的关联性,证券市场上形成的内幕信息如对期货市场的波动可能产生重大影响亦应属于期货市场内幕信息的范畴。本案中,光大证券当日上午的错单交易对沪深300指数、180ETF、50ETF和股指期货合约价格均产生重大影响,中国证监会据此将错单交易信息认定为内幕信息,合理合法。杨剑波认为证监会将错单交易信息认定为内幕信息违反《立法法》,超越其法定解释权限,同时违反《行政处罚法》关于行政处罚法定及公开的原则。这种说法不能成立。

杨剑波指出本案错单交易信息在案发当日下午对冲交易开始之前已经被媒体揭露从而处于公开状态,因而不是内幕信息。一审法院认为,内幕信息以媒体揭露的方式公开应至少满足三个要件:第一,相关媒体报道能够为市场主体所广泛周知；第二，媒体所揭露的信息具有完整性，即已经包含内幕信息的主要内容，从而使理性的市场主体能够就其可能产生的市场影响进行综合判断；第三，理性的市场主体能够相信相关媒体揭露的信息具有可靠性。本案中，杨剑波所主张的相关网络媒体关于错单交易信息的报道对市场主体来说不能满足可靠性的要求。因为首先，杨剑波所举21世纪网的报道中并未准确指明其报道的信息来源，市场主体无法确信该报道来自于可靠的信息源；其次，杨剑波提交的其他网站对于错单交易信息的报道均是对21世纪网报道的转载，并非基于各自独立调查而进行的报道，不能形成相互佐证的关系从而使市场主体相信其内容真实可靠；最后，在光大证券于当日下午发布公告之前，相关媒体对当日上午大盘指数大幅上涨的原因还有诸多其他推测和报道，市场主体无法仅仅基于21世纪网的报道而相信其内容真实可靠。因此，杨剑波主张错单交易信息在光大证券当日下午对冲交易开始之前已经公开的主张不能成立。

关于争议焦点二。一审法院认为，该争议焦点的实质在于光大证券当日下午的对冲交易是否利用了错单交易信息。在内幕交易案件中，交易者知悉内幕信息后实施了相关的证券期货交易行为，原则上即应推定其利用了内幕信息，从而具有内幕交易的主观故意。如果该交易行为系基于内幕信息形成以前即已经制订的投资计划和指令所作出，足以证明其实施的交易行为确与内幕信息无关，可以作为内幕交易的抗辩事由。但是，能够作为抗辩事由的既定投资计划和指令，应当是在内幕信息形成以前已经制订，并包含了交易时间、交易数量等具体交易内容，且在实施的过程中没有发生变更，方能体现其交易行为没有对内幕信息加以利用。虽然在本案错单交易发生之前，光大证券《策略投资部业务管理制度》规定，当出现因系统故障等原因而导致交易异常时，应考虑采用合适的对冲工具（包括但不限于股指期货、ETF等），及时控制风险，进行对冲交易，以保证部门整体风险敞口处于可控范围，保持市场中性，但上述规定并无具体的交易内容，不足以构成既定投资计划和指令。本案中，光大证券当日下午实施的对冲交易，是在错单交易信息形成之后，光大证券直接针对错单交易而采取的对冲风险行为，而非基于内幕信息形成之前已经制订的投资计划、指令所作出的交易行为。因此，杨剑波认为对冲交易是基于既定的市场中性投资策略所作出，并未利用内幕信息，这一申辩显然不能成立。

关于争议焦点三。一审法院认为，本案错单交易发生于光大证券策略投资部，而杨剑波作为该部总经理，参与了光大证券决定实施对冲交易的相关会议，且是负责执行的人。《证券法》第202条及《期货交易管理条例》第

70条第1款均规定,单位从事内幕交易的,还应当对直接负责的主管人员和其他直接责任人员给予警告,并处以3万元以上30万元以下的罚款。杨剑波显然属于法条所说的"其他直接责任人员",故中国证监会如此认定并无不当。

一审法院认为,正如被诉处罚决定所注意到的,本案是我国资本市场上首次发生的新型案件。维护证券期货市场秩序,保护投资者利益,保障证券期货交易的公开、公平、公正是《证券法》和《期货交易管理条例》的重要立法精神。光大证券在2013年8月16日上午进行的错单交易使得上证综指迅速上涨5.96%。光大证券在知悉内幕信息且未予公开的情况下,与其他处于信息不对称地位的投资者进行交易,不符合资本市场"公开、公平、公正"的基本原则。中国证监会为维护资本市场秩序,保护投资者合法权益,将光大证券于当日下午实施的对冲交易认定为内幕交易并对杨剑波作出行政处罚,符合法律的基本精神。

综上,杨剑波的相关诉讼理由均不能成立,故对其要求撤销被诉处罚决定中针对自己的部分的诉讼请求,不予支持。据此,一审法院驳回了杨剑波的诉讼请求。

杨剑波不服一审判决,向本院提起上诉。诉称:

(1) 光大证券的对冲行为不构成内幕交易,中国证监会关于光大证券构成内幕交易的认定缺乏事实依据;一审判决遗漏了对本案核心事实"内幕交易"的审查,在事实不清的情况下进而做出了毫无根据的错误认定。1. 现行法律关于内幕交易法律构成要件需同时满足四个要件:特定上市公司产生了涉及该公司经营、财务或者其他方面的特定信息,即关联性;该特定信息对该上市公司证券的市场价格有重大影响,即重大性;该特定信息处于未公开状态,即未公开性;该特定信息的知情人利用该信息交易了该上市公司的证券,即可利用性。2. 光大证券当日下午对冲行为不具备内幕交易的构成要件,不属于内幕交易。作为上市公司,光大证券在自身发生经营风险且有可能对自身股票价格产生重大影响的情况下,当日下午即采取了停牌措施,履行了公告义务,且没有买卖本公司的证券,因此,光大证券并未实施内幕交易,也不可能发生内幕交易。

(2) 光大证券的错单交易信息不属于内幕信息。中国证监会在使用兜底条款进行解释时,仅强调内幕信息的重大性和非公开性,割裂了此信息与上市公司的关联性,将并非180ETF、50ETF所属公司的信息认定为该公司的内幕信息,此种解释违反了定义性条款对内幕信息内涵的本质规定。将交易信息认定为内幕信息,与列举性条款所确立的内幕信息仅包含发行人自身信息的性质相背离。同时,中国证监会将投资者在股市上的股票购买信息认定为期货市场上的内幕信息,超出了《期货交易管理条例》第八十二条第(十一)项所涵盖的范围。

(3) 中国证监会及一审判决的认定逾越了现代法治的底线,违背了行政处罚法定和公开原则,背离了行政职权法定原则,违背了法不溯及既往的原则。其一,《证券法》和《期货交易管理条例》并未明确将错单交易信息规定为内幕信息,中国证监会无权对现行立法作出补充或者变更。其二,《中华人民共和国行政处罚法》确立了行政处罚法定、行政处罚公开和法不溯及既往的原则。在本案错单交易发生之前,中国证监会并未以任何规范性文件的形式将单纯的股票交易信息认定为目标公司的内幕信息。中国证监会在对冲交易发生后将此类信息认定为内幕信息,实际上是要求公民承担事前并不知晓的法律义务,违反上述法定要求。

(4) 光大证券错单交易信息属于公开信息。错单交易出现后,即有诸多媒体及记者获得了该信息,并通过多种方式或渠道予以公开。这些报道表明,光大证券的错单交易信息在事发当日中午已被全国性网站揭露,事实上也被一般投资者广泛知晓。

(5) 光大证券遵循既定交易计划进行对冲交易,该行为符合法定的豁免情形。一审判决认为既定交易计划必须包含交易时间、交易数量等具体的交易内容,但交易异常属于突发事件,针对突发事件制订的应对计划不可能事先包含交易时间、交易数量等具体内容,一审判决的要求既缺乏法律依据,也不符合常理。

(6) 杨剑波并非适格的处罚对象。杨剑波并非对冲交易的决策者,仅是公司决策的执行者。作为公司员工,杨剑波只能遵循公司的管理制度并执行公司高管的明确指令,因此其不应当属于"其他直接责任人员"。此外,被诉处罚决定和一审判决未认定事发当日下午的对冲交易是在与相关证券监管人员沟通的情况下实施的事实,遗漏了本案的关键事实,属于事实不清。综上,请求二审法院撤销一审判决和被诉处罚决定。

中国证监会答辩认为:该会根据法律法规的规定,在长期的执法实践中,总结了内幕信息的两大特征,一是重大性,对证券交易价格具有重大影响,二是非公开性。光大证券的错单交易符合这两大特征,构成内幕信息。杨剑波坚持信息已经公开的主张不能成立,因为当时公开的信息尚处于不确定状态,且光大证券的董秘对此予以否认,真正的公开是 14 时 22 分光大证券发布的公告,在此之前只是传闻。光大证券当日下午的交易利用了错单交易信息是明显的,因而构成内幕交易。作为策略投资部的总经理,杨剑波在光大证券内幕交易中发挥了较大的作用，应当被认定为其他直接责任人员。

二审法院采纳了一审法院对三大争议焦点的分析，同时认为，内幕信息的认定必须是对证券市场价格有重大影响且尚未公开的信息，法律上并未明确限定于与发行人自身相关的信息。中国证监会认定对证券市场和期货市场交易价格有重大影响且未公开的错单交易信息为内幕信息，并不违反《证券法》《期货交易管理条例》关于内幕信息界定的范畴。

证券交易或期货交易的内幕信息知情人，在涉及证券的发行、交易或者其他对证券的价格有重大影响或对期货交易价格有重大影响的信息尚未公开前，利用内幕信息从事证券或期货交易的，构成内幕交易行为并应当承担相应的法律责任。本案中，错单交易信息属于内幕信息，光大证券知悉该内幕信息的时间不晚于事发当日上午11时40分。在错单交易信息于事发当日下午14时22分公开前，光大证券利用该信息实施相关交易行为，违背了《证券法》第三条和《期货交易管理条例》第三条所规定的从事证券和期货交易应当遵循公开、公平、公正的原则，也侵害了其他处于信息不对称地位的投资者的合法权益。

判决驳回上诉，维持一审判决。本判决为终审判决。

本案对内幕信息和内幕交易的定义做了充分的讨论，确定构成内幕信息的要素有二：尚未公开、对证券价格有重大影响。任何人利用内幕信息实施交易，都属于内幕交易。

杨剑波主张信息必须与发行人关联，法院不予采纳。也就是说，无论信息的内容是否有关发行人，只要具备了二要素，即属于内幕信息。

杨剑波强调光大证券没有买卖本公司的股票，这是没有道理的。错单交易涵盖了沪市180种股票，巨量买进引起这些股票的价格猛涨是毫无疑问的。信息首先就是关于这些股票的信息，所以细究起来，关联性条件其实也是符合的。

杨剑波批评证监会"将并非180ETF、50ETF所属公司的信息认定为该公司的内幕信息"，意思是说光大证券的错单交易只买入180ETF，而沪深300指数中的很多股票不在这180种股票范围之内，因而其交易的IF1309、IF1312（沪深300指数期货合约）所获利润74143471.45元不应该被没收和处罚，那么对他罚款两个30万元中的一个也应该去掉。但是证监会认为："经测算，180ETF与沪深300指数在2013年1月4日至8月21日期间的相关系数达99.82%，即巨量申购和成交180ETF成份股对沪深300指数、180ETF、50ETF和股指期货合约价格均产生重大影响。"意思是说，180ETF的巨额交易引起一系列连锁反应，抬高了沪深 300 指数股票的价格,所以光大证券交易沪深 300 指数股票同样是利用了错单交易的内幕信息,属于内幕交易,应当处罚。对信息关联性的讨论在此得到深化:纵然交易不涉及某些股票,但是只要引起了这些股票的价格变动,该交易也属于与这些股票关联的信息。

中国证监会查处了很多内幕交易相关案件。据《上海证券报》2018 年 6 月 9 日第 2 版报道,在王良友、石朝辉内幕交易文山电力案中,王良友、周某文知悉文山电力重大资产重组内幕信息。在内幕信息敏感期内,王良友控制使用多个账户买入文山电力,获利约 173 万元;周某文将信息泄露给其表哥石朝辉,石朝辉使用本人账户买入文山电力,亏损约 10 万元。证监会决定没收王良友违法所得约 173 万元,并处约 348 万元罚款;对石朝辉处以 30 万元罚款。在陈汉腾内幕交易智慧松德案中,李胤某某知悉智慧松德拟发行股份购买资产这一内幕信息,将信息泄露给陈汉腾,陈汉腾使用本人账户买入智慧松德 134100 股,获利约 34.9 万元,证监会决定没收陈汉腾违法所得约 34.9 万元,并对其处以约 104.8 万元的罚款。《上海证券报》2018 年 5 月 19 日第 2 版报道,在宝硕股份内幕交易案中,施立新为洪桥集团有限公司与河北宝硕股份有限公司(简称"宝硕股份")合作投资新能源汽车项目这一内幕信息的知情人,与陈森媛共同使用"陈森媛"账户买入宝硕股份 52.5 万股,没有违法所得。施立新还将信息泄露给翁凛磊,翁凛磊使用"马某杰"等 5 个证券账户交易宝硕股份,没有违法所得。证监会认定三人行为违反了证券法第 73 条和第 76 条(现第 50、53 条)的规定,对施立新、陈森媛处以 60 万元罚款,对翁凛磊处以 60 万元罚款。

如前所述,市场经济以市场调节为主,政府干预为辅。尽管内幕交易因其特殊性只能主要依赖政府监控,但是这并不等于市场的力量不必利用。只要有市场力量可资利用,那就必然比政府监管高效,可谓多快好省。我国《证券法》第 44 条第 3 款规定了股东派生诉讼,就是为了充分地利用市场力量来遏制内幕交易:"公司董事会未在上述期限内执行的,股东有权为了公司的利益以自己的名义直接向人民法院提起诉讼。"对这里的"股东"怎么理解?有没有持股份额的限制?①从限制内幕交易的立法宗旨来看,考虑到现实生活中小股东起诉的兴趣和动力普遍不足,可以对"股东"作最大限度的扩大化解释,即没有份额的限制,哪怕仅持有 1 股,只要在内幕交易发生的时候持有并且现在继续持有该股份,就应算做本句所说的股东,都有行使本句赋予的派生诉讼权。即使是这样,有没有人起诉依然有待观察。迄今为止,我们还没有看到运用第 44 条第 3 款的实例。

自 2001 年最高人民法院下发暂不受理证券市场因内幕交易、欺诈、操纵市

---

① 试比较我国《公司法》第 151 条对派生诉讼股东持股份额和时间的要求。

场等行为引起的民事赔偿案件的通知以来,我国法院长期拒不受理对内幕交易提起的民事诉讼。但是中国证监会对光大证券股份有限公司的行政处罚倒是引来数十位自然人投资者在投资亏损后对光大证券的民事诉讼。他们以光大证券实施内幕交易为由请求赔偿损失。法院一一受理,并分别情况作出判决。下面是其中的一例,从中可以了解目前我国法院如何裁判这类案件。

光大证券股份有限公司与李春晖证券内幕交易责任纠纷二审民事判决书[①]

被告光大证券股份有限公司(以下简称光大证券)实施内幕交易并受中国证监会处罚的具体情形已如上述(见《杨剑波与中国证券监督管理委员会其他二审行政判决书》),这些情形同样构成本案的基本事实,请读者参阅。为节省篇幅,此处从略。

在被告卖出ETF的同时,原告李春晖正在自己的证券账户上买入,其交易的具体内容如下表:

序号	买卖方向	股数	成交价	成交日期	时间	交易品种
A	买入	200000	1.725	2013年8月16日	13:00	50ETF
B	买入	500000	1.725	2013年8月16日	13:00	50ETF
C	买入	500000	1.705	2013年8月16日	13:02	50ETF
D	买入	500000	1.704	2013年8月16日	13:02	50ETF
E	买入	160000	1.698	2013年8月16日	13:04	50ETF
F	买入	1000000	1.678	2013年8月16日	13:16	50ETF
G	买入	1000000	1.677	2013年8月16日	13:16	50ETF
H	买入	1000000	1.668	2013年8月16日	13:22	50ETF
I	买入	1000000	1.668	2013年8月16日	13:32	ETF50
J	买入	1000000	1.669	2013年8月16日	13:33	50ETF
K	卖出	1000000	1.676	2013年8月20日	11:13	50ETF
L	卖出	1000000	1.676	2013年8月20日	11:13	50ETF
M	卖出	1000000	1.643	2013年8月23日	9:25	50ETF
N	卖出	1000000	1.643	2013年8月23日	9:25	50ETF
O	卖出	1000000	1.645	2013年8月23日	9:30	50ETF
P	卖出	1000000	1.645	2013年8月23日	9:30	50ETF
Q	卖出	860000	1.645	2013年8月23日	9:30	50ETF

原告对该账户的损失计算方式为:(A股数×成交价+B股数×成交价

[①] (2015)沪高民五(商)终字第58号,上海市高级人民法院2016年6月12日判决。原判词有1.3万多字。为节省篇幅,便于读者理解,本书作者做了编辑和删改。

＋C股数×成交价＋D股数×成交价＋E股数×成交价＋F股数×成交价＋G股数×成交价＋H股数×成交价＋I股数×成交价＋J股数×成交价)－(K股数×成交价＋L股数×成交价＋M股数×成交价＋N股数×成交价＋O股数×成交价＋P股数×成交价＋Q股数×成交价)＝200980(元)。原告未主张这些交易的手续费损失。

查询股票交易软件及市场公开信息，原告所交易的50ETF在当日之后十个交易日的平均收盘价为1.6435元。

原告认为，光大证券在异常交易发生后，不及时披露相关情况，而且进行违法行为，与原告的损失存在因果关系，应当依法承担赔偿责任。故请求判令：(1)光大证券赔偿原告损失200980元；(2)本案诉讼费用由光大证券承担。

被告光大证券除了否认其行为构成内幕交易之外，还指出错单交易信息在当日11时32分已经在各媒体披露，之后不再是内幕信息。

原审法院总结了双方的争议内容，认为焦点有四：

(1)光大证券是否存在内幕交易行为。原告指出，中国证监会已经作出行政处罚决定，确认光大证券的行为构成内幕交易，该行政处罚决定未被推翻。所谓媒体的披露主要是当日11时32分21世纪网刊所发表的《A股暴涨：光大证券自营盘70亿乌龙指》报道以及相关网站的转载。该报道并非由光大证券主动披露，而是由财经媒体自主报道，该报道提及"独家获悉"，体现了财经媒体报道的消息来源为私下、非公开渠道，未经官方确认，不具有权威性，受众未必对此产生信赖。该报道既提到了A股暴涨原因为"乌龙指"，同时也提到了光大证券董秘梅键称"乌龙纯属子虚乌有"，两种截然不同观点均予以报道，只能为受众提供参考，受众无法从中得到准确答案。因此，不能视为内幕信息已经公开。法院同意原告的分析。

(2)光大证券作为内幕交易行为人是否具有主观过错。光大证券认为，首先，错单交易发生时，光大证券根本无法判断这是内幕信息，从11时05分事件发生到14时22分对错单交易进行公告，只间隔三个多小时，完全符合我国《上市公司信息披露管理办法》第71条对信息披露及时性的标准。其次，错单交易发生后，光大证券根据既定的、公开的交易策略和《策略投资部业务管理制度》进行对冲交易，具有合规性和正当性。对此，原审法院认为，"立即"披露的"立即"，根据《现代汉语词典》的解释，为立刻、马上，紧接着某个时候，应当是一个较短的时间段，3个小时太长。当日11时40分，光大证券已经开会准备进行对冲，这说明光大证券此时完全知晓其上午的交易属于错单交易，因此才有对冲交易的需要。此时光大证券完全可以立即披露,但光大证券并未遵守监管部门的信息披露要求,而是实施对冲交易以规避自己的损失,主观上具有过错。光大证券进行对冲交易依据其内部规定。但是任何公司的内部规定均不能违反国家法律。对冲交易策略本身并不违法,但在特定情况下,尤其是本案中因巨量错单交易进而产生内幕信息的情况下,公司有更高的义务来确保自己的行为合法,而不仅仅是考虑公司内部的规定。因此,光大证券以存在公司内部规定为由主张其无过错,法院不予支持。

(3) 原告经济损失与光大证券内幕交易是否存在因果关系。原审法院认为,证券市场中因果关系不同于传统的民事因果关系。首先,证券市场主体人数众多、交易迅速、成交量大。作为一个以计算机网络技术为基础的市场,大多数证券交易是通过集合竞价和连续竞价,采取交易所主机撮合方式完成的,内幕交易行为人与受害人并不直接对应或接触。因此,投资者交易的股票无法与内幕交易行为人交易的股票完全一一对应。其次,在证券市场中,投资者的损害主要表现为证券价格的下降或上升,但是影响证券价格的因素非常多,往往是多种原因相互交织引起证券价格波动。在这种情况下,由投资者通过证据去证明内幕交易的因果关系几乎不可能,相当于架空了内幕交易惩罚制度,不符合立法的本意。我国目前法律法规或者司法解释并未对内幕交易与投资者损失的因果关系方面作出具体明确规定,但与此最相类似、同样涉及证券市场投资者民事赔偿的最高人民法院《关于审理证券市场因虚假陈述引发的民事赔偿案件的若干规定》第18条对因果关系作出如下规定:"投资人具有以下情形的,人民法院应当认定虚假陈述与损害结果之间存在因果关系:(一)投资人所投资的是与虚假陈述直接关联的证券;(二)投资人在虚假陈述实施日及以后,至揭露日或者更正日之前买入该证券;(三)投资人在虚假陈述揭露日或者更正日及以后,因卖出该证券发生亏损,或者因持续持有该证券而产生亏损。"考虑到上述因素,原审法院认为,在认定内幕交易与投资者损失的因果关系方面,亦应采用推定因果关系的做法。基于有效市场理论,假定证券及期货市场的价格受所有投资公众可获知的公开信息的影响,交易时不披露内幕信息,会在极大程度上影响市场价格的真实性。因此,存在内幕交易行为应当推定为会影响到投资者所投资的交易品种价格,进而造成投资者的损失。具体而言,在内幕信息具有价格敏感性的情况下,在内幕交易行为人实施内幕交易行为的期间,如果投资者从事了与内幕交易行为主要交易方向相反的证券交易行为,而且投资者买卖的是与内幕信息直接关联的证券、证券衍生产品或期货合约,最终遭受损失,则应认定内幕交易与投资者损失具有因果关系。光大证券还提出,当日内幕交易时间段,光大证券交易 IF1309 和 IF1312 的数量远远低于市场成交总量,每分钟交易 IF1309 和 IF1312 的数量又较为平均,因此并不会导致大盘价格下降,与原告损失之间没有因果关系。另外,光大证券于 14 时 22 分发布公告前后,相关市场价格走势呈平稳下跌趋势,没有明显地突变,说明无论光大证券是否公开内幕信息,对市场价格走势不会产生较大影响,故投资者交易受损并非光大证券内幕交易行为所致。原审法院认为,内幕交易中,交易总量的大小、交易数量是否平均,对因果关系的认定并无影响,因为立法禁止从事内幕交易行为,并未区分上述具体实施因素,而是考虑到内幕交易破坏证券市场交易制度的公平性,影响到一般投资人对证券市场公开、公正、公平的信赖。在采用推定因果关系的情况下,上述具体交易数量与具体交易模式,对于与内幕信息直接关联的交易品种,并不影响因果关系的认定,最多在赔偿责任限额方面对内幕交易行为人有影响。另外,在本案较短的内幕交易期间内,光大证券也没有举证证明存在其他市场风险因素的明显介入,故其以自身交易模式为由否认因果关系存在的观点法院不予支持。本案中,原告所交易的 50ETF,与光大证券所交易的 50ETF 品种相同,而且与光大证券交易方向相反。因此本案原告交易受到损失与光大证券的内幕交易行为之间具备法律上可以认定的因果关系。

(4) 原告具体经济损失的认定。原审法院认为,在内幕交易引起投资者具体经济损失的计算方面,由于目前我国法律法规尚无详细规定,应由人民法院根据内幕交易所涉及交易品种的特点、市场的状况,参照类似的国内外规定予以酌情认定。根据本案的特定情况,原审法院认为应以投资者在内幕交易时间段内的交易价格与基准价格的差额,乘以交易的具体数量,计算损失金额。对于基准价格如何确定,应当以内幕信息公开后的一段合理时间,相关交易品种价格对相关信息的反应结束后的价格为基准价格。光大证券内幕交易涉及不同交易品种,在认定基准价格方面,应考虑以下因素:一是光大证券内幕交易事件属于市场首例,经由新闻媒体的大规模报道,消息应能较快在市场上传递。对于 50ETF 基金的投资者,法院酌情认定内幕信息公开后的合理时间为十个交易日(自次日起算,基准日应为 2013 年 8 月 30 日),上述期间足以使交易品种价格对相关信息的反应结束,故可以十个交易日平均收盘价作为 50ETF 基金的基准价格。二是在计算损失的公式方面,由于 ETF 实行 T+1 交易规则,且本案内幕交易时间段较短,故法院采用以下简便计算原则:原告投资人在基准日及以前卖出证券的,其损失为买入证券总成交额与实际卖出证券总成交额之差。原告投资人在基准日之后卖出或者仍持有证券的,其损失为买入证券总成交额与以基准价格计算的卖出证券总成交额之差。总成交额以股数×交易价格计算,多次买入的累计计算。具体至本案而言,本案原告的所有股票在内幕时间段内买入,在基准日之前卖出,损失计算方式应为原告所主张的计算方式,具体计算结果为200980元。

综上所述,光大证券的行为构成内幕交易,具有主观过错,与原告的投资损失具有因果关系,故应依法赔偿因此所造成的原告损失200980元。原审法院判决被告光大证券于判决生效之日起10日内赔偿原告李春晖损失人民币200980元,案件受理费4314.7元由被告光大证券负担。

光大证券不服一审判决,提出上诉。但其上诉的理由与一审时的申辩内容基本相同,因而二审过程中双方的争议焦点也相同。二审法院完全同意一审法院的分析和判决,同时指出:

光大证券的错单交易发生后,立即引发市场在短期内的大幅波动。在此情况下,即使是一般的投资者,亦能马上意识到该错单交易已经对市场产生了巨大影响,并且可能引发市场的进一步连锁反应,对市场上其他投资者的投资可能产生重大影响,更遑论光大证券这样的专业机构。同时,错单交易发生后,光大证券自身的投资也已经产生了巨额浮亏,可能对光大证券本身的股票价格也会产生重大影响。而作为一个谨慎的、专业的、负责任的上市公司,光大证券至少应当意识到该重大信息可能涉及内幕信息问题,在事实真相未披露前应戒绝交易,或者待有关部门对该问题予以明确后,再采取相应的减损措施。但光大证券出于自身利益的考虑,既不及时、全面披露重大信息,又贸然采取对冲减损的措施以规避自身的损失,其隐瞒事实真相、利用重大信息获取非法利益的主观过错至为明显。

内幕交易违背证券、期货市场公开、公平、公正的三公原则。内幕交易人利用内幕信息优势,与毫不知情的相对方进行交易,侵害了交易相对方的公平交易权,进而对交易相对方的合法财产权益构成严重威胁甚至造成实际损害,破坏证券市场交易制度的公平性,影响到一般投资人对证券市场公开、公正、公平的信赖,为我国证券、期货法律法规所禁止。因此,无论内幕交易人进行内幕交易的数量多少和时间长短,内幕交易人是否因内幕交易获得实际的利益,其内幕交易行为是否对相关证券、期货品种的交易价格产生实质性影响,都不影响对内幕交易侵权因果关系的认定。只要内幕交易人进行了内幕交易,其交易相对方在相应交易中产生了损失,除了内幕交易人能够证明交易相对方的损失是其自身原因或者其他原因造成,原则上就可以推定内幕交易人的内幕交易与其交易相对方的损失之间存在因果关系,内幕交易人就应当按照证券、期货法律法规的相关规定,对交易相对方的交易损失承担民事赔偿责任。只有这样,才能有效遏制内幕交易行为的发生,维护证券、期货市场交易制度的公平性,保障证券、期货市场的健康有序发展。

二审判决驳回上诉,维持原判,二审案件受理费4314.7元由上诉人光大证券负担。本判决为终审判决。

本案的受理大概受《2003年司法解释》的影响。该解释对证券虚假陈述案件规定了前置屏障。本案因为有了证监会的行政处罚,前置屏障已经满足,所以法院类比适用《2003年司法解释》予以受理。现在该解释已经废止,虚假陈述案的前置屏障也已经取消,希望法院也能敞开大门受理民间对内幕交易的民事诉讼,从而使市场的力量充分地发挥作用。

从技术层面上看,本案的判决还有多处值得点评。无论是双方当事人的辩论还是法院的分析,都围绕民事侵权责任的四个构成要件展开,说明双方律师和法官受传统民法理论影响较深,而对证券市场内幕交易案的特点认识不够。二审法院在其判词中说道:"无论内幕交易人进行内幕交易的数量多少和时间长短,内幕交易人是否因内幕交易获得实际的利益,其内幕交易行为是否对相关证券、期货品种的交易价格产生实质性影响,都不影响对内幕交易侵权因果关系的认定。只要内幕交易人进行了内幕交易,其交易相对方在相应交易中产生了损失……内幕交易人就应当按照证券、期货法律法规的相关规定,对交易相对方的交易损失承担民事赔偿责任。"也就是说,只要认定了内幕交易(违法行为)存在,侵权行为的其他两个构成要件,主观过错和因果关系,都可以不论,直接审查原告是否适格及赔偿多少即可。但是二审法院的判词像一审一样,依然不厌其烦地逐一讨论侵权案四个要件。① 这与引文所隐含的逻辑是矛盾的。其实,在内幕交易案中,主观过错和因果关系都可以推定,一、二审判词中对这两个要件所花费的大量笔墨都是没有必要的。换句话说,内幕交易案的审核要点有三:内幕交易是否存在、原告是否适格、赔偿数额多少。这是内幕交易民事责任案不同于虚假陈述民事责任案的特点。

法院对因果关系的讨论有些模棱两可、似是而非,容易引起误导。一般地,内幕交易数额不大,不会影响到证券的市场价格,从这个意义上说,它与投资者的损失之间没有直接的因果关系。但是内幕交易显失公平,因为交易双方的信息不对称。所以法律要求内幕信息的拥有者要么公开,要么克制自己不去交易。如果交易,那就推定原告为交易对方。如果要找因果关系,那是因为内幕信息的

---

① 原判词中一二审法院的分析讨论有很多重复,本书在编辑此案时删除了二审分析中重复的部分。

占有者与原告交易,使原告吃亏了(被告的盈利＝原告的亏损),而不是像法院所说的根据有效市场理论,通过影响市场价格使原告受损。对于这一点,一、二审法院都认识不清。

另一种对因果关系的可能解释是被告没有及时披露,因而招致了原告的损失。原告在起诉状中这样说过,法院在判词中也这样指责过被告。可是如果这样,那么本案就不属于内幕交易案,而是虚假陈述类案子了。作为内幕交易赔偿案,被告的不披露只能作为禁止其交易的理由,而不能作为原告受损的法律原因。

在确定赔偿数额的时候,法院以信息公开后10个交易日的平均收盘价为准,以此计算买卖差价,也说得过去。但准确的表达应该是信息公开之后经过一段合理的时间,待市场充分吸收该信息之后形成的价格。这段合理的时间因案而异,美国有案例定为一周,与本案的标准相差倒不算太大。只是美国据此计算被告的盈利,中国据此计算原告的损失,分别作为赔偿标准,这个差别巨大。实际上,我国法院将虚假陈述的赔偿标准套到内幕交易头上,殊为不妥。根据美国的成熟经验,内幕交易的赔偿标准是被告的盈利加上数倍罚款,即吐出标准。因为适格原告成千上万,各自的买卖差价累积起来很可能是一个天文数字,责成被告赔偿既不公平,也不合理,具体理由已经在第四章第三节中讲述过了。本案的特点是被告不但实施了内幕交易,而且制造了内幕信息。这个情形很特殊,不具有典型意义。因为在一般情况下,内幕信息并不来自内幕交易人。假如一个自然人实施小额内幕交易赚了几万元,而在同一时段进行反向交易的投资者成千上万,他们的亏损加起来可能达几十亿。要这个赚了几万元的自然人赔偿几十亿,既不合理,也不现实。被告应该赔偿的仅限于交易对方的损失,而不是他人的损失。只是由于证券市场人海茫茫,无法确定真实的交易对方,所以就将内幕交易时间段内所有反向交易的人都推定为交易对方。当他们的交易数量超过被告的交易数量时,按比例分摊。这样做是不得已而为之,并非理想的规则。理想的解决办法是找到真实的对方,让被告直接向他赔偿损失。由于这样做不到,所以退而求其次。如果法院懂得这个道理,就不会有原判词中冗长而含糊的讨论了。

从本案的判决内容来看,被告显然是在交了证监会的罚款之后还要向原告赔偿。从被告制造了内幕信息因而侵犯了整个市场的知情权这一特殊事实去看,法院这样做也勉强说得过去,但是如果作为一般规则适用,那是不妥当的。因为根据内幕交易民事赔偿的吐出标准,被告的赔偿额应当限于吐出加上数倍的罚款。

对适格原告的认定,必须是在被告实施内幕交易的时间段内就相同证券作反向交易的人。本案的原告符合这些条件。而在同时登记的谢根发与光大证券股份有限公司证券内幕交易责任纠纷案[①]中,原告谢根发在2013年8月16日11时24分买入相关证券,不在13时到14时22分的时间段内,法院认为其交易损失与被告的内幕交易没有因果关系,驳回了原告的赔偿请求。这是正确的。不过,假如法院直接审查原告是否适格,因其不适格而驳回,判词将更加简明。

最后,本案中数十位原告分别立案,法院分别审理、分别宣判,效率太低。2020年最高人民法院出台的《证券纠纷代表人诉讼规定》包括了内幕交易,正好可以解决这个问题。现在类似的案子都可以合并到一个案子里审理,因为被告相同,针对的是同一个违法行为,所以法院只要审核原告是否适格及赔偿多少即可。这样做可以大大节省有限的司法资源。

由于上述案例都是在证监会发现并处罚内幕交易之后提起的民事诉讼,因而利用市场力量高效率地遏制内幕交易,节约政府行政资源的目的并没有达到。如何发挥市场力量的作用,法院能否敞开大门受理和具体的赔偿标准,将是今后在执行《证券法》第44条第3款和第50—53条时需要面对的问题

四、美国的经验可资借鉴

在美国的法律框架下,抗衡内幕交易的市场力量同样不足。除了以政府查处为主之外,市场的执法动力主要来自律师而不是投资者,因为只要胜诉,律师费是从被告的赔偿额中优先扣除的。律师在律师费的诱惑下像警犬一样到处寻找内幕交易,一旦发现目标,就去找有起诉资格的股东提起派生诉讼(我国适用《证券法》第44条第3款)。

股东由于利益太小,对诉讼没有兴趣,不想起诉。律师便做股东的思想工作:(1)你不用付律师费,只要在我已经准备好的文件上签个名就行了;(2)内幕交易扰乱了市场秩序,损害了公司信誉和全体股东的利益,打击违法犯罪行为人人有责;(3)这是公益性事业,你起诉是在做好事、在为全体股东仗义执言,只要你签了这个字,你就将成为市场经济时代最伟大的雷锋。小股东心里想,内幕交易确实卑鄙,我的份额虽然很小,但毕竟也是利益,既然律师免费,只需签名,那就干吧。于是就签了名。

到了法庭上,被告讲话了。他说:"尊敬的法官先生,我承认我是个混蛋,但是这场诉讼是虚假的,因为所谓的原告只是挂名的,真正的原告是律师,那个卑鄙的讼棍,他比我更混蛋。您看,他无事生非,挑起事端,在本来

---

① (2016)沪民终228号,2017年1月20日。

没有矛盾的地方制造矛盾,唯恐天下不乱。所以您一定要做好维稳工作,处罚这个卑鄙的律师,驳回起诉。"面对这样的答辩,你猜法官怎么说?他说:"不错,律师的动机确实不算高尚,但是由于原告作为利害关系人起诉动力不足,内幕交易缺乏市场力量的制衡,而律师的这类不算高尚的行为作为一种市场力量是值得利用的。所以诉讼必须继续。"[1]

可见,法官深谙市场经济之道,对来自市场的力量十分敏感,时刻准备利用市场力量来遏制违法行为,节约政府执法的资源。

当然,内幕交易的情形纷繁复杂,并不限于派生诉讼。美国的经验虽然比我们丰富,但是依然有许多疑难问题,依然在不断地摸索。兹举数例供我们参照和比较。

案例一[2]

某证券经纪商的一位合伙人从克梯司·赖特公司的一位董事那里获知该公司的董事会刚刚开会决定削减红利。这位合伙人马上为他的客户抛售了他们所持有的克梯司·赖特公司的股票,随后,削减红利的决定公布,股票价格下跌。美国证交委在对此案的裁决中说,如果允许一个内部人或者获取了内幕信息的人在不公开的情况下利用内幕信息盈利,那是极不公平的。因此,法律对内部人的禁令是披露或克制。要么向对方或者社会公众投资者公开内幕信息,要么克制自己不从事交易,也不泄露内幕信息给别人交易。这就是"披露或克制"规则的由来。

案例二[3]

得克萨斯湾硫黄公司经过钻井发现了丰富的海底矿藏,尽管开采这些矿藏在经济上是否有利可图还有待论证。公司领导和职员们马上在市场上买进了大量的本公司股票,还把信息泄露给亲朋好友,让他们也买进该公司的股票。证交委以第10b-5条规则为依据向法院提起诉讼。法院在判词中采纳了案例一中的论述,指出:任何一个掌握公司内幕信息的人都不得利用他的便利条件去谋取私利,他必须或者将信息公布于众,或者——如果他不愿意公开信息或者需要为公司保守机密的话——克制自己不从事交易,也不得建议别人买卖公司的股票。因此,所有利用内幕信息购买公司股票的人都必须将所获利润重新吐出来。同时,那些泄露信息的人应当与接受信息并买卖证券的人一起负连带责任。

---

[1] Magida v. Continental Can Co., 176 F. Supp. 781 (S.D.N.Y. 1956).
[2] In the Matter of Cady, Roberts & Co., 40 S.E.C. 907 (1961).
[3] SEC v. Texas Gulf Sulphur Co., 401 F. 2d 833 (2d Dir. 1968).

案例三①

某飞机制造厂商告诉一家证券公司该厂商今年的利润将比原先预期的低得多,而这家证券公司正在为该厂商即将发行的一批债券担任主承销商。证券公司的承销部马上将这条信息传递给买卖部,买卖部又将信息传递给大机构投资者的业务代表,最后这些机构投资者抛售了大量的所持有的股票。证交委的裁决与前面两个案例的结果相同。所有这些抛售股票的机构投资者都得如数吐出利润(卖出时所获得的高价减去信息公开后市场上出现的低价),同时,泄露信息的证券公司负连带责任。②

鉴于内幕交易的广泛存在以及对内幕交易提起民事诉讼动力不足的现实,1988 年增添的美国《1934 年证券交易法》第 21A 条鼓励对内幕交易的检举揭发。该条(e)款规定,如果检举人提供的情报最终使证交委锁定了内幕交易并获得了罚款的话,证交委可以酌情从所获罚款中提取至多 10% 的数额奖励给检举人。这种做法也是我国可以学习和参照的。

但是任何规则都会遇到疑难特例。例如,甲和乙是某公司的高级管理人员,在茶室或咖啡厅内一边饮品,一边轻声谈论公司即将投入使用的某项重大发明或者别的重大利好消息。坐在他们不远处的丙耳朵特别好,听到了,马上在市场上买入了该公司的股票。随后,利好消息发布,公司股价大涨;同时丙所从事的交易也被发觉。丙应不应该承担民事责任?答案大概是否定的。可是根据是什么呢?这就涉及内部人、内幕信息和内幕交易这些具体的概念。丙是不是内部人?他所偷听到的消息是不是内幕信息?他所从事的交易是不是内幕交易?首先,丙所听到的内容属于内幕信息应当是没有疑问的,因为这一信息符合尚未公开和对价格有重大影响这两个基本特征。但丙是不是内部人呢?根据本章开头时所作的简单介绍——内部人是掌握了内幕信息的人,那么,丙显然属于内部人,因为他掌握了内幕信息。可见,如果丙不应当承担民事责任,那么,内部人的定义就要做适当的修正。在这个问题上,可以有很多争论。③ 假如丙被认定为内部人,那么,他所从事的交易应当属于内幕交易,因为内幕交易就是内部人利用内幕信息从事的证券交易。那样,丙就要承担民事责任了,除非我们对内幕交易的民事责任规定一些例外:某些内幕交易不承担民事责任。而这恐怕不是明智

---

① In the Matter of Investors Management,44 S.E.C. 633 (1971)。本案中的飞机制造厂为道格拉斯飞机公司,证券公司为美林证券公司。

② 上述三个判例的规则似乎为联邦最高法院随后判决的两个案例所修正——Chiarella v. United States,445 U.S. 222 (1980)和 Dirks v. SEC,463 U.S. 646 (1983)。但是,美国国会于 1984 年和 1988 年通过的两部法律似乎再次确认了这里所引的三个判例的规则。

③ 我国《证券法》绕开了内部人的概括性定义,只在第 51 条中提到"内幕信息的知情人员"并进行了列举,没有定义什么是"内幕信息的知情人员"。

的选择。

美国联邦最高法院对此有一种说法:假如没有说出来的义务,那就不存在欺诈,也没有犯法。[1] 在郄来勒上诉合众国一案[2]中,郄来勒是一位印刷厂的职工。在印刷厂印刷某一公司收购的公告时,被收购公司的名称是使用空白或者假名称替代的。但是郄来勒从公告的内容中推断出了被收购公司的名称并且据此信息买进了股票,事发后遭到刑事起诉并被认定为有罪。美国著名的第二上诉审法院维持下级法院的原判,认为证券法的目的就是创设一个公平占有信息的制度,任何人利用内幕信息进行交易都是不公平的,因而都构成欺诈。联邦最高法院以多数票作了改判,认为郄来勒对目标公司的股东没有公开的义务,所以不构成欺诈,没有犯罪。这个判决引起了不少非议。美国国会通过立法限制了该判例的适用范围。[3] 美国证交委也根据国会的立法制定了相应的规则。

可见,证券法发达如美国,在什么是内部人,什么是内幕交易,如何处理这些问题上,至今还有许多不尽一致的地方。

第二节 操纵市场

所谓操纵市场,其实就是操纵证券的市场价格。从经济运行的角度看,证券二级市场具有合理配置资源的作用。但是这种作用只有在证券价格没有人为的操纵和扭曲,社会公众投资者对各种证券的总需求和总供给通过市场价格的自然调节趋向平衡的前提下,才能得到充分的发挥。证券法的任务之一就是要确保这一市场功能的顺利实现。因此,对操纵市场的禁止被有的学者视作证券交易法的"核心"[4]。操纵市场有两种手段,一是炒作股票,二是散布信息。两种手段经常结合使用。

---

[1] Chiarella v. United States, 445 U.S. 222 (1980).

[2] Ibid.

[3] 美国国会于 1984 年通过 Insider Trading Sanctions Act of 1984 (ITSA,编入《1934 年证券交易法》为第 20A 条),1988 年通过 Insider Trading and Securities Fraud Enforcement Act of 1988 (ITSFEA,编入《1934 年证券交易法》为第 21A 条)。

[4] 3 Loss, Securities Regulation 1549 (2d ed. 1961),转引自 R. W. Jennings, H. Marsh, Jr., Securities Regulation, Cases and Materials, 623 (1987)。

一、炒作股票

所谓炒作股票,就是针对某家公司的股票通过连续频繁的买卖,使其价格不断上升,从而造成该种股票交易活跃、价格持续上涨的假象,以此引诱别的投资者也来购买,一旦有大量的投资者上当抢购该种股票,炒作者就会在价格高位上全数抛出所持有的该种股票,牟取暴利。同时,该种股票的价格也会一落千丈,买进股票的公众投资者被套牢,遭受巨大的损失。例如,中国证监会在对辽宁省建设集团公司(以下简称"建设集团")操纵辽宁金帝建设集团股份有限公司(以下简称"金帝建设")股价的行为调查后发现:

自1996年11月1日起,建设集团利用4个机构账户和47个个人账户,采取多头开户,分仓等手段,在13元至16元间连续大量买入金帝建设股票,截至1997年4月1日建设集团已持有金帝建设股票979万股,占流通股的48.95%、占总股本的12.26%,使该股票价格由14.29元涨至25元,涨幅近75%。4月2日建设集团利用金帝建设董事会决议公布分配预案的利好消息大量出货,至4月9日,所持金帝建设股票已全部抛出,共获利6552.6万元。①

又如:中国证监会在对南方证券有限公司(以下简称"南方证券")集中巨额资金,操纵北大车行股票价格的行为调查后发现:

1996年10月至1997年4月,南方证券……投入2.3亿元资金……使用24个股票账户,连续大量买入北大车行股票,拉抬该股票价格,使其价格一路飙升,每股价格从1996年10月17日的8.86元上升到当月31日的16.25元,上涨了83.4%。其中在当月21日、22日、23日,南方证券连续买入北大车行股票223万股、127万股、164万股,分别占当日总成交量的35.93%、35.58%、49.04%。至1996年12月31日,持仓量已达1711万股,占北大车行流通股份的60.61%。同时,熊双文、黄成家②等人还利用对敲手段,操纵北大车行股票价格。1996年11月5日,对敲14笔,成交74.32万股,占当天总成交量的20.73%;1997年1月14日,对敲27笔,成交42.5万股,占当天总成交量的33.16%。通过对敲,北大车行股票价格一直维持在较高价位上。

---

① 《关于辽宁省建设集团公司、辽宁省金帝建设集团股份有限公司、广发证券公司上海业务部违反证券法规行为的处罚决定》(证监罚字〔1999〕29号),载《中国证券监督管理委员会公告》1999年第10期,第50页。
② 熊时任南方证券有限公司副总裁,黄时任南方证券有限公司武汉分公司总经理。

1997年1月23日,南方证券在北大车行实施每10股转增①5股方案后,于1997年1月24日至4月25日又连续全部卖出北大车行股票,获利455.89万元(税后所得)……②

这两个例子中的炒作者玩的都是先把股价炒高,然后抛出盈利的把戏。

在证券业内,大量持股的机构俗称为"庄家"。炒作股票的一般都是庄家。有时候,还有几家庄家联手炒作的情况。在允许买空卖空的情况下,庄家们还会借助于卖空的手段进一步获利。一般说来,操纵市场往往有内部人参与,而且是发行公司的内部人,或者庄家们与内部人有着密切的利害关系。在我国,庄家们有时还直接与发行人串通一气,在炒作股价的同时由发行人发布利好消息,推波助澜。这也是炒作股价与散布信息并用的一种。

除了人为地炒高价格外,还有人为地压低价格的情况。那就是大量地抛售某种股票使它的价格下降,从而达到一定的商事目的,例如打击对手。

在合众国诉查尼一案③中,诸被告代表胡氏工具公司发出收购要约购买西空公司的资产,根据要约的价格,西空公司的股东将得到每股22美元的售价,所以股东们大多赞成接受要约,但是董事会以多数票否决,拒绝接受要约。为了压服西空公司的董事会,诸被告威胁说要对投反对票的董事起诉,并且采用各种手段压低西空公司的股票市场价格,包括让被告查尼卖空5.91万股西空股票;让股东格里斯潘在美国证券交易所抛售1.5万股,股东科牢科特抛售1.2万股;同时私下里进行价格补贴,保证不管他们抛售的价格有多低,他们都将得到每股22美元的价格。这么一来,西空公司的股票在两三天的时间内从每股18美元下降到15.75美元,西空公司的董事会被迫接受了胡氏工具公司的收购要约。④

法院认定这样人为地压低上市公司的股票市价的行为构成了操纵市场罪,被告应当负刑事责任。

请看在我国股市中观察到的一种现象:

某只市场普遍认为业绩不错的股票,却莫名其妙地阴跌不止,当股民想

---

① 应为"赠",但是公告原文如此。
② 《关于南方证券有限公司、北大车行股份有限公司等机构和个人违反证券法规行为的处罚决定》,(证监罚字〔1999〕28号),载《中国证券监督管理委员会公告》1999年第10期,第48页。
③ United States v. Charnay, 537 F. 2d 341 (9th Cir. 1976), *cert. Denied*, 429 U. S. 1000 (1977);转引自 J. D. Cox, R.W. Hillman, D. C. Langevoort, Securities Regulation, Cases and Materials 691, 692 (1991).
④ 至于西空公司董事会为什么"被迫"接受要约,请看下一章"公司收购"中的讨论。在公司法上,董事负有对股东的忠诚义务,必须从股东的最佳利益出发考虑问题,制定决策,否则就要承担民事赔偿责任。

着这只低市盈率股票不应没完没了地往下跌,因而紧捏着不放时,年报或中报出来了,每股收益只有几分或者干脆就变成亏损股。接着是股价连续暴跌,股民们纷纷恐慌性地参与"割肉"比赛。奇怪的是,"割肉"常常割到地板价上。之后,股价又不可思议地节节攀升。而持有此股的投资者看到手中股票的市盈率已高达上百倍甚至上千倍,吓得赶快出手或者不敢买进时,就会发现这只股票仍会马不停蹄地向上窜,有的股价甚至会翻几番,令人目瞪口呆。这时中报或年报又出来了,垃圾股摇身一变为绩优股,且个个都有10送5以上的"题材"(有的只有几分钱盈利也搞大比例送配)。黑马变白马,赶快骑吧,股民们又纷纷买进。这时往往又接上最后一棒,股价再也不涨了。①

短评的作者认为这"是上市公司与炒家们联手搞的名堂,否则为什么炒家们个个都像是未卜先知的诸葛亮?"

不管是炒高还是压低,都需要大量的资金,所以具体的炒作行为一般只能集中在某一只股票上②,而且经常需要几家联手,集中力量,才能做到。平时我们在报刊上也时常读到的庄家炒作,或者联手炒作的报道,指的就是这种操纵市场的行为。

炒作都要通过证券的买卖行为来实现,这种买卖有实买实卖,也有虚买虚卖。所谓**实买实卖**,就是集中优势资金进行实打实的买卖,从而达到人为地提高或压低某种证券的市场价格的目的。前面所举的辽宁省建设集团操纵金帝建设股票价格的例子,就是实买实卖的情况。所谓**虚买虚卖**,是指自买自卖,或者几个人串通一气,你买我卖,你卖我买,从而达到人为地提高某种证券的市场价格的目的。前面所举的南方证券有限公司操纵北大车行股票价格的例子中提到的对敲行为,即你买我卖或我卖你买,就是虚买虚卖。又如中国证监会在对浙江证券有限责任公司(以下简称"浙江证券")操纵"钱江生化"股票价格的行为调查后发现:

> 浙江证券自1998年12月起,利用56个股票账户(1个机构账户、2个自营账户、53个个人账户)大量买卖"钱江生化"股票。最高持仓量为18308735股,占"钱江生化"总股本的17.19%,流通股的56.35%。同时,还通过其控制的不同股东账户,以自己为交易对象,进行不转移所有权的自买自卖,影响证券交易价格和交易量。截至2001年3月20日,股票余额为14075537股,实现盈利4233.18万元。③

---

① 见毛护庭:《另眼相看"市盈率"》,载《经济日报》1999年4月22日第D3版。
② 两只很困难,多了就近乎不可能了。
③ 《关于浙江证券有限责任公司及林益森、项建中、郭良勇、吴依民、杨金晶、裴根财违反证券法规行为的处罚决定》(证监罚字〔2001〕31号),载《中国证券监督管理委员会公告》2001年第12期,第56—57页。

这里所说的"不转移所有权的自买自卖",就是虚买虚卖。又如中国证监会在对中国信达信托投资公司(以下简称"信达信托")操纵陕西省国际信托投资股份有限公司(以下简称"陕国投 A")股票价格的行为调查后发现:

> 信达信托自 1998 年 4 月 8 日起,集中 5 亿元资金,利用 101 个个人股东账户及 2 个法人股东账户,通过其下属的北京、成都、长沙、郑州、南京、太原等营业部,大量买入"陕国投 A"股票。持仓量从 4 月 8 日的 81 万股,占总股本的 0.5%,到最高时 8 月 24 日的 4389 万股,占总股本的 25%。但是,信达信托对上述事实未向陕西省国际信托投资股份有限公司、深圳证券交易所和中国证券监督管理委员会作出书面报告并公告。同时,信达信托多次通过其控制的不同股票账户做价格相近、方向相反的交易,以制造成交活跃的假象,使得该股价格从 4 月 8 日的 10.1 元涨至 9 月 21 日最高时的 19.12 元,涨幅达 91%。截至 1999 年 2 月 9 日,信达信托共获利 10322 万元。[①]

这里所说的"通过其控制的不同股票账户做价格相近、方向相反的交易",和上例中的"不转移所有权的自买自卖"一样,都是虚买虚卖[②]的情况。

2018 年 3 月 14 日,证监会举行新闻发布会[③],公布了有史以来证监会查办的最大一起股市操纵案:

> 2017 年 2 月到 5 月间,北八道集团及其实际控制人组建、控制了一个分工明确的操盘团队,通过多个配资中介筹集资金数十亿元,利用 300 多个股票账户,采用频繁对倒成交、迅速拉升股价达到涨停等手法,炒作张家港行、江阴银行、和胜股份 3 只股票,合计获利约 9.45 亿元。以张家港行为例,北八道扫货阶段,张家港行价格在 30 个交易日内翻番,北八道在其中 26 个交易日的买委托量、22 个交易日的卖委托量都占据市场排名第一位。北八道出货阶段,张家港行连日跌停,跟风买入,尤其是买在股价高点的投资者损失惨重。

---

① 《关于中国信达信托投资公司违反证券法规行为的处罚决定》(证监罚字〔2000〕32 号),载《中国证券监督管理委员会公告》2000 年第 6 期,第 44 页。

② 《金融与经济》2001 年第 11 期关于《对庄家是查处还是炒作?》的报道也很典型。媒体时有这方面的报道,但有时候说得不那么清楚。例如,《浙江日报》2001 年 1 月 11 日第 5 版《中科创业为何连遭重创》的报道中说:"中科创业从 1998 年末〔的 4.8 元〕炒作到 2000 年 2 月〔84 元〕的'天价',期间较大的成交量不足 5% 的换手率,是典型的庄股炒作。"这里说的"较大的成交量不足 5% 的换手率",说明还有 95% 是不换手的,那就是虚买虚卖。

③ 具体报道见《证监会通报两宗市场操纵"史上之最"》,载《上海证券报》2018 年 3 月 15 日第 1 版,正文下段出处同。也见《证监会对 5 宗案件作出行政处罚》,载《上海证券报》2018 年 5 月 19 日报道。报道中提及广州安州投资管理有限公司控制使用 22 个基金产品所开立的 25 个账户,集中资金优势,炒作节能风电股票,获利约 5057.4 万元。

同日，证监会还通报了高某操纵精华制药股票价格案。高某集中了20亿元资金，在2015年1月到7月期间，利用资金优势，通过16个账户先大量买入，精华制药的股价9个交易日连续涨停，等股价升到一定高位时，高某开始大量抛出，获利近9亿元。

据报道，2017年，证监会共立案调查38起市场操纵案件。除了上述北八道集团和高某的案件之外，还包括马永威操纵"福达股份"案、廖国沛操纵"桐君阁"案、滥用信息优势合谋操纵"大连电瓷"案，操纵"柘中股份"案等。①

所有上述操纵市场的基本手法都是一样的：炒作股票。我国《证券法》第55条第1款就是针对这些炒作股票操纵市场的行为作出的禁止性规定：

> 禁止任何人以下列手段操纵证券市场，影响或者意图影响证券交易价格或者证券交易量：
> （一）单独或者通过合谋，集中资金优势、持股优势或者利用信息优势联合或者连续买卖；
> （二）与他人串通，以事先约定的时间、价格和方式相互进行证券交易；
> （三）在自己实际控制的账户之间进行证券交易；
> （四）不以成交为目的，频繁或者大量申报并撤销申报；
> （五）利用虚假或者不确定的重大信息，诱导投资者进行证券交易；
> （六）对证券、发行人公开作出评价、预测或者投资建议，并进行反向证券交易；
> （七）利用在其他相关市场的活动操纵证券市场；
> （八）操纵证券市场的其他手段。

第（一）项针对的是实买实卖的炒作行为。所谓"单独"，是指一家庄家单干；所谓"合谋"，是指几家庄家联手。集中资金优势、持股优势，都是用实打实的钱或者股票进行买卖。这里所说的"利用信息优势"，并不是指散布信息，而是拥有别人不知道的信息并保密起来，在炒作中自己用。这与后面第56条中的散布信息正好相反。连续买卖是炒作的必然表现，光一次买卖是难以操纵价格的。第（二）（三）两项针对虚买虚卖的行为，包括自买自卖，或与他人串通一气互相买卖。第（四）项中的虚假申报是为了制造交易活跃的假象，与第（二）（三）两项属于同质行为。上述由中国证监会调查证实的四个例子，正是本款上述几项所针

---

① 见《证监会：坚决出"重拳"打击操纵市场行为》，载《上海证券报》2018年1月27日第1版报道。

对的违法行为。第(五)(六)①两项不是炒作股票,而是散布信息,其实可以归入下面第 56 条。第(七)项中的"其他相关市场"当指主板、中小企业板、创业板、新三板等不同市场之间的相互影响。

二、散布信息

除了通过炒作操纵市场价格之外,还有通过散布信息(虚假的或真实的)操纵市场价格的手段。这里所谓的散布信息,是指散布对发行人有利的(行内称为"利好")或者不利的(行内称为"利空")信息。市场价格是各种信息的综合反映,是市场根据所有能够得到的信息对证券价值作出的评估。新的利好或者利空消息的不断出现,都会被市场所吸收。市场会灵敏地作出反映,根据新的信息调整原先的评估,给出新的价格。这是证券市场价格变化的一般规律。②因此,通过有目地散布某种信息,可以激起投资者的热情,或者引起他们的恐慌,引诱他们抢购或者抛售某种证券,从而引发价格的上涨或者下跌,达到操纵市场价格并且获利的目的。

据《中国证券报》报道③,ST 深华源公司在 2001 年 2 月 15 日、21 日、27 日连续三次发布 2000 年度的预亏公告,预计在 1998、1999 两年连续亏损之后,2000 年将继续亏损。根据当时的《股票上市规则》,连续三年亏损的上市公司将被证券交易所停牌,作 PT 处理。于是公司的股价从 2 月 15 日的 17.53 元暴跌到 2 月 22 日的 10.82 元。当投资者纷纷抛售,庄家圆满地完成吸筹的任务之后,公司又于 4 月 10 发布了预计不亏损的公告,说由于一笔债务重组收入计入营业外收入④,公司由原来预计的亏损变成了盈利,在连续两年亏损之后实现扭亏为盈,避免了将被 PT 处理的命运。公告当日股价涨停,于 4 月 26 日涨到 17.69 元。庄家从峰谷差价中获得了巨大的利益。这是庄家与发行人串通一气,通过散步

---

① 第(六)项所述行为被称为"抢帽子"。此名称来源于早期的证券、期货交易。那时交易员在交易池内喊价交易,不停地举手报价高声喊叫,那情形就像一群人在伸手抢帽子一样(当然空中并没有帽子)。2007 年 3 月 27 日发布的《证券市场操纵行为认定指引(试行)》(2020 年 10 月 30 日废止)第 35 条中将该规章中的"抢帽子"定义为"证券公司、证券咨询机构、专业中介机构及其工作人员,买卖或者持有相关证券,并对该证券或其发行人、上市公司公开做出评价、预测或者投资建议,以便通过期待的市场波动取得经济利益的行为。但上述机构及其人员依据有关法律、行政法规、规章或有关业务规则的规定,已经公开做出相关预告的,不视为抢帽子交易操纵。"2019 年 11 月 18 日的《关于〈期货交易管理条例〉第 70 条第 5 项"其他操纵期货交易价格行为"的规定》(证监会令第 160 号)中也有关于抢帽子的规定。

② 其实,炒作也是一种信息。炒作之所以能够影响市场价格,就是因为它造成了某种证券交易活跃的假象,而市场在不知道真相的情况下及时吸收了这一交易活跃的信息,从而调整了价格的缘故。

③ 见 2001 年 5 月 14 日,《ST 深华源将重新公布年报》。

④ 根据财政部的规定,债务重组收入应当计入资本公积金,不能计入营业外收入。见《关于贯彻实施〈企业会计制度〉有关政策衔接问题的规定》(已失效)(财会(2001)17 号)。

信息操纵股价的一个例子。

除了发行人与庄家串通之外,还有新闻媒体尤其是股评人士与庄家串通的情况。例如,《都市快报》2011年12月17日杭州第B2版就有两小则这样的报道:

余凯等人涉嫌操纵市场案

2009年5月至12月,余凯等人撰写84篇荐股文章后传递给北京禧达丰证券投资顾问有限公司总经理白杰曼,由白杰曼以自己及禧达丰投资的名义在多个财经网站发布。同期,余凯等人利用其控制的35个证券资金账户,在荐股文章发布前买入荐股文章所荐股票,累计交易金额达41.7亿元,累计获利3959万余元。白杰曼为余凯等人炒作股票的行为提供协助,为其发布荐股文章,并以个人名义收取固定费用15万元。

广东中恒信"抢帽子"操纵市场案

广东中恒信公司、薛书荣、郑宏中、杨晓鸿、黎睿咨等人以70个自然人名义开立账户,动用超过20亿资金预先买入选定的股票。后私下联络证券公司、投资咨询机构的30名证券分析师,录制推荐其所买股票的荐股节目,并购买电视台证券栏目时段进行播放。吸引投资者入市后,随即在节目播出当日或次日卖出股票获利。郑宏中等人通过上述方式交易股票552只,累计交易金额571.76亿元,非法获利4.26亿元。

人们把散步这样的信息的股评人士称为"黑嘴"。2005年12月13日,中国证监会发布《会员制证券投资咨询业务管理暂行规定》①,试图堵塞黑嘴,规定证券投资咨询机构及人员不得以"黑马推荐"等方式明示或暗示投资者一定获得投资收益;不得以夸大、虚报荐股业绩等方式进行不实、诱导性的广告宣传及营销活动,或传播其他虚假、片面和误导性的信息;不得买卖本机构提供服务的上市公司的股票;不得在做出评价、预测和推荐之前,为自己或关联方进行交易提供相关信息;等等。②

股评人士在推荐之前买进,推荐之后卖出的情形,国内外都常见。在合众国

---

① 文件的题目虽说是"会员制"咨询机构,但对公司制的咨询机构同样适用。2005年12月13日《上海证券报》头版以《证监会13条铁律堵股市"黑嘴"》为题报道了这个规定的发布。该规定已经被2014年证监会第8号公告废止。参见《关于规范面向公众开展的证券投资咨询业务行为若干问题的通知》(2020年修正),相关规定大致相同。

② 紧接着,第二天,《上海证券报》专门设置打"黑"热线电话和电子信箱,鼓励社会参与和举报。见该报2005年12月14日第A2版《封堵股市"黑嘴"呼吁全社会参与》。

诉卡喷特一案①中,一位《华尔街日报》的专栏股评作者在他推荐某只股票之前预先买进,以谋取股评发表之后的差价。相同情形也在我国出现。据《钱江晚报》②报道:

> 据新华社证监会相关部门负责人20日表示,证监会已对时任海通证券股份有限公司机械行业首席分析师叶志刚操纵市场案作出行政处罚。决定没收叶志刚违法所得325787元,并处以100万元罚款及5年市场禁入。
>
> 经查,2006年9月至2009年4月期间,在海通证券研究所将叶志刚所撰写的研究报告发送客户前,叶志刚利用本人及所控制的其他账户,多次买入研究报告所推荐的多只股票,并在研究报告发送后卖出获利。证监会相关部门负责人透露,叶志刚的上述违法行为是由其前女友举报的。

但是股市黑嘴屡禁不止,其散布信息的手段随着科技的进步而不断翻新。2018年5月11日,证监会新闻发言人高莉在例行新闻发布会上表示,证监会近期部署了2018年专项执法行动第一批案件,将集中打击通过互联网、自媒体肆意发表证券期货虚假信息,及充当股市"黑嘴"并从中牟利等严重扰乱资本市场信息传播秩序的违法行为。据高莉介绍,新的散布信息行为和手段"主要包括三类:一是通过微信、微博等新媒体发布文章,编造传播虚假消息,扰乱证券期货市场秩序的行为。二是通过股吧等网络平台编造传播不真实不准确不完整的信息误导投资者,影响证券期货交易价格或交易量,伺机进行反向交易谋取相关利益,涉嫌蛊惑交易的行为。三是网络大V提前买入股票,通过微博密集推荐股票后集中卖出获利,涉嫌'抢帽子'交易的行为"。③

《上海证券报》2018年6月16日第2版报道,证监会召开案件调度推进会部署专项执法打击股市"黑嘴","针对当前市场反应强烈的股市'黑嘴'违法从事投资咨询业务,误导投资者参与交易,甚至编造、传播虚假信息,伺机操纵市场,从中谋取非法利益的问题,证监会前期专门部署了今年第一批专项执法行动,统筹调配执法资源,集中查办股市'黑嘴'相关案件。……这批案件具有主体身份复杂、行为方式隐蔽、违法构成多元竞合的特点。具体而言,涉案主体既有持牌咨询机构和分析师,也有网络工作室、大V、博主等并未取得业务许可的机构和人员,还有从事客户招揽、非法营销、信息散布的辅助人员;从信息传播形式看,互

---

① United States v. Carpenter, 791 F. 2d 1024 (2d Cir. 1986), affirmed, 484 U.S. 19 (1987). 这在美国构成刑事犯罪,所以那位股评作者被判了有期徒刑。
② 2012年2月21日第B9版《证监会通报两起操纵市场案》。另一起案例的报道内容从略。
③ 见《证监会部署今年专项执法首批案件 剑指股市"黑嘴"》,载《上海证券报》2018年5月12日第1版报道。

联网、自媒体成为虚假信息散布传播的主要载体,既有通过微博、股吧、博客、视频直播等公开平台进行的'一对多'客户招揽,也有通过微信、QQ私聊、建群等推送信息'点对点'诱导投资者;从涉嫌违法行为的类型看,有的涉嫌编造、传播证券期货虚假信息,有的涉嫌蛊惑交易,有的涉嫌'抢帽子'交易,有的通过组织团队诱骗投资者入群入会涉嫌非法经营咨询业务"。

我国《证券法》第56条针对的就是通过散布信息来影响证券价格的行为:

第五十六条　禁止任何单位和个人编造、传播虚假信息或者误导性信息,扰乱证券市场。

禁止证券交易场所、证券公司、证券登记结算机构、证券服务机构及其从业人员,证券业协会、证券监督管理机构及其工作人员,在证券交易活动中作出虚假陈述或者信息误导。

各种传播媒介传播证券市场信息必须真实、客观,禁止误导。传播媒介及其从事证券市场信息报道的工作人员不得从事与其工作职责发生利益冲突的证券买卖。

编造、传播虚假信息或者误导性信息,扰乱证券市场,给投资者造成损失的,应当依法承担赔偿责任。

第1—3款虽然表述不同,但意思是一样的,都要求传播真实信息,禁止传播虚假的或误导性的信息。3款的差别仅在于主体对象的不同,第1款是泛指,第2款针对券商等特定主体,第3款针对媒体。问题是传播真实的信息是否永远合法?如果传播真实信息的动机和效果都是操纵市场价格,同样应该禁止。美国《1934年证券交易法》第9条a款第(1)(2)两项就是这样规定的。我国的规定没有考虑到这一点,是其不足,说明我们对操纵市场的各种情形还缺乏充分的认识。

炒作股票和散布信息这两种操纵市场的手段往往结合起来使用,犹如中药配方,效果更好。例如袁某操纵市场案[①]:

2010年3月22日至4月8日,袁某使用4个证券账户,连续交易"科冕木业"股票,在自己实际控制的证券账户之间对倒交易"科冕木业"股票,在持有"科冕木业"股票的情况下发表博客文章推荐"科冕木业"。2010年4月9日至5月13日,袁某使用18个证券账户,连续交易"富临运业"股票,在自己实际控制的证券账户之间对倒交易"富临运业"股票,虚假申报买入"富临运业"股票,在持有"富临运业"股票的情况下发表博客文章推荐"富临运业"

---

① 见《监管风暴荡涤四类猖獗"邪派"》,载杭州《都市快报》2011年12月17日第B2版。

股票。

这种一边买入,一边推荐的办法很容易拉高价格。反过来如果一边大量抛售,一边散布利空消息,则很容易压低价格,其中的道理不言而喻。市场上常见这样的现象:某一庄家或证券公司持有大量的证券被套牢,为了出手,就去买通一位具有一定知名度的股评人士,让他在电视或者报刊等媒体上做利好评论,同时通过市场操作拉高股价进行配合,当广大投资者踊跃跟进时,便悉数抛出,赚取差价。这是典型的散布信息与操纵市场相结合坑害投资者的行为。上述袁某操纵市场案与此类似,只是他并没有被套牢。

三、民事责任

操纵市场与内幕交易不同,动作较大,影响面大,容易发现,因而市场执法的潜力巨大。我国《证券法》第55、56条都明确规定:操纵市场"给投资者造成损失的,行为人应当依法承担赔偿责任"。这里的投资者应作广义的理解:所有在被告操纵市场期间买卖该证券而遭受了损失的人都可以起诉,请求赔偿。美国《1934年证券交易法》第9条e款对此比较明确,规定操纵市场者"应当对任何买卖该种证券的人承担民事责任",任何受损害的人都可以起诉操纵市场者:

> (e) 任何人违反了本条a、b或c款,擅自参与任何的行动或交易,该行动或交易又影响了某种证券的价格,应当对任何买卖该种证券的人承担民事责任,那个受损害的人可以在任何有管辖权的法院里根据普通法或衡平法起诉,就因该行动或交易引起的损害请求赔偿。在任何这样的诉讼中,法院可以根据其自由裁量的权力,责成诉讼当事人的任何一方支付诉讼费用,并就包括律师费在内的合理费用作出估价。被责成支付的人在按照本款支付之后,可以像在合同法中一样,要求负有连带责任的人分担费用,因为此类人如果一起被拉入诉讼的话,将同样会被责成支付该笔费用。

通过比较可知:第一,"投资者"应指在被告操纵市场期间除被告之外的任何买卖该种证券的人;第二任何这样的人都有诉权。按照这一广义理解所确定的赔偿数额将十分巨大,与公开失真的赔偿情形类似,对违法者将是有力的制裁。

在我国实践中,操纵市场的行为早已层出不穷,但是长期以来始终没有民事责任的制裁,只有中国证监会在运用行政处罚手段孤军奋战,其处理也主要偏重于对通过炒作行为操纵市场,牟取利益的行为的处罚,而没有对通过散布信息操纵市场的行为的处罚。而即使是对炒作行为的处罚决定,也往往得不到切实的执行。例如,1999年8月13日,中国证监会对西安航标操纵海鸥基金价格的行为作出了处罚决定,没收非法收入6110万元,并处以200万元的罚款,还对公司法人代表赵温良处以 30 万元的罚款。但是在执行时却发现,公司早已人去楼空,不复存在。2001 年 4 月 26 日,中国证监会对广东欣盛、中百、百源、金易四家公司炒作亿安科技股票价格的行为作出了处罚决定,没收违法收入 4.49 亿元,罚款 4.49 亿元。但是在执行的时候,四家公司早已不存在了,人也找不到了。① 前面引用的由中国证监会调查的几个案子,也都分别有处理决定②,但是也没有得到执行。就拿 2017 年发生的北八道集团操纵市场案来说,证监会决定没收违法所得 9.45 亿元并处 5 倍的罚款,总共 56.7 亿元。但是当"调查组稽查人员到北八道操盘团队所在的一栋别墅进行调查,进去的时候已是人去楼空,只剩下一排排桌椅和没来得及撤走的电脑。然而最繁忙的时候,这栋别墅里有 100 多台电脑,10 多个操盘手同时进行操作"。③ 可见,别说是罚款,即使 9.45 亿元的违法所得也不一定能没收得了。如果资金已经转移或者有的已经花掉,即使抓到了相关责任人也没有用,更何况这类责任人往往早有准备,逃之夭夭呢。

这就更说明了建立民事诉讼制度的必要性。在民事诉讼中,原告切身利益牵涉其中,时刻关注被告的一举一动,有的可能在起诉之前就已经把被告的底摸清楚了,甚至把对方转移和藏匿资金财产的地方都调查清楚了,或者原告早就申请法院采取保全措施了,等等。总之,在切身利益的推动下所产生的锲而不舍的行动和效率是任何政府机关的工作人员所不能比拟的。这也是民事责任的优点所在。

但是受最高人民法院 2001 年 10 月下发的暂不受理证券市场因内幕交易、欺诈、操纵市场等行为引起的民事赔偿案件的通知④影响,投资者长期无法追究操纵市场者的民事责任。2019 年 12 月 27 日,四川省成都市中级人民法院下达《杨绍辉与阙文彬、蝶彩资产管理(上海)有限公司证券纠纷一审民事判决书》⑤,判决阙文彬和蝶彩资产管理(上海)有限公司(简称蝶彩公司)因操纵市场而向杨绍辉赔偿 5632 元。

阙文彬是上市公司恒康医疗集团股份有限公司(简称恒康公司)的控股

---

① 何晓晴:《对庄家是查处还是炒作?》,载《金融经济》2001 年第 11 期。
② 中国证监会在第一个案例中,决定没收辽宁省建设集团公司因炒作而获得的全部盈利,并进一步处以 400 万元的罚款;在第二个案例中,决定没收南方证券有限公司因炒作而获得的全部盈利,并进一步处以 500 万元的罚款,责令在一个月内注销违规开设的 15 个个人股票账户;在第三个案例中,决定没收浙江证券有限公司因炒作而获得的全部盈利 4000 多万元,再处以与盈利相同数额的罚款,责令在 6 个月内卖出违法持有的"钱江生化"股票,如有盈利一律没收,并注销违规开立的个人股票账户;在第四个案例中,决定没收中国信达信托投资公司因炒作而获得的全部盈利,再处以 300 万元的罚款,责令清理违规开立的个人股票账户,并予以注销。此外,还对有关责任人员处以暂停从业资格或警告的处分。
③ 见《证监会通报两宗市场操纵"史上之最"》,载《上海证券报》2018 年 3 月 15 日第 1 版。
④ 此通知至今未见正式撤销。
⑤ (2018)川 01 民初 2728 号。

股东和实际控制人,为了减持 2000 万股恒康公司的股份,于 2013 年 3 月找到蝶彩公司负责人谢家荣,请求其帮助拉升恒康公司的股价。谢家荣便制定计划,通过阙文彬让恒康公司发布利好消息以提升股价。

恒康公司于 2013 年 6 月 7 日、14 日、24 日分别发布了三则内容不同的利好消息,拉升了公司股价。阙文彬通过与谢家荣共同安排的管理人在 7 月 3 日卖出 1000 万股、4 日卖出 1000 万股,均价每股 20 元;阙文彬自己也在 7 月 4 日另行卖出 200 万股,均价每股 19.91 元。当天晚上,恒康公司公告了阙文彬在 7 月 3 日、4 日减持 2200 万股公司股份的事实。

原告杨绍辉从 5 月 24 日到 7 月 4 日期间多次买卖恒康股份,到 7 月 4 日共持股 51200 股,均价 19.84 元;7 月 5 日如数抛售,均价 19.73 元;总共损失 5632 元。

法院认为,阙文彬与蝶彩公司共同操纵恒康公司发布利好消息,隐瞒利空消息,从而拉升了恒康股价。原告在 19.84 元的高价位上买进,公告之后股价下跌,原告每股损失了 0.11 元,总共 5632 元。原告的损失是由被告操纵市场的行为引起的。因此,法院判决阙文彬赔偿原告损失的 40%,蝶彩公司赔偿 60%。

此案是通过散布信息来操纵市价的。法院按照原告的实际损失来责成被告赔偿的思路是正确的。但是在损失数额的具体计算中存在瑕疵。原告买卖恒康股票从 5 月 24 日开始,而恒康公司第一次发布利好消息是 6 月 7 日,那么在 5 月 24 日到 6 月 7 日这段时间内的买卖与操纵市场无关,不应计算在内。6 月 7 日、14 日、24 日发布三则利好消息,市场在何时吸收了这些信息,从而形成相对高价,都应结合实际情况进行分析。阙文彬在 7 月 3 日和 4 日卖出股票,显然是在市场充分消化吸收了 6 月 24 日最后一则利好消息之后。那么,原告的哪些买入是在市场未受利好消息影响之前?哪些是在之后?这些问题,都应该分析讨论。但是法院没有这样做,而是简单地按照原告的买卖亏损数额让被告赔偿。

不过,本案的意义并不限于损害结果的计算是否公平合理,更有意义的是这类案子终于开始受理了。随着虚假陈述案前置屏障的取消,估计民间对操纵市场行为的起诉以后也不再需要前置程序,从而一股有益的市场力量将被释放出来。

本案的特点是小打小闹,股价的震荡幅度不算很大,与本节前面所举的动辄数亿元获利的操作市场案件明显不同。那些大手笔的操作市场案因为动作太大,很容易被发现,在相对健全的法制下是容易杜绝的。倒是像本案这样的小案子以后还会持续出现。

在美国,大规模操纵市场的现象早已杜绝。剩下来的也都是一些小规模的、非典型案例。兹举两例如下。

在共同股份公司诉洁尼斯科公司一案①中,一位大股东通过使公司减少分红多留利润而压低了市场的股价,引致小股东们以低价抛售股票,法院说,对上市公司股票市价的这种欺诈性操纵正是法律所针对的行为,因此,被告必须赔偿小股东们因市场价格被人为地压低所遭受的损失。②

在吊车公司诉威斯厅豪斯空气闸公司一案③中,被告为了达到与目标公司合并的目的,试图挫败另一家公司的收购要约,于是便在市场上大量收购目标公司的股份,促使其价格迅速上涨,同时在私下里秘密抛售这些股票以回收部分资金,然后用回收的资金继续在市场上购买。虽然被告并没有获利,而是大量贴钱④,但是其行为却欺骗了公众投资者,也损害了那家发出收购要约的公司,从而构成了操纵市场的违法行为。因此,被告必须停止侵害,并且赔偿受害人的损失。

第三节 欺诈客户

所谓欺诈客户,是指证券经纪人在为客户买卖证券的过程中实施的种种损害客户利益的行为。因此,本节讨论的内容限于经纪人与客户的关系,违法主体限于为客户买卖证券的经纪人。在我国,充当经纪人的商事主体是证券公司。

---

① Mutual Shares Corp. v. Genesco, Inc., 384 F. 2d 540, 546-7 (2 Cir. 1967),转引自 J. D. Cox, R. W. Hillman, D. C. Langevoort, Securities Regulation, Cases and Materials 693 (1991).

② 尽管《1934 年证券交易法》第 9 条规定了民事责任,但由于依据规则 10b-5 起诉更加容易取胜,所以直接依据第 9 条起诉的案子不多。

③ Crane Co. v. Westinghouse Air Brake Co. 419 F. 2d 787, 792-798 (2 Cir. 1969),转引自 J. D. Cox, R. W. Hillman, D. C. Langevoort, Securities Regulation, Cases and Materials, Little, Brown and Company, 1991, p. 693.

④ 吊车公司收购威斯厅豪斯空气闸公司的要约为每股 50 美元,标准公司想与威斯厅豪斯空气闸公司友好合并。到了要约有效期的最后一天,也是最关键的一天,目标股份的开盘价为每股 45.5 美元,要约收购很有成功的希望。但是标准公司当天在交易所的交易场上投入 840 多万美元公开地分批买进了 170,200 股,每股平均价格 49.08 美元,一下子将价格推到了每股 50 美元的高度,于是吊车公司的收购计划破产。但标准公司在公开买进的同时,私下里又秘密地卖出了 12 万股,每股价格分别为 44.5 和 44.875 美元,亏损 50 多万。

根据我国《证券法》第120条的规定,证券经纪是证券公司的一项业务。

一、法条细读

《证券法》第57条从我国的实际情况出发罗列了五种情况予以禁止:

> 第五十七条　禁止证券公司及其从业人员从事下列损害客户利益的行为:
> （一）违背客户的委托为其买卖证券;
> （二）不在规定时间内向客户提供交易的确认文件;
> （三）未经客户的委托,擅自为客户买卖证券,或者假借客户的名义买卖证券;
> （四）为牟取佣金收入,诱使客户进行不必要的证券买卖;
> （五）其他违背客户真实意思表示,损害客户利益的行为。
> 违反前款规定给客户造成损失的,应当依法承担赔偿责任。

第1款禁止五项行为,其中第(五)项只是一个兜底条款,不必解说。第(一)项至第(三)项都是明目张胆的违法行为,其认定、处罚、控制都比较容易。第(四)项最复杂,什么是"不必要的"交易,"诱使"又是怎样表现出来的,个中都有许多讲究。下面先简要介绍前三项,然后重点讨论第(四)项。

(1) 违背客户的委托为其买卖证券。这是指客户作了买卖证券的委托,但是证券公司没有完全按照客户的委托办理。例如,客户委托购买甲证券而证券公司却给他买了乙证券;要求买300股,结果给他买了4000股;客户作的是限价委托,结果却按市价以高于委托买价或者低于委托卖价的价格成交了。在我国证券市场建立初期,这种情况时有发生。就实施违法行为的工作人员的主观意愿来说,倒不都是恶意的,不少是好意的,例如根据这些工作人员的市场信息和专业知识,认为买另一种证券、或者多买一点更为有利,于是就擅自改变了客户的委托。由于这是一种十分明显的违约行为,客户可以按照《合同法》起诉。这种情况现在实践中已经很少发生。从广义上说,违背客户委托为其买卖证券也可以包括客户没有作出任何委托而擅自为其买进或者卖出证券,但是下面第(三)项已经规定了这种情况,所以对违背客户委托应作狭义的解释,即不包括没有客户委托而擅自为其买卖的情况。

(2) 不在规定时间内向客户提供交易的书面确认文件。这也是我国证券市场建立初期发生的一些不规范现象。客观地说,这种行为不一定就是欺诈。很可能是证券公司图方便,觉得提供确认交易的书面文件多此一举,麻烦,而且很多客户可能也没有提出异议,于是也就得过且过地糊弄过去了。但是这样的行为却给欺诈带来便利,因为没有一个书面的凭据,一旦发生纠纷,就说不清楚。因此,除了第57条的反面禁止之外,《证券法》第133条还从正面规定证券公司在"买卖成交后,应当按照规定制作买卖成交报告单交付客户"。

实践中,这里所说的"交易的书面确认文件"或者第133条所说的"买卖成交报告单"都以交割单的形式出现。交割单上详细记载着一笔交易的品种、数量、价格、金额、佣金数额等。由于这些内容要等到成交日当天收盘之后,才能由证券交易所和证券登记结算机构整理出来,通过电子计算机输送给证券公司,再由证券公司在其电脑终端上打印出来,所以客户最早可以在成交后的第二天才能拿到交割单。实践中证券公司一般都与客户有具体约定:成交后几日之内可以来取交割单。有的客户自己不去取,也就算了。获取交割单是客户的权利,客户有权放弃自己的权利。证券公司只要能够按时提供交割单,就符合法律的要求了。由于这种做法已经趋于规范,所以,不在规定时间内向客户提供交易的书面确认文件的问题已经基本解决了。

(3) 未经客户的委托,擅自为客户买卖证券,或者假借客户的名义买卖证券。这里说的是两种不同的情形。前一种情形是在没有得到客户同意的情况下,擅自用客户的资金和证券为客户买卖证券。如果是得到客户的同意但没有完全按照客户的授意办,执行中稍微走样了一点,那属于第(一)项规定的违背客户的委托。如果不是为客户买卖而是为自己买卖,那属于挪用客户的资金。未经委托擅自为客户买卖证券,与违背客户的委托为其买卖证券的性质相似,只是更为严重罢了。因为违背委托,至少还有一个委托;而私自买卖则连个委托也没有,客户根本就不知情。这种情况的发生在证券公司方面也很可能是出于一种良好的愿望,希望为客户赚钱,但是却是十分明显的违法行为。就现实情况来看,私自买卖客户账户上证券的情况目前已经不多见了。

后一种情形完全不同。证券公司用的是自己的自有资金,仅仅借用客户的账号为自己买卖证券,并没有动用客户的钱或券,因而也不会影响客户的利益。如果说第79条规范的是客户与经纪人的关系的话,那么本项禁令针对的是操纵市场的行为,维护的是整个证券市场的秩序。与此相关的是第129条第1款:"证券公司的自营业务必须以自己的名义进行,不得假借他人名义或者以个人名义进行。"证券公司之所以要借用客户或其他人的账号,是因为用证券公司自己的一个账号买卖证券受到法律上的一些限制。例如,《证券法》第63条第1款规定,投资者持有一个上市公司已发行股份的5%时,应当在该事实发生之日起三日内,向中国证监会和证券交易所作出书面报告,还要通知上市公司本身,并予以公告;在此期间不得再行买卖该公司的股票。证券公司为了避免所有这些麻烦,就通过多个客户的账户来规避法律,每个账户上的股票都不到5%,这样就不用报告和通知了,也不会有禁买的限制了。① 此外,当证券公司实施第55条所禁止的操纵市场的行为时,借用多个客户的账户也有利于隐蔽而不被监管当局发现。从立法体例上看,本项禁令归入第55条更加合适。

二、搅拌研究

上面讨论的前三类行为,由于其违法性质十分明显,处罚起来也相对方便和顺手。经过数年的打击,均已受到较大的抑制,不能构成对市场健康的严重威胁。最难界定的是第(四)项:"为牟取佣金收入,诱使客户进行不必要的证券买卖。"这里的买卖显然不是一次性的,而是反复多次的频繁买卖,行内俗称"搅拌"或者"打鸡蛋"(churning)。这是一种形象的说法,证券买进来再卖出去,就像把东西搅过来再搅过去一样,或者像在炖蛋羹前把鸡蛋打碎时的那个动作,筷子打进来又打出去。每一次买卖都要由客户向证券公司支付佣金,频繁的买进卖出将会产生大量的佣金,客户账户上的钱便源源不断地流入证券公司的腰包。这既不道德,也违反了第57条第1款第4项的搅拌禁令。② 但是在一个具体的案子中,数笔交易是否构成搅拌,更具体地说,每一笔交易是必要的还是"不必要的",认定起来并不容易。有鉴于此,下面对它作重点讨论。

从法律规定上我们可以对这种违法行为分析出手段和目的两个部分:手段是诱使客户进行不必要的证券买卖,目的是牟取佣金收入。所谓诱使,显然不是明目张胆地违反合同规定或者客户的意思表示,而是取得了客户的同意的,是经纪人利用了客户缺乏专业知识和市场信息的弱点,利用了客户对经纪人和证券公司的信任而取得客户的同意的。怎么诱使呢?无非是告诉客户某股票看涨,快买;或者某股票看跌,快抛。在实际操作中,往往经纪人不说客户也会主动询问买哪一种证券好。这种你来我往的交流称为讨论。一旦发生纠纷诉诸公堂,客户总是说是经纪人主动建议的,经纪人总是说是客户主动询问的,甚至连问也不问直接指令我执行的。但是客观的利害关系摆在那里,成交对客户可能有利也可能不利,而对经纪人总是有利的,因为可以产生佣金。所以先入为主的印象或者法律的怀疑总是倾向于对经纪人不利的一面,即假定诱使行为存在。事实上,不管是经纪人的主动建议或者因客户的主动询问而作的回答都可以构成诱使,除非是经纪人不发表任何意见而单纯按客户的指令执行。

因此,问题的关键在"不必要"三个字。什么样的证券买卖才是不必要的呢?这要和违法行为的目的联系起来考虑。那就是牟取佣金收入,而且收入的量必

---

① 就第86条的要求来说,这多个账户应当合并计算,见第六章第四节的分析。
② 也见美国《1934年证券交易法》第20条(a)款。

定相对较大。只有大量的、频繁的交易才能产生大量的佣金。所以,"不必要"应当主要指交易过度频繁①。那么,过度频繁的标准又是什么呢?由于2001年10月最高人民法院曾通知暂不受理证券市场因内幕交易、欺诈、操纵市场等行为引起的民事赔偿案件②,目前我国法院仅受理了极少量的内幕交易民事赔偿类,操纵市场和欺诈客户的民事赔偿案都还没有受理。但是2005年之后,《证券法》增添规定了内幕交易、操纵市场、欺诈客户的民事赔偿责任,似乎在催促最高人民法院尽早打开闸门,受理这些民事赔偿案。在前置屏障即将取消的大背景下,估计法院会开门受理搅拌类案子。鉴于我们经验不足的实际情况,下面介绍一些美国的判例,既供读者学习和研究,也供法院在以后审理实际案件时参考。

搅拌的出现是因为经纪人的双重身份。一方面,他以投资专家的身份出现,给予客户以投资咨询和建议;另一方面,他又是以佣金为主要收入来源的买卖生意人。这种双重身份中显然包含了与客户的利害冲突。从专家咨询的角度看,他应当完全从客户的利益出发,建议买或卖,或者暂时不动,等一段时间看看再说。但是从生意人的角度去看,佣金只有在买卖发生时才能产生,于是他就会生出说服客户去成交而不是不成交的欲望和冲动。更有甚者,证券公司对它所雇佣的经纪人有时候不发工资,而实行佣金分成,例如三七开或四六开。这样,佣金就成为经纪人的唯一生活来源。在这样的制度下,很少有人能够严格地遵守职业道德,不受利益的诱惑的。

在海克诉哈瑞司、乌汉姆与公司一案③中,海克先生于1955年1月去世,海克夫人继承了508532美元的遗产。在这之前不久,海克夫人结识了投资经纪人威尔德先生,就把她在另一家证券公司的一个证券账户,共42000美元,转到了威尔德所在的公司。继承遗产之后,她又把这50多万美元如数转到了同一个证券账户上。1957年,威尔德离开那个公司到哈瑞司、乌汉姆与公司工作,海克夫人又把账户转到了哈瑞司、乌汉姆与公司。那时账上还有53万多美元。1964年3月,海克夫人的税务顾问告诉她证券账户亏损严重,只剩25万多美元了。海克夫人起诉哈瑞司、乌汉姆与公司及威尔德,声称:(1)被告将一个绩优股账户转变成了一个投机性的证券与货物交易账户,构成欺诈;(2)被告过于频繁地为她交易,构成搅拌。

基层法院通过取证发现,被告公司在每次交易后都将交割单寄达原告,并且

---

① 从理论上说,交易的频繁程度与每一笔交易是否必要毫无关系。但是在现实生活中,对广大中小客户来说,由于一笔交易产生的佣金数量有限,所以不大可能引起争执。纠纷总是产生于频繁的交易。
② 见《股民被"黑",谁主持公道?》,载《南方周末》2001年10月25日第4版。
③ Hecht v. Harris, Upham & Co., 430 F. 2d 1202 (9th Cir. 1970).

按月寄送账户报单给原告。威尔德在周工作日中几乎每天上午给原告打电话谈论她的账户，还经常到她家去看她，每周一至数次；原告白天也经常打电话到他办公室去。她习惯将所收到的交割单放在一张桌子上，将买和卖的单子分开，以便等威尔德来时与他讨论。她也与她的税务顾问讨论因投资损失而应当享受的减税问题，作为证据的损失报表就是由威尔德提供的，报表上载明了原告的盈利和亏损。在继承遗产的时候，原告还通过威尔德的介绍雇佣过精明强干的律师。

基于以上的事实，法院认为海克夫人对于她的证券账户上发生的事情是知情的。既然她信任威尔德并且与他保持了这么多年的友好关系，基于这样的信任她让威尔德和他所在的公司料理她的证券账户达7年之久，现在突然回过头来说被告违背了她的意志，欺骗了她，把她的账户变成了一个投机性的证券与货物交易账户，这是没有道理的。因此，上述第一条指控不能成立。

但是，这并不意味着搅拌的指控同样不能成立。因为尽管海克夫人的智商足以使她理解交割单和每月送来的报告单，明白她在支付佣金和利息，但是她并不理解交易的数量和次数是否过多，因为她没有这方面的专业知识。证据显示在以往的7年中，海克夫人的账上共有1万多次交易，交易总金额近1亿美元，产生佣金18.9万美元，外加4.3万美元的借款利息。这些数字构成被告公司旧金山机构总收入的4.7%，而账上的金额仅占该机构客户账户总金额的千分之一。据此，基层法院认定搅拌成立。

案子上诉之后，第九上诉审法院[①]维持原判。这个案子告诉我们，当一个经纪人为了赚取佣金而不顾客户的投资目的，过度频繁地进行交易的时候，他就实施了搅拌行为。这样的表述与我国《证券法》第57条第1款第5项差不多。无非是他们强调交易的过度频繁，而我们只说"不必要"，他们比我们具体一点。我们的不必要可以按照他们的过度频繁来理解。

海克案判于1970年。十年以后，当第九上诉审法院再次受理这类案子的上诉时，认定搅拌的标准已经更加具体了。

在米哈拉诉地威特公司一案[②]中，客户米哈拉用他的全部存款3万美元，在地威特证券公司开立了一个证券账户。证券公司指派格雷歇斯为米哈拉账户的执行人。合同规定投资必须由格雷歇斯提出建议并得到米哈拉的同意方可进行。美国的法律容许证券公司在一定的范围内向客户融资融券，米哈拉以自有的3万美元垫底向证券公司借入部分款项以扩大投资的规模。但是交易不断发生亏损，账户贬值，米哈拉只好不断地补充资金以保

---

① 美国第九上诉审法院及其管辖下的第九巡回区内的地区法院是处理搅拌案件比较多的法院。
② Mihara v. Dean Witter & Co., 619 F. 2d 814 (9th Cir. 1980).

持自有资金和借贷资金的规定比例。从 1971 年 1 月开立账户到 1973 年 5 月,米哈拉账户的交易亏损额达 4.6 万多美元。在这段时期内,米哈拉不断地抱怨亏损太大,先是向格雷歇斯本人,后来又向格雷歇斯的上级和再上级,最后于 1974 年 4 月起诉。证据显示在 1971 年 3 月,米哈拉账户发生了 33 笔交易,4 月份 16 笔交易,5 月份 21 笔交易。在 1971 年,账户上 50% 的证券持有时间不到 15 天;61% 的证券持有时间不到 30 天;76% 的证券不到 60 天。三年时间内格雷歇斯一共从米哈拉账户获取了 12672 美元的佣金,其中绝大部分是在开立账户的早期获取的;其中有一个月成交 15 笔,佣金为 1000 美元。

法院引用纽约南区联邦地区法院所确立的认定搅拌行为的三条标准:第一,从某一具体账户的投资目的和策略来看,买卖的次数过于频繁;第二,经纪人控制着账户;第三,经纪人具有欺诈客户的故意或者置客户的利益于不顾的重大过失。[①] 首先是交易是否过于频繁。这要结合具体账户的投资目的和投资策略来判定。原被告在这个问题上出示的证据互相冲突。原告说他向被告表示过账户以稳妥保值为主的意思;而被告则说原告从来没有对他说过这样的话,实际的投资方针是短期投机和快速增长。法院采纳了原告的意见。尤其是原告的专家证人描述了搅拌行为的特征:一般的搅拌都集中在账户开立的初期,频繁的买卖产生大量的佣金,随着亏损的增加而搅拌逐渐缓慢下来。而本案中情况正是如此。绝大部分的交易都发生在账户刚刚开立的 1971 年,而到 1973 年和 1974 年两年,买卖的次数已经很少了。

搅拌行为的第二条标准是经纪人控制账户。在本案中,账户执行人格雷歇斯只有建议权,一笔具体的买卖是否进行必须得到客户的最后同意。但是法院说控制并不意味着"账户必须是全权委托的,即执行人在执行具体的交易时可以不经过客户的同意而擅自做主。……只要客户一般都听从经纪人的建议,法律所说的控制在程度上已经满足了"。在本案中,米哈拉是个工程师,具有理学士和工程硕士学位,他在证券和证券市场方面是外行,具体的交易都听从格雷歇斯的意见。因此,格雷歇斯虽然按合同规定只有建议权,但是在实际上和法律意义上,他都控制着账户。

最后一条标准的是主观过错。经纪人必须具有欺诈的故意或者一味追求佣金,置客户利益于不顾的重大过失。法院认为,主观过错可以从交易过量的行为上去推测。从本案事实来看,说轻一点,格雷歇斯具有重过失,说

[①] Rolf v. Blyth, Eastman, Dillon & Company, Inc., 424 F. Supp. 1021, 1039-1040 (S. D. N. Y., 1977) aff'd at 570 F. 2d 38 (1978), cert. Denied 439 U. S. 1039.

重一点,他具有欺诈的故意。

因此,作为客户的原告米哈拉胜诉。

在佛伦斯比诉戴维斯、斯卡格公司一案①中,客户佛伦斯比是一位经济学学士,1966年父亲去世时继承了价值14.5万美元的证券。在这之前他也曾小试牛刀,买过少量的股票。1967年1月,佛伦斯比开始在地威特证券公司开立账户买卖证券。1967年下半年,他弟弟带给他一本金森(Jensen)写的《股票市场的蓝图》。该书给佛伦斯比留下了深刻的印象,他希望找到一个具有相同的投资理念的人为他理财。他弟弟恰好认识金森,金森推荐了比捷克(Chester Bjerke),因为比捷克在金森写书的过程中帮了很大的忙。比捷克当时在为梅林证券公司工作。1968年2月,佛伦斯比与比捷克见面,他要求账户的管理保守一点,以便保值。但比捷克建议他购买新兴产业的股票,持有6个月左右等股价上升后抛出,因为如果求稳妥而购买老牌名牌企业的股票,恐怕难以跟上通货膨胀的速度。佛伦斯比表示同意,随即将13.8万美元从地威特转到了梅林,由比捷克担任执行人。1968年该账户上一共有39笔交易,所购股票的持有期都不到6个月,但是赚得了2.5万美元。佛伦斯比对此非常满意,所以当比捷克从梅林跳槽到戴唯斯、斯嘎与公司的时候,佛伦斯比的账户也跟了过去。1969年春,两人再次碰头讨论投资策略。他们估计市场将会走软,比捷克建议卖空,佛伦斯比表示同意。他们还设想利用市场的起伏规律通过短期的买卖赚钱。那以后,佛伦斯比继续阅读证券投资方面的资料。比捷克举办了一个每周一次一小时的讲座讨论系列,佛伦斯比参加了大约65%。有时候,他会建议比捷克对某些公司的投资前景进行调查。有一次,讲座中讨论到了一家从事肉牛饲养的有限合伙②企业,引起了佛伦斯比极大的兴趣,但是比捷克提醒他如果他的纳税段位低于39%的话,还是以不买为宜,或者最好跟他的会计师商量一下,但是佛伦斯比却瞒着比捷克购买了1万美元的合伙份额。后来由于牛肉的价格被冻结而饲料价格却没有冻结,这笔投资彻底亏损了。为了购买汽车,给他的孩子支付学费,佛伦斯比从账户上领取了6.1万美元,但他又不愿意减少投资,所以只好向证券公司借入部分款项,这就需要用他的证券账户作抵押。后来,随着亏损的增加和账户的贬值,佛伦斯比不断地接到通知要求加钱以维持自有资金与借贷资金的比例。同时,随着负债的增加,利息支出也

---

① Follansbee v. Davis, Skaggs & Co., 681 F.2d 673 (9th Cir. 1982).
② 类似大陆法系中的隐名合伙。

越来越高。1974年6月,双方同意将账户上的部分证券售出,所得款项全部用于偿债,以减少债务利息的支出。一个月后,佛伦斯比要求将账上的股票证书还给他,但是比捷克告诉他说,这些证券作为抵押物,在他的负债全部清偿之前不能还给他。1974年8月,佛伦斯比要求关闭账户,账户上的证券几乎全部售出,用于清偿证券公司的贷款,最后只剩下少量的证券归还给了佛伦斯比。

　　法院依然采用认定搅拌行为的三要素标准。首先,交易是否过于频繁。这要根据客户的投资目标以及由此决定的投资方针和投资策略来判断。本案中的账户在开立的第一年发生了39笔交易,这是相当频繁的。但是客户寻求的是短期内的迅速增长,因而其投资的策略是走短线,这样的投资目标需要频繁的交易。证据显示,客户在账户开立之初虽然表示要保值,但是1969年春他却明确同意利用市场的起伏波动规律通过短线买卖赚钱。他原先从事的就是短线买卖,那以后的交易就更为频繁。因此,比捷克所执行的交易符合客户的要求,虽然频繁,但不是搅拌。

　　比捷克也没有控制账户。当一个经纪人取得客户的全权委托的时候,他无疑是控制账户的。但如果不是全权委托,那么,只有当他的客户不能够真正懂得他的建议因而难以作出独立的判断的时候,经纪人才在实际上控制着账户。例如,在海克一案中,客户是一位寡妇,她一生中的大部分时间都花在了家务劳动和哺育孩子上,后来也是在给人当保姆的过程中与男主人结婚,数年之后丈夫死去,她继承了一笔钱。她的账户上交易频繁,而她对期货交易和证券交易又知之甚少。所以法院认定虽然没有全权委托,但是经纪人实际上控制着账户。"但这不等于一个非专业的投资者如果一般地听从经纪人的建议便失去了对账户的控制。要不是他信任经纪人,对经纪人的专业判断有信心,他是不会继续将钱留在那里的。一般说来,经纪人的金融信息比客户灵通,并拥有搜索信息和进行研究的设备条件。这时候客户总会接受经纪人的建议,否则他就会离开这个经纪人而另外找一个他更信得过的经纪人。""判定的标准是客户有没有足够的智商来理解和评估经纪人的建议,并且在他认为不合适的时候予以拒绝。海克夫人被认定没有这样的能力。因为没有这种能力,所以她必然依赖经纪人的专业知识。根据这些事实法院很容易得出结论说经纪人滥用了她的信任。而这些因素在这里并不存在。"[①]

[①] 作者译。见 Follansbee v. Davis, Skaggs & Co., 681 F. 2d 673, 677 (9th Cir. 1982)。引号分开的是前后两个自然段。

在对海克案作了区别之后，法院又对米哈拉一案进行了分析和比较。
"在米哈拉案中，客户声称搅拌。本院认定该客户一般接受经纪人的建议，并根据这样的认定维持了下级法院有利于客户的原判。显然，本院的根据是海克案，但是却采用了一种简便的方式来表达一个本来要复杂得多的概念。这个概念只有在海克案中才得到了充分的阐述。这些先例不应当被理解为只要他一般地听从了经纪人的建议，即使是最有经验的投资者也不控制他自己的账户。只要客户具有行使其最终的买卖决定权的能力，他就控制着账户。"①

佛伦斯比跟海克夫人根本不同。他有经济学学士学位，修过会计学课程，能够阅读和理解公司的财会报告，经常阅读投资咨询方面的资料。他积极参加了比捷克举办的培训班，对自己账户上的交易作了详细的记录。他对比捷克的建议并不是在无知的情况下被动地接受。有时候，他不但拒绝听从，而且还会提出自己的建议并要求比捷克作进一步的调查。最明显的例子是那个肉牛饲养场的有限合伙份额，佛伦斯比不顾比捷克的警告而瞒着他去购买。这些都说明佛伦斯比完全控制着账户。

搅拌的第三个要素在此案中已经用不着再讨论了。因为认定搅拌必须三者具备，既然前两者都不符合，搅拌显然不能成立。

因此，作为客户的原告佛伦斯比败诉。

上述两个案例都适用了所谓的搅拌三要素标准，即交易过度频繁、经纪人控制账户、经纪人有主观恶意或重大过失。按理说，这三个要素必须同时具备，缺一不可。但是，两个案例都将论述的重点放在一、二两点上，对第三点一笔带过。在米哈拉案中，法院从交易过量的事实去推断被告的主观过错，即从第一点去推断第三点；而在佛伦斯比案中，则因为一、二两点不成立而没有必要讨论第三点。而在海克案中，法院干脆说在法律明令禁止搅拌的情况下，证明被告的欺诈意图是不必要的。也就是说，只要一、二两点成立，第三点即告成立。反过来，如果一、二两点中有一点不成立，搅拌也就不能成立，自然也用不着讨论第三点了。

对于第一个要素，什么样的交易才算过度频繁，有人通过对美国证券和交易委员会裁定的案例的研究，得出结论说凡是年周转率达到 6 的就很可能属于过度频繁。这个结论被很多法院在审判实践中引用。② 所谓**周转率**，是指一定时

---

① 作者译。见 Follansbee v. Davis, Skaggs & Co., 681 F. 2d 673, 677 (9th Cir. 1982). 引号分开的是前后两个自然段。

② Norman S. Poser, Options Account Fraud: Securities Churning in a New Context, 39 The Business Lawyer 571 (1984).

期内某一客户账户上的购买总量除以客户自有资金数量所得到的比例。它是分析搅拌时一个常用的计算尺度。例如，假定一年之内某客户账户上共买进100万元，账上资金30万元，其中1/3为借入资金，那么，该账户上的资金年周转率就是5。我国法律原先不允许证券公司向客户融资融券，所以客户账上没有借入资金与自有资金之分，计算简便。但是2005年《证券法》第142条容许融资融券，所以现在很多客户都向开户的证券公司借入资金和证券，以扩大交易量，这时周转率自然会大大提高。

交易频繁度的认定除了年周转率之外，还可以在一段更短的时间内考察。搅拌的一个典型标志是不断地买进卖出，尤其是买进之后没过几天又卖出，而市场上的价格又没有什么明显的变化。所谓明显，就是指盈利超过佣金的费用。如果没有盈利，或者盈利了但是不足以抵消佣金，那就说明经纪人实施交易的主要目的是赚取佣金而不是为客户赚钱。当然，这也要结合市场状况来考虑，因为牛市与熊市的情况是不同的。

并且，单纯的周转率或频繁度不能作为判定某账户上的交易是否过于频繁的唯一标准。犹如上述两个案例所表明的，判定交易是否过于频繁还要根据账户的性质和具体情况来确定，尤其是客户的投资目的和投资策略。一定频繁度的交易对一个走长线的账户来说是搅拌，但是对一个走短线的账户来说即使再频繁一点也不构成搅拌。佛伦斯比的投资目标是账户的迅速增值，策略是走短线，所以尽管交易很频繁，但却符合他的本意，不构成搅拌；而米哈拉没有这样的目标和策略，频繁的交易便构成搅拌。

对于第二个要素，经纪人控制账户，有两点应当清楚：每笔交易都得到客户同意并不说明经纪人不控制账户，因为客户不懂行（海克案和米哈拉案）；客户听从经纪人的建议也不足以说明经纪人控制账户，因为客户有足够的智商来理解和评估经纪人的建议（佛伦斯比案）。于是，客户是否懂行，是否能理解经纪人的建议并且在客户认为不合适的时候拒绝建议就成为判断经纪人有没有控制账户的关键因素之一。此外，还要考虑客户是否花费大量的时间去熟悉账户及证券市场，积极地参与决策等。结论将因人而异，即因客户自身的证券知识、认知能力及其控制账户的努力程度而不同。

三要素之外还有没有别的考虑因素呢？回答是肯定的。佣金的数额与其他参照数据的比较是法院经常考虑的因素。经纪人一般不会故意损害客户的利益，除非他自己能够从中获得好处。如果佣金很少，就难以产生违法的动机，一般也不构成搅拌。而佣金数量的多少是通过与其他参照数据的比较来认定的。这些参照数据包括客户账户上的自有资金数额、经纪人或者客户账户所在的经纪人分支机构的所有客户自有资金的总额、经纪人或者客户账户所在的经纪人分支机构的佣金总收入。爱里虚投资公司案[①]就是这样一个例子。

该案使人想起我们中国的一句俗话——兔子不吃窝边草,因为被告爱里虚吃的正是窝边草。他搅拌了9个最大的客户:6个农场主,一个寡妇,一个医生,一个会计师。其中会计师与爱里虚的儿子同为兄弟联谊会的成员;医生长期以来一直是爱里虚本人的客户和朋友;6个农场主中有一个人也是爱里虚的朋友,并在经济上帮助过他;其他几位客户也都与被告彼此熟悉。从1953年9月到1958年10月的5年时间里,被告向这些客户建议卖掉他们各自持有的共同基金,用所得的钱购买别的基金,或者从同一个基金的这一系列转到另一个系列,而每转一次都需要支付佣金。客户们一般都听从被告的建议,例如会计师在16笔交易中购买了21万多美元,医生在21笔交易中购买了34万多美元,寡妇在27个月的时间中通过6次交易购买了4万多美元的共同基金,6个农场主中有一人在27笔交易中购买了近40万美元,另外5个农场主的账户上的交易次数在16次至35次之间不等。这些交易大部分是在不同的共同基金之间跳来跳去,或者从同一个基金的这个系列转到那个系列。总计起来,这些转来转去的交易次数为135次,总额为147.7万美元。以价值计算,其中37%的基金持有不到1年,29%的基金持有不到2年,28%的基金持有不到3年。只有剩余的6%的基金持有时间超过3年。购买基金的佣金远高于其他证券,常常高达8.75%,其中包括6%的自营商佣金。通过这种转来转去的交易,被告从这9个客户处赚取了65593美元,占被告全部佣金毛收入的一半。不但如此,这些转来转去的交易每一次都使客户失去本来可以赢得的利益。如果没有那些交易的话,那位会计师将多得32162美元,其中的一位农场主可以多得13805美元,等等。被告则分别从这9个客户处获得了从1468美元到11237美元不等的佣金。

被告辩解说他之所以建议抛售和变换是因为他断定某个基金将会减值,或者他对基金的经理失去了信心。但是从这些基金的性质和实际情况来看,被告没有能够对这么频繁的交易作出合理的解释。他应当清楚如此频繁的交易给客户带来的佣金负担。因此,证交委断定他实施了搅拌。[②]

这个案子没有诉到法院去,而是通过行政程序由证交委裁决的。案中

[①] In the Matter of Russell L. Irish doing business as Russell L. Irish Investments, 42 S.E.C. 735 (1965).

[②] 被告还辩解说,他这样做是基于客户纳税的考虑,但是佣金的费用显然大大超过所省的税费。由于美国税法有关规定与我国相差太大,这里对此不作讨论。

有几点值得注意。首先,基金年周转率只有37%在一次以上,但不到两次;29%的基金持有期在一年以上,年周转率不到一次;28%的基金持有期在二年以上,年周转率不到一年半次。如果按照一年6次的标准,那是算不得搅拌的。但是,证交委除了考虑基金的周转率之外,还考虑了佣金的高低和客户的损失。一方面,买卖基金的佣金特别高,达8.75%①。被告从这9个客户处赚取的佣金占其全部佣金毛收入的一半。另一方面,这些交易每一次都使客户受到损失而不是获得利益。例如,如果没有那些交易,那位会计师将多得32162美元,其中一位农场主可以多得13805美元。② 而被告又不能对此作出合乎情理的解释。于是,一个自然的推论就是被告置客户的利益于不顾,为牟取佣金而进行交易。

其次,证交委将举证责任加在被告身上,即不是让原告来证明被告劝诱的交易没有必要,纯粹是为了赚取佣金的目的,而是让被告来证明这些交易的合理性。因为被告没有能够证明这些交易是为了客户的利益,是对客户有利的,所以就被认定为搅拌。

以上讨论了搅拌行为的认定标准。从所引的几个案例的分析中可以看出,这些标准并没有黑白分明那么简单,也需要灵活掌握,具体情况具体分析。美国的法院也在不断的摸索中总结经验。我国法院在审理此类案件时,一方面需要学习外国那些对我们有用的经验,另一方面也应根据我国的具体情况大胆探索,发展标准,积累经验。

下面讨论民事赔偿额的确定。在米莉诉欧喷海马公司案③中,美国联邦第五上诉审法院详细地讨论了搅拌的救济标准。欧喷海马证券公司被认定为实施了搅拌行为。双方在上诉中争执的重点包括:第一,除了吐出佣金之外,还要不要赔偿原告账户的贬值;第二,除了赔偿之外,还要不要罚款,罚多少款。法院对这些问题都作出了肯定的回答。一旦搅拌成立,被告不但要归还佣金,而且还要赔偿因搅拌而引起的客户账户的贬值。贬值数目的确定,理想地说,应该是账户在没有搅拌的情况下应当具有的价值减去现有的实际价值之差。只要这个差能够确定,就应当以此为准,例如,在爱里虚案中,会计师损失了32162美元,其中一位农场主损失了13805美元,等等。这些数字能够确定,被告应当赔偿。但是有些时候,账户在没有搅拌的情况下应当具有的价值很难确定,因为一个账户可以

---

① 这是20世纪50年代的情况,现在费用已经降低了。
② 这并不意味着客户的账户绝对值一定会下降。假如持有甲基金的绝对值为1万元,转到乙基金之后上涨了10%,而在相同的时期内甲基金上涨了15%,那么,客户还是损失了500美元。
③ Miley v. Oppenheimer & Company, Inc., 637 F.2d 318 (5ᵗʰ Cir. 1981).

有多种合理的管理办法,会得出不同的结果。再加上股市本身的波动,就使确定一个账户在没有搅拌的情况下应当具有的价值更加困难。本案就属于这种情况。初审法院因为找不到一个合适的参照系统,就采用了道琼斯指数与标准普尔 500 种股票指数,上诉审法院对此予以认同。于是,被告的赔偿就有两个部分组成,一是佣金,这与账户的升值或贬值没有关系,二是账户的贬值。

在要不要罚款的问题上,法院认为,罚款是应该的,否则被告的风险太低。搅拌被抓到,大不了将佣金吐出来;抓不到就赚了。当然,赔偿账户可能发生的贬值也是对被告的一种惩罚,但那是不够的。罚多少款呢?法院设定为佣金赔偿款的三倍。为什么不将账户贬值部分的损失也乘以三呢?因为被告的目的只是赚取佣金,对客户账户的贬值并没有主观上的故意。

这个案例中没有讨论到的一个问题是,在一个普遍性的牛市中,尽管搅拌,账户也还是升值了。但是如果没有搅拌,它会升值得更多。在这样的情况下,除了吐出佣金[①]之外,还要不要赔偿账户上应该升值而没有升值的部分?看来回答也是肯定的。在爱里虚案中,美国证交委屡屡提到每一个客户账户应得而未得的利益,似乎已经有如此的意味,但是没有明说。这个问题只有留给我国的法院在以后的司法实践中去解决了。

---

① 只要搅拌成立,佣金是非吐不可的。Miley v. Oppenheimer & Company, Inc., 637 F.2d 318, 321 (5th Cir. 1981) (Excessive trading is a compensable violation "regardless of whether the investor's portfolio increased or decreased in value as a result of such trading").

第六章 公司收购

第一节 公司收购的内容和形式
第二节 征集投票代理权
第三节 对公司收购的防御
第四节 法律保护投资者
第五节 举例说明

第一节　公司收购的内容和形式

公司法与证券法是紧密相连、不可分割的两个法律部门,很难在它们之间划一道清楚的界限。所以,英国将二者合而为一,统称为公司法。美国则将二者分开,公司法由各州制定,而证券法则主要地由联邦中央政府制定。联邦没有规定的,州政府可以补充。我国也采取了二者分开的体例。但是分开有分开的问题,那就是有许多中间地带难以划分,为了不至遗漏,就容易出现重复。公司收购就是这样一块领域,往往在公司法和证券法中都要讲到。一般说来,公司法着重公司收购后组织形式上的变更和具体安排,而证券法则着重在收购过程中涉及的证券的发行和买卖以及公开义务。尽管如此,重复依然不可避免。例如股东权利的保护、董事和公司经理层的职责、控股股东的义务等问题,就是二者都必须涉及的。这个问题,只有留给后人去解决了。

一、收购概述

在市场经济中,公司像任何别的商品一样,可以自由地买卖。购买公司,是通过购买公司的股份来实现的。手中的股份积累到一定的程度,就会取得控股的地位,从而控制公司。

从经济发展的角度去看,公司收购既提高了企业的经营效率,又优化了社会的资源配置。一个企业如果经营不善,其股票的市场价格就会下跌,竞争者收购它的成本降低,它就很容易成为收购的目标。别人之所以愿意花钱买它,一个重要原因是相信自己能够经营得更好,从而提高其股票市价,有利可图。即使经营得比较好的公司,如果别人感觉能够经营得更好,也可能会成为收购的目标。可见,一个经营管理低效的公司是难以在竞争中生存的。公司收购给每一个公司的董事和经理增加了无形的压力,促使他们尽心竭力,创造良好的经营业绩,维持较高的股价,否则,就可能在公司收购中丢了饭碗。同时,公司收购使公司的经营管理权转移到较能干、效率较高的人手中,提高了整个社会的经济效率,达到了社会资源的优化配置。这种配置的规模之大,可以对一国经济发生举足轻重的影响。发达国家中公司收购一次所需的资金可达几十亿美元,其对社会经济的影响是可想而知的。

从表面上看,公司收购中只有两个角色:收购人和被收购的公司。后者通常叫做**目标**(target)或**目标公司**。但是实际上,公司收购中牵涉到的是三方的利益:收购人、目标股东、和目标经理层。这里所说的**经理层**,是指包括董事会、总经理(总裁)以及其他高级管理人员在内的整个领导、决策和执行班子。一旦收购成功,收购人就可以将目标经理层全部撤换,取而代之。收购的结果,收购人取得了控制权,原股东得到了很高的回报,最惨就是目标经理层,他们得下岗另谋出路。所以,就人的本性来说,他们总要竭力抵制收购。在公司实践发达的国家里,收购人与目标公司的经理层围绕收购与反收购的问题斗智斗勇、殚精竭虑,演出过许多惊心动魄的战斗故事,留下了大量引人入胜的戏剧性题材。双方在法庭上唇枪舌剑,互相攻击。收购人指责目标经理层为了个人的利益而牺牲了股东的利益,违反了忠诚义务,妨碍了正常的收购行为。经理层从自身的利益出发,把收购叫做抢劫、掠夺,把收购人叫做鲨鱼、海盗。为了防止鲨鱼的突然袭击,他们创造了"毒药丸""滞后董事会""派克人防御"等防御性机制。当然,经理层不会说采取这些措施是为了他们自身的利益,而是说要保卫公司免遭劫难,维护股东的权益。① 防御性措施在本章第三节还要作专门的介绍。

法律的任务是恰当地协调这三者之间的关系,基本方针是保护和偏向目标股东,贯彻证券法特有的保护投资者的原则,而在收购人和目标经理层之间采取一种不偏不倚的方针。这里所说的股东,是指除开收购人和目标经理层之外的广大中小股东。收购人是大股东,目标经理层一般也持有股份,但是他们或者财大气粗、或者有权有势,都不需要特别的保护。

公司收购是为了取得对公司的控制权。控制权来自控股。**控股**有两种情况,一是指**绝对控股**,即拥有公司50%以上的股份;二是指**相对控股**,即虽然只拥有不到50%的股份,例如10%,但是因为其他股东都是分散的小股东,所以10%的股份已经具有了在确定董事人选时说了算的权力,实际上控制着董事会。不管是绝对控股还是相对控股,都对公司有着实际的控制权。可见,控股与否,是以对公司的控制权为标志的。② 持股的数量和比例是判断控股的一个重要因素,

---

① 在公司法上,经理层的行为如果不牵涉个人利益,法院按商事判断规则分析其合法性;一旦有个人利益牵涉其中,则适用忠诚原则和内在公正标准,这对经理层是很不利的。

② 我国《公司法》第216条第(二)项规定:"控股股东,是指其出资额占有限责任公司资本总额百分之五十以上或者其持有的股份占股份有限公司股本总额百分之五十以上的股东;出资额或者持有股份的比例虽然不足百分之五十,但依其出资额或者持有的股份所享有的表决权已足以对股东会、股东大会的决议产生重大影响的股东。"

但不是唯一的因素。偶尔,持股多而不控股,持股少却控股的情况也会有,例如基金乙持有某公司股份的 25%,为头号股东,但是乙的主要兴趣在投资及其增值,对公司的经营管理不感兴趣;而该公司的第二大股东甲公司,持有 20% 的股份,却控制着董事会,实际操纵着本公司的经营管理。① 这时,控股股东就是甲公司而不是基金乙。

取得了对公司的控制权,也就取得了对公司资产和人事的直接支配权。控制人可以雇佣自己和自己的亲朋好友并给付较高的薪水,让公司与自己或自己的亲朋好友做生意从而获利,在董事的选举中充分地运用公司的资源竞选自己的人以便在董事会中占据多数,等等。尽管这些行为受到公司法上忠诚义务的制约,但是介于合法与非法之间、可上可下的灰色地带到处都有,握有控制权的人纵横捭阖,总是游刃有余。可以这样说,一旦掌握了公司的控制权,也就掌握了公司金库的钥匙。控制人可以按照自己的意愿来支配公司的全部资产。由于这样的利害关系,人们总想通过公司收购来取得控制权。为了顺利收购股份,收购人大都要支付比市价高得多的价格。

人们往往抽象地谈论公司,说它是所有权与经营权的分离。但是实际情况却不是这么单纯。控股股东经常直接执掌经营管理权,所有权与经营权是合一的。真正的两权分离发生在广大的不控股的中小股东那里。因此,在上面所说的三方利益中,控股股东与公司经理层实际上是合一的和一致的。控股股东与非控股股东之间既有利益的一致,又有利益的矛盾。一方面,作为股东,控股股东与其他股东一样,按照持股的比例从公司得到分红,享受公司股票升值所带来的收益。但是另一方面,作为控股者,他又能从公司得到诸如前述的种种特殊好处。这些好处是别的股东得不到的,而且是以牺牲别的股东的利益为代价的。

由于控股股东拥有对公司的控制权,所谓保护股东的利益,主要地就是保护非控股股东的利益。非控股股东的投资对公司是不可缺少的,但是他们对公司事务却没有决定权,只能听凭控股股东的决策。公司法和证券法中都会涉及控股股东对别的股东的忠诚义务,这一义务就是专门为了保护广大的中小股东而设立的。它与董事和经理对公司的忠诚义务在法律精神上是一致的。

公司收购给非控股股东提供了一种用脚投票、获取高额回报的机会,因而是对他们的最好保护。所以美国人说,它给予股东的保护,比证交委和法院加起来还要多。

---

① 或者即使乙有兴趣控股,但是甲利用已有的对董事会的控制,能够通过投票代理权的征集排斥乙,维持其控股地位。投票代理权见下节。

根据我国《证券法》的规定,公司收购有要约收购和协议收购两种形式。[1] **要约收购**,就是通过公开的方式向目标公司的全体股东要约,以高出市价的价格,在较短的时间内,用现金或证券作对价收购他们手中的股票。美国第九上诉审法院认为要约收购具有八点特征[2]:(1) 公开要约,信息广泛传播;(2) 收购数量占已发行股份的较大比例;(3) 高于市价;(4) 条件确定,没有协商的余地;(5) 守约的义务以有足够数量的股份交售为停止条件,交售超过预定数量则按比例收购;(6) 要约有效期较短;(7) 收到要约的股东感到有压力;(8) 随着要约的公布股份迅速汇拢。要约收购大都是带有敌意的。我们平时听说的公司吞并或兼并,或者大鱼吃小鱼,大都指要约收购。所谓敌意,是收购人相对于目标经理层的关系而言的;对广大的中小股东则是友好的,越是敌意的收购越友好,因为争斗的双方都试图讨好这些平时不起眼的中小股东。

协议收购,就是收购人通过私下订立合同的方式购买目标的股份。要约收购的主要对象是广大的中小股东,虽然大股东也可以通过要约收购交售股份;而协议收购的对象却只能是目标的大股东,不会是中小股东,因为中小股东人数众多而分散,又没有集中统一的代表,无从协议。我国《证券法》第71条规定"采取协议收购方式的,收购人可以依照法律、行政法规的规定同被收购公司的股东以协议方式进行股份转让",就是指以大股东为协议对象的情况。我国的公司大都具有国有股一股独大的特点,收购国有股是取得公司控制权的最佳捷径,[3]收购时也只能与国有股代表协议。除了交易对象的不同之外,要约收购的条件划一,卖方无法提出适合自身特点的个性化条件,没有讨价还价的余地,要么交售,要么不交售;而协议收购是面对面的谈判,卖方可以提出各种各样适合自身需要的条件,买方也可以根据谈判的情况和自身的需要调整收购的条件。要约收购一般对目标经理层带有敌意;协议收购则往往比较友好。

如果收购人要在股份相对分散的情况下进行协议收购,就只能以目标经理层为协议对象。目标经理层虽然不是股东,但是可以向股东推荐,建议他们将股票卖给收购人。由于经理层掌握着公司的物质资源和信息资源,加上他们在股东中的威望,因此,可以对协议收购的成败起决定性的作用。为了取得目标经理层的协作和支持,收购人免不了要给目标经理层许多好处,进行赎买,因为收购

---

[1] 我国《证券法》第62条规定:"投资者可以采取要约收购、协议收购及其他合法方式收购上市公司。"
[2] SEC v. Carter Hawley Hale Stores, Inc., F2d (9th Cir. 1985).
[3] 股权分置改革之前,通过协议收购国有股几乎是公司收购的唯一途径:"从截至2000年9月底的情况看,我国公司收购主要则是通过协议转让国家股和法人股来完成的。虽然也有二级市场收购和国有股无偿划拨的形式,但只是次要的和补充的作用。"见《公司收购必须规范运作》,载《经济日报》2000年12月5日第9版。

毕竟意味着经理层将失去现在的职位而另谋他路。要约收购主要靠价格取胜；协议收购则不光靠价格，而且有赖于关系的平衡和情感的照顾等多方面的因素，做得好，可以比敌意收购更加便宜。一旦取得目标经理层的赞同，收购人便可以向目标股东发出收购要约。①

当然，友好和敌意并不是绝对的，而是相对而言的。在要约过程中也可以协议，在要约的压力下谈判；协议不成时又可以要约，以要约促成协议。商场如同战场，谈谈打打，打打谈谈，本是常事。

二、要约收购过程

由于要约收购的价格高，对目标公司的股东具有很大的吸引力，成功率比较高。其具体进程大致经过选定目标、悄悄购买、确定价格并筹集资金、施加压力以确保成功这样四个步骤或阶段。

第一步工作是选定目标。这要根据收购人的不同需要来确定。例如寻找经营管理不善、但是在较好的管理下有发展潜力的目标公司，这样的公司买来后通过改善经营管理提高业绩，可以使股价上升，从而获利；或者目标的某块资产（如房地产）由于信息流动的不充分而被低估了价值，取得公司后将这块资产卖掉便可以迅速赚钱；或者目标有大量的流动资金，控制了目标便可以利用这些资金；或者目标是收购人的原材料供应商或主要的产品购买人，控制了目标可以实现产供销一条龙，提高规模效益；等等。选择目标的过程中需要大量收集资料和情报，进行可行性研究，不但要弄清目标好不好，而且要知道它能不能被买到。

选定目标之后的第二步工作是在公开要约之前先在法律许可的范围内偷偷地在市场上购买尽可能多的目标股份。这是为了既不惊动目标经理层，使其没有时间采取防范措施，又不惊动市场，以免引起价格的上涨。速度和保密是这步工作的注意要点。因为市场一旦得到收购的信息，目标的股票价格必然猛涨，收购的成本就高了。如果保密工作做得好，在不得不公开之前不让市场知道，那就可以以较低的价格买进一些股票。我国《证券法》第63条规定，收购人的持股数量一旦达到目标公司的5%，就必须在3日内向证监会和证券交易所报告，并通知目标公司，在这3日内不得再行买卖目标的股票。②

一旦到了5%这个不得不公开的节骨眼上，收购人也不妨作出一种友好的表示，写一封信给目标公司的经理层，说我们对贵公司很感兴趣，打算收购，具体的

---

① 因此，这样的收购在形式上依然是要约收购，但是在实际上却是协议收购。因为发一个要约容易，艰难的工作是为了与目标经理层达成协议而进行的谈判。

② 比较：美国《1934年证券交易法》第13条(d)款规定了相似的报告义务，但是报告期限为10日，并且在这10日内收购人可以继续购买。

条件不妨坐下来谈一谈。信内会尽可能地提出一些有利于目标股东及目标经理层的条件。同时警告说如果你们拒绝的话,你们就会得罪股东。况且本公司主意已定,任何反抗都是徒劳无益的。话当然不一定这么说,但是骨子里就是这个意思,目的是给对方施加压力,迫使其同意。由于这样的信貌似友好,实际上是要取而代之,所以就有一个形象的比喻:**熊的拥抱**(Bear Hug)。拥抱是友好的,但是熊一巴掌就能把人打死,被它拥抱滋味如何,就可想而知了。

在熊的拥抱没有成功,即目标经理层反对收购的情况下,收购人有两种选择。一是凭借已经持有股票的股东身份在召开股东大会前向别的不来参加大会的股东征集投票代理权。这是因为公开之前在市场上的秘密收购已经使收购人拥有了相当数量的目标股份。如果能够征集到足够数量的投票代理权,收购人便可以轻而易举地取得对目标公司的控制权,那就不必花那么多钱收购股份了。二是考虑到征集投票代理权的办法不容易成功而选择继续购买股份。这里又有几种选择:可以向目标的全体股东发出收购要约;也可以继续在市场上购买,因为我国《证券法》第 63 条的禁买期只有三天,三天以后可以继续购买①(如果选择这样做,收购人可以推迟熊的拥抱);还可以通过私下协议向某些大股东,包括持股机构,购买其所持的目标股份。如果选择要约收购,那就进入下一步工作。

第三步工作是确定要约的价格和筹集资金。收购要约中的价格一般都远远高出市场的价格,否则就对股东没有吸引力。高出的幅度要根据市场情况确定。从收购人的利益出发,只要能够成功,价格总是越低越好。但是股票在别人手里,价格低了,人家就不来交售了。在收购市场上,价格是唯一吸引人的东西。从发达国家的收购实践来看,要约收购价一般都要高出市价的 35% 以上。② 有时候,要约会引来竞争,别的公司也来收购同一个目标。两家收购人像在拍卖场上那样竞相加价。这种竞价经常将要约的价格抬到市价的一倍以上甚至更高。

资金的筹集可以部分地向商业银行贷款,但是主要部分一般来自投资银行。投资银行有广泛的客户网络和市场信息,知道哪些客户有钱,并且愿意承担风险以换取较高的收益。在与这些客户联系并且取得他们的承诺之后,投资银行便以书信通知收购人,说能筹集到所需要的款项。如果收购成功,即有足够的股东向收购人呈交股份,收购人便可以在投资银行的帮助下,向那些敢于承担风险的富有投资者发行低级债券或者优先股股票。有时候,投资银行直接借钱给收购人,甚至自己参与收购,成为股东。

---

① 当然,如果持股份额达到 30%,那就只能要约收购了。见我国《证券法》第 65 条。
② 我国国有公司的收购价格经常低于市场价。这有股票不能流通、市场狭隘、需求不足、无人竞价等多种复杂的原因,属于不正常情况。

除了现金支付之外,还有许多别的对价形式。收购人可以用自己的股票与目标股票交换,或者以自己的优先股、可转换优先股、债券(高级的或低级的)、其他公司的证券、购买权、或者这多种证券的组合作为支付的手段。这时候应当注意的是,购买目标股票的行为也可以同时被认作出售自己证券的行为。因此,在一定的条件下,除了必须遵守法律有关收购要约的规定之外,还应当遵守有关发行证券的规定。因此,现金收购一般比用其他对价收购要简单快速得多。

在公司的组织形式上,收购人一般需要先成立一个壳公司,以该公司的名义去收购目标股份,收购完毕后将该壳公司与目标合并。这是公司法研究的内容,这里就不详谈了。

第四步工作是施加压力。收购人会尽量营造这样一种气氛,使股东感到必须交售,应该交售,而且要及时交售,否则,过了这个村就没有这家店了,会失去盈利的机会。有好多办法可以取得这样的效果。一是缩短要约的有效时间,使目标经理层来不及防范,可能的收购竞争者也来不及发出竞争性的要约。美国以前有所谓"星期五要约",即在这个星期五下班前发出要约,下个星期五到期。因为周末发出,周末到期,所以又称为"周末要约"。有效期名为一星期,实际只有五天。这么短的时间内目标与其他有意竞价的第三者根本难以组织有效的对抗。二是要约声明只收购部分股份,而且先交售的先买,买足为止。这样的要约会迫使股东争先恐后地交售股票,因为即使是在要约有效期内,收购人购足预定的数额后也将不再收购,所以后面交售的人将无法脱手,而一旦要约期过,股票的市场价格将会回落到要约前的水平。

现代各国从保护目标股东利益的角度出发,往往通过立法减轻这种压力。星期五要约已经被法定的最短要约有效期取缔。我国证券法规定"收购要约约定的收购期限不得少于三十日"①"在收购要约确定的承诺期限内,收购人不得撤销其收购要约"②,但交售人随时可以撤回所呈交的股份。如果所交售的股份数量超过所收购的股份数量,应当按照每个股东所呈交的股份数占所有已呈交的股份总数的比例分摊。③"收购要约提出的各项收购条件,适用于被收购公司的所有股东。"④这样,先交售的先买,买足为止的做法也被废止了。

尽管法律对收购行为设置了诸多的规矩和限制,收购人还是会在合法的范

---

① 我国《证券法》第67条。
② 我国《证券法》第68条。
③ 见我国《证券法》第65条第2款、中国证监会制定的《上市公司收购管理办法》(2014年10月23日修订、2020年3月20日修正)第42和43条的规定大致相同,只是股东可撤回所交股份的时间截止到要约期届满前3个交易日。参见美国《1934年证券法交易法》第14条d款5项、美国证交委为该法制定的规则14d-7和14e-1。
④ 我国《证券法》第69条。

围内尽量地制造压力。最常用的做法就是所谓的"**两层要约**"(two-tier tender offer)。要约分为两个层次。前头部分收购价格远高于市场,一般付现金,习惯上都收购51%。后头部分通过合并收购剩余的股份,价格较低,一般付债券。前头部分的成功保证了后头部分的成功;后头部分的压力促成了前头部分的成功。两头互相促进。例如,在市价为每股30元时,收购人要约以每股50元的价格购买51%的目标股票,同时表示在得到目标的控制权之后将进行合并,合并时将按每股40元的价格向剩余的49%的股东们发行债券,以此购买他们手中的股票。显然,如果全体股东都交售了股票,那么,在按每股50元的价格按比例收购之后,剩余的股票按每股40元的价格发行债券,股东最后得到的大约是每股45元的价格。但是如果有人不交或少交,他在最后只能得到每股40元的债券。在这样的情况下,即使有的股东认为要约价太低,公司的实际价值要比每股50元高得多,应该全体拒绝,他也只能随大流在要约有效期内交售,否则就会落下,进入每股40元的第二层。而且,每一位股东都明白,一旦要约期满,市场的股价就将回落。于是,他们只好争先恐后地交售股票。显然,两层要约内含的压力是要约收购成功的一个重要因素。

　　有时候,目标经理层为了保住自己的饭碗,便向收购人提议以更高的价格回购收购人已经持有的股票,以此换取收购人在一定时期内不再收购目标的允诺。这样的协议称为"**静站协议**"(standstill agreement)。意思是,收购人在签订了协议之后就会安静地站在一边,不会再来闹事了。由于公司收购的风险很大,从收购人的角度看,考虑到收购中的种种不利因素,这样的协议虽然使收购的计划搁浅,但是能够赚到不少钱,也很有利。因此,有时候收购人会主动与目标经理层协商,或者通过各种表示和压力诱使目标经理层向其购买股份。这实际上是一种合法的敲诈勒索。所以行内习惯称之为"**绿色敲诈**"或"**绿色勒索**"(greenmail)。自然,目标经理层不会以同样的价格购买其他股东手中的股票,因为只要平息了收购人,收购的威胁也就解除了。这时,公司的股价又会回落到要约前的水平上去。这种做法的合法性是有争论的。①

　　收购人在制定收购策略中应当考虑到目标公司可能或已经采取的种种防范和反击措施,尤其要了解法律的规定和目标章程中的某些反收购规定。目标的防御性措施在本章第三节会作进一步介绍。

　　整个收购过程的每一个环节,都必须有律师的参加和法律指导。收购人和目标公司各自都要雇佣四五十个律师、数家律师事务所全力以赴地协调工作。

---

① 我国《公司法》第142条规定公司不得购买自己的股份,但为减少注册资本注销股份或者为维护公司价值及股东权益的除外。根据这样的法律框架,静站协议或许可以在这些除外条款内进行。

投资银行也应当在早期介入,帮助进行筹资策划。一场收购下来,光律师费就要数百万元,投资银行的收费更贵,因为那是按标的百分比计算的,例如 3.5%。

活跃于收购过程中的还有一个角色,就是试图套利的投机商。他们在要约有效期内在市场上以略低于要约价的价格大量买进目标股票,然后交售给收购人。许多中小股东之所以愿意卖给投机商而不是自己交售,是因为他们害怕要约收购一旦不成功,收购人的收购计划不能如期实现,就会撤回要约,股票的市价便会回落。正是由于这样的风险存在,投机商才成其为投机商,胆小的人是不敢玩这样的游戏的。因此,如果收购计划得以实现,收购人大量收购的往往就是投机商手里的股票。从我国股市的现状和发展趋势看,这样的投机商以后将由证券公司充当。

最后,收购要约的期限届满。可能会出现各种不同的结果。第一,收购计划如期实现,收购人便可以按照自己的意愿改组目标公司,包括撤换其经理层,重新进行各种人事上和组织上的安排,改变经营方式和经营方向等。第二,目标经理层通过签订静站协议等方式挫败了收购计划,使公司基本上保持原状。第三,目标经理层作为控股股东将公众持有的股票如数买进,使公司由一家上市公司变成一家有限责任公司。第四,收购方的压力与目标方的反抗势均力敌,最后双方达成某种妥协,例如目标公司同意被收购,而收购方则同意加价并给予目标经理层一定的好处,于是皆大欢喜。第五,目标公司找了另外一家中意的公司(白衣骑士[①])来收购自己,其收购的条件与已有的收购要约相当。等等。

如果收购成功,收购人有控股和合并两种选择。控股是指在公司组织形式上让目标作为一个独立的主体继续存在,成为收购人的子公司,收购人任命自己的人去替代原来的经理层。但是在实际经济生活中,收购人大都选择合并。如前所述,选择合并的收购人一般都预先成立了一个壳公司,以壳公司的名义收购,收购完毕后将目标并入壳公司。合并中经常会碰到这样的问题,就是原目标公司的少数股东死活不愿意交售原公司的股票,也拒绝接受新公司的股票。这时,收购人会凭借其控股股东的地位,想方设法地把这些股东排挤出去;立法上也会本着公正的精神作出适当的规定,使合并得以进行。这些都属于公司法研究的内容,这里不作详细叙述。合并后的公司将接手承担原先以壳公司的名义所借的债务(一般由收购人担保)。所以收购后的公司往往比收购前负有更多的债务。在很大的程度上,等于是目标公司自己借钱让收购人买走。这一现象常引发人们对要约收购的社会经济效益进行质疑,也成为目标经理层攻击公司收购的炮弹之一。

[①] 这个概念将在本章第 3 节中解释。

与要约收购不同,协议收购的内容由双方协商而定,其具体进程灵活多样,不一而足。有时候,协议收购可以由要约收购转化而来。当要约收购人觉得把目标经理层赎买出来能够降低收购的成本,而目标经理层看到收购的成功将不可避免时,协议收购便是双方理性的选择。但是由于公司收购是一场触及个人根本利益的争斗,充满了火药味,双方很容易感情冲动,所以,如此的理性选择不多。更多的协议收购发生在目标与第三者(白衣骑士①)之间,为了抵御要约收购而实施。其情绪逻辑无非是告诉要约人:"与其卖给你,老子毋宁卖给他;滚吧,混蛋!"有时候,白衣骑士也会发出收购要约与原要约人竞争,但那是在目标经理层的配合下进行的。

过去在很长一段时期内,我国股市始终处于割裂的畸形状态,特别是 A 股市场,分割为流通股和非流通股两大块。非流通股占大头——约 2/3 弱,主要是国有股和国有法人股,形成了所谓"一股独大"的局面。由于不能正常流通,非流通股的价格远低于流通股,往往根据每股净资产值来定价。但它的投票权却是与流通股一样的。又由于非流通股都集中在一个或者几个大的国有股东或法人手里,协议收购十分适宜,还可以节省要约收购的高昂费用。反过来,如果通过要约的方式收购广大的流通散股,不但价格相对昂贵,而且由于流通股不及非流通股多,即使全数收购,也不一定能取得控股权。可见,从获取公司控制权的角度看,通过协议收购非流通股价廉物美。因此,我国的公司收购都采取了协议转让非流通股的方式,基本上没有出现要约收购的实例。

现在,股权分置改革已经顺利结束,A 股市场实现了全流通,股市割裂的畸形状态基本得到矫正,要约收购就越来越多了。

第二节 征集投票代理权

与公司收购有关的是**投票代理权的征集**,俗称**拉票**,即征集代理权的人在股东大会开会前的一定时期内主动与广大股东联系,希望他们(如果自己不去开会)将其股份的投票权委托给征集者行使。我国《公司法》第 106 条为此提供了法律依据:"股东可以委托代理人出席股东大会会议,代理人应当向公司提交股

---

① 这个概念将在本章第 3 节中解释。

东授权委托书,并在授权范围内行使表决权。"但在实际操作中,不是股东主动委托别人投票,而是拉票人将委托书写好后寄上门来,连回信的信封都已填好并已付清邮资,股东只要在委托书上签名然后投邮即可。如此服务到家,当然是为了拉票的成功。

公司的经营大权掌握在董事会的手里,董事长、执行董事或者由董事会任命的经理是公司的法定代表人,而董事会的每一位董事又是由股东按所持股份的多少选举产生的。事实上,公司收购的目的,就是通过收购足够数量的股份来取得控股地位,从而在股东大会上选举足够数量的自己人担任董事,在董事会内占据多数,控制董事会,从而控制公司,包括对公司官员的任命权。在所持股份不够的情况下,作为少数派的股东依然可以通过征集投票代理权,也就是拉票,争夺在股东大会上的多数投票权,从而夺取对公司的控制权。我们把这种不持有多数股份而站出来向公司经理层叫板的少数派股东叫做**挑战者**,而把由董事会及公司高级管理人员组成的公司领导集团依然称为经理层。挑战者可以是公司原有的对经理层不满的老股东,也可以是没有收购到足量股份的收购人。

拉票之所以可能,是因为持股相当分散,经理层也没有掌握已发行股份的绝对多数,因而广大中小股东的支持便成为举足轻重的力量。平时,这股力量分散在成千上万的中小股东手中,每一个股东单独持股的数量都不多,也没有主动站出来与经理层叫板的足够动力,拉票活动能使这些分散的力量凝聚起来。散股占多数或者绝对多数的股权结构是拉票得以存在的客观前提,在一股独大的局面下(例如我国的许多国有公司),不会有拉票活动。

拉票不仅用于争夺公司控制权的董事选举,而且还广泛地运用于公司的重大决策包括方针政策的选择上。有时候,虽然董事会的人选没有改变,股东大会却违背董事会的意志定下了某一方针,责令董事会必须执行。这就是某些少数派股东通过拉票在这个问题上取得了多数票的结果。如果董事会不执行股东大会的决议,或者阳奉阴违,不认真执行,那么,接下来就可以考虑撤换董事了。当然,这种情况极少发生,因为在拉票上要胜过经理层很困难。但是可能性总是存在的。这一通过激烈争夺投票代理权来选举董事并决定公司的大政方针的股东大会制度被称为公司民主。① 如果把经理层比做执政党,挑战者就是在野党。挑战者的存在是对经理层的有力监督。

拉票需要制作两个文件。一个文件写明投票的目的和内容,例如,选举董事、撤换现任的某位或某些董事、或者确立或改变公司的某项政策,为什么要这样做,等等,必须写得有说服力,否则,人家股东不会把投票权委托给你。二是代

---

① 或许,通过公司民主,国人可以学习和培训政治民主。

理委托书,让股东签名授权你代理他在股东大会上投票的文件。委托书可以根据前一份文件的内容列出几项具体的选择,让股东直接打勾表示同意或者打叉表示反对并签署。

光准备这两个文件还不够,挑战者还需要知道股东的姓名(名称)和住所,否则就无法将这两样东西送过去。而股东的名单是掌握在经理层手里的。经理层当然不愿意把名单交给挑战者。这就需要法律的强制性帮助了。美国证交委《1934年法规则》14a-7规定:对任何一个需要征集投票代理权的股东,公司必须告诉他登记在册的股东人数,有多少人实际挂在证券公司的名下,大致多少邮寄费用。如果该股东愿意支付这笔费用,公司必须立即将他的征集材料邮寄给所有登记在册的股东;公司也可以选择将股东名单与地址交给该股东,由他自己邮寄。至于名单上每位股东的持股数量或比例,则可以不透露。

当然,如果任何一个股东,哪怕只持有一股,都可以充当挑战者征集投票代理权,那就容易形成对经理层正常工作的骚扰。所以我国《公司法》第102条第2款规定,只有单独或者合计持有公司3%以上股份的股东,才可以在股东大会召开前提出临时提案,董事会应当在收到提案后通知其他股东,并将提案交股东大会审议。① 美国证交委《1934年法规则》14a-8设立的门槛较低:股东必须提前通知,并持股1000美元以上。此外,为了防止恶意骚扰,提高工作效率,该条规则还规定经理层有权排除那些违法的、只与公司5%或以下的生意有关的、只涉及公司日常琐事的、过时而失去现实意义的、公司无能为力的、以及与将要提交的方案内容重复的建议。不管是美国的规定还是我国的规定,都是为了既能保障少数派股东能有效地行使民主权利,又能保证经理层的正常工作不受或少受干扰,在两者之间取得一种适度的平衡。而保护经理层的正当权力,说到底也是为了广大投资者的利益,因为股东是公司的所有者,公司经营得好,他们手中的股票价值就高。

拉票活动十分热闹,争夺的双方都会百米冲刺,跑到股东们那儿去游说,争取给股东们一个先入为主的印象。除了材料的寄送之外,两边都会各自在私下里与股东联络交往、在报刊上登载宣传广告、甚至开会演讲,指点公司事务,评论现任领导,以争取选票。拉票中的一个重要对象是机构投资者,各方都会对他们大献殷勤,因为他们手中拥有大量的股份。

证券法要求公开必须真实、准确、完整,对征集投票代理权也不例外。投票代理权的征集书以及其他寄送给股东的材料必须在监管部门登记,禁止虚假和

---

① 我国公司法尚处于初级阶段,对公司民主及拉票活动还没有充分考虑。第102条第2款是新增的,但也只是从股东大会提案的角度去考虑的,并不完全适合拉票的需要。

误导性的陈述。美国人认为，争夺公司领导权的拉票与政治领域内的竞选拉票稍有不同。在政治上的竞选中说话应当相对自由，错误的言论主要依靠双方的互相指责和反驳来予以澄清。公司制度中的广大中小股东却需要进一步的法律保护，不允许虚假和误导性的陈述来愚弄他们。① 法院的救济手段包括发布禁令、禁止某些欺骗性的宣传、禁止某些通过欺骗手段得来的投票代理权的行使、甚至宣布某一次选举无效，等等。

不过，由于巨大经济利益的诱惑，对抗的双方在拉票中都期望迫切，感情冲动，因而出格的言语比比皆是。纠纷频繁，诉讼不断。两边都会认真仔细地阅读对方的游说材料，试图从中找出毛病予以反驳，同时尽量说服执法机构取缔对方的"虚假"宣传，甚至到法院起诉，要求法院颁布命令制止这种"欺骗性的宣传"。双方的这种活动互相牵制，一方面使哪一方的话都不敢说得过于夸张，但另一方面也弄得行政执法机构和法院疲惫不堪。除了真诚的愤怒，还有冷静的思考和算计，利用诉讼拖延和扰乱对方的步骤。

处理这类纠纷时应当牢记证券法保护投资者这一根本目的。判断双方的游说材料是否虚假及失真是否重大的标准是对投资者投票或决策的影响力，足以左右投资者的决定或者有较大可能发生这种作用的虚假材料构成重大的失真，否则便是不重大的。情绪化的语言应当容忍。在电子专业公司诉国际控制公司②一案中，著名法官弗兰德利（Friendly）针对要约人的偏激言论所说的一段话值得我们参考："收购要约与争夺投票代理权不仅在起诉资格上相似，而且作为激烈的争斗，它们的基本特征也是一样的。双方的所有参加者都在市场的压力下而不是在宁静的宫室内行动。他们行动迅速，有时非常冲动，经常对对方所作出的在他们看来是对己方的卑鄙打击作出愤怒的回应，不管这种看法是对是错。或许，完美的收购要约不会多于完美的审判。国会的宗旨是确保基本的诚实和公平交易，而不是以实验室的标准强加不切实际的要求，从而使法律成为原有经理层不顾股东的愿望和利益，保护自己的既得利益的有力工具。在对双方的行为性质以及错误是否重大作出判断的时候，必须牢记这样的现实环境［并从这里出发考虑问题］。"

总的说来，现任经理层在拉票中占据着许多得天独厚的有利条件。首先，大部分股东倾向于拥护现任领导，因为大凡不满意的股东早就用脚投票在市场上抛售了，留下来的股东都是相对满意的股东。挑战者要取得股东们的信任是需要时间的。而在股东大会日期日渐逼近的情况下，时间一般对挑战者不利。其

---

① 参见 SEC v. May, 229 F. 2d 123, 124 (2d Cir. 1956)。
② Electronic Specialty v. International Controls Corp., 409 F. 2d 937 (C. A. 2 1969)。

次，经理层拥有股东名单，知道谁持有多少股份，而且在较大的幅度内可以自由地使用公司的资金来宣传自己。而挑战者则没有这些条件。

我国《公司法》对股东通过争取选票挑战经理层，以便取而代之的问题基本上没有作出系统的规定。可以利用的条文除了上述第 106 条和第 102 条第 2 款之外，还有第 97 条："股东有权查阅公司章程、股东名册、公司债券存根、股东大会会议记录、董事会会议决议、监事会会议决议、财务会计报告，对公司的经营提出建议或者质询。"股东的查阅权是一项十分重要的权利。但是这一条的规定过于简单。首先，光查阅公司的财务会计报告有时候是不够的，还需要查阅公司的各种账簿和记录，甚至原始凭据。这是知情权的一个重要方面，是股东有效地行使投票权、质询权、竞选权等各种权利的基础。其次，为了避免对公司的日常经营的过度干扰，应当从时间、地点、查阅的目的、甚至查阅人的资格等方面作出一定的限制，不能任何人随时随地都可以去查阅，否则公司就没法做生意了。所有这些都需要制定行政法规作出明确的规定。

证监会发布的《中国上市公司治理准则》(2018 年修订)①第 15 条第 2 款规定，"股东可以本人投票或者依法委托他人投票，两者具有同等法律效力"。第 16 条规定："上市公司董事会、独立董事和符合有关条件的股东可以向公司股东征集其在股东大会上的投票权。上市公司及股东大会召集人不得对股东征集投票权设定最低持股比例限制。投票权征集应当采取无偿的方式进行，并向被征集人充分披露具体投票意向等信息。不得以有偿或者变相有偿的方式征集股东投票权。"至于什么样的股东才"符合条件"，准则没有说明。一般地，限制条件主要包括持股比例与时间以及股份有无负担等。所谓"不得对股东征集投票权设定最低持股比例限制"，并非指没有比例要求，因为《公司法》第 102 条要求的 3% 是必需的，只是公司方面不得设定高于这个比例的限制。此外，董事会还可以对持股时间、没有质押等方面设定限制。

除了允许挑战者查阅并取得公司的股东名单之外，我国公司法还应当对资金使用上的不平等进行调整，在竞争进行到一定的时候，允许挑战者的费用由公司报销。即使有了这样的规定，现任领导还是处于相对有利的地位。试想，如果公司拒绝提供名单，那么挑战者们只能通过诉讼来强迫公司提供。而诉讼需要时间。这个时间差一打，股东大会开过了，挑战者们很可能就失去了机会。

从实际情况来看，争夺股东投票权的成功率远低于收购要约，因为说服股东

---

① 中国证监会 2018 年 9 月 30 日公布施行。该准则最早发布于 2002 年 1 月 7 日，原名《上市公司治理准则》，见《中国证券监督管理委员会公告》2002 年第 1 期，第 6 页。正文所引条文内容原来是第 10、11 条两条。

卖掉股票往往比要他们投票支持撤换公司经理层容易得多。另外，在两种方式都失败的情况下，拉票的成本会高于收购要约。拉票所花的费用是净损失，而收购虽然本钱花得大，但是通过绿色敲诈出售收购来的股票可以赚钱，往往在扣除了费用之后还有余额。

失败的挑战者能不能由公司报销费用，应当由谁来批准，是一个微妙的问题。一方面，从公平的原则出发，挑战者与现任公司领导应当在平等的起跑线上竞争。另一方面，公司的控制权现实地掌握在经理层的手中，他们的决定就是公司的决定。法律过分的干涉便有剥夺公司运用资金的自主权之嫌。如何在公平与效率之间达成一种适度的平衡，是我国公司法在将来的发展中需要解决的一个问题。

第三节 对公司收购的防御

有矛就有盾。伴随着收购风潮的攻击，目标公司的防御性措施应运而生。抵御收购可以从公私两个方面着手：公的方面游说立法机构制定有利于经理层的法律；私的方面采取各种防御性措施以自救，特别是通过公司章程的具体规定来保护自己。前者是不确定的，因为你游说，他也在游说，立法机构不一定听你；后者则是自己能够做到的。为了保护自己的既得利益，目标经理层在公司法律师们的帮助下，已经创设了许许多多阻碍收购的自救办法，并给它们取了生动形象名字，诸如黄金降落伞、白衣骑士、毒药丸等。在公司收购与反收购这个领域内充满了新奇的词汇和神秘的色彩。据统计，包含在美国标准普尔500指数中的500家公司大都有反收购的防御性措施。自然，这种防御主要针对敌意收购，友好的协议收购是不用防御的。下面介绍一些常见的类型。

防御性合并(defensive merger)是指目标面对敌意收购，寻找一家在它看来比较友好因而条件也比较优惠的公司来收购自己，以此阻止敌意收购。那家把目标从敌意收购人的魔爪下解放出来的公司被称为**白衣骑士**(white knight)。白色象征着纯洁、善良和友爱，像一位美丽的天使；而骑士则意味着正直、勇敢和仗义，路见不平，拔刀相助。不过，现实生活可没有那么浪漫，如果防御性合并成功，白衣骑士的要价也不会太低，前门驱狼，后门进虎的事情也是有的。所以，不到万不得已，即公司非被收购不可的情况下，目标公司是不会采取这个办法的。

锁定选择(lock-up option)是又一种常见的防御性措施。它往往是友好收购协议中的一个条款。目标以合同的形式给予友好收购者购买公司股份或者公司某一部分的权利,旨在防御敌意收购者要约,确保友好收购的成功。可供购买的公司股份一般都是目标可以发行而尚未发行的。西方国家取授权资本制,所以有这样的股份。在我国,发行新股往往需要增加注册资本并在工商局登记,尤其是需要政府的实质性审查和批准,手续烦琐而缺乏保障,因而现行法律框架难以容纳锁定选择。锁定选择条款所规定的购股价格不但低于市价,而且按价值计算也低于协议收购的价格。购股权的行使附有停止条件,那就是敌意收购成功。也就是说,协议中有两个价格:如果停止条件不成就,就执行友好收购协议,包括较高的协议价格;如果停止条件成就,就选择锁定价格。可供购买的公司某一部分一般都是目标公司内最赚钱的或者最吸引敌意收购人的那个分支或子公司。购买权的行使同样以敌意收购的成功为条件。锁定协议可以在敌意收购还没有出现的时候,为了防止其出现而使用;也可以在敌意收购已经出现的时候,为了战斗的需要而使用。后者一般都是在找到白衣骑士之后,为了确保白衣骑士能够击败敌意收购人,并从白衣骑士的利益考虑,避免因竞价而使价格越来越高时使用。

锁定协议的内容丰富多彩,可以分解成几个层次或类型。从最低的层次上说,仅仅由目标答应友好收购人在目标股东对友好收购的协议作出表决之前不再招引第三者的竞价,或者进一步答应在第三者竞价不招自来时,目标董事会将不予支持或明确反对。但是这样的协议有违反忠诚义务的嫌疑,因为从法理上说,如果第三者的要约对股东更加有利,董事会有义务支持。不管怎样,这种协议的效果都不太好。因为敌意收购的要约都是不招自来的,如果出价比友好收购价高,即使董事会表示反对,股东还是会接受,并不能确保协议收购人的胜利。

第二种类型的锁定协议进了一步。当公司经理层自己手中握有公司已发行股份的多数时,或者即使不算多数,却也占相当大的比例(例如40%)时,友好收购人可以要求购买这些股份,价格与其出给其他股东的价格相同。这样的协议可以有效地防御任何敌意收购。因为即使协议购买的股份还不到半数,但是敌意收购人已经很难收购到过半数的股份了。从民事责任的角度看,这样的协议对目标经理层比较安全,因为他们所持股票的协议售价与其他股东是相同的。只要他们没有得到别的好处,即使协议价格低于敌意要约的价格,并且击败了敌意要约,事后股东们也不好说什么。但是这样做需要一个前提条件,就是目标经理层手中握有相当多的股份。

如果目标经理层自己手中没有那么多的股票,那就需要采用第三种类型的锁定协议,即前面所说的给友方以低价购买目标可发行但未发行的股份的权利。如果这些股份的数量超过已发行股份,那么,任何敌意收购都能得到有效的防止。因为即使敌意收购人收购了全部已发行股份,只要友好收购人行权,那么敌意收购人的股份还是少数。即使这些股份的数量少于已发行股份,锁定协议还是能够有效地赶走敌意收购人。因为一旦有人出高价敌意收购,友好收购人可以按锁定价(一般都很低,低于协议收购的价格)行权,而后将这些股份交售给敌意收购人,从而赚取一大笔钱。这笔钱最终是出在敌意收购人身上的(假定敌意收购成功)。

第四种类型的锁定协议就是前面说到的购买目标最有价值的分支或子公司。这样的分支或子公司有一个很好听的名字:**王冠宝石**(Crown Jewel),即镶嵌在王冠上的宝石,顾名思义,那显然是最值钱的部分。有时候,也可以不是目标最值钱的部分,而是协议人认为敌意收购人最感兴趣的部分。反正敌意收购人对什么东西最感兴趣,那东西便是锁定选择购买的对象。目标公司采取的这种防御敌意收购的办法叫做**焦土政策**(Scorched Earth)①。其实,焦土政策本来的含义仅指目标公司为了不吸引收购人而卖掉它的最有价值的资产,不一定签订什么锁定协议。但是,现在一般都指出售王冠宝石的锁定协议。

增发股份(Issuance of Additional Shares),即有选择地向自己可以控制的或自己信得过的人增发股份,增加已发行股份的总数,迫使收购人收购更多的股份才能达到多数。这种发行一般实行私下投放,购买人与目标经理层之间达成某种协议,答应不交售给收购人,并且在投票时支持目标经理层。这样的购买人俗称**白衣侍从**(White Squire),以与白衣骑士相区别。与此相似的做法是直接向公司的职工养老金增发股份。职工养老金由公司担保向银行借款,用借来的款向公司购买增发的股份,公司用收来的钱偿还以前欠给银行的老账。以后公司按部就班每年向养老金拨款,养老金用这拨款逐年偿还银行的借款。在这里,公司自己的养老金基金充当了白衣侍从的角色。而养老金的管理人一般都是公司经理层,其投票权自然就掌握在经理层的手中。在个别极端的例子中,增发股份的数量超过已发行股份的总数,结果将使养老金拥有对公司的绝对控股权,任何收购都将成为不可能。②

股份回购(Repurchase of its Shares)。目标公司回购自己的股份,可以通过

---

① 来自俄国军队对付拿破仑入侵时采用的战术。其实,我国古代早就有坚壁清野的战术,原理同此。

② 20 世纪 70 年代,美国的大陆航空公司就出现过这种情况,为了击败收购要约,该公司拟向其职工购股权计划发行超过已发行股份总数的股份。根据纽约股票交易所的规则,发行股份超过已发行股份的 18.5%,必须得到公司股东过半数同意。大陆航空公司不愿意将事情交付股东投票,因为收购人已经得到了已发行股份的 49%。于是纽约股票交易所取消了它的上市资格。这一来又引出了加州法律上的一系列后果,最后因为州法律的原因,发行没有成功。但是加州最后修改了它的法律,允许这样的发行。见 Richard W. Jennings & Harold Marsh, Jr., Securities Regulation, Cases and Materials, 6th ed., p. 786, Foundation Press, 1987.

市场购买,也可以通过要约收购。市场收购会抬高公司的股票价格,当这个价格涨到敌意要约价格之上时,就没有人向敌意收购人交售股票了。要约收购的价格必须高出敌意收购人的价格才能有效地击败敌意收购。敌意收购人可能还会提高价格,这就会出现目标公司与敌意收购人竞价的情形。回购股份有着多种现实含义:第一,回购的股份不能用来投票,这就等于已发行股份数量减少,因而使收购人的收购工作更加容易,因为他只要收购到比原先较少的股份,便可以取得多数。但是第二,如果公司有大量多余的资金的话,很可能收购人就是瞄着这笔现金来的,因为他可以用这笔现金来支付很大一部分收购的成本。美国人习惯将这样的资金比作吸引蜜蜂的花蜜。回购将花掉这笔资金,从而消除招引蜜蜂的花蜜。这时收购人可能会自动引退。第三,如果公司没有现金,那就需要向银行借钱支付回购款。结果将使公司背上沉重的债务,从而不再吸引收购人。

发行人回购自己的股份将引发一系列复杂而微妙的法律问题,必须小心谨慎,认真遵守法律的规定。首先,在市场上回购股份有操纵市场价格之嫌。尤其是在发行新股时期,如果允许目标在市场上回购,引起价格上涨,显然有利于发行的进行。但是这种明白无疑的操纵价格行为是绝对不能允许的。[①] 不但不能直接回购自己的股票,而且不能购买任何可以转化为自己的股票的证券,例如可转换债券、可转换优先股等。根据同样的逻辑,美国证交委认为在换股合并中,收购人只能用自己的股份而不能用现金购买目标股份,因为换股意味着发行新股,而目标的股份又可以转换成自己的股份。用现金购买目标股份等于用现金回购自己的股份,这与发行中在市场上回购自己的股份性质是一样的。在科里司—克拉夫特实业公司一案[②]中,美国联邦第二上诉审法院对证交委的这一立场表示支持。

在敌意收购人已经发出收购要约之后,目标回购自己的股份时必须向证交委和股东们报告说明回购的目的和资金来源,否则不得回购。[③]

如果发行人通过公开要约收购自己的股份,就应当遵守所有有关要约收购的法律规定,即第三人收购和目标自己收购的公开义务基本上是一样的。[④]

在没有敌意收购危险的情况下,发行人收购自己的股份有许多原因,可能是公司觉得市场对自己的股份价值大大地低估了,或者公司需要满足自己的期权

[①] 我国《公司法》第142条和美国证交委《1934年证券交易法》规则10b-6、10b-13,都禁止这类回购。
[②] Cris-Craft Industries, Inc. v. Bangor Punta Corp., 426 F. 2d 569 (2d Cir. 1970), rev'd on other grounds, 430 U.S. 1 (1977).
[③] 见美国证交委规则13e-1。
[④] 见美国证交委规则13e-4。

计划或养老金计划,或者大股东想把小股东排挤出去并最终停止上市[①],等等。后者又牵涉小股东的权益保护问题,但那应当是公司法研究的范围了。

从总体上说,公司回购自己的股份可以起到很多有益的作用。[②] 在对它可能产生的弊端进行适当的限制之后,法律应当允许公司回购股份。美国证交委根据《1934年证券交易法》制定的规则10b-18从时间、价格、数量等许多方面为这类回购规定了具体的条件,允许公司每天在市场上回购不超过前四周平均日交易量的四分之一的股份。这是一个"安全港"(safe harbor)。在安全港内回购绝对安全,安全港外回购具体情况具体分析。一旦被认定为操纵市场,就要负民事责任。

我国公司法原则上不允许公司回购自己的股份,例外的允许由法律明文列举,原先只限于为减少注册资本而准备注销股份和公司合并两种情形[③]。现行《公司法》第142条除了这两种情形之外,又增加了为员工持股计划或者股权激励回购股份、为可转换债券回购股份、为维护公司价值及股东权益回购股份、在公司合并或分立时收购少数派异议股东的股份这样四种情形。其中"为维护公司价值及股东权益"的回购可以用来设计反收购措施。

派克人防御(Pac-Man Defense)[④],即目标公司反过来收购收购人的公司股份,以收购对收购,针锋相对。这一办法在目标大于收购人时尤其适宜,在20世纪80年代初的美国相当流行。最为著名的案例是马丁—马里塔公司诉本底克斯公司[⑤],两家公司各自收购了对方50%以上的股份,一度成为全美金融界注目的焦点。大多数州的公司法规定子公司拥有母公司的股份时,如果母公司拥有子公司50%以上的股份,子公司就其拥有的母公司股份没有投票权。既然这两家公司互相拥有了对方的多数股份,他们就互相成为对方的子公司,于是任何一方不管拥有对方再多的股份,也没有投票权。于是,公司的控制权就可能转向社会上的中小股东。在这样的情况下,为了避免两败俱伤,最后两家公司庭外和解,各自罢休,保持互相独立。

金色降落伞(Golden Parachutes)是目标公司与它的高级管理人员签订的一

[①] 这在我国目前的公司实践中可能使人感到不可思议,但在正常的市场经济中,公司根据自己的需要决定停止上市是不会令人感到奇怪的。美国证交委规则13e-3对此作了具体的规定。

[②] 1967年,美国参议院的一个委员会报告说,在纽约股票交易所上市的公司在1963年回购了2660多万股自己的股票,价值13亿美元。而1954年的回购数量只有580万股,价值不到3亿美元。S. Rep. No. 550, 90th Cong., 1st Sess., p. 5(August 29, 1967); see, Richard W. Jennings & Harold Marsh, Jr., Securities Regulation, Cases and Materials, 6th ed., p. 821, Foundation Press 1987.

[③] 见2004年《公司法》第149条。

[④] 派克人是美国一个大众化的电子游戏中的一个矮胖人物,张着一张血盆大口,谁要是追杀他,他便反过来把谁吞下肚去。公司法和证券法中借这个形象来形容反收购。

[⑤] Martin-Marietta Corporation v. Bendix Corporation, 549 F. Supp. 623 (D. Md. 1982).

种协议，规定在他们因公司控制权的变更而辞职或者被解雇时将得到一定数量的离职奖金。这笔奖金的数额一般相当可观。1986年，美国的盘雀普拉德公司收购芮夫朗公司时，芮夫朗公司的总裁按照金色降落伞协议，取得了大约 1300 万美元的离职补偿金。① 另外两位高级管理人员的补偿金少一点，总共 460 万美元。

金色降落伞对防御公司收购不是很有效，因为这点钱对于收购人来说往往算不了什么，支付就是了。况且，收购人有时还会起诉，要求法院宣告这样的合同无效。诉讼一旦发生，即使目标经理层赢了，也会拖上几年。

有时候会发生相反的情形，收购人缺乏目标所在行业的专业管理人员，希望目标经理层不要离任，至少再撑上 5 到 10 年，于是就付高薪聘用，常常高出原工资一倍。这样的协议叫做**银色皮带扣**（Silver Buckle），以表示其与金色降落伞既有区别，又都值钱。

除了上面介绍的一系列措施之外，大量的防御性措施是通过在公司章程内写入防御性条文设置的。目标经理层习惯地把收购人叫做鲨鱼，把这样的条文叫做"**鲨鱼驱逐剂**"（Shark Repellent），顾名思义，就是让鲨鱼见到或闻到这类药剂就避而远之。鲨鱼驱逐剂种类繁多，常见的有以下几种。

毒药丸（Poison Pills）是最有名的鲨鱼驱逐剂。目标公司的董事会在章程授权的框架内作出决议，向普通股股东发行以一定的触发性事件为条件的购股权，一旦有人取得了公司一定数量的股份，例如 15%，或者发出了收购不少于一定数量的股份的要约，例如 30%，购股权人便可以低价（常常半价）向公司购买相当数量的股票（翻过来 flip-in）。② 如果收购人要与目标合并的话，购股权人可以以同样的低价购买合并后公司的股份（覆过去 flip-over）。不过，如果收购人愿意在一定的时期，例如三个月内，以购股权计划规定的最低价格收购剩余的股份，则购股权人不得行权。但是凭购股权向公司购股，虽然是低价，还是需要大量现金，有时候购股权人不一定拥有这笔现金，况且公司也不愿意持有过多的现金吸引收购人，于是又允许购股权在行使时可以一对一直接兑换成公司的普通股。

---

① Revlon, Inc. v. MacAndrews & Forbes Holdings, Inc., 506 A. 2d 173 (Del. 1986)。连同退休金和股票期权，芮夫朗的总裁麦克尔·伯格勒克先生离职时一共得到 3500 万美元。此案的案情在本章第 5 节有详细的介绍。

② 据浙江省杭州市的地方报纸《今日早报》2005 年 2 月 24 日第 B2 版报道"新浪抛出'毒丸'计划阻击盛大"："22 日夜间，新浪公司宣布，其董事会为抵制盛大公司收购已经采纳了股东购股权计划，俗称'毒丸计划'。……根据这一计划，盛大作为已经取得新浪公司 10%以上普通股的最大股东，如果再收购超过 0.5%的新浪股权，就会启动'毒丸'。到时，新浪其他股东有权以半价购买普通股，从而稀释新浪股份，而盛大持有新浪股份也将蒙受损失。"报道还介绍毒丸计划最初是 1985 年由德拉瓦初审法院判决后才合法化的，而后在 20 世纪 80 年代后期被广泛采用。

这类购股权经常以红利的形式颁发（赠送），并且可以由公司赎回。赎回的价格特别低，比如一分钱一股甚至十股。这样公司随时都可以赎回，但是对收购人来说，收购公司就好比吞下了一颗毒药丸。例如，假定目标已发行股份数量为100万，收购人花了九牛二虎之力收购了30万股目标股份，即30%。这时其余的股东凭借购股权又无偿地向公司获得了70万股，已发行股份总数上升到170万股。收购人的30万股的持股比例就由30%下降到17.6%。

毒药丸是纽约律师马丁·立普滕（Martin Lipton）发明的。立普滕原先发明的毒药丸计划是由目标公司以可转换优先股的形式向股东发放红利。既然是红利，自然是赠送的。这些优先股不但可以转换成公司的普通股，而且在公司合并的时候还可以按收购人的最高收购价计算优先股的价值，并以此兑换合并后的新公司的股票。此外，优先股的股东还有权按照最高收购价将股份卖还给公司。公司发行优先股本来对收购人的收购活动并没有影响，但是这种优先股能随时转换成普通股，从而冲淡收购人所收购到的持股比例。如果这些优先股没有转换成普通股的话，其持有人又可以兑换合并后的新公司的股份，结果都一样，收购人吃亏。这就说明这个计划中优先股本身的特征并不重要，重要的是取得本公司普通股或者合并后的新公司普通股的权利。当人们明白了这一点之后，他们就不再发行优先股，而是纯粹的购股权。所以现在的毒药丸都以纯粹的购股权计划的形式出现。

毒药丸有一个冠冕堂皇的理由，就是保护股东权益。它的设置者们声称它主要用来针对两层要约。两层要约先以较高的价格收购一定数量的股份以取得控股权，再以较低的价格收购剩余的股份从而将那些剩余股东挤轧出去。两层要约对股东的压力太大，所以毒药丸计划中都包含这样一个条款，即只要收购人在第二层收购时以计划规定的最低价格收购了剩余的股份，购股权将全部作废，计划即告终止。在立普滕当初的计划中，这个最低价格或起码价格就是收购人在第一层收购中所出的最高价格。但是现在，许多计划中规定的价格已经高出了收购人收购中所出的最高价格，美其名曰，"公平价格"。意思是说，你收购人整个地低估了我公司的价值，只有我们计划中的这个公平价格才真正反映了公司的内在价值。这样的条款叫做**公平价格条款**（fair price provision）。含有这种条款的计划叫**公平价格毒药丸**。

毒药丸有许多变种，不胜枚举。**保值计划**（Value Assurance Plan）是指目标公司向其股东发行金额不确定[①]的本票。如果在一定的期限，如两年内，公司被敌意收购，收购价少于一定的金额，例如33元，本票的金额即为其间的差价；如

[①] 试比较我国《票据法》第75条的规定：本票的金额必须确定。

果公司被友好收购,收购价不少于 30 元的话,公司将以 5 分钱一张本票的价格赎回本票;但是如果友好收购的价格不到 30 元,则本票的金额为 30 元与收购价之间的差额。这一计划确保了公司被收购时股东能够得到的一个底线价格。[①]

毒药丸计划提出了两个法律难题。一是区别对待股东。收购人收购了股份,即成为目标股东,但是计划却将收购人排斥在外,专向收购人以外的股东发行购股权。这也是计划得以奏效的关键。因为如果平等地对待所有的股东,那么,收购人也会按比例得到他所应有的购股权,那就没有任何意义了。这种同股不同权的歧视做法必然要受到法律上的质疑。美国的法院对此也莫衷一是,只能从保护股东利益并多方兼顾的角度对具体情况作具体分析,有的维持,有的废除。二是毒药丸中包含的购买合并后的新公司的股份的权利。一般说来,一个公司无权自定价格,给予自己的股东强买另一个公司的股份的权利。当然,它可以将此作为合并的条件。不管怎样,这总是一个可以争论的问题。

分批董事会(Classified Board),又叫**滞后董事会**(Staggered Board),是一剂不太强烈的鲨鱼驱逐剂。章程规定董事会分为两组或三组人员,第一组人员在一年后重新选举,第二组人员在第二年后重新选举,第三组人员在第三年后重新选举,除了这第一批董事分三组任期长短不一之外,以后新选举的董事任期三年。任期内公司不得无故撤换董事。这样,即使以后公司被收购,收购人最多也只能选举 1/3 的董事。三年后才能将全部董事换成自己的人。三年之中可能有许多变故,这对收购人来说是难以容忍的。[②] 当然在另一方面,那些董事没有连任的希望,待下去没趣,也可能主动辞职,就看他们想不想故意为难收购人了。

超多数决(Supermajority)给收购人撤换董事带来不便。一般情况下董事的撤换只需要出席会议股份有效数过半即可。现在章程规定要过 2/3,或者 80%,撤换董事就困难了,因为如果收购的股份数量达不到这个绝对多数,就不能马上撤换董事,只能等待年度选举。不过,这样的条文很有保护董事私利之嫌。而且,对于收购到足够数量的人来说,也不成为障碍。

有条件的超多数决(Contingent Supermajority)使收购人在收购之后难以合并。章程条文规定公司与大股东(例如持股在 15% 或 10% 以上)合并(1)须得到

---

① 保值计划为美国五月花集团公司首次采用。例中的数字也来自该公司的计划。当时有人出价每股 29.25 美元收购五月花公司,由于公司通过了这个保值计划,收购人不愿意支付 33 元的高价,所以知难而退,撤回了要约,而后市场价格回落到每股 25 美元左右。Business Week, July 7, 1986, p. 36; Richard W. Jennings & Harold Marsh, Jr., Securities Regulation, Cases and Materials, 6th ed., p. 797, Foundation Press 1987.

② 在 1998 年大港油田收购爱使股份的实例中,目标爱使的章程规定:"董事会、监事会任期届满需要换届时,新的董事、监事人数不超过董事会、监事会组成人数的二分之一。"摘自吕红兵、陈慧谷:《证券法律:投资银行律师业务》,上海财经大学出版社 2000 年版,第 141 页。这就是一个滞后董事会条款。

已发行股份的超多数,如85％,(2)和无利害关系股份的简单多数(或2/3)的同意,(3)除非公众股东得到了以市价为基础计算的某个最低价格(4)或者该合并得到原董事会的同意。这个句子中通过括号插入的数字旨在示意这类超多数决规定可以有不同的种类或层次。最简单的规定到(1)为止,即公司与大股东合并必须得到已发行股份的超多数同意。①但是如果收购人有能力而且愿意收购到这个超多数的比例,那么这个条文就起不到驱赶鲨鱼的作用了。所以往往需要(2),即进一步规定合并还要得到"无利害关系股份"的多数甚至超多数同意。"无利害关系股份"被定义为合并对方及其关联公司所持有的股份以外的股份。这么一来,敌意收购人在收购成功之后与目标合并的路就被彻底堵死了。

不过,友好收购的路也不顺畅了,白衣骑士也不大好找了。解决这个问题的办法是(4),即进一步规定:在合并得到原董事(或常任董事)的多数(或超多数)同意的情况下,上述的特殊投票要求将不发生效力。"原董事"或"常任董事"被定义为参与合并的大股东成为大股东之前当选的董事。这么一来,即使敌意收购人将现任董事全部换光了,也还是无法避免上述超多数决规定对合并的投票要求,因为董事会中已经没有常任董事来批准合并了。而如果是友好收购人或者白衣骑士成为章程所定义的大股东,则原来的董事还会暂时留任,他们可以批准合并,从而使章程中的这些特殊的投票要求不发生作用。

与毒药丸中的公平价格条款相似,许多这类有条件超多数决的规定中还包含有公平价格条款,即前面定义中的第(3)部分:如果在合并中公众股东得到了以市价为基础计算的某个最低价格的话,对合并的特殊投票要求也不发生效力。公平价格条款主要针对双层要约。双层要约先以较高的价格取得控制权,然后在合并中以较低的价格收购剩余的股份,或者虽然支付相同的价格,但是不用现金,而是用低级债券。公平价格条款确定了一个价格底数,不管敌意要约的后层还是前层都不得低于这个底数。

两类普通股(Two Classes of Common Stock)的分红权相同,投票权不同。甲类普通股一股一票,乙类普通股一股多票。或者干脆乙类有投票权,甲类没有投票权,并且进一步规定乙类普通股只能在家庭成员之间转让,如果转让给家庭之外的成员,便一对一地自动转换成甲类普通股。乙类普通股一般掌握在原先的大股东和董事会要员的手中,收购人难以买到,即使买到,根据自动转换条款,也变成了甲类普通股。

两类普通股条款20世纪20年代在美国的企业界使用得相当普遍。1926

---

① 这样的规定其实是一种简单的超多数决,并没有条件,因为所谓的"有条件"是指定义中"除非"后面的部分。

年,纽约股票交易所制定了"一股一票"规则,凡是拥有无投票权普通股或者数类普通股投票权不平等的公司一律不得在该交易所挂牌上市,已经上市的将被摘牌,终止上市。美国股票交易所于 1972 年规定,在那里上市的公司不得发行无投票权的普通股,但可以发行每股票数不等的不同类普通股。纳斯达克市场则没有这类限制。于是,许多大公司便离开证券交易所,到纳斯达克去上市,从而对纽约股票交易所产生了巨大的压力。最后促使纽约股票交易所改变立场的是通用汽车公司。该公司在收购了另外一家公司之后发行了一类投票权不同于公司原有股票的普通股。面对这样一个大户头,纽约股票交易所没有马上将其摘牌,而是专门成立了一个工作小组研究这个问题。该小组于 1985 年 1 月向交易所提出报告,建议采取美国股票交易所的折中立场,允许不同投票权的普通股发行。1986 年 7 月 7 日,交易所正式决定放弃"一股一票"的限制,只要得到已发行股份的多数同意,便可以发行不同投票权的普通股。① 这个决定作为一条交易所上市规则,必须得到美国证券和交易委员会的批准。

1988 年,美国证交委正式作出决定,不同意纽约股票交易所改变规则,并且要求包括美国股票交易所在内的美国所有的证券交易所都实行"一股一票"的规则。证交委的这一决定就是它所制定的行政法规规则 19c-4。但是 1990 年,在生意圆桌诉证交委②一案中,华盛顿特区的联邦上诉审法院否决了这条规则。接着,1994 年 12 月 19 日,纽约股票交易所、美国股票交易所、美国全国证券商协会联合提议,并得到证交委的批准,规定上市公司不得不成比例地减少或限制现存股东的投票权,但是可以发行不大于现存股东所持股份的投票权的股票。所谓"不大于",是从所支付的价格比例来计算的。假定现存股份一股一票,市价每股 60 元,那就是 60 元一票。如果现在新发行的另一类普通股每股 100 元,也是一股一票,那就是不大于;如果是每股 50 元而且一股一票,意味着每 60 元 1.2 票,那就是大于现有股份的投票权了,也即"不成比例地减少"了现存股东的投票权。

由此可见,在发行具有不同投票权的普通股的问题上,美国的法律也在根据客观经济现实的需要,平衡各方利益关系,不断地进行调整。我国公司法和证券法都处在很初级的发展阶段上,一家公司只能发行一种③普通股,所以还没有涉及多类普通股及不同投票权的复杂问题。但是随着我国经济和公司实践的不断

---

① Wall Street Journal,July 7,1986,2:2,转引自 Richard W. Jennings & Harold Marsh, Jr.,Securities Regulation,Cases and Materials,6th ed.,p.803,Foundation Press 1987。

② Business Roundtable v. SEC,905 F.2d 406 (D.C. Cir. 1990)。

③ 人民币特种股票如 B 股、H 股、N 股等,与普通的 A 股属于同一类股票。这一点本书第一章已有说明。我国《公司法》第 131 条规定:"国务院可以对公司发行本法规定以外的其他种类的股份,另行作出规定。"说明多类普通股的出现已为期不远了,但目前国务院还没有规定。

发展，这些问题终将出现。

大股东投票权限制（Voting Restrictions on Substantial Stockholder）。规定持股在 10% 以内的股份一股一票，超过部分一股千分之一票，并且一个股东的全部投票权不得超过 15%。这样收购人收购再多的股份，也难以达到控制的目的。

期限性投票权（Time-Phased Voting Rights of Common Stock）。规定持股期限达到一定年限后，例如四年，每股 10 票。

人头票（Per Capita Voting）。规定股东会通过决议的会议有效数不但要股份数过半，而且还要人数过半。收购人收购的股份数过半了，人数却只有一人，所以只能进而争夺投票代理权，但要胜过老董事会很困难。

多方利益规定（Constituency Provision）。章程授权董事会在衡量一个收购要约时不但要考虑股东的利益，而且要考虑公司的发展和对社会经济的利益，对职工、客户及当地方的利益的影响。这样的条文经常被董事会用来拒绝一些明明对股东有利的要约。中国证监会发布的《中国上市公司治理准则》（2018 年修订）第 83 条规定："上市公司应当尊重银行及其他债权人、员工、客户、供应商、社区等利益相关者的合法权利，与利益相关者进行有效的交流与合作，共同推动公司持续健康发展。"第 86 条规定："上市公司应当积极践行绿色发展理念，将生态环保要求融入发展战略和公司治理过程，主动参与生态文明建设，在污染防治、资源节约、生态保护等方面发挥示范引领作用。"第 87 条第 1 款规定："上市公司在保持公司持续发展、提升经营业绩、保障股东利益的同时，应当在社区福利、救灾助困、公益事业等方面，积极履行社会责任。"这表明公司章程内的这类多方利益条款将得到行政执法机构的认可。但是，当多方利益与股东利益发生矛盾的时候，尤其是在公司收购的背景下，如何恰当地进行协调，将是我国法院以后在审判实践中会面临的一个问题。

以上介绍了公司收购中一些常见的目标防御性措施，其中凝聚着许多最优秀的公司法证券法律师的智慧和心血。律师受雇于目标经理层，自然服务于目标经理层，因而与法律保护投资者的出发点不尽一致。但既然是律师，而且是超一流的律师，当然精通法律，在设计这些措施时都认真地考虑了法律的要求。这是一项走钢丝般的高难度作业。如果完全符合法律的精神，就难以维护雇主的利益；如果肆无忌惮地维护雇主的利益，又免不了触犯法律的规定。结果，大量防御性措施在合法性问题上都带有擦边球的性质，可上可下。因此，从法律的角度进行取舍时，就不能一概而论，而应该具体情况具体分析。

我国以前由于公司股份大部分不能自由流通，公司控制权的分配更多地是政府行为而不是市场行为，因而公司收购无法按市场规则进行。但是随着我国股权分置改革的顺利结束，公司股份实现全流通，市场收购成为可能，公司控制权受到来自市场的威胁,各种防御性措施便应运而生。据《上海证券报》[①]报道,许多上市公司已经未雨绸缪,邀请券商和律师事务所为它们量体裁衣,制作"反收购服"。美的、伊利、兰州黄河等相继抛出了自己的反收购计划。公司法律师们经过研究,惊奇地发现现行法律没有对反收购策略作出详细规定,证监会发布的《上市公司章程指引》[②]也没有限制性规定,这就为他们开拓性地设计反收购计划留下了广阔的空间。[③] 现在,持股期要求、滞后董事会条款、毒药丸等,都已开始进入公司章程。看来,市场总是走在立法的前面。但是,过分地限制收购活动显然不利于广大中小股东,只能保护既得利益者——目标经理层。法律法规的制定需要从保护广大中小股东的利益出发去平衡收购人与目标经理层的关系。

下面第四节的讨论有助于澄清法律的立场和调整手段,第五节则举例说明如何从法律的立场出发去审查收购人行为和目标防御性措施的合法性,并作出具体的取舍与判决。

第四节 法律保护投资者

通过以上的介绍可以看出,活跃在公司收购与反收购战场上的主要是收购人与目标经理层,双方在利益的驱动下互相搏杀。而公司收购还牵涉广大的中小投资者——目标股东的利益。他们之所以没有像收购人和经理层那样活跃,是因为他们的力量分散,难以形成多数并采取一致的行动。而他们正是证券法保护的对象。对于财大气粗的收购人和身居要职、具有各种资源和信息便利的目标经理层,法律完全可以取一种不偏不倚的姿态,不需要有任何专门的保护或偏向。[④]

[①] 2006年5月11日B2版"反收购规则尚存巨大法律空白"。
[②] 该指引最初于1997年发布,已经2006年、2014年、2016年和2019年多次修改。
[③] 著名的万科企业股份有限公司因为事先没有采取这类反收购措施,在2015-16年期间成为收购目标,最终导致其掌门人王石出局。
[④] 收购人也是股东,而且是很大的股东,目标经理层往往是控股股东,但是他们不属于法律专门保护的对象,应当与普通的中小股东区别开来。

一、对收购人的约束

法律怎么保护股东呢？主要是信息的公开。保护投资者的知情权是最基础的。不知情，股东们就难以对要约价格是否适宜，要不要交售，在有竞价的情况下交给谁等问题作出正确的判断。这个道理和发行中的公开和发行后的信息持续公开是一样的。所以，不管是争夺投票代理权还是收购与反收购，法律要求公开的内容，都是从帮助广大的中小股东作决定的角度去规定的。

在强制公开方面，我国《证券法》第63条规定任何股东持股比例达到5%时必须向证监会和交易所报告，通知所持股份的发行人，并予以公告。收购公司可以通过收购要约在短时间内迅速地收购，也可以耐着性子通过证券交易所悄悄地、慢慢地购买和积累。但即使是要约收购，收购人在发出要约之前一般也需要在市场上悄悄地先买进尽可能多的股份，既省钱，又可以打目标经理层一个措手不及。把5%作为法定报告义务的第一个临界点，就是认为持股达到这个比例，就具有了取得控制权的嫌疑，所以需要持股人先亮亮底牌，讲清楚有没有这样的意图，以便让市场和投资者有个准备，弄清目标股份的潜在价值，该涨价就涨价。公告的目的就是为了向广大的中小股东公开信息。向证监会报告的目的除了便于管理之外，主要地也是为了投资者查询的方便，而证监会的管理本身也是着眼于保护投资者的。

当然，从我国目前绝大多数公司的股权结构状况来看，5%只是股份积累的初始阶段，尚不足以形成现实控股的可能。持股人可能有收购的意图；也可能没有收购的意图，只是普通的投资而已。这种现状与美国《威廉法案》[①]的产生背景大不相同。不过，在这个阶段上就要求公告，有助于股东们对可能发生的公司收购作出及时的应对。

5%股东的具体确定，不应当限于单个的自然人或法人，而应当以契合或联合采取共同行动的小组计算。为了争夺公司的控制权，一边是现任经理层，另一边是对经理层的挑战者。两边，尤其是挑战者一边，总是要作许多私下的串联，联络更多的人共同行动，这时他们的持股比例就应当按照同意采取一致立场的那些人的持股总额计算。例如甲持有2%，对现任董事会很有意见，希望取而代之，串联了乙和丙。乙和丙各持股1.5%，如果他们都同意与甲联合，那么，从他们同意的那一刻起，这三个人的持股总额便达到了第86条所规定的5%，应当根

---

① Williams Act,1968年通过。该法案规定了5%的报告义务，与我国《证券法》第63条同。现已编入美国《1934年证券交易法》第13条d款和第14条d、e两款,5%的比例见第13条d款。

据法条的规定履行报告义务。①

公开的必要性和详尽程度取决于有没有夺取控制权的意图。在5%这个持股比例上,有很多人没有收购公司的意图,而只是单纯的投资,这种人持股比例高于或低于5%对目标和目标的其他股东来说差别不大,所以报告的内容可以简单一些。但如果具有控股的意图,那意义就完全不同了。所以美国证交委根据《1934年证券交易法》的规定及其授权,专门设计了13D表和13G表,分别适用于有收购目的和无收购目的的5%持股者。我国法律没有作这样的区分,要求报告的内容也相对简单。我国《证券法》第64条只要求写明持股人的名称和住所、所持股份的名称和数额、持股达到法定比例的日期、资金来源等。证监会的行政法规要求披露的内容与此基本相同。② 而美国的相应条款③要求的报告内容就比我国详细一些,除了我国《证券法》第64条所要求的内容之外,还要求说明有没有取得控制权的意图;如果有,有没有在成功之后解散和清算公司、变卖其资产、或者与之合并的计划;除了所持股份之外,持股人及其同盟者还有没有点叫权;有没有与其他人就买卖该类证券或该类证券的期权签订合同、做出承诺或其他安排等;如果有,都必须详细说明内容及对方当事人的姓名名称和住所。但在另一方面,由于本条立法的目的是调整公司收购行为,对于没有收购目的的行为就可以豁免其报告的义务,例如持股人在达到5%之前的12个月内所取得的证券之和不到2%。④ 这样的人显然没有夺取公司控制权的目的,所以虽然达到了5%,也不需要报告。有的人虽然在较短的时间内达到了5%,但是并不想收购公司,所以报告的内容就可以简单一些,使用13G表。

5%离取得对公司的控制权自然还有相当的距离。我国《证券法》第63条进一步规定,在达到5%并履行了法定的报告义务之后,以后所持股份每增减5%,都需要再报告一次,在3天的报告期内和报告后的3天内不得再行买卖目标股份。一旦这样的购买积累达到了目标股份的30%,如果想继续购买,就必须发出收购要约(第65条)。要约收购的报告内容就详细得多了,包括收购的目的、期限、价格、资金保证、收购完成后的后续计划等⑤,并且必须向全体股东发出。中

---

① 这一点1998年《证券法》第41条和第79条没有写清楚,2005年修改之后才在"投资者持有"后面增加了"或者通过协议、其他安排与他人共同持有"的字样,把这一点表述清楚了,沿用至今。美国《1934年证券交易法》第13条d款第3项对5%持股比例的计算早就作了这样的规定,美国证交委制定的规则13d-5(b)1据此作了更加具体的规定。

② 见证监会制定的《上市公司收购管理办法》(2020年修订)第16条。该条在《证券法》第64条的基础上还增加了持股目的,有无继续增持的意图、股份变动时间及方式等内容。

③ 《1934年证券交易法》第13条d款。

④ 美国《1934年证券交易法》第13条d款6项。

⑤ 见我国《证券法》第66条及中国证监会《上市公司收购管理办法》(2020年修订)第29条。

国证监会发布的《公开发行证券的公司信息披露内容与格式准则第17号——要约收购报告书》(2020修正)对要约收购报告的内容作了详细的规定。把30%作为法定报告和公开的第二个临界点,并且要求采取要约的方式,也是为了保护目标股东的利益,因为要约的价格一般远高于市价,通过向全体股东公开要约,可以给每一个中小股东均等的赚钱机会。

由于公开义务针对的是通过收购取得对公司的控制权,对于那些不存在争夺控制权问题的收购行为,可以豁免其报告的义务,包括免于以要约收购方式增持股份,免于向所有股东发出收购要约,等等。① 例如,由于发行人回购股份导致持股人持股超过30%或者证券公司承销证券时持股超过30%但"没有实际控制该公司的行为或者意图"的,都可以申请豁免。② 此外,在目标面临严重财务困难时,收购人满足了一定的条件,为了挽救该公司而收购,也可以申请豁免。这样的规定显然考虑了中国的具体国情,同时又试图使公开义务具有针对性。③

公开必须真实。虚假的信息对投资者毫无用处。真实与否的标准是会不会对股东的判断产生误导。激烈争斗中情绪化语言可以容忍,但是如果越过了一定的界限,造成虚假,导致股东作出了错误的投资决策或投票决定,那就要承担民事责任。④ 这些在本章第二节中已有论述,具体标准的掌握更多地是一个实践问题,有待于我国法院在审判中予以发展和把握。

与信息的公开相关的,是确保投资者有充分的时间来消化和吸收所公开的信息。这就是关于要约有效期的规定。美国以前没有这方面的法律规定,致使"星期五要约"或"周末要约"得以泛滥流行。短期要约给目标股东带来很大的压力,因为一方面,要约的收购价格比较高,很有诱惑力,另一方面,要约的有效期很短,如果不马上交售,很快就过期了。所以股东往往被迫匆匆交售而没有从容考虑的时间。但是看起来挺高的价格有时候却低于目标的实际价值。收购人处心积虑,经过了长期的调查和研究,发现了目标的实际价值;而广大的目标股东在短时间内则无法发现这一价值。针对这种情况,法律规定了要约的最短有效期,美国为20天,我国为30天。这样,星期五要约就没有了。不但如此,法律还规定在要约有效期内,已经交售股份的股东有权随时撤回这些股份;⑤在要约有效期内交售的股份不问交售时间的先后,一律平等。如果交售的股份总数超过

---

① 见我国《证券法》第66条及中国证监会《上市公司收购管理办法》(2020年修订)第61条。
② 同上第63条。
③ 同上第62条。
④ 参见我国《证券法》第196条、《公司法》第147、149条。这些规定都还不够完善。
⑤ 这一点中美两国的规定也是一样的。见美国证交委《1934年法规则》14d-7;中国证监会《上市公司收购管理办法》第42条的规定大致相同,只是股东可撤回所交股份的时间截止到要约期届满前3个交易日。

了要约收购的数量,收购人必须按比例分摊。对此,《证券法》在 2005 年修订时特地增加了第 88 条第 2 款(现行《证券法》第 65 条第 2 款):"收购上市公司部分股份的收购要约应当约定,被收购公司股东承诺出售的股份数额超过预定收购的股份数额的,收购人按比例进行收购。"① 例如,收购人需要收购 50%,实际交售了 65%,就应当按照每 13 股收购 10 股的比例收购。如果在要约有效期内收购人提高了价格,该提高了的价格适用于之前交售的股份。② 这就大大减轻了股东在决定是否交售时所承受的压力,使他们有比较充足的时间考虑要约的价格是否合理。

为了公平对待所有的股东,法律还规定,收购人在要约有效期内不得通过其他途径购买目标股份。③ 除了收购人之外,其他知道收购要约的人在要约发出之前以及发出之后的一段合理的时间内不得买卖目标的股票,除非在他购买之前该要约信息早已公开。这属于对内幕交易的禁止。

二、 对股东交售的约束

另一方面,对于股东的交售行为也应当适当规范,禁止空头交售。④ 所谓空头交售,就是像买空卖空那样,股东在没有股份的情况下虚报交售数字,从而出现股东之间实际售出的股份数与实际持有并交售的股份数不一致的情形。例如,甲乙两位股东,甲持股 6 万股,乙持股 4.5 万股,各自悉数交售。现在交售数超过收购数 50%,比如,计划收购 1000 万股,交售总数却达 1500 万股。收购人按照法律的规定按比例收购,向甲收购 4 万股,向乙收购 3 万股,这是公平的。但是如果乙采取了售空的手段,交售 6.75 万股(其中 2.25 万股售空),那么,按照同样的比例,收购人将向乙收购 4.5 万股。结果,持有 6 万股的人只卖掉了 4 万股,而持有 4.5 万股的人却卖掉了 4.5 万股。在收购价格合理,大家都想交售时,这显然是不公平的。而且,空头交售还可能出现交售总数超过已发行总数的荒唐结果。空头交售之所以能够出现,是因为交售采取了通过合同预报交售数字的形式。简单的禁止办法就是要求将股票实实在在地交到收购人或者收购人指定的某家机构手中,那样就没法虚报数字了。证监会《上市公司收购管理办

---

① 中国证监会 2002 年 9 月 28 日发布、12 月 1 日起施行的《上市公司收购管理办法》第 42 条已有这样的规定。2006、2008、2012、2014 年、2020 年五次修订后仍保留在第 43 条中。美国的规定见美国证交委《1934 年法规则》14d-8。

② 美国证交委《1934 法规则》14d-7。

③ 见《证券法》第 70 条和中国证监会《上市公司收购管理办法》第 46 条。也参见美国证交委《1934 法规则》10b-13。美国人还曾经考虑过将禁止期延长到要约期满后的 10 日内,见提议规则 10b-13。

④ 美国证交委《1934 法法规则》10b-4。我国采取实交股票的办法,效果相同,见证监会《上市公司收购管理办法》第 42 条。

法》(2020年修订)第42条第1款规定:"同意接受收购要约的股东,应当委托证券公司办理预受要约的相关手续。收购人应当委托证券公司向证券登记结算机构申请办理预受要约股票的临时保管。证券登记结算机构临时保管的预受要约的股票,在要约收购期间不得转让。"这就是实交股票,能够有效地防止空头交售。

三、对目标经理层的约束

以上讨论了法律如何调整收购人与目标股东之间的关系,主要是防止收购人侵犯目标股东的权益,同时也对股东的行为进行适度的规范。但是在实际生活中,利害冲突更多地发生在目标经理层与股东之间,经理层比收购人更容易侵犯股东的权益。公司法通过规定经理层,特别是董事,对公司的注意义务和忠诚义务来规范经理层的行为,保护股东的合法权益,协调二者之间的关系。在公司收购中同样如此。公司法和证券法在这里交叉重叠、难分难解。

所谓注意义务,包含两方面的含义。一是要求董事用心,恪守职责,对公司的事务,尤其是财务状况和经营状况,有一个概括的了解,并在知情的基础上决策。知情的程度不必事无巨细,样样过问,但对公司的基本情况应当了解,决策应当有合理的基础。二是对董事在这一用心基础上做出的决定的尊重。这种尊重的假设前提是,董事和经理作为生意人,是做生意的专家;法官也好,政府部门也好,都不是做生意的专家;非专家应当充分地尊重专家的意见和决定。设定这一假设的政策性考虑是,生意场上充满着变幻和机会,应当鼓励冒险精神和大胆探索,如果法律的规定过于苛刻,容易扼杀生意人的主动性和创造性,不利于社会经济的发展。因此,当董事会的某一项决策在事后被证明是错误的,因而给公司及其股东带来重大损失的时候,判定董事要不要对此承担民事赔偿责任的标准是设身处地地考虑在董事会做决定的当时当地,这样的决定有没有一定的道理,而不是法官过后方知地按照自己的判断标准去衡量董事会以前的决定有没有过失。只要这个决定不是荒唐的,一个智能正常的人有可能会做出的,那么,即使在法官看来如果换了他自己,是决不会做出这样的决定的,董事也不应当对此承担民事责任。这就是商事判断规则的含义。

但是适用商事判断规则有一个前提条件,那就是董事在做决定时必须没有个人利益牵涉其中,没有与公司之间的利害冲突。如果董事的决定中包含着个人利益的考虑,商事判断规则便不再适用,而适用忠诚义务标准。法官将不再把董事看成做生意的专家而予以特别的尊重,而将按照自己的判断标准,联系当时当地的实际情况,严格地检查董事做决定过程中的每一个环节是否有道理,是否公平,有没有出卖股东的利益而牟取私利等。一旦发现问题,董事就得承担民事赔偿责任。

在公司收购中,当收购人发出收购要约时,目标经理层的注意义务要求他们恪守职责,从公司利益和生意的角度及时地作出反应①,在知情的基础上进行判断并表明态度,向股东们提出具体的建议,接受、拒绝、或者持股待价,"等一等、看一看、听一听"再说②,等等。经理层的忠诚义务又要求他们的态度和决策都必须从公司和股东们的利益出发而不是从他们个人的既得利益出发,不得含有个人与公司的利害冲突。但是由于公司收购涉及经理层的饭碗,这种利害冲突几乎是天然存在的。因此,商事判断规则是否适用,如何适用,就是一个相当微妙的问题,需要根据具体情况作具体分析,难以一概而论。主要看经理层的决策究竟是为了公司还是为了个人的既得利益。这里,法律对目标经理层必须盯紧,防止其牟取私利,首先要求经理层向股东提出的每一个建议或表明的每一种立场都应当说明理由,标明具体的日期。③ 作为向股东公开的信息材料,经理层的建议和理由与收购人的收购要约及所有与要约有关的其他陈述一样,都必须真实、准确,不得欺骗和误导。④ 美国证交委《1934年法规则》14d-5还规定,目标经理层在接到敌意要约后,必须立即将要约寄送给由公司登记在册的每一位股东或者将这份股东的名单提供给收购人让收购人自己寄送。选择权在目标。如果提供名单,目标的义务限于提供股东的名称和地址,每位股东的持股数量可以不泄露。

公司经理层所采取的防御性措施如果损害了股东的利益,就会引起纠纷。在潘特诉马歇尔场公司⑤一案中,马歇尔场公司的经理层采用各种手段击败了收购要约,结果使公司的股票价格从要约时期的每股42美元跌到每股19.76美元,公司的股票总值下降了两个多亿。股东起诉要求赔偿损失,由三位法官组成的合议庭以二比一的票数决定适用商事判断规则,从而使公司经理层死里逃生,避免了个人破产的厄运。在适用商事判断规则的情形下,只要符合以下三个条件,董事会的决议便不受质疑。第一,决议建立在合理调查和认真思考的基础之上;第二,作出决议的董事们没有任何个人利益牵涉其中;第三,他们真诚地相信决议符合公司的根本利益和长期发展。问题是,利害冲突几乎天然存在,董事们的个人利益又怎么可能不牵涉其中呢?大概,这里的输赢取决于举证责任的分

---

① 美国证交委《1934年法规则》14e-2(a)要求目标董事会必须在要约发出后的10日内向股东表明它对要约的态度并说明具体的理由。

② 美国证交委《1934年法规则》14d-9允许它暂时不表明态度,而只向股东建议暂时不要交售。

③ 美国证交委《1934年法规则》14e-2(a)和14d-9都有这样的要求。

④ 美国《1934年证券交易法》第14条e款。

⑤ Panter v. Marshall Field & Co., 646 F. 2d 271 (7th Cir. 1981), cert. Denied 454 U. S. 1092 (1981).

担,适用商事判断规则时,质疑董事会的决议而提起诉讼的人必须证明这三点中的某一点不能成立,也就是说,举证责任在提出质疑的原告。对此,那位持反对意见的法官则愤怒地写道:这个判决"向彻底废除对公司董事们的仅存无几的少量限制前进了一步,使他们在抵御敌意收购,保持对公司控制权的活动中得以肆无忌惮地将自己的利益放在股东利益的前面"。可见,对公司收购中目标的抵御行为是否适用商事判断规则,如何适用?在这些问题上美国的法官乃至法院也是有分歧的。

数年之后,美国法院就公司收购中经理层的注意义务和忠诚义务的适用和举证责任的分担又提出了更为现实的标准和程序(见下节的芮夫朗公司上诉麦克安德鲁斯与福布斯控股公司案)。

第五节 举例说明

法律规则只有在具体的案例中才能得到充分的体现。本节先引进几个美国的判例,展示美国法院在实际判例中如何适用上面讨论过的一些规则,如何在公司收购所涉及的三方利益中着重保护投资者的利益,而在收购人与目标经理层之间保持中立;然后介绍一个中国公司收购案进行比较。

一、派泼航空器公司诉科里司—克拉夫特实业公司案[①]

派泼航空器公司试图收购科里司—克拉夫特实业公司。科里司—克拉夫特公司找了一位白衣骑士,与派泼航空器公司对抗并互相竞价,派泼航空器公司失败之后便指责目标和白衣骑士的要约竞价中含有虚假不实之词,构成了《1934年证券交易法》第14条e款禁止的虚假陈述、重大遗漏和误导,而这些违法行为又导致了派泼收购的失败,因此,被告应当赔偿原告的经济损失。经过7年的诉讼,联邦第二上诉审法院同意了原告的意见,认为原告指控属实,判决被告赔偿2500万美元,连同利息合计4000万美元。被告上诉。联邦最高法院否决了第二上诉审法院的判决。因为作为威廉法案

---

① Piper v. Cris-Craft Industries, Inc., 430 U.S. 1 (1977)。原判词较长,以下是本书作者的概括和编译,并加评语。本节后文案例亦同。

的一部分,第 14 条 e 款的保护对象是收购人和目标经理层以外的广大股东,收购人和目标经理层都不是法案的特定保护对象。在他们二者之间,法律取中立的态度。所以,联邦最高法院认为,作为收购人的派泼航空器公司,在收购失败之后,不具备按第 14 条 e 款请求损害赔偿的资格。判词提到,如果股东因为目标经理层或者其他反对敌意要约的人的欺骗性宣传而没有交售股份,致使遭受了损失的话,他们可以起诉,请求经济上的损害赔偿。但是,收购与反收购这敌对的双方只能在争夺的过程中请求法院发布禁令制止对方的违法行为,而不能在争夺结束之后请求损害赔偿。从此以后,下级法院都允许收购人和目标各自提起请求禁令之诉。而股东则可以提起损害赔偿之诉。

注意:本案中被告确实违法了,即作了虚假的陈述,从而损害了股东的利益。只可惜提起诉讼的是要约人而不是股东。要约人虽然也受到了损害,但是法院认为它没有请求损害赔偿的资格,只有股东才有这种资格,因为只有股东——广大的中小投资者,才是法律保护的对象。

二、诺林公司收购案[①]

撒佐电器公司与劳尼培司公司联手,大量买进诺林公司的股票。为了抵抗可能发生的收购,诺林公司董事会向它的全资子公司和一个刚刚设立的职工期权计划发行了一批普通股和有投票权的优先股。这些股份的投票权自然都控制在诺林公司手中。有了这些股票的投票权,诺林公司董事会就可以有效地防御敌意收购。撒佐电器公司起诉,请求法院禁止诺林公司用这些股份投票。法院讨论了两个问题:第一,一个全资子公司可不可以行使其所持有的母公司股份的投票权?第二,本案中为了防御可能的收购而向职工期权计划发行股份是否合适?对于第一个问题,法院认为子公司不能行使投票权,因为如果允许母子公司之间相互持股并相互行使投票权的话,那么董事会和经理层很容易永久性地把持公司的领导权,任何人都无法挑战,这显然不利于股东权益的保护。[②] 对于第二个问题,法院从董事对公司和股东的义务的角度作了分析。这一义务包括两个方面:注意义务和忠

---

① Norlin Corporation v. Rooney, Pace, Inc., 744 F. 2d 255 (2d Cir. 1984).

② 为了抵御公司收购,曾经有人创造了英格兰——荷兰公司,即两家公司互相持有对方 50% 以上的股份,而两家公司又都控制在同一家族或者同一伙人的手里。他们本来可以只设立一个公司,现在为了巩固控制权而成立这两家公司。针对这种情况,现代公司法一般都规定在母公司对子公司绝对控股的情况下,子公司不得行使其所持有的母公司股份的投票权。于是英格兰——荷兰公司形式即告失效,因为在互相绝对控股的情况下,互为子公司,所以相互之间都不能行使投票权。

诚义务。注意义务要求董事遇事作合理的商事判断；忠诚义务限制董事谋取私利。一旦董事有谋取私利之嫌，就应当适用忠诚义务标准，举证责任转向被告，由董事自己来证明交易是公平的和恰当的，符合公司的最佳利益的。在本案中，股份的发行正好发生在有人可能要收购公司的时候，职工期权计划也是临上轿抱佛脚的权宜之计，显然不是为了职工的利益，而是为了巩固现任领导的控制权，以便长期地保住他们自己的位子。因此，在这样的节骨眼上对职工期权计划发行股份也是不合适的。于是，法院维持了下级法院已经发出的禁止投票的命令。

注意：发行新股是本章第三节介绍过的防御性措施之一，并非当然违法或无效，只是在本案的具体案情中，目标通过发行新股完全杜绝了被收购的可能，这显然会损害股东的利益，所以必须禁止。

三、莫冉诉国际家用公司案[1]

国际家用公司的董事会以 14 票对 2 票决议采用一项优先股购买计划，普通股股东按每股一权取得购买优先股的权利。权利的行使以两种触发性事件为条件。第一，如果有人发出收购 30% 的股份的要约，权利即可行使，每权以 100 美元的价格购买 1/100 股优先股，但董事会有权以每权 50 美分的价格赎回；第二，如果有人实际收购了 20% 的股份，权利即可行使，每权以 100 美元的价格购买 1/100 股优先股，购股权变成不可赎回。如果权利人没有行权，而随后公司被收购合并，那么，权利人可按每权 100 美元的价格购买收购人的价值 200 美元的股票。按照计划规定，1/100 股优先股在投票权和收益权方面的权益都与一股普通股大致相同。但是当时家用公司的普通股市价在每股 30 到 33 美元之间，离 100 美元还差很远，权利人显然不会行权。所以，要害问题在一旦公司合并，权利人即可按每权 100 美元的价格购买收购人价值 200 美元的股份这一条。

莫冉是家用公司董事会的成员，同时又是 DKM 公司的董事长，也是那 2 票反对票中的一票。他在不久前曾向家用公司示意能否由 DKM 收购家用公司，由此促使家用公司的董事会警觉，并采用了这个优先股购买计划。

美国证交委积极地参与了诉讼，支持莫冉的立场。但是特拉华州最高法院只按该州的公司法断案，没有听从证交委的意见。

特拉华州的公司法允许公司证券的权利中含有"反毁灭"或"反冲淡"条

---

[1] Moran v. Household International, Inc., 500 A.2d 1346 (Del. 1985).

款。这类条款赋予股份持有人在公司合并时将证券转换成用来替换这些证券的那种证券的权利。法院同意被告的辩解,认为本案中的购股权所含有的购买收购人股份的权利与这种反冲淡条款相类似,为特拉华公司法所允许。

接下来的问题是国际家用公司的董事会有没有权力采用这样的计划?这取决于这个计划在客观上有没有杜绝收购,从而剥夺了股东获取要约的权利。法院从审判时被告出示的证据断定,该计划并没有杜绝收购。一方面,现实中有现成的收购成功的例子——目标采用了同样的计划而被收购;另一方面,从计划本身的内容看,收购人依然有许多办法可以克服障碍,例如以董事会赎回购买权为条件发出要约,收购50%以上的股份后再推动目标赎回购买权,或者组成一个持股19.9%以上的集团争夺投票代理权,撤换董事会并赎回购买权,等等。

就目前情况来看,这个计划至少在形式上是给股东以权利和好处,并没有损害公司的利益或股东的权益,因而商事判断规则是适用的。这个规则首先假定董事会的决定是从公司的最佳利益出发,在知情的情况下,诚实而认真地作出的。谁不同意这一点,谁就应当举证。不过,在公司采取防御性措施时,商事判断规则的适用应当有所调整。董事们应当首先举证证明他们有合理的理由相信公司的经营方针和效率遭受到了威胁。只要他们做了合理的调查并且由此形成了真诚的看法,那就证明了这一点。此外,他们还应当证明他们所采取的防御性措施对于公司所遭受到的威胁是恰当的。如果作出决定的董事会的多数人是独立的外部董事,这有助于证明。然后,举证责任转向原告。原告应当证明董事们违反了忠诚义务,在谋取私利;或者证明董事们没有在知情的情况下认真地作决定,认真与否的标准是有没有重大过失。法院认为,本案中的董事们既没有违反忠诚义务,也没有重大过失,计划针对的是两层要约和收购后即将企业分解拍卖的可能。这样的分解拍卖在现阶段相当普遍。考虑到分解拍卖对公司和公司职员的影响,适度的防御性措施是合理的。原告败诉。

注意:这是一颗毒药丸,要害在覆过去(flip-over)条款。一个重要的事实是收购人只有收购的意图,还没有正式发出收购要约。一旦发出要约,并且真的像法院所说的那样以目标董事会赎回购买权为条件,而要约的价格又比较高,董事会在决定是否赎回的问题上将面临巨大的压力,因为其与股东之间的利害冲突以及为保住自己的位子而不惜牺牲股东利益的嫌疑将逐渐增大。这时,法院将根据要约的具体内容和董事会对要约的具体反应和所作所为对计划的合理性进行重新评判。

四、芮夫朗公司上诉麦克安德鲁斯与福布斯控股公司①案

这是继莫冉案之后特拉华州最高法院判决的又一个著名判例。

在该案中,盘雀·普拉德公司试图收购芮夫朗公司。盘雀·普拉德公司的总裁费尔曼先找芮夫朗公司的总裁伯格拉克面谈,提出在每股40—50美元之间购买芮夫朗公司,但是伯格拉克觉得这个价格太低,谈了几次都没有谈成。1985年8月14日,盘雀·普拉德公司的董事会授权费尔曼收购芮夫朗公司,可以协议,也可以要约,协议价格在42—43美元之间,要约价格每股45美元,由费尔曼酌情而定。

芮夫朗公司的董事会得到消息之后,于8月19日开会讨论。会上,公司的投资银行顾问告诉他们45美元的价格太低。顾问解释说,盘雀·普拉德公司的策略是通过发行劣质债券收购,然后将芮夫朗公司分解拍卖,最后可以获得每股60—70美元的价格。而如果整体拍卖,大概也能得到每股55美元左右的价格。根据律师的建议,董事会决定采取两项防御性措施。第一,收购本公司已发行的3000万股股份中的1000万股;第二,设立一个债券购买权计划,以红利的形式给普通股股东发放债券购买权,每股普通股可以换取一张面值65美元,利率12%,期限一年的债券。这些债券购买权在任何人取得公司股份的20%时生效,除非收购价格不少于65美元。不过,董事会在这之前的任何时候都有权以每股10美分的价格赎回这些购买权。

8月23日,盘雀·普拉德公司发出了每股47.5美元,交多少收多少的收购要约。8月26日,芮夫朗公司拒绝敌意要约。29日,公司以每股47.5美元的价格向自己的股东要约回购了1000万股。但是公司没有支付现金,而是按照这个价格发行相对高级的低级债券,利率11.75%,期限10年,外加十分之一股累积的、可转换可交换优先股。②债券的合同对芮夫朗公司以后继续借债、出售资产和发放红利等方面的活动作出了限制,除非这些活动得到董事会中的独立董事们的同意。这些步骤暂时阻止了盘雀·普拉德公司的收购。

9月16日,盘雀·普拉德公司更新了它的收购要约,提出以每股42美

---

① Revlon, Inc. v. MacAndrews & Forbes Holdings, Inc., 506 A.2d 173 (Del. 1986).
② 优先股的价格为每股100美元。十分之一股优先股当时价值9美元。这样,每股被回购的普通股得到的价值是47.5+9=56.5美元,但不是现金。

元①的价格收购90%的股份；并且表示如果芮夫朗公司取消那些债券购买权的话，它也可以考虑以更高的价格收购少于90%的股份。

9月24日，芮夫朗公司董事会拒绝了这个要约，同时决定另外寻找购买人。

但是盘雀·普拉德公司的收购决心非常坚定。9月27日，它将收购价提高到每股50美元，10月1日加到53美元，10月7日又加到56.25美元。

与此同时，芮夫朗公司已经找到了以福司特曼公司为首的白衣骑士。他们于10月3日开会讨论盘雀·普拉德公司提出的每股53美元的要约，最后董事会一致同意由福司特曼公司购买芮夫朗公司。具体的协议条件包括以每股56美元的价格现金购买已发行的普通股股份；公司经理层根据原有的黄金降落伞行权购买新公司的股份；福司特曼公司将承担因回购1000万股股份所发行的47,500万美元的债券债务；芮夫朗公司将为福司特曼公司或其他更加有利的要约赎回8月19日决议发行的那些债券购买权，并放弃4.75亿美元债券的合同中约定的限制条款。福司特曼公司计划在合并之后以3.35亿美元的价格卖掉芮夫朗公司的两个分支机构；芮夫朗公司则计划在合并之前以9.05亿美元的价格卖掉它的那些化妆品分部。这些交易将使任何人购买芮夫朗公司变得容易。

当合并的协议与放弃债券合同中的限制条款的协定公布之后，债券的市场价格开始下降，到10月12日为止一共下降了12.5%。债券的持有者们愤怒了，无数的电话打到芮夫朗公司责问此事，《华尔街报》10月10日的报道说他们可能要起诉。

10月7日，盘雀·普拉德公司又将收购要约的价格提高到每股56.25美元，并且告诉目标与白衣骑士它将永远以略高于白衣骑士的出价竞价。

10月12日，福司特曼公司向芮夫朗公司发出新的要约：每股57.25美元，但是有一些具体的条件。福司特曼公司要求在有人取得芮夫朗公司40%股份的情况下以5.25亿美元的价格购买芮夫朗公司的那些保护视力与全国卫生实验室分支，这个价格比芮夫朗公司的投资银行顾问的估价要低1亿至1.75亿美元；芮夫朗公司还必须答应不再与其他购买人洽谈或接受其他购买人的竞价；当然，债券购买权将被赎回，已发行债券的合同中的限制性条款将被去掉。如果芮夫朗公司取消协议，或者有人取得了19.9%以上的芮夫朗公司股份，芮夫朗公司必须支付2500万美元的合同解除费。作为回报，福司特曼公司答应通过兑换新的债券来支持已发行债券的市场

---

① 这个价格看起来低于早先的每股45美元，但是其中有一个换股计划，折合起来，价格大致相同。

价格,保证其价值不下跌。福司特曼公司还要求芮夫朗公司马上接受这个要约,否则它将撤回。芮夫朗公司的董事会一致同意接受要约。

盘雀·普拉德公司已经在8月22日起诉,要求法院下令取消芮夫朗公司的购买权计划,现在得知了目标与白衣骑士之间的新的协议,便于10月14日修改了起诉状,要求取消目标新达成的出售保护视力与全国卫生实验室分支的锁定协议、合同解除费协议、以及债券合同中的限制条款。同时盘雀·普拉德公司又将要约价格提高到每股58美元,条件是取消购买权计划、放弃债券合同中的限制性条款和禁止锁定协议。

10月15日,特拉华州基层法院下令禁止资产的转让,10月23日,又禁止了锁定协议、废除了芮夫朗公司不再接受竞价的承诺和协议达成的合同解除费。法院认为芮夫朗公司的董事会由于惧怕对债券持有者们承担民事责任,所以向福司特曼公司作了过多的让步,答应不再接受别的竞价,而没有为了股东的利益而争取最高的价格,从而违反了对股东的忠诚义务。

芮夫朗公司及其白衣骑士上诉到特拉华州最高法院。

特拉华州最高法院重申了公司法的一些基本原则:公司的经营管理权最终属于董事会,董事会在行使职权时对公司和股东负有注意和忠诚的义务,商事判断规则是基于这些基本原则设立的,只有当这些基本原则得到满足之后,商事判断规则才能适用。商事判断规则实质上是关于董事在做商事决定时的善意和知情的假定。所谓善意是指为了公司的最佳利益,没有私利牵涉其中。所谓知情是指董事作了合理的调查,没有盲目地作出决定。一旦商事判断规则适用,举证责任在对方。然而当董事会采取反收购措施时,那就时刻存在着董事会不顾公司和股东的利益而牟取自己的利益的忧虑。这种潜在的利害冲突将最初的举证责任放在了董事们身上,他们必须首先证明他们在采取防御性措施时有合理的理由相信公司的经营方针和效率遭受了威胁,证明的途径是表明善意和合理的调查。此外,他们还必须对收购的性质及其对公司的后果作出分析,从而确定他们所采取的反收购措施对于公司受到的威胁来说是否合理和适度。

根据这些原则,该院首先分析芮夫朗的毒药丸,即债券购买权计划——股东据此可以以远高于市价和收购价的价格将股份卖还给公司(每股65美元)。这一反收购措施是适度的还是过分的呢?在公司采纳计划的时候,收购要约的价格是每股45美元。那个价格显然太低,考虑到收购人有可能要使用劣质债券购买公司而后分解拍卖,用卖来的钱支付债券,并从中盈利,毒药丸的采纳保护了公司股东的利益,同时,公司也保留了通过赎回购买权接受任何更有利的要约的灵活性。而正是由于这一计划的存在,才促使要约价从最低的 42 美元提高到 58 美元。所以，这一措施在采纳的当时对于公司遭受的威胁是合理的和适度的。

但是在 10 月 3 日的会议上，面对福司特曼公司每股 56 美元的要约，公司已经同意为这个要约赎回购买权，并且表示如果有更好的要约，他们同样会行使赎回权。10 月 12 日，董事会一致同意在每股 57.25 美元或更好的价格条件下将赎回购买权。而盘雀·普拉德公司后来的要约价格是 58 美元，董事会总是要赎回购买权的，所以对它的合理性就不必讨论了。

法院接着讨论 1000 万股股份的回购。芮夫朗公司将为福司特曼公司或其他更加有利的要约赎回 8 月 19 日决议发行的那些债券购买权，并放弃 4.75 亿美元债券的合同中约定的限制条款。由于股份的回购与债券购买权是在相同的时间、相同的情况下采纳的，引出了相同的结果，所以在采纳的当时相对于公司所遭受的威胁来说，也是合理的和适度的。

问题是当盘雀·普拉德公司将要约价从 50 美元提高到 53 美元的时候，事情变得很清楚：公司的分裂已经不可避免了。面对这一要约，10 月 3 日的芮夫朗公司董事会会议授权经理层寻找第三者洽谈公司出售。这表明董事会已经认识到公司已经到了该拍卖的时候了。这时候董事会的职责从保存公司转变成追求最高的价格。他们已经用不着担心过分的低价对公司的经营方针和股东利益的影响。他们的角色从公司堡垒的捍卫者转变为在公司的出售中为股东追寻最高价格的拍卖人。

从这样的角度去分析芮夫朗公司在 10 月 12 日签订的锁定协议，就能发现董事们没有忠实地履行自己的职责。协议强调支撑已发行债券的市值，因为免除债券合同中的限制条款的承诺已经引起债券市价的下跌。董事们的首要义务是对股东的忠诚，他们的职责是保护股东利益，只有在不对股东利益造成损害的情况下才可以考虑其他人的利益。公司的出售已成定论，现在的目标是为股东争取一个最高的价格。锁定协议的直接后果就是杜绝盘雀·普拉德的收购之路，中断正在激烈进行的竞价，这对股东的利益是极为不利的。债券持有者们的权益已经有合同保护，放弃合同中的限制性条款是根据合同的规定进行的，因而市价的下跌也应当是合同的当事人在签订合同时已经预见到了的。董事们因为害怕自己承担民事责任而不惜牺牲股东利益，签订了锁定协议，违反了忠诚义务。

协议中芮夫朗公司所作的不与他人洽谈公司买卖，不再接受哪怕是高于 57.25 美元的价格的承诺，同样是为了结束竞价。这类条款像锁定协议一样，本身不一定违法，但是在本案中，当董事们的首要职责是拍卖公司，谋求高价的时候，却是不能允许的。

合同取消费与不寻找他人洽谈的承诺一样,是整个锁定协议计划的一部分,应当禁止和取消。

最后,法院对白衣骑士作了这样的评论:"在敌意要约对股东利益不利时,目标偏向白衣骑士而将敌意要约人排斥在外是可以的。但是当要约人发出的要约大致相同,或者公司的分解拍卖已经不可避免时,董事们如果依然在竞价的双方中作这样的偏向的话,按照俞呢克尔案[1]中的较高标准衡量,那就是失职了。我们必须确保市场的力量自由地发挥作用,从而使目标股东们能够得到最好的价格。"

因此,特拉华州最高法院决定维持原判。芮夫朗公司败诉。

注意:本案案情相对复杂,目标面对要约收购同时采取了多种防御性措施,包括股份回购、毒药丸和锁定选择等。金色降落伞则是本来就有的。其中股份回购所支付的对价不是现金而是债券,债券合同中含有一系列限制性条款,目的是使目标显得不那么诱人。合同取消费与绿色敲诈颇为相似,但法院把它看作锁定协议的一部分,也是可以的。法院在分析中始终坚持了以广大的中小投资者的利益为重的原则,而对收购人和目标经理层采取了一种不偏不倚的中立立场。收购必须允许,大门必须敞开,因为这对股东有利。防御性措施要看是否适度,凡是有利于股东利益,迫使收购人提高价格的,就是适度,本案中的毒药丸便是;凡是彻底关闭大门、杜绝收购的就是过分的,本案中的锁定选择便是。从中我们可以学习分析问题的方法和角度。

此外,商事判断规则的适用和举证责任的分担有所调整。在公司收购中,由于存在着利害冲突的天然嫌疑,目标经理层必须首先证明他们在采取防御性措施时有合理的理由相信公司的经营方针和运行效率遭受了威胁,证明的途径是表明自己的善意和经过了合理的调查。此外,他们还必须对收购的性质和收购将对公司产生的后果作出分析,从而确定他们所采取的反收购措施对于这种威胁来说是合理的和适度的。只有在目标经理层满足了这一首先举证的要求并且举证成功之后,商事判断规则才能适用,举证责任转向原告。

五、海克曼诉阿门森案[2]

这是加利福尼亚州中级法院判决的一个案子。斯坦伯格集团购买了200万股迪士尼的股份,为了防御可能的收购,迪士尼的董事会宣布发行200万美元的新股购买阿飞德公司,同时承担该公司190万美元的债务。斯

---

[1] Unocal Corp. v. Mesa Petroleum Co., 493 A. 2d 946 (Del. 1985).

[2] Heckmann v. Ahmanson, 168 Cal. App. 3d 119, 214 Cal. Rptr. 177 (1985).

坦伯格集团便以股东的身份提起派生诉讼,试图阻止这笔交易。但是,这笔交易还是在1984年6月6日成交了。

斯坦伯格集团没有退缩,又在市场上购买了200万股迪士尼的股份,从而使其持有的迪士尼股份数量达到了已发行股份总数的12%。6月8日,斯坦伯格集团通知迪士尼说它将以每股67.5美元的价格要约收购迪士尼49%的股份,然后以每股72.5美元的价格收购剩余的股份。迪士尼的董事们马上作出了反应,当天晚上便向斯坦伯格集团建议由迪士尼回购斯坦伯格手中的全部迪士尼股份。

6月11日,双方签约。按照协议,迪士尼以29740万美元的价格回购斯坦伯格手中的全部迪士尼股份,外加报销斯坦伯格的要约费用2800万美元,总共3.25亿美元,折每股77美元,斯坦伯格集团盈利6000万美元。作为回报,斯坦伯格集团同意不再购买迪士尼股份,并且撤销因迪士尼购买阿飞德公司而提起的诉讼。

消息一公布,迪士尼股票的市场价格从斯坦伯格集团购买时的每股64.25美元跌到50美元。迪士尼的一些股东愤而起诉迪士尼的董事和斯坦伯格集团,请求法院禁止6000万美元的盈利支付。下级法院同意请求,命令临时冻结6000万美元。斯坦伯格集团上诉。

中级法院分析指出,迪士尼董事会面对收购要约而签订绿色敲诈协议的用意十分明显,那就是为了保住自己的位子。虽然这一点还没有最后得到证明,但是从已有的证据来看,已经很清楚了。原告能够证明这一点的可能性很大。一旦董事的个人利益牵涉其中,举证责任便转向董事。他不但要证明主观善意,而且要证明从公司和股东的利益来看,交易是公平的。而从目前已有的证据来看这两点一点也不能证明。如果董事们违反了忠诚义务,那么斯坦伯格集团作为董事违法的帮助者或同谋,也要与董事们一起承担责任。

此外,斯坦伯格集团在提起派生诉讼之后又撤诉的行为也违反了它本身应当承担的对其他股东的忠诚义务。派生诉讼中的原告代表的是公司和全体股东的利益,负有对公司和全体股东忠诚的义务。如果他以此为要挟换取个人的利益,他就背叛了其他股东,违反了对他们的忠诚义务。本案中斯坦伯格集团提起派生诉讼以阻止迪士尼购买阿飞德公司,因为该笔交易使迪士尼背上了沉重的债务。而后斯坦伯格集团撤诉则是为了将已经收购的股份以高价抛还给迪士尼,获取巨额利润。这就违反了作为派生诉讼的原告所应当承担的忠诚义务。

如果不及时冻结那6000万美元的现金,这笔钱就有可能被疏散掉,给最终判决的执行带来不可逾越的困难。所以，下级法院的临时冻结命令是恰当的。维持原判。

注意：这是一次典型的绿色敲诈。绿色敲诈并非当然违法，但是目标经理层必须证明自己在签订协议时的善意和知情，证明这样做对公司和股东是有利的。本案中的被告显然不能证明这两点中的任何一点。恰恰相反，协议的目的明显地是为了保住经理层的位子，而股东的利益却受到了损害，股票的价格下降了近四分之一。此外，派生诉讼中原告的忠诚义务也是值得注意的，不过，那是公司法的内容。

六、弯伯格诉全石油产品公司案[①]

本案是一场集合诉讼[②]，涉及公司收购与合并中的复杂矛盾和共同董事的忠诚义务等问题。全石油产品公司的原少数派股东认为该公司在与其母公司西格纳尔公司(50.5%股东)的合并中排挤了少数派股东，因此就以全石油产品公司、西格纳尔公司两家公司的某些官员和董事和全石油产品公司的投资银行莱门兄弟库楼伯公司(以下简称"莱门"或"莱门兄弟公司")为被告，提起诉讼。特拉华州的基层法院认定案中的公司合并对于少数派股东是公平的。原告败诉之后上诉到州最高法院。

案中的基本事实是这样的。西格纳尔公司在1974年卖掉了一家子公司，得到4亿2000万美元。公司很想用这笔剩余资金投资，就选中了全石油产品公司。目标董事会比较友好，双方在1975年4月进行了谈判。出价19美元，要价25美元。当时的市价不到14美元。最后确定以每股21美元的价格购买目标已授权但未发行的150万股股份，但是附有条件，就是西格纳尔能够成功地收购430万股目标已发行的股份，从而达到持股50.5%的目的。目标董事会向股东们表明他们对西格纳尔的收购要约没有反对意见。结果股东们交售十分踊跃，但是西格纳尔不想多收购，只按照计划执行，最后成为目标50.5%的股东。

收购人没有将目标董事会全部扫地出门。董事会共有13位董事，西格纳尔公司只任命了6位，其中5位都是西格纳尔公司自己的董事或雇员，另一位来自西格纳尔公司贷款的银行，他帮助西格纳尔公司进行了收购的谈判。此后不久，全石油产品公司的董事长兼执行总裁退休。西格纳尔公司就任命它的一家子公司的资深执行副总裁科洛福德填补了这个空位。

---

① Weinberger v. UOP, Inc., 457 A.2d 701 (Del. Supr. 1983).
② Class action，又称集体诉讼或集团诉讼。

到 1977 年底,西格纳尔公司还有很多剩余资金需要投资,在反复寻找而没有合适的目标的情况下,又把目光投向了全石油产品公司的剩余的 49.5％股份。在西格纳尔公司的董事长沃卡普和总裁夏姆威的授意下,西格纳尔公司的副总裁兼计划主任阿里奇与资深副总裁兼财务主管齐天对此作了一个可行性研究。研究的结果是:只要不超过每股 24 美元,这项投资就是合算的。沃卡普、夏姆威、阿里奇和齐天四个人除了在西格纳尔公司任董事之外,同时又都是全石油产品公司的董事。沃卡普和夏姆威讨论了阿里奇和齐天所作的这个可行性报告,尤其是价格问题,因为他们明白作为全石油产品公司的控股股东,西格纳尔公司对全石油产品公司负有忠诚义务。他们最后决定召集西格纳尔公司的执行委员会会议并建议以每股 20—21 美元的价格购买全石油产品公司的剩余股份。

1978 年 2 月 28 日,西格纳尔公司的执行委员会开会。他们礼节性地邀请了全石油产品公司的董事长兼总裁科洛福德列席。科洛福德原先是西格纳尔公司的一个子公司的执行副总裁,是由西格纳尔公司派往全石油产品公司任职的。科洛福德首先与沃卡普和夏姆威面谈,他们告诉他购买股份的意向并征求他的意见。科洛福德觉得 20—21 美元的价格是很"慷慨"的,应当交由全石油产品公司的少数派股东们讨论表决。不过,他认为应当保障全石油产品公司的雇员们在新公司中的地位,否则许多重要的雇员会离去。目前,关键性的雇员都持有全石油产品公司的期权,合并将取消这些期权,所以应当对此作出调整以留住这些雇员,比如给予他们在西格纳尔公司的期权。说完之后科洛福德就去参加执行委员会会议,会上他还是那些意见。会议最后的一致意见是 20—21 美元的价格对于两家公司来说都是公平的。会议授权西格纳尔公司的经理层与全石油产品公司谈判购买其少数派股份事宜,并于 1978 年 3 月 6 日向公司董事会报告。

这次会议结束之后,西格纳尔公司马上发布了一条新闻:

西格纳尔公司总裁沃卡普与全石油产品公司总裁科洛福德宣告,西格纳尔公司与全石油产品公司正在就西格纳尔用现金购买它尚未取得的全石油产品公司 49.5％股份事宜进行谈判。

买卖的价格及其他条件尚未最后确定,有待于双方公司的董事会、全石油产品公司的股东以及联邦政府机构的批准。

新闻中也提到了当天全石油产品公司股票的市场价格为每股 14.5 美元。

两天以后,也即 3 月 2 日,西格纳尔公司发布了第二条新闻,承接前一条新闻中所说的正在进行的"谈判",表示西格纳尔公司将建议购买的价格定在20—21美元之间。

从2月28日星期二到3月6日星期一总共4个工作日。科洛福德在此期间做了大量的工作。他与全石油产品公司的非西格纳尔董事,也即外部董事逐个打电话,并且雇请莱门兄弟公司对西格纳尔公司的价格条件发表公平意见。他之所以请莱门公司,是因为离计划召开的董事会只有3天时间了,莱门公司多年来一直担任全石油产品公司的投资银行顾问,对公司情况比较熟悉。而且,莱门公司的合伙人格兰菲尔长期担任公司的董事,有助于莱门公司在短时间内形成意见。在科洛福德与格兰菲尔通话时,格兰菲尔说莱门公司可以接受这个任务,没有什么问题,服务价格25万美元,科洛福德公司觉得这个价格太高了,最后两人商定为15万美元。

在此期间科洛福德还与西格纳尔公司的几位官员通了电话。在他与沃卡普的电话中,他说经过与全石油产品公司的非西格纳尔公司董事通气,他认为价格必须为20—21美元幅度的最高价,即21美元,方能获得那些非西格纳尔公司董事们的同意,但他没有提过高于21美元的要求。

格兰菲尔从莱门兄弟公司内组织了一个三人小组来写公平意见。三人小组检查了与全石油产品公司有关的各种文件,包括它从1973年到1976年的年度报告和在证交委登记的各种材料,还有经过审计的1977年的财会报表、这段时间内公司给股东的报告、和公司最近的和历史的市场股价及交易量。三人中的两人在星期五,即3月3日飞到全石油产品公司在伊里诺州的本部做应有勤勉访问。在那里他们会见了科洛福德、公司的法律顾问、财务主管和其他几位重要官员。通过这些调查,三人小组得出结论:20—21美元的价格对于公司剩余的49.5%股份来说是公平的。他们将这一结论打电话通知了正在佛蒙特州度周末的格兰菲尔。

1978年3月6日,格兰菲尔与三人小组的组长一起飞到全石油产品公司总部参加董事会讨论。格兰菲尔在飞机上查看了文件,他们带着"公平意见信"的草稿,上面的价格留有空白。大概在开会期间或者稍前些时候,这封信已经打印出来,空白处已经填上了每股21美元的价格。

当天,西格纳尔公司和全石油产品公司的董事会同时召开。两边保持着电话联系。沃卡普参加全石油产品公司这边的会议,以便回答非西格纳尔公司董事们的提问并向他们阐明西格纳尔公司的立场。阿里奇和齐天也参加了会议,但是人没有到场,而是通过电话参加的。全石油产品公司所有的外部董事都来了。

在西格纳尔公司这边,董事会首先一致通过决议同意按已起草的合并协议以及相关文件向全石油产品公司建议以每股 21 美元的价格现金合并。建议规定合并必须得到所购买股份的多数同意,并且这些同意的股份加上西格纳尔已经持有的股份之和必须达到全石油产品公司全部股份的 2/3。两个条件如果缺一,则合并不能通过。

全石油产品公司的董事会研究了这个建议。合并协议的草稿文本都分发给了到会的每位董事,其他没有到会而通过电话参加会议的董事则通过邮寄送达。会上也出示了公司自 1974—1977 年的财会数据和最近的财会报表、市场股价情况、和 1978 年的收支预测。此外还有莱门兄弟公司在这 4 天内匆忙起草的公平意见信,该信认定 21 美元的价格是合理的。格兰菲尔解释了他们基于得出公平结论的各种数据。讨论完了西格纳尔公司的建议之后,沃卡普和科洛福德离开了会议,以便公司的非西格纳尔公司董事们能够自由无拘束地交流一下意见。他们回来之后,董事会便决议接受西格纳尔公司的要约。来自西格纳尔公司的几位董事虽然参加了会议,但是没有参加投票。当然,如果参加投票,他们会投赞成票的。

3 月 7 日,全石油产品公司给它的股东们发了一封信,通知他们董事会对西格纳尔公司要约的决议。信中提到在 2 月 28 日"两家公司已经公布正在进行谈判之事"。

虽然上面这些事情做得很匆忙,但是合并草案却一直等到 1978 年 5 月 26 日的年度股东会才提交给股东们。在会议的通知和投票权征集书中,董事会劝告股东们批准合并。投票权征集书写道:"1978 年 2 月 28 日,西格纳尔的董事兼全石油产品公司的总裁科洛福德与西格纳尔的一些官员进行了会谈,而后还数次通话,价格就是在这些讨论中确定的。"(斜体另加。)在原来的投票权征集书中用的是"谈判"而不是"讨论"。但是在送交证交委登记时,证交委要求提供谈判的具体内容,于是只好把"谈判"二字改成"讨论"。征集书说合并的决定是董事会一致通过的,莱门兄弟公司也认为每股 21 美元的价格对公司的少数派股东们是公平的。但是征集书没有说明莱门兄弟公司得出这一结论的时间是多么仓促。

在股东会上,只有 56% 的少数派股份出席,其中 51.9% 对合并方案投了赞成票,另外的 4.1% 投了反对票。赞成票占了全部少数派股份的简单多数。这些赞成票与西格纳尔公司所持股份加起来占全石油产品公司已发行股份的 76.2%,达到了合并协议要求的 2/3。合并协议的生效条件成就,协议于当天生效,所有的少数派股份自动地转化成每股领取 21 美元现金的即期债权。

法院认为合并过程中最主要的问题是阿里奇和齐天两个人所作的可行

性报告只给西格纳尔用而没有给目标用。这个报告对收购人和目标同样重要,却对目标保密。报告所得出的结论——不高于每股 24 美元的价格对西格纳尔来说是很合算的投资——是有说服力的。按报告计算,投资回报率在每股 24 美元时是 15.5%,而在每股 21 美元时是 15.7%,相差 0.2%,而对目标的少数派股东来说,则是 1700 万美元的差价。阿里奇和齐天都是目标的董事,具有获得目标内部各种信息的便利。他们用这些信息写成的报告却只给收购人用而不向目标公开,这就违反了忠诚义务。法律要求他们的是完整的公开和百分之百的坦率。

任何人作为两家公司的董事,都必须忠于两家公司。当这两家公司互相交易而他又参与其中时,他必须具有完全的善意并且确保交易的内在公平,经得起最为挑剔的审查。举证责任在董事自己。

这里,法院对公平的含义作了一个很有意思的脚注①:只要有真正意义上的对等谈判,交易就是公平的。因此,如果本案中目标有几个完全独立的人负责与收购人进行实质性谈判,判决的结果就可能大不相同。或者那几位共同董事回避,将事情完全留给那些独立的外部董事去做,情况也会不一样。在母子公司交易中,同样要求有对等的谈判。在双方互相独立、没有因共同董事参与其间而引起利害冲突的情况下,互相保密和不公开都是允许的。

由于共同董事参与其间,他们负有对两边都公开的义务。而本案中许多重要的情况却对目标的少数派股东隐瞒了。除了阿里奇和齐天的可行性报告之外,合并的动因在收购人,方案由收购人提出,时间又是那样的急促,整个过程中根本没有真正的谈判或讨价还价。两次新闻发布和给股东的信中都使用了"谈判"二字,给人一种目标正在极力讨价还价的印象,显然带有误导的性质。科洛福德本身就是收购人派往目标的人。他除了按照收购人定下的价格范围将目标的外部董事们的意见转告收购人,说价格应当取高

---

① 脚注原文见 457 A. 2d 701 at 709-10 n. 7:Although perfection is not possible, or expected, the result here could have been entirely different if UOP had appointed an independent negotiating committee of its outside directors to deal with Signal at arm's length. See, e.g., Harriman v. E. I. duPont de-Nemours & Co., 411 F. Supp. 133 (D. Del. 1975). Since fairness in this context can be equated to conduct by a theoretical, wholly independent, board of directors acting upon the matter before them, it is unfortunate that this course apparently was neither considered nor pursued. Johnston v. Greene, Del. Supr., 121 A. 2d 919, 925 (1956). Particularly in a parent-subsidiary context, a showing that the action taken was as though each of the contending parties had in fact exerted its bargaining power against the other at arm's length is strong evidence that the transaction meets the test of fairness. Getty Oil Co. v. Skelly Oil Co., Del. Supr., 267 A. 2d 883, 886 (1970); Puma v. Marriott, Del. Ch., 283 A. 2d 693, 696 (1971). 这个脚注序号 7,在美国的公司法学界颇有名气,称为"弯伯格案第 7 个脚注"。

限,即21美元之外,根本没有进行任何的讨价还价。只有在职工福利和莱门兄弟公司的服务费用上,他才算作了一点讨价还价的工作。莱门兄弟公司是目标的投资银行,自然与收购人没有利害关系,但是他们只有3个工作日时间对目标进行估价。莱门兄弟公司专门负责此事的合伙人格兰菲尔在佛蒙特州度了周末之后,在飞往目标参加董事会的当天所带的公平意见信上价格一项还是空白。这一切都说明,由于收购人规定了一张十分紧张的时间表,莱门兄弟公司没有充足的时间来履行他们的职责。而这些情况都没有向目标的股东们公开。相反,给他们的印象是莱门公司进行了认真仔细的研究。这又是误导。最关键的情报,收购人认为24美元的价格也是有利的投资,也向股东们隐瞒了。而这意味着1700万美元的价格差别,对于他们作出决定显然是至关重要的。由于股东们缺乏必要的信息,所以他们的投票不是以知情为基础的。在这种情形下,少数派股东的多数批准是没有意义的。

目标外部董事们的一致同意同样没有意义,因为关键性的信息对他们隐瞒了。在不知情的基础上投票是没有意义的。

判决:被告败诉;否决原判,发回重审。

注意:从公司收购的角度看,本案属于友好的协议收购而不是敌意收购,因为收购人先与目标经理层达成了协议,再由经理层向股东推荐。但是在具体做法上又与普通的协议收购稍有不同,不是先将股票买过来,再进行合并或其他方式的重组,而是通过合并的形式购买,合并与购买一并进行,一步到位。根据特拉华州公司法的规定,两个公司的合并必须得到各自的无利害关系股份的过半数同意和全数股份的2/3同意;一旦这两个条件得到满足,剩余的没有投票的和投反对票的股份都将按照少数服从多数的原则被迫接受由多数派投票赞成的合并条件。本案中收购人这边满足这两个条件没有问题,主要问题在目标的无利害关系股份,即西格纳尔公司尚未掌握的那49.5%股份的过半数同意。几次新闻消息的发布和投票代理权的征集都是在争取达到这个目的,而后来的问题也正出在这里。

本案与普通收购不同的另一个特点是收购人已经取得对目标的绝对控股权,是目标的母公司,因而任命了目标的部分董事。作为董事,他们对目标及其全体股东负有公司法要求的忠诚义务。而这些董事同时也是母公司的董事,因而在母公司这边负有同样的忠诚义务。当两个公司相互交易的时候,讨价还价,你赚多我就赚少,你赚少我就能赚多,商场如同战场,而这些共同董事却必须对两边都保持绝对的忠诚,确有勉为其难之处。

平心而论,21美元的价格对于14.5美元的市价来说已经很不错了,共同董事的存在又有利于两边的沟通,阿里奇和齐天的可行性报告得出24美元的价格属于收购人的内部机密,不公开是天经地义,从这个内部认定的价格上扣除3美元(12.5%)后出价,从目前我国生意人的角度来看,也不算特别黑。但是有利又有弊,问题恰恰出在共同董事的身份上:阿里奇和齐天虽然同时是目标的董事,但却明显地偏向收购人,这在法律上是不能允许的。一旦发生利害冲突,法律适用忠诚义务标准检验交易的公平性,于是这3美元的差价就成为不公平的了。

从手续形式上看,本案中的合并是规范的。合并得到了无利害关系股份的过半数同意和全部股份的2/3以上的同意。目标接受要约的决议是由利益独立的董事们做出的,决议讨论时连董事长科洛福德也知趣地离开了会场,因为他是收购人派来的,以便让独立董事们能够自由无拘束地交流看法。决议表决时共同董事没有参加投票。大概也正是这些原因促使基层法院判决被告胜诉。但是,共同董事虽然没有参加投票,却积极地参与了交易的全过程,于是就发生了下列三个方面的问题。一是重要的信息没有向目标公开,尤其是24美元的价格对收购人来说也是合算的这一关键性的信息,因为作为目标董事他们有向目标公开的义务。二是讨价还价不力。目标总裁科洛福德本身就是收购人指派的,如果他真的为了目标的利益而在价格问题上与收购人发生冲突,收购人完全可以另派他人替代他的位子,这种客观存在的利害关系使他的不作为显得十分可疑。三是存在着信息误导。明明是时间相当仓促,也没有真正的讨价还价,收购人发布的新闻和目标董事会发出的投票权征集书给股东们的印象却是经过了长时间的、认真的讨价还价。隐瞒加误导,结论是目标股东与目标的独立董事们都是在不知情的情况下投的票,而在不知情的基础上所作的意思表示是没有意义的。

解决这个问题的一个现实而可行的办法是共同董事自觉回避,让那些没有利害关系的董事去谈判决定。本案第7个脚注正是这样示意的。如果这样,收购人对目标的信息隐瞒就是合法的。在没有个人利害关系的情况下,对目标董事会或董事长的决策和行为,包括不经过认真的讨价还价而接受对方要约的做法,都将适用商事判断规则进行衡量,那就可能都是合法的了。在弯伯格案之后判决的素称弯伯格三部曲之一的罗森布拉特案[1]中,母子公司的合并是通过与子公司的独立董事们的谈判实现的,符合弯伯格案第7个脚注的要求,因而得到了

---

[1] Rosenblatt v. Getty Oil Company, 493 A.2d 929 (Del. Supr. 1985)。组成三部曲的另外两个案例是 Rabkin v. Philip A. Hunt Chemical Corp, 498 A.2d 1099 (Del. Supr. 1985)和 Sealy Mattress Company of New Jersey v. Sealy, Inc., 532 A.2d 1324 (Del. Ch. 1987)。

法院的认同,原告败诉。

七、ST 生化收购案

2017 年 6 月 21 日,浙民投天弘投资合伙企业(简称浙民投)[①]向振兴生化股份有限公司(简称 ST 生化)董事会提交要约收购相关文件,正式表示将通过公开要约收购 7492 万股 ST 生化股份,约占 ST 生化已发行股份总数的 27.49%弱,连同浙民投已经持有的近 2.51% ST 生化股份,届时持股比例将达 29.99%,成为 ST 生化最大的股东。而当时 ST 生化的控股股东振兴集团仅持有 ST 生化 22.61%的股份。

振兴集团采取了一系列措施来抵御收购。第一是在收到浙民投收购文件的 6 月 21 日当天,让 ST 生化盘中紧急停牌。第二是将浙民投送来的要约收购报告书摘要让 ST 生化拖了一个星期,到 6 月 28 日才予以公布,并在公布的同时宣布公司将筹划资产重组。第三,振兴集团向相关机构举报,称浙民投的《要约收购报告书摘要》及相关文件中存在重大虚假记载,隐瞒了其持有 ST 生化股票的事实。据此,振兴集团认为浙民投不具备收购人资格,应立即终止其要约收购行为。举报的内容同时送达 ST 生化,并由 ST 生化广而告之。第四,振兴集团与香港上市公司佳兆业集团的子公司航运健康协商,高价转让其对 ST 生化的控股板块。

关于 ST 生化筹划的资产重组,具体尝试了两次。先是 7 月 6 日,ST 生化宣布将与山西康宝生物制品股份有限公司(简称康宝公司)实施重大资产重组。但是因为双方未能在交易方案的核心条款上达成一致,ST 生化于 8 月 16 日发布公告,终止重组计划,另行选择呼和浩特市海博畜牧生物科技有限公司(简称海博公司)来推进重组事项。但是双方仍然未能在交易方案的核心条款上达成一致,所以 9 月 21 日,第二次重组尝试又告终止。同日,ST 生化复牌。自 6 月 21 日至 9 月 20 日,ST 生化停牌 3 个月,其间发生的两次重大资产重组,均以失败告终。

2017 年 11 月 2 日,《要约收购报告书》全文发布。次日,浙民投对 ST 生化的要约收购进入正式要约期(11 月 3 日—12 月 5 日)。

11 月 29 日,离要约截止日仅一周,航运健康突然宣布拟以 21.87 亿元的价格协议收购振兴集团所持有的 5062 万股 ST 生化股份,占 ST 生化已发行股份的 18.57%;此外,通过其他协议安排,航运健康还将取得振兴集团

[①] 浙江民营企业联合投资股份有限公司由正泰集团股份有限公司等八家浙江民营龙头企业和机构发起设立,浙民投是该公司旗下企业。

剩余1100万股ST生化股份的投票权,因而投票权比例将达到22.61%。受此消息影响,ST生化股价12月1日盘中曾攀升至35.5元/股,逼近浙民投36元的要约收购价。

12月4日午间,ST生化披露,深圳证券交易所已于12月1日就航运健康拟收购ST生化18.57%股权一事向其发出监管函,认为航运健康和ST生化向交易所提交的《详式权益变动报告书》存在内容不完整、风险提示不充分等问题,要求ST生化补充披露协议的合规性、收购目的和振兴集团承诺的安排等内容。披露一出,该股股价当天下跌,次日再跌并以33.15元收盘,离36元的收购价有8.6%的差距。所以12月5日当天,股民踊跃交售,浙民投成功收购7492万股ST生化股份,占27.49%弱。连同原先持有的近2.51%,浙民投总共持股29.99%,成为ST生化的最大股东。

此案因为没有政府权力的参与,完全是市场博弈,所以广受关注。中国证监会直接管理的证券金融类公益组织——中证中小投资者服务中心(简称投服中心)称赞此次要约收购为"中小投资者集体积极行使股东权利的结果",认为对中国资本市场公开要约收购具有里程碑的意义。① 但是从公司收购专业角度去看,本案仍然显示了许多初级阶段的特征,可以从两个方面进行评论和比较。

一方面,市场收购的模型已经初步具备,三方参与博弈:收购人、目标经理层、目标股东。只是本案中的目标经理层以控股股东振兴集团的面目出现,大概因为ST生化的经理层都是振兴集团任命的,完全听命于振兴集团的缘故吧。在规范的公司收购中,控股股东一般不会赤膊上阵,亲自与收购人搏斗,而是通过目标经理层去采取各种防御措施。目标经理层出于保饭碗的冲动,会十分活跃。而本案中ST生化的经理层几乎全是在振兴集团的指挥下被动地作为。

另一方面,从振兴集团所采取的防御性措施来看,似乎都还没有入门,效果也都不大好。

首先,交易停牌和推迟公告要约收购的消息都算不上防御性措施,因为根本无助于挫败收购。

其次,资产重组是一个模糊的概念,可以囊括很多情况,一般不能阻止收购。能够有效阻挠收购的是找到一个白衣骑士来与收购人竞价。本案中ST生化显然没有这样做。它与康宝公司和海博公司的洽谈虽然被宣传得沸沸扬扬,但是能否阻挠收购、如何阻挠收购,却无人探究。说明不但目标对于如何有效防御还没有入门,新闻界及一些所谓的专业评论者也都没有入门。此外,根据当时有效

---

① 见周松林、徐金忠:《投服中心:ST生化要约收购成功具有里程碑意义》,载《中国证券报》2017年12月7日第A02版。

的《上市公司收购管理办法》第 33 条:"收购人作出提示性公告后至要约收购完成前,被收购公司除继续从事正常的经营活动或者执行股东大会已经作出的决议外,未经股东大会批准,被收购公司董事会不得通过处置公司资产、对外投资、调整公司主要业务、担保、贷款等方式,对公司的资产、负债、权益或者经营成果造成重大影响。"目标的两次资产重组尝试都会涉及处置公司资产、对外投资等行为,因而都违反了这条规定。但是收购人一方并没有援引这条规定来阻挠目标声称的资产重组。

再次,如果浙民投的《要约收购报告书摘要》及相关文件确实存在重大虚假记载,隐瞒了其持有 ST 生化股票的事实,振兴集团的举报会有用,因为像收购人持有目标股份的事实是必须公开的。不过,最终结果也无非是责令浙民投更正披露,并不能阻止收购。国外通常的做法是向法院申请禁令,禁止收购。这样可以推迟收购的进程,扰乱收购的步骤。但是振兴集团好像没有这样做,只是举报而已。或许是因为我国的行政机关比法院更加强势的缘故吧。

举报是否属实是应当探究的。从证监会没有作出责成浙民投更正披露的举动来看,举报很可能不实。至于振兴集团提出浙民投不具备收购人资格,则属无稽之谈。因为即使振兴集团举报的内容属实,浙民投也只需要更正,并不失去收购人资格。不过,通过 ST 生化公开振兴集团举报浙民投的事实,向广大中小股东传递一个对收购人不利的信息,或许能使他们不信任收购人而拒绝交售。但是小股东们一般只认收购价格,真金白银,不太在意收购人与目标经理层之间的矛盾,所以挑拨离间的作用十分有限。

最后,振兴集团与航运健康的交易倒是差点把收购搞砸。一般地,协议转让并不影响要约收购。但是因为这笔协议转让的价格特别高,超过 43.2 元/股,所以影响到交易所的集中竞价,把价格推升到 35.5 元/股,逼近 36 元/股的收购价。如果在要约截止日期那天市场股价超过了收购价,股东自然不愿意交售,收购会自然流产。

值得探究的是航运健康方面为什么愿意出这么高的价格来购买振兴集团的板块。唯一合理的答案是:振兴集团持有的 22.61% 是控股板块,控股板块的价格当然高于市价很多。但是浙民投要约收购一旦成功,会持股 29.99%,远超过协议购买的 22.61%。可见,在浙民投发出收购要约的背景下,上述唯一的合理答案是不合理的。航运健康不可能花这么多的钱去买一个老二的地位。可以推测,双方的合同中一定包含了类似浙民投要约收购失败这样的前提条件,或者含有另外的补偿性条款。这些条款没有写入交易双方向深圳证券交易所提交的《详式权益变动报告书》,致使交易所感到报告的内容不完整、风险提示不充分,因而发出监管函,最终引起股价下跌。

本案收购过程自始至终都看不到目标经理层采取任何一项常规性的防御手段，如锁定选择、毒药丸、分批董事会等。收购人与目标经理层之间的争斗不显激烈，也不算复杂，收购过程相对顺利和平静。凡此种种，似乎都在说明，我国的公司收购仍然处在市场经济的初级阶段。

第七章　我国证券市场的监管体制

第一节　国务院证券监督管理机构
　　　　——中国证券监督管理委员会
第二节　中国证监会的发行审核程序
第三节　对发行核准的司法审查
第四节　全面管理和目标体制
第五节　自律性组织

我国《证券法》第7条规定了我国证券市场的监管体制："国务院证券监督管理机构依法对全国证券市场实行集中统一监督管理。"所谓的国务院证券监督管理机构，实际就是中国证券监督管理委员会，简称中国证监会或者更简单地称证监会。它是我国证券市场的大管家。介绍我国证券市场的监管体制，必须从证监会说起。

第一节　国务院证券监督管理机构——中国证券监督管理委员会[①]

我国从20世纪80年代初重建证券市场到现在，证券监管机关不断演变，大致经历了三个阶段。

第一阶段是1992年以前，我国证券市场主要由中国人民银行兼管，其他有关部门也负有相应的管理职能，证券市场缺乏统一、专门的监管机构，呈多头、分散管理状态。当时，证券市场处于重新建立的初期，发展速度不快，规模较小。证券市场作为金融市场的一部分，主要由中国人民银行管理。这一时期，由于我国在经济体制上实行的是有计划的商品经济，计划经济体制下的经济管理手段也被应用于证券市场管理，表现为对证券市场的管理按部门的职权分割管理，如国债的发行与转让主要由财政部门管理，金融债券及短期融资债券由中国人民银行管理，企业股份制改造由原国家体改委负责审批，股票发行由原国家体改委同中国人民银行审批，国家计委负责证券发行额度的编制，国家税务局，国家工商总局也从不同角度参与证券市场管理。

由于过多部门具有证券市场管理职能，形成证券市场的多头管理和部门间的盲目争权，给证券市场管理造成不利影响。为了协调有关部门的关系，1991年4月，中国人民银行经国务院批准成立了证券市场办公室，代表国务院行使对证

[①] 本节从开始到末尾第二段的大部分内容取自杭州商学院1998届学生姜泰同学的毕业论文"浅析中国证券市场监管体制"，取用得到姜泰同学本人的同意。本书作者对这个部分的某些句子和段落做了修改，修改未征得姜泰的同意。

券市场的日常管理权。办公会议的成员主要有：中国人民银行、国家计委、财政部、国家外汇管理局、税务总局、国有资产管理局以及国务院经贸办、对外经济贸易部、国家工商行政管理局等单位。在此基础上组成了股票发行联合审议小组，对申请发行股票的企业进行论证审查，提出初步意见，对上海和深圳股票发行市场有关章程、办法进行审议、交流和沟通各部门有关股票市场的情况及意见，协调有关问题。但由于部门利益的存在，这种管理方式的成本高，且效率低。

第二阶段是1992年4月至1998年上半年，由国务院证券委和中国证监会担任我国证券市场的主要管理机构，其他有关部门继续履行有关证券管理职能。1992年10月国务院撤销中国人民银行证券市场管理办公室，成立了国务院证券委员会和中国证券监督管理委员会，统一协调股票、债券市场等有关政策，保护广大投资者的利益，我国证券监管由分散向集中过渡。

根据1992年12月国务院《关于进一步加强证券市场宏观管理的通知》的规定，有关证券监管机构的设置和职能分别是：国务院证券委是国家对全国证券市场进行统一宏观管理的主管机构，由财政部、中国人民银行、国家计委、国家体改委、国家经贸委、审计署、国家工商行政管理局、国家税务总局、国有资产管理局、监察部等14个有关部门，以及最高人民法院，最高人民检察院的负责人组成。证券委采用例会形式办公，是一个比较松散的机构。其主要职责是：负责组织拟订有关证券市场的法律、法规草案；研究制定有关证券市场的方针政策和规章；制定证券市场发展计划和提出建议；指导、协调和检查各地区、各有关部门与证券市场有关的各项工作；归口管理中国证券监督委员会（简称证监会）。①

证监会是证券委的监管执行机构，按事业单位②管理，负责证券市场的日常管理活动。它的主要职责是：根据证券委的授权，拟订有关证券市场管理的规则，对证券经营机构从事证券业务，特别是股票自营业务进行监管；依法对有价证券的发行和交易以及对向社会公众发行股票的公司实施监管；对境内企业向境外发行实施监管；会同有关部门进行证券统计，研究分析证券市场形式并及时向证券委报告工作，提出建议。③

国务院证券委和中国证监会成立后，国务院有关部门和地方人民政府继续履行有关证券监管职能，其职责分工是：国家计委根据证券委的计划和建议进行综合平衡，编制证券计划；中国人民银行负责审批和归口管理证券机构，同时报证券委备案；财政部归口管理注册会计师和会计师事务所，对其从事与证券有关

---

① 1992年12月国务院《关于进一步加强证券市场宏观管理的通知》。
② 今天的证监会无论从何种意义上看都是一个行政机关，还享有正部级待遇。
③ 1992年12月国务院《关于进一步加强证券市场宏观管理的通知》。

的会计事务的资格由证监会审定;原国家体改委负责拟订股份制试点的法规并组织协调有关试点工作;上海、深圳证券交易所由当地政府归口管理,由证监会实施监督,设立新的证券交易所必须由证券委审核,报国务院批准;现有企业的股份制试点,地方企业由省级或计划单列市人民政府授权的部门会同企业主管部门负责审批,中央企业由原国家体改委会同企业主管部门负责审批。①

国务院证券委和中国证监会成立以后,各地也先后成立了证券监管机构,许多地区成立了证券委,并设立了证券监管办公室(证管办)或证券监督管理委员会(证监会),负责本地区的证券市场活动的监管工作。

这一时期,我国虽然成立了专门的证券监管机构,即国务院证券委和中国证监会,并提出了证券市场实行集中统一管理的要求,但证券市场的集中统一管理并未真正实行,国务院有关部门的证券监管职能依然存在。这一监管体制存在如下几个方面的缺陷:

首先,证券市场主管机构实行国务院证券委和中国证监会两级制,这一方面由于机构的重复设置,增加了政府的行政开支,加大了证券监管的成本;另一方面,由于证券监管环节的增加,使上情下达和下情上达的时间增长,降低了证券工作的效率。

其次,证券监管职能处于分割状态,部门之间的协调工作既影响了政府证券监管的效率,也破坏了政策的连贯性和严肃性。当时我国证券监管职能的分割不仅表现为一级市场监管与二级市场监管的分割,而且一级市场和二级市场内的不同环节和方面也是分割的。例如,在一级市场中,证券发行的不同环节分属不同部门管理,证券发行规模的拟订由国家计委负责,发行公司的确定则一般由地方政府的主管机关确定并报中国证监会核准,承销商资格标准的确认则由中国人民银行负责;而不同证券发行管理亦不相同,国债由财政部负责,金融机构债券、投资基金证券由中国人民银行负责审批,国家投资债券、国家投资公司债券由国家计委负责审批,中央企业债券由省级或计划单列市人民政府负责审批。② 在二级市场上,对证券交易所、证券经营机构、证券交易的管理也分属不同部门。此外,由于某一证券监管部门的政策得不到另一部门的配合,也常使已经出台的政策最终流产。例如 1994 年 7 月中国证监会曾向社会公布包括允许向券商融资在内的三项所谓"救市"政策,但是中国人民银行没有参与该政策的制定,而当时中国人民银行正在实行紧缩银根政策,认为向券商融资会影响社会信贷总规模,而没有将该政策付诸实施,结果股市在两个飙升后重新进入漫长的熊

---

① 1992 年 12 月国务院《关于进一步加强证券市场宏观管理的通知》。
② 李朝晖:《证券市场法律监管比较研究》,人民出版社 2000 年版,第 33 页。

市,给投资者造成惨重损失,也严重损害了证券监管的形象和信誉。①

再有,地方证券监管部门受地方政府和地方利益影响较大,影响了证券市场管理的统一性和中央证券监管部门的权威性。在证券部门设置及权限上,地方证券监管部门主要对地方政府负责,其负责人由地方政府任命,因此它受地方利益影响较大。事实上,地方证券监管部门大多未将市场监管作为首要工作,而将为地方争发行和上市额度作为工作的重点,到1998年还有一些地区把地方证券监管部门与上市公司的关系"不当婆家当娘家"②作为优秀典范进行宣传。意思是说,政府当婆婆,一副管媳妇的凶狠面孔不好,应该当母亲,像慈母疼爱亲生女儿一样爱护上市公司。于是,地方政府和地方证券监管机构在支持当地企业改制、发行、上市中便不遗余力:企业弄虚作假,包装打扮,政府默许;企业因造假而被控告,政府为企业打保护伞,等等。这些行为都是娘家爱护女儿的具体表现和应尽职责。政府与上市公司成了一家人,那么公众投资者与证券监管机构关系是怎样摆呢?谁来当投资者的"娘家",保护投资者的利益呢?地方证券监管机构的工作重点既然是扶持和帮助上市公司,又怎么能充分保护投资者的利益呢?因此,地方证券监管部门隶属地方政府的状况必然导致证券市场监管不力。

第三阶段是1998年国务院机构改革后,实行集中统一的证券监管体制,即国务院证券委的职能并入中国证监会,确定中国证监会为国务院直属机构和证券市场的主管部门,中国人民银行证券监管职能全部移交给中国证监会,由中国证监会统一行使证券监管职能。地方证券监管机构在设置和隶属上由地方政府移交到中国证监会,作为中国证监会在各地的派出机构,由中国证监会垂直领导,实行集中统一管理制度。根据1998年8月国务院办公厅发布的《中国证券监督管理委员会职能配置、内设机构和人员编制规定》,中国证监会的主要职责包括:研究和拟订证券市场的方针政策、发展规划;起草证券市场的有关法律法规;制定证券市场的有关规章;统一管理证券市场,按规定对证券监管机构实行垂直领导;监管股票、可转换债券、证券投资基金的发行交易、托管和清算;批准企业债券的上市;监管上市国债和企业债券的交易活动,监管境内期货合约上市、交易、和清算;监管上市公司及其有信息披露义务股东的证券市场行为;管理证券交易所;管理证券业协会;监管证券经营机构和证券投资咨询机构;与中国人民银行共同审批基金托管机构的资格并监督其基金托管业务;制定上述机构高级管理人员任职资格的管理办法并组织实施;负责证券从业人员资格管理;监管境内企业直接或间接到境外发行股票、上市;监管境内机构到境外设立证券机

---

① 李朝晖:《证券市场法律监管比较研究》,人民出版社2000年版,第34页。
② 袁东:《中国证券市场论》,东方出版社1997年版,第53页。

构、从事证券业务;监管证券信息宣传活动,负责证券市场的统计和信息资源管理;会同有关部门审批律师事务所、会计师事务所、资产评估机构及其成员从事证券中介业务的资格并监管其相关的业务活动;依法对证券违法违规行为进行调查、处罚;归口管理证券行业的对外交往和国际合作事务等。

应当说,国务院证券委与中国证监会的合并,各级地方证券监管机构划归证监会领导,是我国证券监管体制的重大改革,我国集中统一的证券监管体制初步形成。但是从证券监管体制改革的全部内容看,这次改革还不彻底不完善。主要表现为机构改革后的财政部、原国家计委和国家体改委[①]等国务院有关部委在证券监管中的职能不变[②],特别是保留了对公司债券发行的审批权,因此审批体制割裂,证券监管职能还不能集中统一。只有到2006年以后,证监会逐步获得了对公司债券发行的审批权[③],监管与审批的职能才真正集中统一起来。

最后就名称而言,从1998年起,国务院证券监督管理机构实际上就是证监会。1998年年底《证券法》颁布的时候,实在没有必要使用"国务院证券监督管理机构"这么一个冗长而又含糊的名称,直接称"中国证券监督管理委员会"更为明了。可是,2005年和2019年证券法两次大修改都没有修正这个缺陷,继续沿用国务院证券监督管理机构的名称。

诚然,含糊的用语是我国证券市场不够集中统一、多头管理的现实反映[④],但是公司法和证券法中"国务院授权的部门"应当可以照顾到证监会以外的其他机构,两部法律中规定的国务院证券监督管理机构的职权只能由证监会行使,别无二家。那又何不把这层窗户纸捅破,让普通人看个一目了然呢?

第二节 中国证监会的发行审核程序

在第三章第二节中已经讲过,我国对证券的发行实行实质审查,发行证券必

---

① 国家计委和国家体改委已经合并。先改称"国家发展计划委员会",2003年初召开的十届全国人大一次会议上又改称为"国家发展和改革委员会"。见《国务院公报》2003年第11号,第9页。

② 本节取用姜泰同学毕业论文的部分到此结束。本书作者对这个部分的某些句子和段落做了修改,修改未征得姜泰的同意。

③ 见本书第三章第二节第一小节第3部分对债券发行条件和文件的讨论。

④ 彭冰:《中国证券法学》,高等教育出版社2005年7月出版,第523—526页引董炯、彭冰合写的《公法视野下的中国证券管制体制的演进》,对中国证监会的性质和地位有周详的分析,可参阅。

须获得政府的批准。该节根据《证券法》第 9 条及相关规定解释了在申请批准时应当报送哪些文件。这些文件上报之后,便进入政府对发行申请的审核程序。所谓的实质审查,主要地就是在这个审核过程中发生的。2019 年修改之前,《证券法》明文规定在证监会内部设发行审核委员会,负责审核股票的发行申请。大概为了配合发行注册制改革,修改后的《证券法》删除了有关发行审核委员会的规定,改为:"按照国务院的规定,证券交易所等可以审核公开发行证券申请,判断发行人是否符合发行条件、信息披露要求,督促发行人完善信息披露内容。"(第 21 条)这意味着以后证券的发行申请将由证券交易所审核,而证监会只负责注册。目前,科创板和创业板两块小市场已经由沪深两家证券交易所审核。只有体量最大的主板市场仍由证监会审核。以下介绍的主要就是证监会对主板市场的审核程序,附带介绍证券交易所的审核。

根据证监会制定的《发行审核委员会办法》[①],发行审核委员会的"委员由中国证监会的专业人员和中国证监会外的有关专家组成,由证监会聘任"。委员总数 66 名,部分发审委委员可以为专职。"发审委委员每届任期一年,可以连任,但连续任期最长不超过 2 届。发审委委员每年至少更换一半。"这 66 名委员以 7 人为单位审核一项具体的发行申请。根据中国证监会《股票发行审核委员会工作细则》[②],发行审核委员会的工作由证监会的发行监管部负责协调,该部至少必须在委员会开会 5 个工作日前将审核材料送达参会委员。

7 人委员会开会的时候,先由发行监管部的初审人员报告初审审核情况;再由各位委员对初审报告中提请委员关注的问题和审核意见逐一发表个人审核意见,对初审报告未提及但委员自己发现的问题也可以发表个人意见。每位委员都应将自己的审核意见和依据在工作底稿上明确写明。而后由发行人代表和保荐人代表到会陈述意见、接受咨询、并回答问题,也可以请非委员的行业专家到会提供专业咨询意见。委员们形成审核意见后以记名方式投票表决——同意或者反对,并说明理由,不得弃权。同意票达到 5 票为通过。如果在审核时发现有尚待调查核实的重大问题,经出席会议的 5 名委员同意,可以对发行申请暂缓表决一次。等到再审核时,原则上仍由原来的委员审核。如果表决通过,证监会就在网站上公布表决结果,但是委员个人的投票意见不予公布。[③]

[①] 全称《中国证券监督管理委员会发行审核委员会办法》,2006 年 5 月 9 日公布,废止了 2003 年 11 月 24 日的《股票发行审核委员会暂行办法》。2009 年 5 月 13 日因创业板审核的需要而修订;2017 年 7 月 7 日再修订。

[②] 证监会 2003 年 12 月 11 日发布;2006 年 5 月 18 日经修订后重新发布。

[③] 办法对私下投放也做了规定。审核程序相对简单,5 名委员审核,3 人同意即可通过,不得暂缓表决。

在这里我们可以与美国的制度作一比较。美国在公司设立和证券发行上都只做形式审查。设立公司，政府方面没有行政审批权，只由档案室的一名文书核对一下法律规定的登记文件是否齐全，几分钟即可办妥。证券发行的审核时间长一些，需要20天，但是程序同样简单，美国证交委在其内部指定一名职员负责审核某一发行申请。而我们却需要成立一个发行审核委员会来投票表决，简直如临大敌。这在美国人看来一定是很可笑的。

但是，我国的实际情况有两点不同。第一是社会环境的腐败。在政府对发行实行实质审查、层层审批的条件下，公司发行证券的许可成为一种稀缺资源，审批期间公司派出各路人马公关已经成为惯例，贿赂相当普遍，因此，由一个人核准总让人不放心。第二是证券法学术水平的低下。不管是证监会内的"专业人员"，还是外面请来的所谓"专家"，大都是外行，他们的知识水平加起来还比不上美国证交委内负责审核发行登记的一个普通职员。因为那些所谓的职员，个个都是名副其实的专家。而我们的所谓专家，最多也只是矮子中的长子而已，所以只能三个臭皮匠顶个诸葛亮。至于是否真能顶上个诸葛亮，那就只有天晓得了。由于这两点国情差异，设立发行审核委员会看来是必要的。

《发行审核委员会办法》还规定了委员的保密和回避义务。委员必须保守国家秘密和发行人的商业秘密，不得泄露审核会议的内容。在委员本人或其亲属与发行或承销单位有直接的利害关系时，例如担任其高级管理人员、持有其股票、或者与其有竞争关系等，委员应当回避。该办法还规定委员不得私下与发行申请人及其他相关单位或者个人接触，不得接受他们赠送的资金、物品或其他利益，不得利用所知信息为任何人谋取利益。

发行审核委员会的审核只是证监会整个核准程序中的一个环节。在此之前还有一个初审程序。根据证监会制定的《首次公开发行股票并上市管理办法》[①]第33—37条，证监会收到由保荐人保荐的发行申请文件之后，在5个工作日内决定是否受理。如果受理，即由证监会的相关职能部门（一般为发行监管部）对申请文件进行初审，初审过程中将征求发行人注册地省级人民政府是否同意发行人发行股票的意见。另外，初审中如果发现申请文件有内容和格式上的缺陷，审核人会与发行人的保荐人联系，令其补充和修改。初审通过之后即送发行审核委员会审核。委员会按照前面所说的审核程序对发行申请投票表决并提出审核意见后，证监会据此作出核准或者不予核准的决定。自受理发行申请至最后

[①] 2020年7月10日修改。最初发布日期是2006年5月17日，同日通知废止2000年3月16日发布的《中国证监会股票发行核准程序》，证监发〔2006〕47号。2006年5月6日发布的《上市公司证券发行管理办法》第46条也规定了新股发行的核准程序，但相对简单。

决定是否核准之间的时间不得超过3个月,但是发行人根据证监会的要求补充、修改发行申请文件的时间不计算在3个月内。

从整个核准程序的时间安排来看,发行审核委员会的实际作用和权力并没有初听起来那么大。在实质审查的过程中最起作用的恐怕还是证监会发行监管部所做的初审工作。——他们有近3个月甚至更多的时间进行审核,并与发行保荐人联系。而发行审核委员会只有5天时间阅读发行申请材料和初审报告,不可能做任何实质性的调查。他们在开会时需要听取初审人员的情况介绍。在发行审核委员会讨论和表决的过程中,发行监管部的召集人和来自证监会内部的委员可能会发生较大的影响。其他委员之于他们可能会像人民陪审员之于法官那样,投票权相同,但是影响力不一。

上述核准程序是在发行申请提交之后。但在申请提交之前,发行人还必须通过一段时间更长的程序。根据证监会的要求,凡是首次公开发行股票的公司,都必须聘请一家有保荐机构资格的证券公司作为保荐人,对发行人的董事、监事和高级管理人员、持有5%以上股份的股东和实际控制人(或者其法定代表人)进行系统的法规知识、证券市场知识培训,使其全面掌握发行上市、规范运作等方面的有关法律法规和规则,知悉信息披露和履行承诺等方面的责任和义务,树立进入证券市场的诚信意识、自律意识和法制意识。保荐人完成辅导工作后,应由发行人所在地的中国证监会派出机构进行辅导验收。同时,保荐人还必须对发行人上报的申请文件,也即以后的公开材料,做充分的尽职调查。尽职调查按照证监会2006年5月29日《保荐人尽职调查工作准则》的要求进行(见第四章第一节第二小节中的介绍)。尽职调查结束之后,如果保荐人确信发行人的发行申请文件不存在虚假记载、误导性陈述或者重大遗漏,自己的尽职调查工作已经勤勉尽责,就可以按照这个意思向证监会保证并推荐发行申请。

申请文件也由保荐人组织编制。这其实是不规范的。申请人是发行人,申请是发行人的申请。保荐人的保荐只能作为申请文件中的一个,与别的文件一起报送,其作用无非是向证监会证明保荐人已经首肯,并愿意承担相应的责任。申请文件应该由发行人自己(或者雇佣律师)编制,证监会有什么问题也应该向发行人提出。但是中国证监会的规定很特别,什么都要通过作为承销人的保荐人。不但申请文件要保荐人编制,连向发行人要补充、修改材料也找保荐人,实在不合理。

最后,申请文件必须按证监会的要求制作,包括纸张的尺寸、文字的大小、页面的边幅等。未按规定格式制作的申请文件证监会可以拒绝受理。

以上便是证监会的发行核准程序。在科创板和创业板交由证券交易所审核之后,审核的程序其实也是模仿证监会的。首先交易所内部成立独立的审核机构对发行申请进行审核并出具审核报告。这与证监会内部的初审程序类似。其次,交易所成立上市委员会[①],对审核机构的审核报告和发行人的发行申请进行审议,这与证监会成立的发行审核委员会类似。整个审核过程的法定时间也是一样的,都是 3 个月。

由于注册制改革正在进行中,发行审核制度目前还没有最终定型。

第三节 对发行核准的司法审查

无论是中国证监会还是证券交易所的审核,都能对股票的发行申请生杀予夺。这种巨大的权力可以被滥用,也可以成为腐败的源泉。如果没有司法监督,法无明文规定的地方行政机关会自由裁量,法有明文规定的地方行政机关在执行中也会打折扣便利自己。如果发行人能够在证监会或交易所对发行申请不予批准时表示异议并且起诉,由法院对行政行为进行审查,情况将会发生变化:公堂之上,众目睽睽,审核机构必须清楚地说明批准或者不批准的理由,发行人也可以举证反驳、据理力争,法院则本着公正的态度判决。如果发行人的合法权益能够通过正当途径得到有效的保护,行贿公关就会大大减少。

2000 年 8 月 16 日[②],海南凯立中部开发建设股份有限公司(以下简称"海南凯立"或"凯立公司")因其发行申请没有得到证监会的批准而起诉证监会。这是我国发行申请人诉证监会的第一案,为将证监会的行政行为纳入法治轨道开启了良好的先例。

关于海南凯立案的媒体报道及北京市第一中级人民法院行政判决书可扫描二维码查看。

撇开个案判决的正确与错误不说,从制度上看,对发行核准的司法审查是绝对必要的。这种审查包括程序和实体两个方面。在本案中,法院仅仅责令证监

---

① 上市委员会的名称略带误导性,因为它审核的首先是发行,其次才是上市。
② 见北京市第一中级人民法院的判决书。但按下面的报道,一说 2 月,一说 7 月。而按后面引的程合红博士的介绍,则为 7 月。

会恢复对凯立发行申请的核准程序,没有对凯立是否符合发行条件作出实体性的判决。这是因为在法院看来,证监会已经得出的凯立"财务会计资料不实"的审核结论因为程序违法而无效,因而还没有得出审核结论,而不是像报道所引的"法律专家"认为的那样,因为法院对实体性的事实问题作出认定将"涉及具体行政行为……是把司法权延伸到行政权里……超出了司法机关的职能所在"。一旦证监会按照合法的程序对发行申请做出了有效的和最终的结论,法院便可以对之进行司法审查,发现明显错误的事实结论或者法律适用上的错误,即可就此认定,并将案子退回证监会令其根据法院的判决重新作出行政决定。就是说,实体问题照样应该审查,因为只有这种审查才能有效地遏止行政权力的滥用,只不过在审查的时候需要给予行政机关的决定以较多的尊重罢了。

第四节　全面管理和目标体制

一、全面管理

中国证监会是全面管理我国证券市场的专业性行政机关。我国《证券法》赋予它的管理职能包罗面很广:

第一百六十九条　国务院证券监督管理机构在对证券市场实施监督管理中履行下列职责:

（一）依法制定有关证券市场监督管理的规章、规则,并依法进行审批、核准、注册,办理备案;

（二）依法对证券的发行、上市、交易、登记、存管、结算等行为,进行监督管理;

（三）依法对证券发行人、证券公司、证券服务机构、证券交易场所、证券登记结算机构的证券业务活动,进行监督管理;

（四）依法制定从事证券业务人员的行为准则,并监督实施;

（五）依法监督检查证券发行、上市、交易的信息披露;

（六）依法对证券业协会的自律管理活动进行指导和监督;

（七）依法监测并防范、处置证券市场风险;

（八）依法开展投资者教育;

(九) 依法对证券违法行为进行查处；

(十) 法律、行政法规规定的其他职责。

中国证监会积极地行使了《证券法》所赋予的职权,根据本条第(二)、(三)两项的授权,证监会不但对发行公开和发行之后的信息持续公开规定了详细的内容和格式(那是证券法的核心要求,我们已经在前面第三章第三节中作过详细介绍),而且制定和发布了一系列的行政规章来规范发行人、证券公司、投资咨询机构等市场主体的行为和组织。对发行人,证监会发布了《上市公司治理准则》①《关于提高上市公司质量意见》②《上市公司股东大会规则》③《上市公司章程指引》④《上市公司高级管理人员培训工作指引》⑤等。这些文件试图依照现代公司制度的组织结构和运作方式来规范发行人,比《公司法》的规定更为详细和具体,弥补了《公司法》的某些不足。

对证券公司,除了国务院制定的《证券公司监督管理条例》⑥和《证券公司风险处置条例》⑦之外,证监会还发布了《证券公司投资银行类业务内部控制指引》⑧《证券公司风险控制指标管理办法》⑨《证券公司和证券投资基金管理公司合规管理办法》⑩和《证券公司治理准则》⑪等。后者对证券公司的组织机构、内部的激励与约束机制、外部与客户的关系等作出了具体的规定。

对投资咨询机构,证监会发布了《关于证券投资咨询机构申请咨询从业资格及证券投资咨询人员申请咨询执业资格的通知》⑫,对机构或个人申请人、申请条件、和审批程序作了具体规定。2002年11月1日国务院决定取消证监会对证券投资咨询机构的设立审批之后,证监会依然对设立后机构的业务资格进行核准。而对证券投资咨询人员咨询执业资格的审核权则移交给了中国证券业协会,机构申请证券投资咨询业务资格时,它的从业人员必须先取得证券业协会颁发的

---

① 2002年1月7日发布,已经2018年9月30日修订。
② 2005年10月19日由国务院批转。
③ 2006年3月16日发布并施行,取代了2000年5月18日发布的《上市公司股东大会规范意见》;后经多次修改,现行的是2022年1月5日修改发布的。
④ 该指引最初1997年发布,已经2006年、2014年、2016年、2019年、2022年1月5日多次修改。
⑤ 证监会2005年12月22日发布,2020年10月30日由《中国证券监督管理委员会关于修改、废止部分证券期货制度文件的决定》废止。
⑥ 国务院2008年4月23日发布,6月1日起施行;2014年7月29日修订。
⑦ 国务院2008年发布,2016年2月6日修订。
⑧ 证监会2018年3月23日发布,7月1日起施行。
⑨ 证监会2006年发布,2008年、2016年、2020年3月20日修订。
⑩ 证监会2017年发布,2020年3月20日修订。
⑪ 证监会2012年12月11日发布,2013年1月1日起施行,2020年3月20日修订。
⑫ 1999年7月27日发布;2020年2月21日《中国证券监督管理委员会公告〔2020〕14号——关于废止部分证券期货规范性文件的决定》废止。

咨询执业资格证书。

此外,证监会还发布了《证券登记结算管理办法》[1]《客户交易结算资金管理办法》[2]《关于调整证券交易佣金收取标准的通知》[3]等规定。《客户交易结算资金管理办法》对证券公司、银行、结算公司三者的关系、资金划拨和专用存款账户等作了详细的规定。

根据本条第(四)项的授权,证监会发布了《证券业从业人员资格管理办法》[4],规定了证券公司、基金管理、投资咨询、资信评估等组织或机构内从事证券业务的人员的资格条件和管理方法。

根据第(六)项的授权,证监会发布了《证券市场禁入规定》[5]。上市公司、证券公司和证券服务机构的董事、监事、高级管理人员如果严重违反法律、行政法规和证监会的规章,将被禁入市场,禁入的时间按情节轻重分为3—5年、5—10年和终生,禁入期间不得继续担任原公司的董事、监事、高级管理人员,也不得担任其他公司的董事、监事、高级管理人员,更不能在任何机构从事证券业务。

为了使证监会能够有效地行使其职权,我国《证券法》第170条赋予它以调查取证的权力:

国务院证券监督管理机构依法履行职责,有权采取下列措施:

(一)对证券发行人、证券公司、证券服务机构、证券交易场所、证券登记结算机构进行现场检查;

(二)进入涉嫌违法行为发生场所调查取证;

(三)询问当事人和与被调查事件有关的单位和个人,要求其对与被调查事件有关的事项作出说明;或者要求其按照指定的方式报送与被调查事件有关的文件和资料;

(四)查阅、复制与被调查事件有关的财产权登记、通讯记录等文件和资料;

(五)查阅、复制当事人和与被调查事件有关的单位和个人的证券交易记录、登记过户记录、财务会计资料及其他相关文件和资料;对可能被转移、隐匿或者毁损的文件和资料,可以予以封存、扣押;

(六)查询当事人和与被调查事件有关的单位和个人的资金账户、证券

---

[1] 2006年4月7日发布,7月1日起施行;已经2009年、2017年、2018年9月15日三次修改。
[2] 2001年5月16日发布。其中的某些要求后因国务院两次取消行政审批项目而废止,见本节后面的介绍。文件2021年6月11日修正。
[3] 2002年4月4日发布,5月1日起施行)见《中国证券监督管理委员会公告》2002年第4期第1页。
[4] 2002年12月16日发布,2003年2月1日起施行。
[5] 2006年6月7日发布,2015年、2021年6月15日修改。

账户、银行账户以及其他具有支付、托管、结算等功能的账户信息,可以对有关文件和资料进行复制;对有证据证明已经或者可能转移或者隐匿违法资金、证券等涉案财产或者隐匿、伪造、毁损重要证据的,经国务院证券监督管理机构主要负责人或者其授权的其他负责人批准,可以冻结或者查封,期限为六个月;因特殊原因需要延长的,每次延长期限不得超过三个月,冻结、查封期限最长不得超过二年;

(七)在调查操纵证券市场、内幕交易等重大证券违法行为时,经国务院证券监督管理机构主要负责人或者其授权的其他负责人批准,可以限制被调查的当事人的证券买卖,但限制的期限不得超过三个月;案情复杂的,可以延长三个月。

(八)通知出境入境管理机关依法阻止涉嫌违法人员、涉嫌违法单位的主管人员和其他直接责任人员出境。

为防范证券市场风险,维护市场秩序,国务院证券监督管理机构可以采取责令改正、监管谈话、出具警示函等措施。

根据本条第(三)项的授权,证监会发布了《上市公司监管指引第6号——上市公司董事长谈话制度实施办法》[1]和《上市公司现场规则》[2]。根据《上市公司董事长谈话制度实施办法》,在上市公司或其董事存在不当行为、公司控制权发生重大变动、或者未履行招股说明书承诺事项等情形时,证监会在该辖区之内的派出机构可以与上市公司董事长谈话,谈话对象应当对有关情况说明解释,并提供相应的说明材料,如果虚假陈述或故意隐瞒事实真相,将依情节轻重依相关规定处理。根据《上市公司现场检查规则》,证监会及其派出机构将在上市公司及其所属企业和机构的生产、经营、管理场所采取查阅、复制文件和资料、查看实物、谈话及询问等方式,对检查对象的信息披露、公司治理等规范运作情况进行监督检查;重点检查(1)信息披露的真实性、准确性、完整性、及时性和公平性;(2)公司治理的合规性;(3)控股股东、实际控制人行使股东权利或控制权的规范性;和(4)会计核算和财务管理的合规性。根据现场检查内容,检查人员可以采取全面检查和专项检查的方式做进一步的检查。全面检查是对公司信息披露、公司治理等情况实行的全面性、例行性的常规检查;专项检查是针对公司存在的问题或者易发风险的重大事项进行的专门检查。

---

[1] 2001年3月19日发布,2022年1月5日修订。
[2] 2022年1月5日发布。前身为1996年12月发布的《上市公司检查制度实施办法》、2001年3月19日发布的《上市公司检查办法》和2010年4月修订发布的同名文件。

根据本条第(六)项的授权,证监会发布了《冻结、查封实施办法》①,对转移或隐匿违法资金、证券等涉案财产或者隐匿、伪造、毁损重要证据的具体情形作了详细的列举和描述,并对冻结、查封、解冻的程序作了具体规定。

总而言之,中国证监会是我国证券市场的总管家。

二、取消行政审批项目

我国有数十年计划经济的历史,行政干预较多,证监会对证券市场的管理也不例外。

之前一段时间我国证券市场上审批关卡林立,市场运行很不顺畅。例如,证券公司承销股票需要申请取得业务资格,证监会先初审,再进行资格证书核准;从事主承销业务的,不但要经过资格初审,而且在取得资格以后还要定期审查批准,称为"展期核准"。这些审批也仅就承销 A 股而言,如果要从事外资股业务,还需要另行申请和审批,经过资格初审、资格证书核准、和展期核准,而且外资股业务的展期核准更加麻烦,分为展期初审和展期审批二道关卡。以上是就股票而言,如果要承销债券,还要另行申请和审批,经过初审和核准。另外,证券公司从事自营业务要经过核准,新设一个服务部要进行初审,新设一个分支机构也要经过核准;律师事务所从事证券法律业务需要申请并获得批准,事务所内的每个律师从事证券法律业务还需要申请并获得批准。② 承销证券是证券公司的当然业务,就像农民要种地,渔民要捕鱼一样天经地义,设置这么多的审批程序实在没有道理。而审批中对不同种类的证券再进行细分,每一类设一个关卡,更没有道理。能承销股票的证券公司为什么不能承销债券?有什么必要就债券的承销另行审批呢?毫无必要。律师从事什么业务应当由他自己选择,每个律师都有权利从事证券法律服务,虽然不是每个律师都有这个能力。到底有没有能力应当由市场来判定,不应当由证监会来决定。

有鉴于此,国务院于 2002 年 11 月 1 日下发《关于取消第一批行政审批项目的决定》③,共 789 项,其中包括由证监会负责审批的 32 项。证监会于 2002 年 12 月 23 日发出通知,分 28 项具体落实国务院的决定,或取消,或简化放行。④ 从此以后,所有综合类证券公司及比照综合类管理的证券公司均可从事股票承销业务、企业债券承销业务、自营业务、和外资股业务,不再规定有效期,也不需要展

---

① 全称《中国证券监督管理委员会冻结、查封实施办法》,2005 年 12 月 30 日发布,2006 年 1 月 1 日起施行;2011 年 5 月 23 日、2020 年 3 月 20 日修订。
② 所举例子资料见《国务院公报》2002 年第 34 号,第 34—36 页。
③ 《国务院公报》2002 年第 34 号,第 3,34 页。
④ 《中国证券监督管理委员会公告》2002 年第 12 期,第 3—7 页。

期核准,不需要颁发单项 A 股承销业务资格许可证、B 股承销业务资格许可证、或者 B 股经纪业务资格许可证。①

申请主承销业务资格,申请文件直接提交证监会,给予证监会的派出机构 10 个工作日提出书面意见,不提的视为无异议,申请即获批准。这里看起来依然需要经过证监会批准,但是情况却大不相同,因为举证责任转变了。原先要申请人向证监会或者它的派出机构证明自己符合条件,证明不了的就不通过,因此,通过很难;现在需要证监会的派出机构证明申请人不符合条件,证明不了的就通过,因此,通过很容易。新设服务部的初审程序同此,但给予证监会派出机构 15 个工作日的异议时间。

第一批取消的审批项目还包括证券公司的投资咨询业务资格的审批和营业部转让或互换的审批、证券投资咨询机构的设立或迁址的审批、证券投资咨询机构业务范围或业务内容变更审批、其名称或营业场所的变更审批和注册资本及出资人或出资比例的变更、外国证券机构驻华代表处的设立、展期、机构首席代表或总代表的委派的审批等。②

2003 年 2 月 27 日,国务院又下发了《关于取消第二批行政审批项目和改变一批行政审批项目管理方式的决定》③,共 406 项,包括由证监会负责审批的 34 项,其中 27 项取消,7 项改由行业组织或社会中介机构管理。取消的审批项目主要包括:由 2001 年《客户交易结算资金管理办法》所规定的结算银行资格核准、银行与证券公司或者结算公司签订的合同备案;由 2001 年《证券交易所管理办法》所规定的对交易所暂停或恢复上市证券的交易批准及备案、上市协议备案、会员大会文件备案、交易所与证券登记结算机构的业务协议备案、证券登记结算机构制定的原始业务凭证保存期批准、证券登记结算机构的业务、财务、安全防范等内部管理制度和工作程序备案;由 1995 年《证券从业人员资格管理暂行规定》所规定的证券从业人员培训机构指定、证券中介机构聘任人员备案、证券从业人员改变受聘机构备案;由 1999 年《证券投资基金管理暂行办法》所规定的基金管理人员的任免备案和在其他非经营性机构兼职备案;等等。改由行业组织或社会中介机构管理的事项包括证券从业人员和证券投资咨询从业人员执业资格的核准、基金从业人员的资格审核、股票承销商材料备案等。

2004 年 5 月 19 日,国务院下发《关于第三批取消和调整行政审批项目的决

---

① 2005 年《证券法》又进一步取消了证券公司综合与经纪的分类,只要符合法定条件,都可以从事承销等各项业务。
② 2005 年《证券法》第 125 条又直接将证券投资咨询、证券财务顾问、证券资产管理等列入了证券公司的业务范围。
③ 《国务院公报》2003 年第 10 号,第 4、19 页。

定》，共495项，包括由证监会负责审批的47项，其中42项取消，5项下放给派出机构管理。6月22日，证监会发出《关于做好第三批行政审批项目取消后的后续监管和衔接工作的通知》，具体落实国务院的决定。取消的项目包括：1996年由证监会《关于股票发行与认购方式的暂行规定》所确立的股票发行方式审批制度，改由发行人在规定的方式内选择，作为发行申请材料的文件之一报送中国证监会；同年由国务院证券委《证券经营机构股票承销业务管理办法》规定的证券经营机构主承销业务资格核准，以后凡有自营业务资格的证券公司均应按《证券发行上市保荐制度暂行办法》的要求申请开展主承销业务；2000年由财政部和证监会《注册会计师执行证券期货业务许可证管理规定》要求的注册会计师执行证券业务许可证审批，这类事务所变更名称和合并、分立也不再审批，但事后应向证监会报告；2001年由证监会和财政部《境外会计师事务所执行金融类上市公司审计业务临时许可证管理办法》规定的境外会计师事务所审计金融类上市公司的临时许可证也取消审批，证监会将根据公司的年报来跟踪它们的执业情况；等等。下放给派出机构管理的项目包括：证券公司分支机构迁址核准、证券公司转让、互换营业部审批、证券公司分支机构负责人任职资格核准等。

2007年10月9日，国务院下发《关于第四批取消和调整行政审批项目的决定》，取消和调整186项行政审批项目。其中，取消行政审批项目128项，调整行政审批项目58项（下放管理层级29项、改变实施部门8项、合并同类事项21项）。由证监会审批的项目取消了8项，包括对外资股上市流通的核准、开放式基金做广告宣传的核准、网上证券委托资格核准、证券公司类型核准、上市公司暂停、恢复、终止上市审批、封闭式基金份额上市交易核准等；调整了2项，包括对外国驻华证券类机构变更名称的核准和期货类公司变更法定代表人和住所等方面的批准。

2010年7月4日，国务院下发《关于第五批取消和下放管理层级行政审批项目的决定》，取消的行政审批项目113项，下放管理层级的行政审批项目71项，总共184项。其中，由证监会审批的取消2项，包括对证券公司证券业务资格的审批和对外国证券类驻华代表机构地址变更的审批。

2012年9月23日，国务院下发《关于第六批取消和调整行政审批项目的决定》，取消171项，调整143项，总共314项。其中由证监会审批的行政审批项目取消19项，包括保荐代表人注册、证券公司变更境内分支机构营业场所、要约收购义务豁免的四种情形、上市公司回购股份、基金管理公司副总经理选任或者改任、金融期货交易所结算会员结算业务资格、证券公司为期货公司提供中间介绍业务资格、期货公司变更公司形式等事项的审批权；下放管理层级10项，包括证券公司设立、收购或者撤销分支机构审批；证券公司变更部分业务范围审批——

增加或者减少证券经纪、证券投资咨询、与证券交易、证券投资活动有关的财务顾问、证券自营、证券资产管理、证券承销的审批；证券公司变更注册资本部分事项审批——非上市证券公司涉及股东、实际控制人资格审核的增资，非上市证券公司涉及证券公司实际控制人、控股股东或者第一大股东发生变化的增资，非上市证券公司减资的审批；证券公司变更章程重要条款审批；基金代销业务资格核准等。这些审批权由证监会下放给它在各地的派出机构。

取消那些不必要的或者弊大于利的审批关卡，有利于证券市场的顺利运行。但是，证监会作为一个主管行政机关，总得通过行使行政权力去管理市场。问题是怎么行使权力、行使到什么程度才能更加适应市场的需要。这是一个值得探讨的问题。就现状而言，大致上可以从三个方面去努力。第一，撤消关卡，变事先的把关为事后的调查、禁止和处罚。设置审批关卡，事先把关，合格和不合格都必须通过这个关卡的审批，这将大大降低经济运行的效率。现在把关卡撤了，合格不合格的统统放行。行政机关把审批的时间省下来去调查违法犯规的行为，发现了便予以禁止甚至处罚。对我国证券市场上的任何行为，中国证监会都应当有发布禁令的权力。美国证交委就经常发布禁令。这样做避免了人人过关，提高了经济运行的效率，使行政行为更具有针对性。上述国务院取消行政审批项目的意义正在于此。它是管理方式的转变。可以说，计划经济较多地实行事先的审批把关；市场经济较多地实行事后的调查和处罚。

第二，对保留的审批关卡的利弊得失进行论证。一般说来，任何一个审批关卡，多少都会有些用处，包括上述那些被国务院取消的审批项目，毫无用处的关卡是不会设立的。但是问题不在于有没有用处，而是利大于弊还是弊大于利。如果一个关卡的好处不足以抵消它所带来的弊端，那就应当取消。因此，就需要进行论证分析，做利与弊的比较。论证应当广泛地征求业界的意见，可以举行公开的听证会。

第三，将行政行为置于法院的监督之下。前述海南凯立中部开发建设股份有限公司起诉证监会一案，开启了对证监会的行政行为进行司法审查的良好先例。该案中的原告是发行人。但是今后，证券公司、咨询机构、评估机构、证券从业人员等各种市场主体在自己的申请被否决、收到禁令、或者受到处罚的时候，都可以起诉证监会。在法庭上，没有上下级关系，原被告双方以平等的资格依法据理力争，各自陈述自己理由。司法审查能够有效地防止行政权力的滥用。

三、目标体制

我们的目标，是要建立一个以市场自身调节为主，证监会行政干预为辅的证券市场管理体制。市场经济的理论认为，市场犹如人的机体，具有自我调节的功能,平时不生病,不需要政府这个医生的干预。只有在生了病,也就是发生危机的时候,才需要政府干预。证券市场上存在着各种制衡违法行为的健康力量,有待于充分地挖掘,发挥其自我调节的功能。

但是,作为从计划经济体制下脱胎出来的政府机关,我们的立法机关和监管机关的思维模式都或多或少地打上了计划经济的烙印。而计划经济的管理方法与市场经济的管理方法是不同的。前者往往越过市场本身的制衡力量而试图由政府包办管理一切,后者则总是通过制定规则去调动市场本身的积极力量,以发挥市场自我调节的功能。试举一例说明。证监会在对一级市场的管理,特别是发行申请的前期把关中,一直试图通过对承销人的管理和干预,让承销人查发行人、规范发行人。这首先表现在承销人对发行人的发行辅导上,本章第二节对此已有讨论。1999年12月13日,中国证监会发布《关于成立证券发行内核小组的通知》和《关于建立证券发行申请材料主承销商核对制度的通知》,要求各具有主承销资格的证券公司内部成立证券发行内核小组,作为证券公司与证监会发行监管部联系的专门机构;明确主承销商具有尽职调查的义务,必须对发行人的发行申请材料进行核对,并按要求填报《证券发行申请材料核对表》。该表包括十几个核对要点、500多条需要核对的项目。核对工作由内核小组负责。这些文件虽然后来多经修改和废止,并为新的文件所取代,但是基本思路和制度却一以贯之,直到现在仍无改变。

这样做的用意,一是为了在形式上确保发行的规范,二是在实体上强加给承销人确保发行公开真实的义务。① 目的用意自然好,问题是成本(经济学上叫交易费用)多高,谁去推动。显然,推动力来自政府(中国证监会),政府必须花钱花力气监督承销人按照政府的规定去规范发行人。现在换一种思路:让市场去推动,市场去监督。按照证券法民事责任的规定,在投资者因发行人的虚假陈述而遭受损失的时候,承销人一般都会作为共同被告被同时起诉,其是否承担民事赔偿责任,取决于其调查是否尽职。这种事后赔偿的威胁将迫使承销人采用各种有效的措施,包括成立类似的发行内核小组,建立有关的内部核对制度,来调查发行人发行公开的真实性。发行人必须接受调查并回答承销人在调查过程中所提出的各种问题,否则承销人就会因为风险太大而不愿意承销。这些可以私下里通过合同来解决的问题,证监会何必要花费那么多的人力物力去强制呢?何必要求承销人成立内核小组、建立核对制度,甚至连填写什么样的表格都要规定得那么清楚呢?那都是承销人的私事。至于发行人的申请文件和公开材料在格

---

① 如果仅仅给承销人自身的尽职调查提供指导性意见,那自然是好的。但实际是将承销人当作政府手臂的延长和规范发行人的工具,其效果值得怀疑。

式上是否规范,前面说过,那是发行人的事,由它的律师去解决,无须劳驾承销人。

调动市场的力量,当务之急是让法院全面受理投资者的诉讼,并为投资者诉讼提供各种制度上的便利。投资者在切身利益的推动下,对违法行为提起的诉讼要比中国证监会的稽查和处理有效得多。这是证券市场上反欺诈的主要力量。证监会可以腾出手来着力于投资者诉讼无法企及的地方,比如对内幕交易的调查和处罚。在投资者已经起诉的某些案件中,证监会还可以运用它的调查权帮助投资者取证、出庭为投资者作证、支持投资者诉讼等,从而发挥行政力量对于市场力量的拾遗补阙作用。[①]

市场的力量还包括行业自律[②],而投资者的诉讼又是行业自律的基础。首先是证券行业的自律,包括证券交易所和证券业协会对发行人和券商的规范。投资者起诉发行中的公开失真,必然要求承销人承担连带责任;而起诉欺诈客户则直接针对经纪人或投资咨询机构的违规行为。这种来自市场的巨大压力将推动行业自律,形成制定自律规则的现实基础和背景。其次是会计行业的自律,包括会计职业道德建设等,与证券市场有关的主要是会计师对财会报表的审计。投资者起诉发行中和发行之后的公开失真,必然会涉及这些公开文件中经会计师审计过的财会报表和会计师出具的审计意见。会计师的调查如果不尽职,没有发现本来可以发现的虚假陈述,那就要承担民事赔偿责任。这种潜在的威胁将成为会计行业自律的原始推动力。此外,现在的会计准则、通则,都是由财政部制定的。以后随着市场的发展和自律意识的加强,这些准则、通则都可以由全国会计师协会来制定,对于犯规的会计师也应当由行业协会来处罚。资产评估师的行业自律与会计同。

政府对市场的监管必须在充分地利用了这些市场力量的基础上展开,在市场自身不能解决问题的地方和时候切入,起拾遗补阙的作用,而不是包办代替,取代市场本身的功能。证监会的总体职能及其现有的各种审批关卡的取舍,都应当放在这样的视角内进行审视,然后辅之以前面所说的三方面努力,我们的证券市场管理就可以走向规范。

[①] 进入 21 世纪之后,中国证监会的认识有进步。特别是从 2001 年 8 月开始,中国证监会首席顾问梁定邦、副主席高西庆等在多个场合表示赞成和支持投资者起诉。见 2001 年 10 月 25 日《南方周末》第 4 版"股民被'黑',谁主持公道?"转载 2001 年 10 月 17 日《中国经济时报》消息。不过,证监会究竟把投资者诉讼看做自己监管的补充,还是把自己的监管看作市场自我调节的补充,依然是一个问题。

[②] 这方面我们很薄弱,这在下一节还要进一步讨论。

第五节 自律性组织

行业自律是指行业内部的职业道德和行规约束,是由市场自发产生的规范性力量。证券市场上的种种坑蒙拐骗行为可以得逞于一时,但是长期反复总是行不通的。整个市场一旦失去了信誉,便无法生存。部分违法行骗者的行为也同时损害了那些相对诚实的券商的利益。所谓一粒老鼠屎,坏了一锅粥。因此,大部分券商对这些不道德的短期行为深恶痛绝,要求制定行业规矩进行制裁和规范。于是,自律性组织便应运而生。

早在工业革命之前,城市中同行业的手工业者或商人就有行会组织。今天的自律性组织就是旧时行会的延续,只不过在现代法治社会中,行业自律性组织的行为已经纳入法制的轨道。**自律性组织的主要职能**是制定职业道德标准和行业行为规则,并通过组织内部的纪律处分来推动这些规则的贯彻和执行。这类处分包括通报、警告、开除会籍等。一家证券公司一旦被开除会籍,就永远失去了从事证券业的资格。即使只是被通报或警告,其不道德的行为公之于众,声名狼藉,以后生意也难做。可见,行业内部的纪律处分是极其严厉的,对券商来说,往往比民事赔偿还要可怕。在维护行业信誉的共识基础上产生的行业规范和职业道德标准,其推行具有行业内部的动力。

但是,由于私人交情和关系网的客观存在,行业自律并不永远有效。不光官官相护,商商也能相护。所以,政府监管依然不能缺少。行业自律属于市场力量,自律性组织属于民间组织,受政府主管部门的管辖。证券业自律性组织的成立及其规则的制定和修改都要得到政府主管部门的批准。政府主管部门根据自己对法律的理解有权责令自律性组织修改或者废除某些规则,也有权审查和改变自律性组织对其成员的纪律处分决定。不过,凡是自律有效的地方,政府都不必去管;但一旦自律不灵或有错误,政府随时都可以出击。此外,自律性组织对其成员的处分还受司法审查,被处分的当事人随时都可以到法院起诉,请求法院撤销自律性组织的处分。但是,不管是主管机关的行政干预还是法院的司法审查,都是在充分地尊重已经约定俗成的行规和职业道德标准的基础上进行的,除非这些行规或标准与现行法律相抵触。

自律性组织包括证券交易所和证券业协会两类。证券交易所制定市场交易和成员资格两类规则,并通过这些规则的贯彻和执行去规范交易所市场。前一类规则包括上市资格、暂停上市和终止上市的条件、什么人可以在交易场上为自己买卖证券、如何结算交割等。后一类规则包括成员的组织形式、其负责人或合伙人的业务素质标准、客户的账户料理、广告宣传和财会报表等方面的行为规范等。证券业协会监管柜台市场,制定柜台市场交易和成员(证券交易所成员除外)资格两类规则,与证券交易所的规则相似。但除此之外,还包括成员券商向客户推荐证券的根据和理由、自营商的买卖差价幅度、承销商的报酬标准和行为规范等。美国证券市场上的自律性组织大致上就是这么一个框架。

但是我国的自律性组织架构有所不同。无论是证券业协会,还是证券交易所,都或多或少地带有官方色彩。证券交易所的总经理不是由交易所成员选举,而是由中国证监会甚至党中央和国务院任免,是副部级干部。[①] 不过,交易所对市场的监管职能却是一样的,其所制定的规则同样包括两大类别:市场交易规则和成员资格规则。前者包括什么样的公司可以上市、什么情况下应当暂停或者终止上市、如何结算交割等;后者包括对证券公司的财务状况、内部风险控制和业务执行情况的监督、对证券从业人员业务素质的要求等。《证券法》第115条第2款规定:"在证券交易所从事证券交易,应当遵守证券交易所依法制定的业务规则。违反业务规则的,由证券交易所给予纪律处分或者采取其他自律管理措施。"这里所说的"纪律处分",就是交易所按照行业行规进行自律的职能体现。与外国不同的是,我国的证券交易所由官方建立,是中国证监会监管市场的手臂的延长,因而其民间色彩相对黯淡。

按照我国现行《证券法》的规定,中国证券业协会是证券业自律性组织。《证券法》第九章对其组织性质和职责作了专章规定,确认它为证券业的自律性组织,属于"社会团体法人"。第166条规定了证券业协会的八项职责:

(一)教育和组织会员及其从业人员遵守证券法律、行政法规,组织开展证券行业诚信建设,督促证券行业履行社会责任;

(二)依法维护会员的合法权益,向证券监督管理机构反映会员的建议和要求;

(三)督促会员开展投资者教育和保护活动,维护投资者合法权益;

(四)制定和实施证券行业自律规则,监督、检查会员及其从业人员行为,对违反法律、行政法规、自律规则或者协会章程的,按照规定给予纪律处分或者实施其他自律管理措施;

[①] 见《上海证券报》2018年5月7日第1版报道"党中央、国务院决定任命上海证券交易所主要负责人",黄红元出任上交所党委书记、理事长,副部级。

（五）制定证券行业业务规范，组织从业人员的业务培训；

（六）组织会员就证券行业的发展、运作及有关内容进行研究，收集整理、发布证券相关信息，提供会员服务，组织行业交流，引导行业创新发展；

（七）对会员之间、会员与客户之间发生的证券业务纠纷进行调解；

（八）证券业协会章程规定的其他职责。

第（四）项要求"制定和实施证券行业自律规则"，就是制定并执行行规。这些行规也可以包括在协会章程里。违反了行规或者协会章程，就要进行纪律处分。由于我国柜台市场起步很晚①，所以证券业协会自 1991 年 8 月 28 日成立以后二十多年内没有一块具体的市场可管，而其成员券商又与证券交易所重叠②，为了避免两类组织在自律职能上的重叠和冲突，证券业协会便将工作的重点放在了宣传、交流、协调等方面，没有能够发挥自律的作用。市场自律的职能由证券交易所单独行使，尽管法律没有将证券交易所列为自律性组织。

2002 年 10 月 31 日，中国证监会根据当时《证券法》第 164 条第（八）项的授权，发布了《关于赋予中国证券业协会部分职责的决定》③，赋予中国证券业协会以下职责：

一、受理证券经营机构作为主承销商从事股票承销业务报送的备案材料。

二、制定行业自律规则，规范证券公司股票承销业务竞争行为。

三、监督证券公司、证券投资基金管理公司、证券投资咨询机构等会员依法履行公告义务。

四、负责证券从业人员资格的考试、认定和执业注册。

五、制定证券从业人员职业道德操守准则和规范，对证券从业人员实行自律管理。

六、强化信息技术应用（IT）委员会的职能，明确其职责，做好证券信息技术的交流和培训工作。

七、负责与证券公司相关的行业公共标准的起草与维护工作，但涉及证券交易、证券登记结算等的行业标准，应当由证券交易所、证券登记结算机构制定。

---

① 2014 年 8 月 15 日，中国证券业协会发布《证券公司柜台市场管理办法（试行）》，标志着我国柜台市场的正式起步。

② 按现在的规定，证券业协会的成员范围大于证券交易所，因为证券交易所本身也可以成为证券业协会的成员，但是这种差别与这里的讨论关系不大，可以忽略不计。

③《中国证券监督管理委员会公告》2002 年第 10 期，第 1 页。

八、制定有关证券公司为包括退市公司在内的非上市公司股份转让提供服务的规则,监督管理证券公司代办股份转让的业务活动。

九、依法对会员、从业人员违法、违规的行为进行调查和处分。会员、从业人员违反法律、行政法规、中国证监会的规定以及协会自律规则的,协会依法进行调查,按照协会自律规则给予相应的纪律处分;需要予以行政处罚的,可以提出行政处罚建议书,移交中国证监会依法处理。

从上述一、二两项的职责可以看出,证券业协会侧重于对一级市场的规范,从而与作为二级市场的证券交易所形成比较明确的分工。随着柜台市场在2015年建立,证券业协会开始管辖一块具体的市场,其工作重心自然转向对该市场的自律和管理。

我国行业自律的最大特点或者说天生缺陷是缺乏自发性。前面说过,行业自律是为了建立商业信誉、保证公平交易而自发形成的,法律上对自律的确认只是对既成事实的承认和尊重,是对市场力量的有效利用。美国国会通过《1934年证券交易法》的时候,证券交易所已经对其成员券商规范管理了140年了。许多职业道德观念和行业规范已经深入人心,对证券市场的健康运行起着有益的作用。由1934年法所创制的美国证交委自然没有必要取代这些功能,而只能因势利导,在已经形成的市场自律的格局基础上有针对性地进行调节,弥补市场本身的不足,从而形成了政府监管和市场自律结合协调的局面。而我国的证券业自律性组织——不管是证券交易所还是中国证券业协会——都是在政府的扶持下建立起来的,而不是由行业内部在客观需要的基础上自发产生的,因而其职业道德标准和行业行为规则都难以明晰和确定,确定了也没有行业内部推动实施的动力。如果由政府推动实施,那就失去了自律本来的意义。归根结底,还是市场不发达的缘故。

而要想建设一个发达的证券市场,证券法上的投资者民事诉讼制度和公司法上的中小股东权利行使机制是关键、是枢纽。只有在这种健康的市场压力下,才能产生自律的动力,产生取信于市场的强烈愿望,产生规范执业的道德操守和职业自尊。